ENGEL · DIE SUSANNA-ERZÄHLUNG

ORBIS BIBLICUS ET ORIENTALIS

Im Auftrag des Biblischen Instituts der Universität
Freiburg Schweiz,
des Seminars für biblische Zeitgeschichte
der Universität Münster i. W.
und der Schweizerischen Gesellschaft
für orientalische Altertumswissenschaft
herausgegeben von
Othmar Keel,
unter Mitarbeit von Erich Zenger und Albert de Pury

Zum Autor

Helmut Engel SJ, geboren 1940, Eintritt in die Gesellschaft Jesu 1959; Studium der
Philosophie und Theologie in München, Bonn und Frankfurt; 1969 Priesterweihe;
Studium der Bibelwissenschaft und Promotion am Päpstlichen Bibelinstitut in
Rom («Die Vorfahren Israels in Ägypten», Frankfurter Theologische Studien 27,
1979); ab 1977 Lehrbeauftragter, jetzt Professor für Einleitung in die Heilige
Schrift und Exegese des Alten Testamentes an der Philosophisch-Theologischen
Hochschule St. Georgen, Frankfurt am Main.

ORBIS BIBLICUS ET ORIENTALIS 61

HELMUT ENGEL

DIE SUSANNA-ERZÄHLUNG

Einleitung, Übersetzung und Kommentar
zum Septuaginta-Text
und zur Theodotion-Bearbeitung

UNIVERSITÄTSVERLAG FREIBURG SCHWEIZ
VANDENHOECK & RUPRECHT GÖTTINGEN
1985

CIP-Kurztitelaufnahme der Deutschen Bibliothek

Engel, Helmut:

Die Susanna-Erzählung: Einleitung, Übersetzung und Kommentar zum Septuaginta-Text und zur Theodotion-Bearbeitung / Helmut Engel.
Freiburg (Schweiz): Universitätsverlag
Göttingen: Vandenhoeck und Ruprecht, 1985.

(Orbis biblicus et orientalis; 61)
ISBN 3–7278–0326-6 (Universitätsverlag)
ISBN 3–525–53684-4 (Vandenhoeck und Ruprecht)
NE: GT

VORWORT

Dieser Kommentar zu den beiden Fassungen der Susanna-Erzählung wurde im
Oktober 1982 der Philosophisch-Theologischen Hochschule St. Georgen,
Frankfurt am Main, als Habilitationsschrift vorgelegt.
Mein besonderer Dank gilt Norbert Lohfink SJ, der diese Arbeit angeregt
und interessiert begleitet hat. Ebenfalls aufrichtig zu danken habe ich
Fritzleo Lentzen-Deis SJ für wertvolle Hinweise, die ich in die vorlie-
gende Fassung einarbeiten konnte.
Am 21. Januar 1984 hatte ich die Gelegenheit, auf einem unserer regel-
mäßigen Rhein-Main-Exegetentreffen einer großen Zahl von Kollegen die
Grundlinien dieses Kommentars vorzutragen. Das engagierte Korreferat
von Erich Zenger und viele Diskussionsbeiträge der Teilnehmer, besonders die von Klaus Berger und Josef Hainz, haben zu Ergänzungen und
Präzisierungen angeregt.

Dem Herausgeber des "Orbis Biblicus et Orientalis", Othmar Keel, möchte
ich für die Aufnahme der Arbeit in diese Reihe danken.

Frankfurt am Main, den 30. September 1984

Helmut Engel SJ

INHALTSVERZEICHNIS

A. EINLEITUNG

Da die Susanna-Erzählung nicht in ihrem semitischen Original, sondern nur
in zwei griechischen Fassungen erhalten ist und schon früh allein die jüngere von beiden zusammen mit der Theodotion-Übersetzung [1] des Buches Daniel im kirchlichen Gebrauch blieb (auch die Vulgata des HIERONYMUS übersetzt nur die Th-Fassung), gingen die Kommentierungen zu Sus bisher fast
ausschließlich von der Th-Fassung aus. Als der in der Zwischenzeit sogar
verlorengegangene Septuagintatext 1772 wieder aufgefunden und veröffentlicht wurde, bezog man ihn zwar meist in philologische, motivgeschichtliche, historisch-kritische Kommentierungen der Th-Fassung mit ein, aber nur
selten wurden beide Fassungen getrennt behandelt, um sie in ihrer Eigenart
und Verschiedenheit klar vor Augen treten zu lassen und sie auf ihre unterschiedliche theologische Absicht hin zu untersuchen. Gerade bei der Heraus-
arbeitung der *theologischen Aussage* insbesondere der älteren Fassung (LXX)
wird der Schwerpunkt dieses Kommentars liegen.

R.A.F. Mac KENZIE hat das Verdienst, auf diese Leerstelle in der bisherigen Behandlung von Sus hingewiesen zu haben: "Much attention has been
devoted by scholars to its origin and sources, but comparatively little
to its religious meaning." [2] Der folgende Kommentar schließt sich allerdings seiner These nicht an: MacKENZIE meint, bei Sus handle es sich um
eine Märtyrerlegende wie bei Dan 1; 3 und 6 [3]. Während in Dan 1. 3. 6
Männer als Märtyrer des Gotteswillens wegen ihrer Verweigerung unreiner
Speisen und der Götzenverehrung in einer heidnischen Umwelt dargestellt
würden, verweigert sich in Sus eine *Frau* in einer rein jüdischen Umgebung
dem Ehebruch, der in der Tora ebenfalls nachdrücklich verboten wird, mit
der Bereitschaft, eher zu sterben als vor JHWH zu sündigen, wie es mit

---

1 Im folgenden abgekürzt: Th oder ϑ'. "Septuaginta" wird abgekürzt: LXX
  oder o'.

2 R.A.F. MacKENZIE S.J., The Meaning of the Susanna Story, Canadian Jour-
  nal of Theology 3 (1957) 211-218, zit. 211.
  MacKENZIE lenkt die Aufmerksamkeit darauf, wie in Sus alle Züge, woher
  auch immer sie einmal gekommen sein mögen, durch und durch jüdisch
  durchformt sind. Er plädiert mit überzeugenden Gründen für eine Entstehung von Sus in Palästina in der 2. Hälfte des 2. Jahrh. v.C.

3 "...martyr-legends: stories glorifying the fidelity of Jewish confessors
  to the worship and law of their God, and showing how he rewarded that fidelity by intervening miraculously to save them from destruction. It is
  to this latter class that Susanna belongs." a.a.O. 215.

ähnlicher Begründung schon Josef gegenüber der Ägypterin (Gen 39,9) getan hatte. Es wird sich im folgenden zeigen, daß damit die theologische
Absicht der Susanna-Erzählung nur zum geringeren Teil erfaßt ist und
die schwerwiegenden Unterschiede der beiden Fassungen nicht ausreichend
beachtet werden.

Die theologische Aussage der LXX-Erzählung ist, angefangen von der Th-Bearbeitung und durch die daran anschließenden Übersetzungen und Kommentierungen, immer mehr zugeschüttet worden und verdient eine Wiederaufdeckung.
Dabei wird der Rang dieser Erzählung und ihre Brisanz darin deutlich werden, wie sie ("narrativ-theologisch") Schuld und Rettungsmöglichkeit für
"Israel" sieht und darstellt.

Während andere narrativ-theologische Schriften dieser Zeit (zwischen dem
4. und dem 1. Jhdt. v.C.) zur Hoffnung auf die Rettung und Bewahrung
"Israels" durch JHWH vor *äußeren* Bedrohungen ermuntern (z.B. Ester, Judit,
Dan 1-6; mehr auf den gesetzestreuen Einzelnen zielend: Tobit), geht es
unserer Erzählung um die Bedrohung *von innen*, durch die eigenen Autoritäten und die Glieder des Volkes selbst. Die zur Hoffnung ermutigende und
aufrufende "Lehre" der Susanna-Erzählung gilt für die Synagoge damals wie
auch für die Kirche bis heute: Wenn die Autoritäten versagen (und sie taten dies unter Berufung auf ihr Amt und mit dem Schein der Rechtsprechung
immer wieder in erschreckender Weise) und die "Söhne Israels" sich irre-
führen lassen, kann und wird Gott sein Volk (hier verkörpert in Susanna)
vor dem Tod retten, sobald die "Söhne Israels" auf seinen Geist hören -
selbst wenn er durch ein Kind spricht.

I. Der Text und seine Überlieferung

Die Susanna-Erzählung in ihren beiden Fassungen wurde immer und nur in
Verbindung mit dem Danielbuch überliefert, und zwar in dessen griechi-
schen und den davon abhängigen Tochterübersetzungen. Sie ist aber nie ein
Bestandteil des hebräisch-aramäischen Danielbuches gewesen.
Zur Zeit des Origenes waren zum Danielbuch noch beide griechischen Fassun-
gen im kirchlichen Gebrauch: Origenes schreibt in seinem Antwortbrief an
Julius Africanus (um 245 n.C.): "Von unseren Exemplaren, die ich auch aus-
gelegt habe, folgt das eine den Siebzig, das andere Theodotion." [1]
Zur Zeit des Hieronymus wird aber nur noch die Theodotionübersetzung des

_____

1 PG XI, 50: τὰ παρ'ἡμῖν ἀντίγραφα ὧν καὶ τὰς λέξεις ἐξεθέμην τὸ μὲν ἦν
   κατὰ τοὺς ο', τὸ δὲ ἕτερον κατὰ Θεοδοτίωνα.

Danielbuches zur kirchlichen Lesung verwendet. "Den Propheten Daniel lesen
die Kirchen des Herrn (und) Erlösers nicht nach den Siebzig Übersetzern,
sondern verwenden die Ausgabe Theodotions; wieso es dazu gekommen ist,
weiß ich nicht." Es folgen von Hieronymus vermutete Gründe: 1. vielleicht
entferne sich die LXX-Übersetzung zu weit vom aramäischen Wortlaut; oder
2. vielleicht handle es sich um eine nur unter dem Namen der LXX überlieferte Übersetzung eines Unbekannten, der des Aramäischen nicht ausreichend
mächtig war; oder 3. es gebe einen anderen Grund. "Das eine kann ich bestätigen, daß sie (= die LXX-Übersetzung) viel von der Wahrheit abweicht
und zu Recht verworfen wurde." [2]

1. Der LXX-Text

Die quantitativ so unterschiedliche handschriftliche Überlieferung der
beiden Fassungen der Susanna-Erzählung erklärt sich aus dem Maß der kirchlichen Verwendung. Während der Theodotion-Text in zahlreichen Unzial- und
Minuskelhandschriften und vielen alten Tochterübersetzungen erhalten ist
(siehe die Aufstellung in der kritischen Textedition von J. ZIEGLER) [3],
geriet die LXX-Fassung völlig in Vergessenheit. Alle Kommentare, Neuüber-
setzungen, Zitate und Anspielungen von der Väterzeit bis in die Moderne
beziehen sich auf den im kirchlichen Gebrauch befindlichen Theodotion-Text,
bis im Jahre 1772 eine kursive Minuskel des 10. Jhdts., der sog. Chigi-
Kodex der Vatikanischen Bibliothek (Sigel: 88), im Druck erschien [4] und
bald danach eine syrische Schwesterhandschrift, ebenfalls in der Rezensi-
on und mit den hexa- bzw. tetraplarischen Zeichen des Origenes, entdeckt

---

2 Aus dem Vorwort zu HIERONYMUS' Übersetzung des Danielbuches ins Lateinische (um 392 n.C.), PL XXVIII, 1291.
   HIERONYMUS macht darauf auch noch im Prolog zu seinem Danielkommentar
   (um 407 n.C.) aufmerksam: *"Illud quoque lectorem admoneo Danielem non
   iuxta LXX interpretes, sed iuxta Theodotionem ecclesias legere..."*,
   CCSL LXXV A, zz4 Z. 66ff.

3 Joseph ZIEGLER ed., Susanna, Daniel, Bel et Draco, Göttinger Septuaginta XVI/2, Göttingen 1954, 28-43.

4 Zur Anordnung der Textstücke in 88: s. J. ZIEGLER a.a.O. 8. Die Handschrift enthält außer der mit den hexaplarischen Zeichen des ORIGENES
   versehenen LXX-Übersetzung des Danielbuches noch Teile von HIPPOLYTs
   Daniel-Kommentar, die Theodotion-Übersetzung zu Daniel und die griechische Übersetzung des Ezechielbuches.

und veröffentlicht wurde (Syh) [5] . Die Handschrift Syh ist nach A. BLUDAU
etwa hundert Jahre jünger als die in ihr überlieferte Übersetzung, die
"nach der Unterschrift zu Alexandria im Jahre 617 durch den monophysiti-
schen Bischof Paul von Tellā im Auftrage des Patriarchen Athanasius von
Antiochien angefertigt worden war" (aus der Hexapla des Origenes) [6] . Alle
bisherigen Druckausgaben des LXX-Textes zu Sus [7] fußten auf diesen beiden
hexaplarischen Handschriften allein (88 und Syh).

Eine neue Situation ist entstanden durch den 1931 bei Aphroditopolis in
Ägypten gefundenen Papyrus-Kodex (P.967) aus dem 2. Jhdt. n.C., der die
Bücher Ezechiel, Daniel und Ester in der vorhexaplarischen LXX-Version
enthält. Der Susanna-Teil dieses in die USA, nach England, Deutschland
und Spanien verstreuten Papyrus gehört zu den Kölner Kodex-Seiten und ist
1968 durch A. GEISSEN veröffentlicht worden [8] . Sus steht im P.967 in der
wahrscheinlich ursprünglichen LXX-Anordnung: Ez. Dan 1-12. Bel. Draco.
Sus. Est. Der Sus-Text beginnt auf der Kodex-Seite 191 (recto) und endet
196 (verso) mit einer das ganze Daniel-Buch abschließenden subscriptio:
δανιηλ' ειρηνη τω γραψαντι και τοις αναγινωσκουσιν αμην.
Unser Kommentar wird den Sus-Text des P.967 zugrundelegen, der allerdings
nur zur Hälfte erhalten ist, da im Kodex ab S. 177 jeweils die untere
Blatthälfte abgerissen ist. "Bisher ist vom Verbleib der verlorenen Stücke
nichts bekannt." [9]

Das textkritische Hauptproblem der LXX-Fassung von Sus ist, mit welchen
Worten die Erzählung beginnt. 88 hat als Überschrift "α' σ' ϑ' σουσαννα
+++" und läßt den mit der Theodotion-Fassung genau übereinstimmenden

---

5 Caj. BUGATI, Daniel sec. ed. LXX interpretum ex Tetraplis desumptum ex
   codice Syroestranghelo bibliothecae Ambrosianae syriace edidit, latine
   vertit notisque illustravit, Mediolani 1788.
   Zur Geschichte der Textüberlieferung von 88 und Syh vgl. August BLUDAU,
   Die Alexandrinische Übersetzung des Buches Daniel und ihr Verhältniss
   zum massorethischen Text, BiblSt II/2.3, Freiburg 1897, 25-28 und
   J. ZIEGLER a.a.O. 8ff.27f.

6 A. BLUDAU a.a.O. 27. Über die Textanordnung in Syh, ihre Charakteristi-
   ka und das Verhältnis zu 88 s. J. ZIEGLER a.a.O. 9-18.

7 S. das Verzeichnis bei J. ZIEGLER a.a.O. 27-28.

8 Angelo GEISSEN (Hrsg.), Der Septuagintatext des Buches Daniel Kap.5-12,
   zusammen mit Susanna, Bel et Draco sowie Esther Kap.1,1a-2,15 nach dem
   Kölner Teil des Papyrus 967, Papyrologische Texte und Abhandlungen 5,
   Bonn 1968. - S. dort auch die Einzelbeschreibung des Papyrus und die
   Analyse seiner Besonderheiten 11-78.

9 A. GEISSEN a.a.O. 17.255.

Text Sus Th 1-5a folgen; am Rande stehen Zeichen, "die wie Lemnisken ∿
aussehen, möglicherweise aber Obolen ÷ darstellen sollen (s. den Metobelus
ʃ nach ἐν τῷ ἐνιαυτῷ ἐκείνῳ ʃ)" [10] . Die Syh hat dasselbe Textstück
v.1-5a obelisiert und ⨪ (Symmachus) und Ⱡ (Theodotion) am Rand notiert.
Die Diskussion über die Bedeutung des Lemniskus in 88 und die Beziehung
der Übersetzernamen α' σ' ϑ' auf das Stück Sus 1-5a findet sich bei
A. BLUDAU [11] .

Da Sus 1-5a offenbar nicht zu Sus LXX gehörte, sondern von Origenes in
seiner Hexapla aus Theodotion hierher gesetzt worden war, legten sich folgende Möglichkeiten für den Erzählungsbeginn der LXX-Fassung nahe:
1) die hexaplarischen Zeichen enden an falscher Stelle, der Metobelus
sollte nach πάντων am Ende von v.4 stehen; der LXX-Text begann mit v.5a
καὶ ἀπεδείχθησαν ...[12]
2) die hexaplarischen Zeichen stehen in 88 und Syh richtig nach ἐκείνῳ
v.5a; aber der aus Theodotion vorangestellte Erzählanfang hat einige Wörter, mit denen die LXX-Erzählung begann, verdrängt und verlorengehen lassen; O.F. FRITZSCHE schlägt als verlorenen Anfang vor: ἦσαν δὲ δύο
πρεσβύτεροι ἐν Βαβυλῶνι ...[13]
3) die hexaplarischen Zeichen gehen nicht weit genug, der Metobelus sollte
am Ende von v.5 nach κυβερνᾶν τὸν λαόν stehen; die ursprüngliche LXX-
Erzählung begann mit einigen Wörtern, wie sie FRITZSCHE zu ergänzen vor-
schlägt, und daran schloß sich v.6 an. V.5 gehört also entgegen 88.Syh

---

10 A. GEISSEN a.a.O. 35.

11 A. BLUDAU a.a.O. 168-172.

12 So O.F. FRITZSCHE, Kurzgefasstes exegetisches Handbuch zu den Apokry-
phen des AT I, Leipzig 1851, 133.
Als Möglichkeit stimmt dem A. BLUDAU a.a.O. 171 zu.
A. GEISSEN nimmt dies ebenfalls an, a.a.O. 37.
Daß A. GEISSEN seine Vorgänger nicht ausdrücklich nennt, sondern nur
die noch unter 2) zu nennende Annahme als bisher allgemein gültig an-
führt, mag J.T. MILIK verführt haben, GEISSENs Vorschlag als "neue Ant-
wort", die er ebenfalls für unrichtig hält, zu bezeichnen: J.T. MILIK,
Daniel et Susanne à Qumrân?, in: De la Tôrah au Messie, Fs. H. CAZELLES,
Paris 1981, 337-359, hier 345.

13 O.F. FRITZSCHE a.a.O. 133. - Eine solche Vermutung hatte m.W. als erster J.G. EICHHORN, Einleitung in die apokryphischen Schriften des AT,
Leipzig 1795, 461 Anm. p, vorgetragen: Die ersten Worte dieser Geschichte nach der LXX seien verlorengegangen. Sie hätten z.B. lauten können:
ἦσαν ἐν Βαβυλῶνι δύο πρεσβύτεροι ἐκ τοῦ λαοῦ κριταί, περὶ ὧν... Weswe-
gen die hier von EICHHORN und FRITZSCHE vorgeschlagene Ergänzung kaum
wahrscheinlich ist, wird sich in der Auslegung zeigen.

noch zur Theodotion-Einfügung [14] .

4) die hexaplarischen Zeichen in 88 und Syh kennzeichnen richtig v.1-5a
καὶ ἦν ἀνήρ...ἐν τῷ ἐνιαυτῷ ἐκείνῳ als nicht zum LXX-Text gehören-
de Voranstellung einer Einleitung aus der Theodotion-Fassung; der ursprüngliche LXX-Text begann tatsächlich mit v.5b περὶ ὧν ἐλάλησεν ὁ δεσπότης... [15] .

Unser Kommentar geht von der zuletzt unter 4) genannten Auffassung als
der wahrscheinlicheren aus:
Die bei 3) gekennzeichnete Vermutung ist durch den Fund des vorhexaplarischen P.967 widerlegt. S.191 des Kodex beginnt gerade mit den Worten
περι ων ελαλησεν ο δεσποτης ... V.5b gehört also wirklich zum LXX-
Text.
Die bei 2) und 1) dargestellten Auffassungen stimmen in der Annahme überein, daß dem περὶ ὧν... ein Beziehungswort oder -satz vorangestanden
haben müsse [16] , sie unterscheiden sich darin, wie der Wortlaut gewesen
sei. Leider ist die untere Blatthälfte der Kodexseite 190 des P.967 abgerissen. Auf der erhaltenen oberen Blatthälfte findet sich der Text Draco
34-39a in 23 Zeilen, der Rest des Draco-Textes bis v.42 hat das Blatt in
seiner verlorenen unteren Hälfte wohl nicht ganz gefüllt. Allerdings war
auf dieser verlorenen Blatthälfte keinesfalls Platz genug für den ganzen
Text Sus 1-5a. Hat Sus in P.967 noch mit einem Satz oder einigen Wörtern
unten auf der Kodex-Seite 190 begonnen (so die Vermutung des Herausgebers

---

14   Diese Annahme bevorzugt A. BLUDAU a.a.O. 171.
      Ebenso lassen die Editionen von A. RAHLFS (1935) und von J. ZIEGLER
      (1954) den LXX-Text mit v.6 beginnen und setzen davor eine Reihe von
      Punkten als Hinweis auf einen LXX-Textverlust. A. RAHLFS, Septuaginta
      vol.II 864: "Ante 6 quaedam deesse luce clarius est; sed quae nunc
      antecedunt, ab Origene ex ϑ' praemissa sunt..."

15   So J.T. MILIK a.a.O. 345f. in einem eigenen Abschnitt seines genann-
      ten Aufsatzes ("L'incipit de la version G"). Die dort geäußerten Ver-
      mutungen, wie der Titel der LXX-Fassung gelautet haben könnte, sind
      allerdings von unterschiedlicher Plausibilität.

16   Zur Begründung dieses "Muß" schreibt O.F. FRITZSCHE a.a.O. 133: "Dass
      die LXX die Erzählung nicht mit περὶ ὧν, auch nicht mit vs.6 beginnen
      konnte, liegt auf flacher Hand, dagegen wohl mit vs.5." A. GEISSEN
      a.a.O. 36: "...es fehlt also dem erhaltenen Nebensatz das übergeord-
      nete Satzteil, ein Hauptsatz, wie ihn der verlorene Anfang des Verses
      5 in der bisher bekannten Form auch darstellt."

A. GEISSEN), oder ist περι ων ελαλησεν... auf der Kodexseite 191 oben
der Anfang der Sus-Erzählung (so mit Nachdruck J.T. MILIK)? [17] Mit MILIK
ist bereits die gemeinsame Voraussetzung der Auffassungen 2) und 1) in
Frage zu stellen, nämlich daß περι ὧν ... nicht der Anfang des LXX-Textes
gewesen sein könne.

> Daß eine lehrhafte Abhandlung mit περί + Relativpronomen beginnen
> kann ohne einen übergeordneten Hauptsatz oder ein ausdrücklich genann-
> tes Beziehungswort, zeigt z.B. 1 Kor 7,1 περὶ δὲ ὧν ἐγράψατε...

Der Kommentar wird zeigen, daß v.5b-6 (περὶ ὧν bis πρὸς αὐτούς) überschriftartig das Motto der LXX-Erzählung enthält und zusammen mit dem Epilog v.62a-b den Schlüssel zum Verständnis der vorliegenden Geschichte darstellt. Wenn diese wichtige Funktion von v.5b-6 aber nicht deutlich erkannt ist, erscheint ein solcher Erzählungsbeginn als "unmöglich" und er-
gänzungsbedürftig, und zwar nicht erst seit J.G. EICHHORN und O.F. FRITZ-
SCHE: Aus eben diesem Empfinden heraus dürfte ja der Autor der Theodotion-
fassung seiner LXX-Vorlage die vv.1-5a vorangesetzt und entsprechend den
v.7 abgeändert haben (s.u. den Kommentar zu diesem Teil der Theodotion-
fassung).

Von all diesen Überlegungen her - Ernstnehmen der präzisen Übereinstimmung der hexaplarischen Abgrenzung nach 88 und Syh mit dem Textbeginn in
P.967 [18] , Ausräumung der grammatisch-stilistischen Bedenken und Beachtung der Motto-Funktion für die LXX-Fassung von Sus - scheint die textkritische Entscheidung, den LXX-Text mit v.5b περὶ ὧν ἐλάλησεν ὁ δεσπότης ... beginnen zu lassen, gerechtfertigt zu sein.
Die übrigen textkritischen Entscheidungen werden jeweils im Kommentar
z.St. notiert und begründet.

---

17 Leider gehören auch die Übergänge von Dan 12,13 zu Bel 1 und von
    Bel 22 zu Draco 23 zu den verlorenen Stücken des Papyrus, sie hätten
    vielleicht einen Analogieschluß ermöglicht.
    Der Übergang von Sus 62b zu Ester in P.967 (die Kodexseite 196 ist nur
    bis zur subscriptio des Danielbuches beschriftet, der Rest der Seite
    ist leergelassen; Ester beginnt auf Seite 197 oben ohne inscriptio)
    kann kaum zum beweiskräftigen Vergleich herangezogen werden, da ein
    anderes biblisches Buch begonnen wird, Sus aber, wie die subscriptio
    zeigt, dem Danielbuch zugehört.

18 Wieweit der Hinweis darauf, daß die beiden ersten Buchstaben von
    ΠΕρι ων größer geschrieben sind (Tafel III bei A. GEISSEN gibt die
    Kodexseite 191 fotographisch wieder), die Annahme eines Kapitel- oder
    Abschnittbeginns zusätzlich stützt, kann ohne nähere Untersuchung der
    Schreibeigenheiten des Papyrus nicht entschieden werden; die drei
    der Edition von A. GEISSEN beigegebenen Fotos reichen dafür nicht aus.

2. Die Theodotion-Fassung

a. Der griechische Text

Hierzu liegt die vorzügliche kritische Edition von J. ZIEGLER vor, der
außer den griechischen Handschriften auch die Väterkommentare, besonders
den des HIPPOLYT, und die alten Übersetzungen umfassend heranzieht und in
ihren Abhängigkeiten einander zuordnet. Der Text dieser Edition wird dem
Kommentar zugrunde gelegt.

In der Anlage seiner kritischen Ausgabe folgt J. ZIEGLER der Textanordnung der Theodotion-Fassung: Sus steht dort *vor* Dan 1-12 (nur die Th-Hand-
schriften V.62.770 versetzen Sus wieder hinter Dan 1-12; in 88 und 106
ist die Reihenfolge des Th-Textes: Dan 1-12. Bel 1-2. Sus. Bel 1 - Draco
42). Die Überschriften vieler Handschriften ordnen Sus als ὅρασις πρώ-
τη "erste Vision" dem Dan-Buch ein. Die Tendenz historischer Zuordnung zum
Danielbuch drückt sich aber nicht nur in der Voranstellung von Sus und in
den genannten Überschriften aus, sie ist auch bereits in den Text selbst
eingegangen: s. den Kommentar zu Sus Th 45 und 64.

b. Die syrischen Übersetzungen

Vier syrische Übersetzungen zu Sus sind erhalten. Der syrohexaplarische
Kodex der Ambrosiana (Syh), eine genaue Übertragung des LXX-Textes, wurde
bereits erwähnt. Die übrigen drei, veröffentlicht in Bd. IV der Londoner
Biblia Polyglotta von B. WALTON und in der Ausgabe von Paul de LAGARDE
geben den Th-Text wieder, erweitern ihn aber an vielen Stellen beträcht-
lich [19]. Die wichtigsten Zusätze und Textänderungen der syrischen Texte
finden sich zusammengefaßt bei J.T. MARSHALL und in Übersetzung bei C.J.
BALL [20]. Sie spiegeln bereits fortgeschrittene Stadien der Auslegungsgeschichte und setzen eigenständig fort, nun aber an der Th-Fassung, was

---

19 Biblia Polyglotta..., ed. Brianus WALTON, tomus IV, Historia Susannae.
    Dan XIII (keine Seitenzählung), Londini 1657, enthält zwei syrische
    Übersetzungen (Peschitta und Heracleensis); Paul A. de LAGARDE, Libri
    Veteris Testamenti Apocryphi Syriace, Lipsiae-Londinii 1861, legt
    einen mit WALTON I weitgehend übereinstimmenden Text und ab v.41 eine
    dritte (und vierte) syrische Textform vor. S. dazu J. ZIEGLER a.a.O.
    39-40, der die syrischen Texterweiterungen jedoch nicht in seine Edi-
    tion aufgenommen hat.

20 J.T. MARSHALL, Art. Susanna, in: A Dictionary of the Bible, ed. J.
    HASTINGS, vol. IV, Edinburgh 1902 (= [4]1905) 630-632.
    C.J. BALL, The History of Susanna. Introduction and Commentary, in:
    The Holy Bible. Apocrypha vol.II, ed. H. WACE, London 1888, 323-343.

diese ihrerseits durchgreifend am LXX-Text unternommen hatte [21] .

II. Die Frage der Zugehörigkeit zum Kanon

1. Im rabbinischen Judentum

Die Susanna-Erzählung wurde nie, weder als Anhang zum Danielbuch noch als selbständige Schrift, vom rabbinischen Zweig des Judentums unter die Bücher gerechnet, "die die Hände unrein machen", nicht einmal (wie z.B. Kohelet, das Hohelied oder Ester, die schließlich im rabbinischen Kanon verblieben) diesbezüglich diskutiert. S. ZEITLIN, der Sus für eine von einem frommen Juden in Judäa verfaßte Schrift hält, vermutet die Abweichung von der schließlich geltenden pharisäisch-rabbinischen Halaka in Bezug auf die Überführung von Falschzeugen und deren Bestrafung als den Grund dafür, daß Sus keine Aufnahme in den rabbinischen Kanon fand [22] .

2. Der Briefwechsel JULIUS AFRICANUS - ORIGENES

Die wesentlichen Gesichtspunkte zum Problem, ob Sus dem Kanon der heiligen Schriften der Kirche angehört, sind in der berühmten Anfrage des JULIUS AFRICANUS an ORIGENES und in dessen ausführlichem Antwortbrief (um 245 n.C.) grundlegend erörtert [23] .

---

21 Zu den übrigen alten Übersetzungen, denen zur Erstellung des Theodotiontextes von Sus keine größere Bedeutung zukommt, s. J. ZIEGLER a.a.O. 36-43. Zu dem auch für die Auslegungsgeschichte wichtigen Danielkommentar des HIPPOLYT s.u.

22 S. ZEITLIN, Jewish Apocryphal Literature, JQR 40 (1950) 223-250, zu Sus bes. 235f.
    Zur rabbinischen Halaka über Zeugenbefragung und falsche Zeugen s. die Mischna-Traktate Sanhedrin V 1-4 und Makkot I 1-9 und den Kommentar dazu mit Literaturangaben bei S. KRAUSS, Sanhedrin. Makkot, Text, Übersetzung und Erklärung, Die Mischna IV/4.5, Gießen 1933, 168-177.306-329. Den Anstoß zu diesen Überlegungen hatte Abraham GEIGER, Urschrift und Übersetzungen der Bibel in ihrer Abhängigkeit von der inneren Entwicklung des Judenthums, Breslau 1857, 195-197, gegeben.

23 Der Text des AFRICANUS-Briefes an ORIGENES findet sich PG XI, 41-48, und ist kritisch ediert bei W. REICHARDT, Die Briefe des Sextus Julius Africanus an Aristides und Origenes, TU 34/3, Leipzig 1909, 78-80. Die ORIGENES-Antwort: Ὠριγένους ἐπιστολὴ πρὸς Ἀφρικανόν, ed. C. DELARUE, PG XI, Paris 1857, 48-85.
    Eine gute Nachzeichnung dieses Briefwechsels bietet Pierre NAUTIN, Origène. Sa vie et son oeuvre (Christianisme antique 1), Paris 1977, 176-182: L'échange de lettres entre Jules Africain et Origène.
    Von P. NAUTIN ist die Datierung "um 245 n.C." übernommen: "De nombreuses années se sont donc écoulées depuis son installation à Césarée

Bei einer öffentlichen theologischen Disputation mit einem gewissen Bassos
in Palästina hatte ORIGENES auch die Susanna-Erzählung als heilige Schrift
herangezogen. JULIUS AFRICANUS hatte sich als Zuhörer damals nicht dazu
geäußert, legt nun aber in einem Brief dem ORIGENES seine Bedenken dazu
vor: "Ich wundere mich, wie es dir entgangen ist, daß dieser Teil des
(Daniel-)Buches unecht ist; denn dieser Abschnitt ist gewiß wohl an sich
eine nette Schrift, aber daß er eine kindliche und erfundene (romanhafte)
Schrift ist, läßt sich auf vielerlei Weise zeigen und beweisen." [24]
AFRICANUS begründet seine These dann in einigen knappen Sätzen und
schließt: "Ich habe (die Saiten mit dem Plektron) geschlagen; du aber laß
mir (die Musik) ertönen und belehre mich durch deine Antwort!" [25]

Die Antwort des ORIGENES, die ausführlich und sorgfältig alle Punkte der
Anfrage des AFRICANUS durchgeht, läßt erkennen, daß eine den beiden Theo-
logen gemeinsame, "selbstverständliche" Voraussetzung die Schwierigkeiten
unlösbar macht: Solange an der Gleichsetzung "echt" = kanonisch = historisch situierbar und so geschehen = von Daniel verfaßt = exilisch = ursprünglich hebräisch, wenn auch nur unausdrücklich, festgehalten wird,
erscheint das Verdikt des AFRICANUS: κίβδηλον "unecht" berechtigt
und die Widerlegung seiner Begründungen durch ORIGENES im Einzelnen zwar
richtig, im Ganzen aber unbefriedigend. Trennt man aber die Fragen nach
Kanonizität, Gattung (z.B. Geschichts- oder Lehrerzählung), Historizität,
Verfasserschaft, Abfassungsdatum usw. voneinander, dann findet man in
ORIGENES' Antwort fast alle Elemente der Argumentation, die bis in die
Gegenwart zu Sus vorgetragen wurden.

a) zu AFRICANUS' Begründung für sein κίβδηλον-Urteil, Sus mit Bel et
Draco gehöre nicht zum von den Juden akzeptierten Danielbuch [26], verwahrt

---

en 234 ou 235, ce qui nous invite à placer le voyage à Nicomédie et
la lettre à Africain peu avant la persécution de Dèce (249-250)."
P. NAUTIN a.a.O. 282.

24 θαυμάζω δὲ πῶς ἔλαθέ σε τὸ μέρος τοῦτο τοῦ βιβλίου κίβδηλον ὄν· ἡ γὰρ
    τοι περικοπὴ αὕτη χάριεν μὲν ἄλλως σύγγραμμα, ἀλλὰ σύγγραμμα νεωτερι-
    κὸν καὶ πεπλασμένον δείκνυταί τε καὶ κατὰ πολλοὺς ἀπελέγχεται τρόπους.
    W. REICHARDT a.a.O. 78 Z.6 - 79 Z.2.

25 Ἔκρουσα· σὺ δέ μοι καὶ ἤχησον καὶ ἀντιγράφων παίδευε, A.a.O. 80 Z.13.

26 Πρὸ δὲ τούτων ἁπάντων ἥδε ἡ περικοπὴ σὺν ἄλλαις δύο ταῖς ἐπὶ τῷ τέλει
    τῷ παρὰ τῶν Ἰουδαίων εἰλημμένῳ Δανιὴλ οὐκ ἐμφέρεται. A.a.O. 80
    Z.4-6.

sich ORIGENES zunächst dagegen, daß ihm die z.T. großen Unterschiede zwischen dem Text der heiligen Bücher, wie er bei den Juden überliefert werde, und dem, wie er in den Kirchen gelesen werde, verborgen geblieben seien: Diese Unterschiede habe er ja gerade in seiner Hexapla gründlich bearbeitet sowohl bezüglich des Plus und Minus der LXX zum hebräischen Text wie auch zu anderen griechischen Übersetzungen; außer den Differenzen in Dan nennt ORIGENES hier ausführlich solche in Est, Ijob, Jer, Gen, Ex. Aber die Frage, welche Texte bei Disputationen mit zeitgenössischen Juden herangezogen werden sollten (begreiflicherweise die jüdischen: "...dann werden sie nicht die nichtjüdischen Gläubigen verachten und wie üblich auslachen, weil sie die wahren und bei ihnen überlieferten Texte nicht kännten..." [27]), müsse doch unterschieden werden von der Frage, welche Texte in den Kirchen Gültigkeit haben und gelesen werden sollen. Der kirchliche Kanon könne doch nicht aufgrund des Urteils der zeitgenössischen Juden revidiert und neu festgelegt werden!

> "Ist es jetzt also an der Zeit, wenn uns dies (= Textverschiedenheiten auch bezüglich des Umfangs in der griechischen und hebräischen Bibel) nicht entgeht, die in den Kirchen verwendeten Exemplare beiseite zu legen und den Brüdern aufzuerlegen, die bei ihnen verwendeten heiligen Bücher wegzuwerfen, den Juden aber zu schmeicheln und sie zu bitten, sie möchten uns mitgeben von den reinen und nichts Fingiertes (Romanhaftes) enthaltenden (Büchern)?" [28]

Einmal vom Tonfall und noch nötigen Differenzierungen abgesehen, zeigt ORIGENES hier bezüglich der Kanonfrage ein in der Sache und auch historisch richtiges Gespür, das dann später bei HIERONYMUS und denen, die ihm folgen, verloren zu sein scheint. Die Kirche hatte außer den schon länger "geschlossenen" Büchergruppen der Tora und der Propheten unter den "Schriften" mehrere Bücher und Buchzusätze, die in jüdischen Gemeinschaften im 1. Jhdt. n.C., besonders auch in den griechischsprechenden, Ansehen genossen, als ihre eigenen heiligen Bücher übernommen - weshalb sollte sie einem nach der Katastrophe des Jahres 70 n.C. übriggebliebenen Zweig des Judentums, dem hillelitisch-pharisäischen, als dieser gegen Ende des 1. Jhdts. in ausdrücklicher Ablehnung der Kirche und Abgrenzung gegen den christlichen

---

27 PG XI, 61 A.

28 ὥρα τοίνυν εἰ μὴ λανθάνει ἡμᾶς τὰ τοιαῦτα, ἀθετεῖν τὰ ἐν ταῖς Ἐκκλησίαις φερόμενα ἀντίγραφα, νομοτεθῆσαι τῇ ἀδελφότητι ἀποθέσθαι μὲν τὰς παρ'αὐτοῖς ἐπιφερομένας (corr. ἔτι φερομένας?) ἱερὰς βίβλους, κολακεύειν δὲ Ἰουδαίοις καὶ πείθειν, ἵνα μεταδῶσιν ἡμῖν τῶν καθαρῶν καὶ μηδὲν πλάσμα ἐχόντων; PG XI, 57 A.

Zweig des Judentums, mehrere Bücher und Zusätze aus den "Schriften" aus-
schied, als Autorität anerkennen, der zu folgen gewesen wäre? Bei der rabbinischen Gruppe des Judentums lag die dogmatische Veränderung, nicht bei
der Kirche; sie fand in allen diesen Büchern Erbauung und Bestärkung für
ihren Glauben an Jesus Christus und brauchte ihren übernommenen Kanon
nicht einzuschränken.

Andererseits wäre es unklug, sich bei Gesprächen mit rabbinischen Juden
gerade auf von ihnen abgelehnte Bücher, Zusätze, Textrezensionen (z.B. in
Ijob oder Jer) zu beziehen. Christlicherseits konnte auch von *ihrer* Auswahl der heiligen Bücher her die theologische Disputation stattfinden.

> "Überdies aber schau, ob es nicht gut ist, (das Wort) zu beherzigen:
> 'Verschiebe nicht die alten Grenzen, die deine Vorfahren gesetzt ha-
> ben!' (Prov 22,28). Und das sage ich keineswegs aus Faulheit, auch
> die bei den Juden geltenden Schriften zu erforschen und alle die un-
> seren mit denen jener zu vergleichen und die Unterschiede zwischen
> ihnen zu sichten... Wir geben uns Mühe, auch die bei jenen (gebräuch-
> lichen Schriften) gut zu kennen, um im Gespräch mit Juden ihnen nicht
> etwas vorzutragen, was in ihren Exemplaren nicht enthalten ist, und
> die bei ihnen verwendeten (Exemplare, Texte) ebenfalls zu benutzen,
> auch wenn sie in unseren Büchern nicht enthalten sind..." [29]

b) Während ORIGENES die Voraussetzung des AFRICANUS "echt"/kirchlich kanonisch = 'von den rabbinischen Juden anerkannt' zurückweist (a), scheint er
mit ihm die Annahme zu teilen, die Ursprache solcher Schriften müsse
hebräisch (allenfalls syrisch = aramäisch) sein und ihr Stoff jüdischer
Tradition entstammen. Darum versucht er zunächst, den Einwand des AFRICA-
NUS zu entkräften, die Paronomasien in Sus 54f.58f. seien nur im Griechischen möglich.

> AFRICANUS hatte argumentiert: "Als aber der eine sagte: 'Unter einer
> πρῖνος (Eiche)', antwortet er, der Engel werde ihn πρίσειν (zersägen);
> dem aber, der 'Unter einer σχῖνος (Mastixbaum)' gesagt hatte, droht er
> in ähnlicher Weise σχισθῆναι (gespalten werden) an. Nun liegt hier
> zwar bei griechischen Worten ein Gleichklang vor: von πρῖνος πρῖσαι
> und σχίσαι von σχῖνος, im Hebräischen aber sind sie völlig verschieden.
> Von den Hebräern aber kommt den Griechen in Übersetzung alles zu, was
> vom Alten Bund (als geltend) überliefert wird." [30]

---

29 Πρὸς ταῦτα δὲ σκόπει, εἰ μὴ καλὸν μεμνῆσθαι τοῦ Οὐ μεταθήσεις ὅρια
    αἰώνια, ἃ ἔστησαν οἱ πρότεροί σου. Καὶ ταῦτα δὲ φημὶ οὐχὶ ὄκνῳ τοῦ
    ἐρευνᾶν καὶ τὰς κατὰ 'Ιουδαίους γραφὰς καὶ πάσας τὰς ἡμετέρας ταῖς
    ἐκείνων συγκρίνειν καὶ ὁρᾶν τὰς ἐν αὐταῖς διαφοράς... 'Ασκοῦμεν δὲ μὴ
    ἀγνοεῖν καὶ τὰς παρ'ἐκείνοις, ἵνα πρὸς 'Ιουδαίους διαλεγόμενοι μὴ προ-
    φέρωμεν αὐτοῖς τὰ μὴ κείμενα ἐν τοῖς ἀντιγράφοις αὐτῶν, καὶ ἵνα συγχρη-
    σόμεθα τοῖς φερομένοις παρ'ἐκείνοις εἰ καὶ ἐν τοῖς ἡμετέροις οὐ κεῖται
    βιβλίοις... PG XI, 60 A. 61 A.

30 'Ως δὲ ὁ μὲν ὑπὸ πρῖνον ἔφασκεν, ἀποκρίνεται πρίσειν αὐτὸν τὸν ἄγγελον,

ORIGENES antwortet, dieses Problem habe sich ihm auch gestellt; er habe
viele Hebräer darüber befragt. Wenn sie die griechischen Baumnamen nicht
kannten, habe er ihnen die Bäume gezeigt. Da deren Namen in der hebräischen
Bibel nicht vorkämen, wüßten sie auch nur ihre syrischen (= aramäischen)
Namen und könnten zu einem möglichen hebräischen Wortspiel nichts Sicheres
sagen. Woher da AFRICANUS seine Gewißheit nehme?

> "Weil dieses nun ...?... von Hebräern, mit denen ich Umgang hatte, ge-
> sagt wurde, hüte ich mich wohl, eine sichere Aussage zu machen, ob auch
> im Hebräischen gleichwertige diesbezügliche Wortspiele möglich sind
> oder nicht. Wie du jedoch zu deiner Gewißheit gelangt bist, weißt du
> vielleicht selbst." [31]

In den übrigen heiligen Schriften gebe es im Hebräischen Wortspiele, die
in der griechischen Übersetzung nicht erkennbar seien (ORIGENES verweist
auf Gen 2,23 אשה - איש). So sei es nicht verwunderlich, wenn die Übersetzer bei der Susannageschichte sich bemüht hätten, entweder Worte zu finden, die an das Hebräische anklängen (das sei ihm nicht wahrscheinlich),
oder ein griechisches Wortspiel zu prägen, das dem des hebräischen Textes
entspreche (τὸ ἀνάλογον τοῖς κατὰ τὸ 'Εβραϊκὸν παρωνύμοις) [32].
Ein solches Bemühen sei beim Vergleich der griechischen Übersetzungen auch
sonst mehrfach beobachtbar.

Zweitens stamme der Stoff der Susannageschichte wirklich aus jüdischer
Überlieferung. Was ORIGENES dann als Mitteilungen verschiedener jüdischer
Gelehrter berichtet, wird in dem späteren Abschnitt unserer Einleitung über
die Herkunft und die Motive der Susanna-Erzählung noch ausführlich zu re-
ferieren sein. Weshalb diese den jüdischen Weisen geläufige Tradition aber
nicht im jüdischen Danielbuch überliefert werde, kann ORIGENES nur vermuten: "Dazu ist zu sagen, daß sie, soweit sie es vermochten, alles, was eine
Anklage gegen Älteste und Herrscher und Richter enthielt, von der Kenntnis

---

τῷ δὲ ὑπὸ σχῖνον εἰρηκότι σχισθῆναι παραπλησίως ἀπειλεῖ. 'Εν μὲν οὖν
'Ελληνικαῖς φωναῖς τὰ τοιαῦτα ὁμοφωνεῖν συμβαίνει, παρὰ τὴν πρῖνον τὸ
πρῖσαι καὶ σχίσαι παρὰ τὴν σχῖνον, ἐν δὲ τῇ 'Εβραΐδι τῷ παντὶ διέστη-
κεν. 'Εξ 'Εβραίων δὲ τοῖς "Ελλησι μετεβλήθη ὅσα τῆς παλαιᾶς διαθήκης
φέρεται. W. REICHARDT a.a.O. 79 Z.11-17.

31 Τούτων οὖν ὅσον ἐπὶ μὴ ἱστορίᾳ ὑπὸ 'Εβραίων οἷς συνέμιξα εἰρημένων,
    ἐγὼ μὲν εὐλαβῶς ἔχω ἀποφήνασθαι, πότερον καὶ παρ''Εβραίοις ἡ ἰσοδυναμία
    τῶν κατὰ ταῦτα παρωνυμιῶν σώζεται ἢ οὔ· σὺ δὲ ὅπως διεβεβαιώσω, αὐτὸς
    οἶδας ἴσως. PG XI, 61 C.

32 PG XI, 77 A.B.

des Volkes fernhielten, wovon einiges in Apokryphen erhalten ist." [33]

Das autoritätskritische Element der Susanna-Erzählung benutzt ORIGENES
auch bei seiner Auslegung von Matth 24,45-51, nun aber zur Warnung für
christliche Amtsträger: "...hier kann man passend an das erinnern, was
von Daniel gegen die schlimmen Ältesten gesagt wurde, nämlich: Der Engel Gottes mit dem Schwert wird dich mittendurch spalten... Wir haben
es gewagt, an dieser Stelle das Beispiel Daniels zu verwenden, obwohl
wir durchaus wissen, daß es im hebräischen (Teil des Buches) nicht
steht, daß es aber in den Kirchen anerkannt wird. Dieses (Problem) soll
aber zu anderer Zeit untersucht werden..." [34]

c) Die übrigen Einwände gegen die "Echtheit" sind zwar bei AFRICANUS zum
Teil recht anfechtbar begründet, enthalten aber gute Beobachtungen:

α. Daniel prophezeie sonst durch Gesichte und Träume und habe Engels-
erscheinungen; dazu passe weder (ὡς ἀδίκως ἢ ἀπόφασις ἔχοι), daß er
hier vom Geist ergriffen aufschreie noch der prophetische Geistanhauch
(ἐπιπνοία προφητική). ORIGENES verweist demgegenüber auf Hebr 1,1ff

---

33 Λεκτέον δὲ πρὸς ταῦτα, ὅτι ὅσα δεδύνηνται τῶν περιεχόντων κατηγορίαν
    πρεσβυτέρων καὶ ἀρχόντων καὶ κριτῶν περιεῖλον ἀπὸ τῆς γνώσεως τοῦ λαοῦ,
    ὧν τινα σώζεται ἐν ἀποκρύφοις. PG XI, 65 A.B.
    Ähnlich drückt sich ORIGENES nach RUFINUS aus(In peroratione ad inter-
    pretationem Commentariorum Origenis in Epistulam ad Romanos): "...sed
    tempus est nos adversus improbos presbyteros uti sanctae Susannae voci-
    bus, quas illi quidem repudiantes, historiam Susannae de catalogo di-
    vinorum voluminum desecarunt, nos autem et suscipimus et opportune
    contra ipsos proferimus dicentes 'Angustiae mihi undique'." Origenis in
    Leviticum Homilia prima § 1, in: Origenes Bd. VI, hrsg.v. W.A. BAEHRENS,
    GCS, Leipzig 1920, 281 Z.6-14.
    Schon einige Jahrzehnte früher hatte HIPPOLYT in seinem Danielkommentar
    zur Susanna-Erzählung geschrieben: "Dies wollen nun die Machthaber bei
    den Juden aus dem Buch abtrennen; sie sagen, dies sei in Babylon nicht
    geschehen, denn sie schämen sich des in jener Zeit von den Ältesten Ge-
    schehenen." Ταῦτα μὲν οὖν οἱ τῶν Ἰουδαίων ἄρχοντες βούλονται νῦν περι-
    κόπτειν τῆς βύβλου, φάσκοντες μὴ γεγενῆσθαι ταῦτα ἐν Βαβυλῶνι, αἰσχυ-
    νόμενοι τὸ ὑπὸ τῶν πρεσβυτέρων κατ'ἐκεῖνον τὸν καιρὸν γεγενημένον.
    HIPPOLYTUS Werke I, hrsg.v. G.N. BONWETSCH, GCS, Leipzig 1897, 23
    Z.10-13.

34 "...convenit recordari ea quae a Daniele sunt dicta contra presbyteros
    malos, quoniam angelus dei habens gladium scindet te medium...
    ausi sumus uti in hoc loco Danielis exemplo, non ignorantes quoniam
    in Hebraeo positum non est, sed quoniam in ecclesiis tenetur; alte-
    rius autem temporis est requirere de huiusmodi." ORIGENES, Matthäus-
    erklärung II, GCS Origenes Bd. XI, hrsg.v. E. KLOSTERMANN, Leipzig
    1933, 140 Z.4-20.

und auf Jakob in der Genesis: Es seien eben unterschiedliche Weisen der
Geistmitteilung auch bei *einer* Person anzunehmen. Daß die Darstellung Da-
niels in Sus aber verschieden ist von der in Dan 1-12, stellt auch ORIGE-
NES nicht in Frage.

β. Die Art, wie Daniel in Sus die beiden Alten überführe, sei merkwürdig und sehr sonderbar, "wie nicht einmal ein Theaterstück des Philisti-
on". ORIGENES verwahrt sich gegen die ehrfurchtslose Ausdrucksweise und
verweist auf 2 Kön 3,16ff, die Erzählung vom Salomonischen Urteil.

> "Wenn man schon sich über in den Kirchen verwendete (Texte) spöttisch
> auslassen muß, dann sollte man eher die Geschichte von den zwei Dirnen
> mit dem Mimos des Philistion vergleichen als die von der heiligen Su-
> sanna." 35
> Wie bei Salomo nicht einfach das Urteil genügt hätte, um das Volk zu
> überzeugen, so auch nicht bei Daniel der bloße Vorwurf ihrer Vergehen
> an die Ältesten: Ihre Falschaussage mußte offensichtlich sein. Es
> könnte auch über Daniel heißen, wie die Schrift über Salomo sagt: 'Das
> Volk sah, daß die Weisheit Gottes in ihm war, um Recht zu schaffen.' 36

γ. Das sich aus Sus ergebende Bild entspreche nicht der Situation der
Exilierten in Babylon, wie sie im Buch Tobit, in Dan 1 und in verschiedenen Prophetenbüchern gezeichnet sei; Juden hätten dort keine Todesurteile
fällen und vollstrecken können, und dies erst recht nicht gegen die Gattin
ihres Königs Joakim; falls mit Joakim aber nicht der König, sondern sonst
jemand gemeint sei: woher habe er ein so großes Haus mit Park? Hier zielt
AFRICANUS Richtiges an, auch wenn ORIGENES seine "Belege" mit anderen Texten aus Tob, Est, Neh und Überlegungen zur rechtlichen Autonomie unterwor-
fener Völker in Großreichen bis zur gegenwärtigen Praxis der Juden im Römischen Reich leicht zerpflücken kann.

δ. Die Behauptung des AFRICANUS, Propheten zitierten einander bzw. die
übrige Heilige Schrift nicht (es geht um das Zitat von Ex 23,7 in Sus 53),
kann ORIGENES mühelos durch eine Fülle von Stellen als unrichtig erweisen.

ε. Am knappsten beantwortet ORIGENES am Schluß den Eindruck des AFRI-
CANUS, der Stil von Sus und Dan 1-12 sei verschieden: "Außerdem behaup-
tetest du, auch die Eigenart der Redeweise sei verschieden. Diesen Eindruck habe ich ganz und gar nicht gewonnen." 37 AFRICANUS hatte hier etwas
durchaus Richtiges erspürt, aber ORIGENES hat ebenfalls recht, daß der Un-

---

35 Εἴπερ γὰρ χρὴ περὶ τῶν φερομένων ἐν ταῖς Ἐκκλησίαις ἀποφαίνεσθαι
   χλευαστικῶς, μᾶλλον τὴν περὶ τῶν δύο ἑταιρῶν ἱστορίαν τῷ Φιλιστίωνος
   μίμῳ ἢ τὴν περὶ τῆς σεμνῆς Σωσάννης ὁμοιῶσαι ἐχρῆν. PG XI, 76 C.

36 1 Kön 3,28.

37 Πρὸς τούτοις ἔφασκες καὶ τὸν τῆς φράσεως χαρακτῆρα διαλλάσσειν· ὅπερ

terschied nicht auf der stilistisch-sprachlichen Ebene (τῆς φράσεως ὁ
χαρακτήρ) liegt.

So lange nicht ausdrücklich und präzise die Begriffe geklärt waren, z.B.
"kanonisch" als dogmatisch-ekklesiologische Einstufung, "unecht" als lite-
rarkritisches Urteil über die Zugehörigkeit zum Grundtext eines Buches
(ohne den emotionalen und moralischen Beiklang), πλάσμα ("fiktive Erzählung, Roman, Novelle") als gattungskritische Kategorie im Unterschied zur
Frage nach der Historizität usw., gingen in den Auslegungen der folgenden
Jahrhunderte die Antworten auf die AFRICANUS-Fragen nicht über die Ausführungen des ORIGENES hinaus, blieben eher häufig weit dahinter zurück.

3. HIERONYMUS und seine Nachwirkungen

Die recht unterschiedlich wertenden Äußerungen des HIERONYMUS zu Sus in
seinen Briefen, Übersetzungsvorworten und Schriftkommentaren hat Caspar
JULIUS vollständig zusammengestellt [38].

Seit HIERONYMUS an der Vulgata arbeitete, scheint er von seinen jüdischen
Lehrern die "Hebraica veritas" nicht nur als Richtlinie für die Korrektur
von Fehlübersetzungen der LXX und als Grundtext seiner eigenen Vulgata,
sondern auch als Maßstab übernommen zu haben, welchen Büchern und Stücken
die Autorität einer heiligen Schrift zukomme.

> So schreibt er um 390 n.C. im sog. "Prologus galeatus" zur Übersetzung
> der Bücher Sam - Kön: *"Hic prologus Scripturarum, quasi galeatum prin-
> cipium omnibus libris quos de Hebraeo vertimus in Latinum, convenire
> potest: ut scire valeamus quidquid extra hos est, inter ἀπόκρυφα esse
> ponendum. Igitur (...Weish, Sir, Judit, Tob, PastHerm) non sunt in
> Canone."* [39]

Aus dem Vorwort seiner Danielübersetzung geht hervor, daß HIERONYMUS von
sich aus (und es ist hinzuzufügen: gegen die deutliche Tendenz der Theodotion-Fassung, in der Sus dem Danielbuch *voran*gestellt worden war) Sus, Bel
et Draco durch Obeloi als Zusätze zum hebräisch-aramäischen Text gekennzeichnet und dem Danielbuch *nach*gestellt hat.

> *Haec idcirco, ut difficultatem vobis Danielis ostenderem, qui apud
> Hebraeos nec Susannae habe historiam, nec hymnum trium puerorum, nec
> Belis draconisque fabulas: quas nos, quia in toto orbe dispersae sunt,
> veru ✗ anteposito easque iugulante, subiecimus, ne videremur apud im-*

     ἐμοὶ οὐ πάνυ τι ἐφάνη. PG XI, 85 C.

38   C. JULIUS, Die griechischen Danielzusätze und ihre kanonische Geltung,
     BiblSt VI/3.4, Freiburg/Brsg. 1901, 107-121.

39   S. Eusebii HIERONYMI Opera omnia, tom. IX, PL XXVIII, Paris 1846,
     555 A. 556 A.

peritos magnam partem voluminis detruncasse [40].

Für die damit verbundene Wertung, diese Stücke hätten "keinerlei Autorität einer heiligen Schrift", beruft er sich allerdings zu Unrecht auf ORIGENES (s.o. S. 19f.).

> *Unde et nos ante annos plurimos cum verteremus Danielem, has visiones obelo praenotavimus, significantes eas in hebraico non haberi; et miror quosdam* μεμψιμοίρους (mg.: obtrectatores) *indignari mihi, quasi ego decurtaverim librum, cum et Origenes et Eusebius et Apollinaris aliique ecclesiastici viri et doctores Graeciae has, ut dixi, visiones non haberi apud Hebraeos fateantur, nec se debere respondere Porphyrio pro his quae nullam scripturae sanctae auctoritatem praebeant* [41] .

Statt Sus und Bel et Draco selbst zu kommentieren, will HIERONYMUS als Anhang seiner Danielauslegung ORIGENES zitieren: *Expositis, ut potui, quae in Danielis libro iuxta hebraicum continentur, ponam breviter quid Origenes in decimo Stromatum suorum libro Susannae et Belis fabulis dixerit; cuius haec verba sunt...* [42]

Ob er dann ORIGENES wirklich nur übersetzt oder gelegentlich auch ergänzt und "verbessert", ist im Blick auf dessen Antwort an AFRICANUS, besonders zu Sus 54f.58f., schwierig zu entscheiden: "Da die Juden die Susanna-Geschichte ablehnen, indem sie sagen, sie stehe nicht im Danielbuch, müssen wir sorgfältig untersuchen, ob es die Bezeichnungen *schinos* und *prinos* - die Lateiner deuten sie als 'Steineiche' und 'Mastixbaum' - im Hebräischen gibt und welche Etymologie sie dort haben, so daß in dieser Sprache von *schinos* 'Spaltung' und von *prinos* 'Schneiden' bzw. 'Zersägung' abgeleitet werden kann. Wenn sich das aber nicht finden läßt, dann sind wir mit Notwendigkeit gezwungen, auch uns selbst mit der Meinung derer zufriedenzugeben, die Griechisch als die Originalsprache dieses Textes annehmen, der eine nur im Griechischen gegebene Etymologie enthält, die es im Hebräischen nicht gibt. Wenn aber jemand zeigen kann, daß es auch im Hebräischen zwischen den beiden Baum(namen) und 'Spaltung' und 'Zersägung' einen etymologischen Zusammenhang gibt, dann werden wir auch diesen Text als Schrift annehmen." [43]

---

40 Praefatio Hieronymi in Danielem prophetam, PL XXVIII, 1292 B.C. 1293 A. Anschließend gibt HIERONYMUS in der Auslegungsgeschichte häufig wiederaufgenommene Beispiele, wie die Paronomasien in Sus 54f.58f. im Lateinischen nachgeahmt werden könnten: *sub ilice - illico pereas; sub lentisco - in lentem te comminuat angelus,* vel: *non lente pereas,* aut: *lentus, i.e. flexibilis ducaris ad mortem...*

41 S. HIERONYMI presbyteri Opera I,5: Commentariorum in Danielem libri III (IV), ed. F. GLORIE, CCSL LXXV A, Turnholti 1964, 774 Z.58-66.

42 CCSL LXXV A, 945 Z.697-700.

43 *Quia Hebraei reprobant historiam Susannae, dicentes eam in Danielis volumine non haberi, debemus diligenter inquirere: nomina* schini *et* prini *- quae Latini* ilicem *et* lentiscum *interpretantur - si sint apud Hebraeos et quam habeant* ἐτυμολογίαν: *ut ab* schino scissio *et a* prino sectio *sive* serratio *dicatur lingua eorum. Quod si non fuerit inventum, necessitate cogemur et nos eorum acquiescere sententiae, qui graeci tantum sermonis hanc volunt esse* περικοπήν *quae graecam tantum habeat* ἐτυμολογίαν *et hebraicam non habeat; quod si quis ostenderit duarum istarum arborum scissionis et sectionis et in hebraeo stare* ἐτυμολογίαν, *tunc*

In seinem Jeremia-Kommentar (begonnen um 414 n.C.) gibt HIERONYMUS eine
interessante Begründung, weshalb Sus bei den meisten Juden nicht anerkannt
und nicht in den Synagogen gelesen werde (dieser Hinweis wird später in
vielen Kommentaren immer wieder aufgegriffen): Nach Jer 29,21-23 wurden
die zwei Propheten, die wie selbstverständlich mit den zwei Alten in Sus
gleichgesetzt werden, vom babylonischen König im Feuer verbrannt, während
sie nach Sus vom Volk gesteinigt worden seien.

> *Sed illud quod in praesentiarum dicitur:* quos frixit rex Babylonis in
> igne, *videtur Danihelis historiae contraire. Ille enim asserit eos ad
> sententiam Danihelis a populo esse lapidatos... Unde et a plerisque
> ac paene omnibus Hebraeis ipsa quasi fabula non recipitur nec legitur
> in synagogis eorum.* [44]

In der lateinischen Kirche setzte sich die Vulgata des HIERONYMUS als der
im Gottesdienst gelesene und in den Kommentaren ausgelegte Text durch,
damit auch die Theodotion-Fassung zu Sus - jedoch nur als Anhang des Danielbuches (Dan 13). Bezüglich der Kanonizität folgte der Westen (wie der
Osten) in großer Mehrheit dem kirchlichen Brauch und der Position des ORI-
GENES und konnte sich dabei auch auf die Selbstverteidigung des HIERONYMUS
bei seinem Streit mit RUFINUS berufen [45], andere aber - genannt werden
später meist NICOLAUS von Lyra (1270-1349, s.u. A.III.3) und DIONYSIUS
der Karthäuser (1402-1471) - griffen wieder auf die "Hebraica veritas"
als Kanonprinzip zurück, so auch viele Humanisten, KARLSTADT, M. LUTHER
und andere Reformatoren.

> So heißt es z.B. in den Druckausgaben (Basel 1506/07; Lyon 1545) der
> schon vorher in vielen Handschriften überall verbreiteten Bibelausle-
> gung des NICOLAUS von Lyra nach der zwischen Dan 12,13 und 13,1 einge-
> schobenen Vulgata-Notiz (*"Huc usque Danielem in Hebraeo volumine legi-
> mus. Caetera quae seqzuuntur usque ad finem libri, de Theodotionis
> editione translata sunt"*): *"Incipit historia Susannae, Belis et draco-
> nis quae non est in Canone."* NICOLAUS schreibt dann zu Beginn seiner
> "postilla", Sus sollte unter den nichtkanonischen Büchern hinter Ba-
> ruch stehen. [46]

---

poterimus etiam hanc scripturam recipere. CCSL LXXV A, 948 Z.807 -
949 Z.818.

44 S. HIERONYMI presbyteri Opera I,3: In Hieremiam libri VI, ed. S. REI-
    TER, CCSL LXXIV, Turnholti 1960, 284f. § LXVII (zu Jer 29,21-23) n.5.

45 Vgl. C. JULIUS, Die griechischen Danielzusätze 113-121.

46 Bibliorum sacrorum tomus quartus cum Glossa ordinaria, & Nicolai Lyra-
    ni expositionibus, & Additionibus, & Replicis in libros Isaiae... -
    ...Machabaeorum, Lugduni 1545, 328 recto.
    Der gleiche Text findet sich auch in pars IV der Ausgabe Basel 1507.

DIONYSIUS van LEEUW, der Karthäuser, genannt *doctor ecstaticus*, dessen Schriftkommentare im 15. und 16. Jhdt. viel gelesen wurden, referiert in seinen *Enarrationes in Danielem Prophetam* aus dem Jahre 1440 zu Beginn der *expositio* von Dan 13 verschiedene Äußerungen des HIERONYMUS, so auch, daß Sus von einem Priester Daniel verfaßt sei, nicht vom Autor des Danielbuches (erschlossen aus Bel et Draco 1-2 in der LXX-Fassung!): *Verum est autem, quod haec duo capitula* (Sus und Bel et Draco) *non pertinent ad Scripturam canonicam, sicut nec Tobias, nec Judith, nec libri Machabaeorum, quamvis de veritate non dubitetur.* Als Grund für letzteres nennt er, *quia historia ista in Ecclesia et in officio Missae solemniter legitur.* [47]

4. Die Wertschätzung von Sus in der kirchlichen Verwendung und in der Bibelwissenschaft bis in die Gegenwart

Von den Anfängen an über die Väter und Kirchenschriftsteller in Ost und West und das gelehrte Mittelalter bis zur Mitte des 16. Jhdts. hat Caspar JULIUS alle erreichbaren Kommentare, Homilien und anderen Schriften auf deren Einstellung zur kanonischen Geltung der Susanna-Erzählung (und der anderen griechischen Danielzusätze) hin untersucht und die Zeugnisse chronologisch geordnet [48]. Ein Verweis auf diese Fundgrube mag hier genügen.

Für die Diskussion innerhalb der römisch-katholischen Kirche setzte das Konzil von Trient einen Markstein in seiner Sessio IV am 8.4.1546 und grenzte ab, welche Bücher (ganz und mit allen ihren Teilen *prout in Ecclesia catholica legi consueverunt et in veteri vulgata latina editione habentur*) für heilig und kanonisch zu halten sind. Von ihnen will das Konzil bei seinen dogmatischen Entscheidungen ausgehen [49].

Die gelungenste und für das AT von Vielen übernommene terminologische Unterscheidung, die die Anliegen der jahrhundertelangen Diskussion wahrt (auch wenn die Ausführungen im Einzelnen anfechtbar sind), hat SIXTUS von Siena (1520-1569) geschaffen. Er führte auf den ersten Seiten seiner *Bibliotheca Sancta* (das Vorwort ist 1556 datiert) die Bezeichnungen "protokanonisch - deuterokanonisch - apokryph" ein.

---

47 Doctoris ecstatici D. DIONYSII Cartusiani Opera omnia, tom. 10: Enarratio in Danielem Prophetam..., Monstrolii 1900, 165.

48 S.o. Anm. 38.

49 Der Text des Trienter Dekrets ist abgedruckt in DS 1501-1508. - Der Absatz über die Vulgata wird oft fehlgedeutet: Er stellt nur fest, welche von den umlaufenden *lateinischen Übersetzungen* "pro authentica habenda sit", d.h. bedenkenlos bei kirchenoffiziellen Anlässen gebraucht werden kann; vgl. die Enzyklika "Divino afflante spiritu"

Liber primus Sectio prima: Canonicae et Apocryphae scripturae et Scrip-
tores quid sint: Canonici primi ordinis quos Protocanonicos *appellare*
libet, sunt indubitatae fidei libri, hoc est, de quorum autoritate nul-
la umquam in Ecclesia catholica fuit dubitatio aut controversia, sed
statim ab initio nascentis Ecclesiae communi omnium orthodoxorum Patrum
consensu fuerunt recepti, et ad confirmandam fidei nostrae autoritatem
assumpti, quales sunt in veteri Testamento quinque libri Moysis et in
novo Testamento quatuor evangelia atque alii his similes suo loco nu-
merandi... (SIXTUS macht darauf aufmerksam, daß die "protokanonischen"
Bücher bei der Kirche und den Juden gleichermaßen in Geltung stehen.)
Canonici secundi ordinis (qui olim Ecclesiastici vocabantur, et nunc a
nobis Deuterocanonici *dicuntur) illi sunt, de quibus non statim sub*
ipsis Apostolorum temporibus, sed longe post ad notitiam totius Eccle-
siae pervenerunt, inter Catholicos fuit aliquando sententia anceps,
veluti sunt in veteri Testamento libri Esther, Tobiae, Iudith et Baruch,
epistola Ieremiae, sapientia Salomonis, Ecclesiasticus, oratio Azariae,
Hymnus trium puerorum, Susannae historia, Belis historia, Maccabaeorum
liber primus et secundus, similiter et in novo Testamento..., quos olim
prisci Ecclesiae patres, tamquam Apocryphos et non Canonicos habuerunt
eosque apud solos cathecumenos nondum canonicae lectionis capaces, ut
in Synopsi testatur Athanasius, primum legi permiserunt, deinde proce-
dente tempore, ut Rufinus in Symbolo scribit, apud omnes fideles reci-
tari concesserunt, non ad dogmatum confirmationem, sed ad solam populi
instructionem et quia publice in Ecclesia legerentur, Ecclesiasticos
nuncuparunt, demum vero inter scripturas irrefragabilis autoritatis
assumi voluerunt.
Apocryphi nennt SIXTUS die Bücher, die weder *ad confirmationem dogma-*
tum noch zur Lesung in der Kirche zugelassen sind, sondern nur zur per-
sönlichen Lektüre zu Hause [50] .

Demgegenüber ist der Sprachgebrauch "kanonisch - apokryph - pseudepigraph"
unsachgemäß und z.T. irreführend: Die ersten beiden Begriffe sind auf die
kirchliche Anerkennung bezogen, "pseudepigraph" jedoch auf die Verfasserschaft; auch die beiden ersten Gruppen enthalten pseudepigraphe Schriften.
Diese Terminologie sollte darum in wissenschaftlichen Veröffentlichungen
nicht mehr verwendet werden.

Seit den Festlegungen durch das Tridentinum einerseits und die Reformatoren andererseits behielt die Susanna-Erzählung entweder zusammen mit den
übrigen deuterokanonischen Schriften ihre kanonische Geltung (und wahrte
z.B. ihren Platz in der liturgischen Leseordnung), oder aber sie wurde zusammen mit den anderen Schriften als apokryph aus dem Kanon ausgeschieden,

---

(1943) mit den Erläuterungen zum Trienter Dekret: DS 3825.

50   Bibliotheca Sancta a F. SIXTO SENENSI O.P. ex praecipuis catholicae Ec-
     clesiae authoribus collecta et in octo libros digesta...(1556), (Lugdu-
     ni 1975), Coloniae [3]1586, 1-2. - SIXTUS ist 1520 in Siena von jüdischen
     Eltern geboren, war ein guter Hellenist und Hebraist (rabbinische Stu-
     dien?); vor der Durchführung einer Verurteilung durch das S.Officium
     bewahrte ihn der Großinquisitor und spätere Papst Michael Ghislieri

nur noch als Anhang der Bibelausgaben oder gar nicht mehr gedruckt.

Über die Stellung der dort häufig "Apokryphen" genannten deuterokanonischen Bücher in den protestantischen Kirchen und besonders über die
im 19. Jhdt. von den Bibelgesellschaften ausgetragenen "Apokryphen-
streitigkeiten" berichtet Otto ZÖCKLER: Mit finanziellem Druck und
mit Polemik wurde versucht, die Verbreitung der deuterokanonischen
Schriften bei anderen Bibelgesellschaften zu unterbinden [51].

Andererseits ist, wie die Texteditionen, Einleitungen und Kommentare
zeigen, das Interesse an den deuterokanonischen Schriften wachgeblie-
ben, auch wo sie ihren Platz im kirchlichen Kanon nicht behalten haben.
Ein gesteigertes historisches und theologisches Interesse an ihnen und
auch an den nicht in den kirchlichen Kanon gelangten Schriften aus der
persischen, hellenistischen und römischen Zeit des Judentums hat sich
dann, besonders seit der Entdeckung der Qumrantexte, in den letzten
Jahrzehnten entwickelt.

III. Die Auslegung der Susanna-Erzählung seit der Väterzeit

Da für das ganze Danielbuch die LXX-Version schon früh im kirchlichen Gebrauch durch die Theodotion-Übersetzung verdrängt war (ohne aber je ausdrücklich verworfen zu werden), beziehen sich alle Kommentare zu Sus nur
noch auf die Th-Fassung; nur gelegentlich findet sich in der frühesten
Zeit noch ein Hinweis auf die Existenz der LXX-Fassung.

1. HIPPOLYT und von ihm angeregte Auslegungen

Zur "HIPPOLYT-Frage" hat Alois GRILLMEIER SJ die wesentlichen Literaturverweise bis 1977 zusammengestellt [52]. Ist *ein* Autor HIPPOLYT (von

---

(Pius V. 1566-72), unter dessen besonderem Schutz er seit 1552 stand.

51 O. ZÖCKLER, Die Apokryphen des AT nebst einem Anhang über die Pseud-
    epigraphenliteratur, Kurzgef. Komm. zu den hl. Schriften Alten und
    Neuen Testaments sowie zu den Apokryphen A IX, München 1891, 15-17,
    19-22. - ZÖCKLERs Darstellung der katholischen Auffassung ist wenig
    hilfreich, z.T. unrichtig.
    O. ZÖCKLER entnahm die meisten seiner Ausführungen dem Buch von Edwin
    Cone BISSELL, The Apocrypha of the OT with Historical Introductions.
    A Revised Translation, and Notes Critical and Explanatory, Edinburgh
    1880. - BISSELLs Darstellung der Kanondiskussionen in den verschiede-
    nen aus der Reformation entstandenen Kirchen und kirchlichen Gemein-
    schaften ist sehr detailliert und umfassend.

52 A. GRILLMEIER, Jesus der Christus im Glauben der Kirche, Bd. 1: Von
    der Apostolischen Zeit bis zum Konzil von Chalzedon (451), Freiburg
    -Basel-Wien 1979, 231f. Anm. 15.

Rom) anzunehmen, wie es Marcel RICHARD immer wieder vertreten hat [53],
oder hat es *zwei* Autoren bei den unter HIPPOLYTs Namen umlaufenden
Schriften gegeben, wofür Pierre NAUTIN Begründungen gesammelt hat [54] ?
Mit zwei Verfassern rechnen auch die Teilnehmer an dem HIPPOLYT-Sympo-
sium, teilen aber die Schriften einem *Priester* HIPPOLYT von Rom und
einem *Bischof* HIPPOLYT im Osten etwas anders zu als P. NAUTIN [55] . Sowohl von P. NAUTIN wie in den "Ricerche su Ippolito" werden die exege-
tischen Schriften dem östlichen HIPPOLYT zugeschrieben.

Die Forschungen zum Danielkommentar HIPPOLYTs und zu dessen Überlieferung [56] beschreibt G. Nathanael BONWETSCH in den Vorbemerkungen zu
seiner Edition [57] . Eine wesentliche Ergänzung zu BONWETSCHs Ausgabe
bedeutete dann die Veröffentlichung der Handschrift No. 573 des Meteoronklosters durch Constantin DIOBOUNIOTIS, die einige bisher nur in
altslawischer Übersetzung (deutsch bei BONWETSCH) bekannte Abschnitte
im griechischen Wortlaut bot [58] . Marcel RICHARD gelang es noch vor
seinem Tod am 15.6.1976, seine umfangreichen Vorbereitungen einer Neu-
edition von HIPPOLYTs Daniel-Kommentar abzuschließen; die Veröffentlichung in der Reihe GCS steht aber immer noch aus.

Der von HIPPOLYT zitierte und kommentierte Daniel-Text ist die Theodotion-Übersetzung und steht dem Wortlaut des Codex Vaticanus (B) nahe,
enthält aber auch einige Abweichungen [59] .

---

53 M. RICHARD, Hippolyte de Rome, DSp VII, Paris 1968, 531-571; zusammen
    mit anderen Studien zu HIPPOLYT und seinem Schrifttum auch abgedruckt
    in: M. RICHARD, Opera Minora I, Turnhout-Leuven 1976, n. 10ff.

54 P. NAUTIN, Hippolyte et Josipe. Contribution à l'histoire de la litté-
    rature chrétienne du troisième siècle, Paris 1947, möchte das HIPPOLYT-
    Schrifttum (einschließlich der Liste auf der römischen Statue "Hippo-
    lyts" in der Lateran-Abteilung der Vatikanischen Museen) einerseits
    einem Josipos von Rom, der nach 222 n.C. zur Zeit der Päpste Zephyrin
    und Callistus lebte und Gegenpapst des Callistus gewesen sei, anderer-
    seits Hippolytos, einem gläubigen Schriftausleger im Osten, zuteilen.

55 Ricerche su Ippolito, Studia Ephemeridis "Augustinianum" 13, Roma
    1977, bes. 9-16.67-88 (V. LOI) und 151-156 (M. SIMONETTI).

56 Vgl. besonders O. BARDENHEWER, Des heiligen Hippolytus von Rom Commen-
    tar zum Buche Daniel. Ein literärgeschichtlicher Versuch, Freiburg
    1877.

57 G.N. BONWETSCH - H. ACHELIS, Hippolytus. Werke Bd. I: Exegetische und
    homiletische Schriften, 1. Hälfte: Die Kommentare zu Daniel und zum
    Hohenliede, GCS, Leipzig 1897 (im folgenden abgek.: BONWETSCH GCS).
    Vgl. auch G.N. BONWETSCH, Studien zu den Kommentaren Hippolyts zum Bu-
    che Daniel und Hohen Liede, TU 16, NF I,2, Leipzig 1897.

58 C. DIOBOUNIOTIS, Hippolyts Danielkommentar in Handschrift N. 573 des
    Meteoronklosters, TU 38 (III/8,1), Leipzig 1912.

59 J. ZIEGLER, Der Bibeltext im Daniel-Kommentar des Hippolyt von Rom,
    NAW Göttingen 1952, 163-199; jetzt auch in: J. ZIEGLER, Sylloge. Ge-
    sammelte Aufsätze zur Septuaginta (Mitteilungen des LXX-Unternehmens
    der Akademie der Wissenschaften in Göttingen 10), Göttingen 1971, 357-
    393.
    Vgl. J. ZIEGLER (ed.), Susanna... (s. Anm. 3) 32-34.

Der in die Jahre 202-204 n.C. zu datierende Danielkommentar des HIPPOLYT, vielleicht aus Homilien entstanden, ist der älteste durchlaufende christliche Kommentar zu einem alttestamentlichen Buch. Da er, besonders im Osten, eine weitreichende Wirkung hatte, seien die wesentlichen Züge seiner Susanna-Auslegung hier hervorgehoben.

a) HIPPOLYT versucht, chronologisch und genealogisch Sus in das Danielbuch und mit diesem zusammen in Angaben aus anderen biblischen Büchern einzuordnen. Er setzt damit die historisierende Tendenz der Th-Fassung gegenüber dem LXX-Text fort. In Th war durch Hinzufügung von παιδάριον zum νεώτερος in Sus 45, durch die Formulierung von Sus 64 und durch die Voranstellung von Sus *vor* Dan 1 die Umdeutung der Sus-Erzählung zu einer "Kindheitsgeschichte des kleinen Daniel" eingeleitet worden. HIPPOLYT geht hier ausdrücklich sehr viel weiter: Historisch sei das in Sus Erzählte *nach* Dan 1 und *vor* Dan 2 geschehen.

> "Diese Geschichte nun geschah zwar später (als das mit Situations- und Datumsangaben in Dan 1 Berichtete), wurde aber als erste diesem Buche vorangeschrieben. Denn es war Brauch bei den Schriftgelehrten, vieles später (Geschehene) in den Schriften als Erstes hinzustellen."[60]

HIPPOLYT schickt seinem "Ersten Buch", in dem er Dan 1 vor Sus kommentiert, eine Einführung voraus, in der er seine historische Konstruktion und vor allem die Absicht seiner Kommentierung darlegt, nämlich Daniel als Vorausankündiger und Zeugen Christi zu bezeugen [61].

> Der Danielkommentar des HIPPOLYT war wohl in 4 Bücher eingeteilt: λόγος α' (Dan 1 + Sus); λόγος β' (Dan 2,1-3,97); λόγος γ' (Dan 3,98-6,29); λόγος δ' (Dan 7,1-12,13). Aber die altslawische Übersetzung (Hippol^S), die Catenen-Überlieferung (Hippol^C) und die Hs.No.573 des Meteoronklosters (Hippol^{Met}) u.a. übernehmen die Einteilung vieler Bibelhandschriften zu Dan Th in zwölf ὁράσεις ("Gesichte, Visionen") (oder in dreizehn: so die Hss. 90.106.541), jedoch in verschiedener Zählweise: Hippol^S setzt als Überschrift vor die Einleitung und den Kommentar zu Dan 1 "Das erste Gesicht", vor den Kommentar zur Susanna-Erzählung "Zweites Gesicht" usw. bis zum "Zwölften Gesicht" vor Dan 11,2; Hippol^{Met} dagegen überschreibt die Einführung mit περὶ τῆς αἰχμαλωσίας Ἰωακεὶμ βασιλέως καὶ τῶν υἱῶν Ἰούδα καὶ τῆς Ἱερουσαλήμ ("Über die Gefangenschaft des Königs Joakim und der Söhne Judas und Jerusalems") und setzt vor Dan 1 die Überschrift: "Desselben: Zum Ersten Gesicht Daniels" (τοῦ αὐτοῦ εἰς τὴν πρώτην ὅρασιν τοῦ Δανιήλ)[62], stimmt dann nur teilweise mit der Visionenzählung in Hippol^S überein

---

60 Αὕτη μὲν οὖν ἡ ἱστορία γεγένηται ὕστερον, προεγράφη δὲ ταύτης τῆς βίβλου πρώτη· ἔθος γὰρ ἦν τοῖς γραμματεῦσιν ὑστερόπρωτα πολλὰ ἐν ταῖς γραφαῖς τιθέναι... BONWETSCH GCS 10 Z.7-9.

61 καὶ αὐτὸς μαρτυρήσων ὁσίῳ καὶ δικαίῳ ἀνδρὶ προφήτῃ καὶ μάρτυρι Χριστοῦ γεγενημένῳ... BONWETSCH GCS 2 Z.4-5.

62 DIOBOUNIOTIS 47f. - Der HIPPOLYT-Kommentar ist in dieser Hs. des 10.

und hat erst nach Ende des Kommentars zu Dan 12 als "Zwölfte Vision" die Susanna-Erzählung (nur zu Sus 1-5): τοῦ αὐτοῦ εἰς τὴν ιβ' ὅρασιν περὶ Σουσάννης καὶ τῶν δύο πρεσβυτέρων [63] .

HIPPOLYT versucht, durch Heranziehung vieler Schriftstellen zu bestimmen, wer der Joakim, der Mann der Susanna (Sus 1), war. Auch wenn man berücksichtigt, daß sowohl der Joschija-Sohn Jojakim יהויקים wie auch dessen Sohn Jojachin יהויכין in der LXX gleichlautend Ιωακειμ/Ιωακιμ umschrieben wird (für יהויקים/יויקים steht *immer* Ιωακιμ, für יהויכין in 2 Kön 24,6.8.12.15; 25,27bis; (Εσδρ α 1,41); Jer 52,31 Ιωακιμ; jedoch steht Ιεχωνιας in 2 Chr 36,8.9 für יהויכין, in Jer 27,20; 28,4; 29,2; 1 Chr 3,16.17 für יכניה, Jer 24,1 für יכניהו und Jer 22,24.28; 37,1A für כניהו), wird HIPPOLYTs Konstruktion nicht aus dem AT verständlich. Gegen 1 Chr 3,15 nimmt er *fünf* anstelle der vier Söhne Joschijas an, da er die Identität von Joachas = Schallum nicht berücksichtigt. Aus 2 Chr 36,6-7 zusammen mit Dan 1,1-2 entnimmt er eine Deportation Jojakims und sagt von *ihm* infolge der Gleichschreibung Ιωακιμ = יהויקים *und* יהויכין, er sei von Ewil-Merodach im 37. Jahre freigelassen worden (Jer 52,31). Dessen Sohn Ιωακιμ (vgl. 4 βασ 24,6 Ιωακιμ υἱὸς Ιωακιμ!) habe drei Jahre lang regiert (HIPPOLYT ändert die drei *Monate* von 2 Kön 24,8 und 2 Chr 36,9 in drei *Jahre*) und sei dann mit 10 000 Judäern, darunter auch Daniel und den drei Jünglingen von Dan 1, nach Babylon verschleppt worden. An seiner Stelle sei Zidkija König geworden. Statt Mattanja nimmt HIPPOLYT als ursprünglichen Namen dieses jüngsten Joschija-Sohnes Ιεχωνιας an: so kann er auf Zidkija die Jeremia-Worte gegen Jojachin (Jer 22,24-30) anwenden, die ihm offenbar eher bei Zidkija erfüllt erschienen als bei Jojachin (vgl. dagegen 1 Chr 3,16-18).

Der so bestimmte Joakim Ιωακειμ υἱὸς Ελιακειμ τοῦ καὶ Ιωακειμ (so HippolMet) sei der Mann Susannas gewesen οὗτος δὲ Ιωακειμ γίνεται ἀνὴρ Σουσάννης. Es hat den Anschein, als ob mindestens Teile dieser Konstruktion HIPPOLYT bereits vorgegeben waren: Auch JULIUS AFRICANUS nimmt ja ohne Bezugnahme auf HIPPOLYT wenige Jahrzehnte später als selbstverständlich, wenn auch nicht notwendig, an, mit Joakim in Sus sei ein König gemeint (s.o. S. 23).

Der Vater der Susanna, Hilkija, sei der Priester, der zur Zeit Joschijas das Gesetzbuch im Tempel gefunden hatte (2 Kön 22,3-10), und zugleich der Vater des Propheten Jeremia (Jer 1,1) gewesen, Susanna war also die Schwester Jeremias. Matthäus meine in seinem Stammbaum Jesu (Mt 1,1ff.) mit Ιεχωνιας (nicht Jojachin, den Sohn Jojakims und Enkel Joschijas, sondern) den Sohn von Susanna und Joakim: So verbänden sich priesterliche und königliche Herkunft Jesu [64] .

b) HIPPOLYT will die historisch eingeordnete Erzählung und ihre Gestalten als Voraussagen und -abbildungen (προφητεῖαι, τύποι, προτυπούμενοι) des Lebens und der Geschicke Jesu und der Kirche aufzeigen.

Jhdts. nur fragmentarisch überliefert: Die "Gesichte" II, III, IX fehlen überhaupt, der HIPPOLYT-Text zu den anderen ist nur in längeren oder kürzeren Abschnitten abgeschrieben.

63 DIOBOUNIOTIS 57f. Die Ausführungen des Herausgebers dazu (45-46) stimmen mit seiner eigenen Edition nicht überein.

64 Vgl. DIOBOUNIOTIS 57f.; BONWETSCH GCS 20f.: I,12 Beginn des Kommentars zu Sus.

α. Der junge Daniel wird hier zum ersten Mal als Typus des jungen Jesus im Tempel (Lk 2,42-47) gedeutet; wohl im Anschluß daran wird in späteren Auslegungen sein Alter mit zwölf Jahren (δωδεκαετής) angegeben.

οὗτος νέος παῖς ὑπάρχων πεπαλαιωμένους πρεσβυτέρους κακῆς ὀρέξεως ἐπιθυμητὰς γενομένους ἤλεγξεν, ἐνδεικνύμενος ἐν τούτῳ τὸν ἐπουράνιον κριτήν, ὃς ἤμελλεν ἐλέγχειν ἐν ναῷ πρεσβυτέρους παραβάτας τοῦ νόμου γεγενημένους [65].

Die altslawische Übersetzung enthält zusätzlich bereits aus Lk 2,42 das Motiv "zwölfjährig": "Dieser ein junger Knabe seiend überführte die gealterten Ältesten, welche durch böse Begierde begehrt hatten, hierdurch abbildend den himmlischen Richter, welcher sollte *ein Jüngling von zwölf Jahren seiend* im Tempel die gesetzlosen Ältesten überführen." [66]

Vom zwölfjährigen Jesus wird diese Altersangabe auf Daniel in Sus in vielen Auslegungen übertragen. So heißt es bei SULPICIUS SEVERUS (ca. 363-420), der auch die Abfolge Dan 1 - Sus - Dan 2 usf. bietet: (Susanna) *cum secundum legem ad supplicium duceretur, Daniel, tum annos natus XII, increpitis Iudaeis...reduci eam in iudicium postulat.* [67]

JOHANNES CHRYSOSTOMUS (ca. 350-407) kennt ebenfalls diese Tradition: in seinem Jesajakommentar (zu Jes 3,4) zieht er als Belege, daß auch Junge weise sein können und Alte in Torheit leben (ἔστι γὰρ καὶ νέους εἶναι συνετοὺς καὶ γεγηρακότας ἀνοίᾳ συζῆν), außer Timotheus den zwölfjährigen Salomo, den kleinen David (im Kampf gegen Goliat) und den gleichaltrigen oder eher noch viel jüngeren Daniel, der die Ältesten richtete, heran [68]. In der von einem unbekannten Autor des 4. Jhdts. verfaßten, aber bereits im Jahre 422 bei AUGUSTINUS dem JOHANNES CHRYSOSTOMUS zugeschriebenen "Homilie über den Titel des 50. Psalms und über die Reue Davids und über die (Frau) des Uria" war "Daniel zwölf Jahre alt, als er die Löwen zu Schafen machte..., indem er ihre Wildheit durch den Glauben bändigte (Dan 6), und nachdem er die nicht-weisen Ältesten überführt hat, wird er zum Richter Israels ernannt" [69].

Weitere Zeugnisse dieser Überlieferung finden sich in den Erweiterungen der Ignatiusbriefe. Zu der Mahnung, einen jungen Bischof nicht wegen seines Alters zu verachten, wird hinzugefügt: "Denn nicht die Hochbetag-

65 DIOBOUNIOTIS 47.

66 BONWETSCH GCS 3 Z.11-14.- Zur Bedeutung von "zwölfjährig" in Lk 2,42 (hebt die außerordentliche Begabung und Weisheit eines noch-Kindes hervor) vgl. Henk J. DE JONGE, Sonship, Wisdom, Infancy: Luke II.41-51a, NTS 24 (1978) 317-354, bes. 317-324.

67 SULPICIUS SEVERUS, Chronicorum libri duo (II,1), ed. C. HALM, CSEL 1, Wien 1866, 57 (= PL XX, 127).

68 καὶ Σολομῶν ἡνίκα μὲν δωδεκαετὴς ἦν, τῷ θεῷ διελέγετο καὶ πολλῆς ἀπήλαυε παρρησίας...Δαυίδ...ταύτην ἄγων τὴν ἡλικίαν, μᾶλλον δὲ καὶ ταύτης ἐλάττονα πολλῷ τοὺς πρεσβυτέρους ἔκρινεν Δανιήλ. PG LVI, 42-43.

69 καὶ ὁ Δανιὴλ δωδεκαετὴς ὢν τοὺς λέοντας πρόβατα ἐποίησεν, οὐ τὴν φύσιν αὐτῶν μεταβαλών, ἀλλὰ τὴν θηριωδίαν αὐτῶν τῇ πίστει χαλινώσας· καὶ τοὺς ἀσυνέτους πρεσβυτέρους διελέγξας, κριτὴς τοῦ Ἰσραὴλ ἀναδείκνυται. Der Text findet sich PG LV, 567f. - Zur Verfasserfrage s. J.A. de ALDAMA, Repertorium Pseudochrysostomicum, Paris 1965, 109 n. 294.474.

ten sind weise, und nicht die Greise kennen Weisheit, sondern es ist
der Geist in den Menschen. Denn der weise Daniel wurde zwölfjährig vom
göttlichen Geist ergriffen und überführte die vergeblich weißes Haar
tragenden Alten, Verleumder und Begehrer fremder Schönheit (= der Frau
eines andern)." [70]
Die zweite bei B. WALTON abgedruckte syrische Übersetzung der Susanna-
Erzählung (מפקתא חרקליתא) "ex editione Heracliensi", um 616 n.C.) beginnt: "Als Daniel zwölf Jahre alt war, wohnte ein Mann in Babylon..."
und wiederholt diese Altersangabe nochmals in v.45 [71].
Noch Gregorius BAR-HEBRAEUS (Abu'l Farag; 1226-1286) benutzt diesen syrischen, durch Thomas von Charkel (Heraklea) bearbeiteten Text. Mit
dem Erzählungsbeginn "Als Daniel zwölf Jahre alt war" begründet BAR-
HEBRAEUS, weshalb in der syrischen Tradition Sus auch כתבא דדניאל זעורה
"Schrift vom kleinen Daniel" genannt werde. Andere syrische Bezeichnungen sind: תשעיתא/כתבא דשושן "Erzählung/Schrift über Susanna" [72].

Auch die griechische Handschrift 34 (Rom, Vat.gr.803, XII. Jhdt.; in
der Edition von J. ZIEGLER aufgeführt, aber nicht kollationiert) bezeugt diese Auslegungsüberlieferung in Sus 45: ...ἐξήγειρεν ὁ θεὸς τὸ
πνεῦμα τὸ ἅγιον Δανιὴλ παιδαρίου νέου ὡσεὶ ἐτῶν δώδεκα... [73]

---

70 Ἐπείπερ οὐχ οἱ πολυχρόνιοί εἰσι σοφοί, οὐδὲ οἱ γέροντες ἐπίστανται
    σύνεσιν, ἀλλὰ πνεῦμά ἐστιν ἐν βροτοῖς. Δανιὴλ μὲν γὰρ ὁ σοφὸς δωδεκα-
    ετὴς γέγονε κάτοχος τῷ θείῳ πνεύματι καὶ τοὺς μάτην τὴν πολιὰν φέρον-
    τας πρεσβύτας συκοφάντας καὶ ἐπιθυμητὰς ἀλλοτρίου κάλλους ἀπήλεγξε.
    IGNATIOS ad Magnesianos III 1-2, in: (F.X. FUNK -) F. DIEKAMP ed.,
    Patres Apostolici II, Tübingen ³1913, 114 Z.17-21.
    Zu den Text- und Überlieferungsproblemen der Langfassung der IGNATIOS-
    Briefe s. a.a.O. XVI-LXIV "Epistulae Pseudoignatii".

    In Ign ad Magn III 4 findet sich auch die Tradition vom bei Regierungs-
    antritt zwölfjährigen Salomo wieder, a.a.O. 116 Z.17; in dem mit den
    Pseudoignatianen zusammen überlieferten Brief der Maria aus Kassoboloi
    an IGNATIOS III 3 entscheidet der zwölfjährige Salomo den Streit der
    beiden Dirnen, a.a.O. Z.4-8.
    Zur Unbedenklichkeit des jugendlichen Alters eines ἐπίσκοπος und eines
    πρεσβύτερος werden im Brief der Maria als biblische Belege Samuel, Da-
    niel, Jeremia, Salomo (Dirnenurteil und Rätselstreit mit der Königin
    von Äthiopien), Joschija bei seinem Regierungsantritt und David (bei
    der Salbung durch Samuel) angeführt, a.a.O. 84-87.

71 B. WALTON, Biblia Polyglotta (s. Anm. 19) tom. IV. - Vgl. dazu C. JU-
    LIUS (s. Anm. 38) 40 Anm. 3; zum Motiv "zwölfjährig" auch noch JULIUS
    81 Anm. 1; 87 Anm. 6.

72 A. HEPPNER, Die Scholien des Bar-Hebraeus zu Ruth und den apokryphi-
    schen Zusätzen zum Buche Daniel nach den vier in Deutschland befindli-
    chen Handschriften von Bar-Hebraeus' אוצר ארזא ediert, übersetzt und
    mit Anmerkungen versehen, Diss.phil. Halle-Wittenberg, Halle a.S. 1888,
    zu Sus: 16-25.

73 VT Graecum cum variis lectionibus, ed. R. HOLMES - J. PARSONS, tom. V,
    Oxonii 1827 (ohne Seitenzählung).
    Der Titel von Sus in Hs.34 lautet: περὶ τῆς σώφρονος καὶ δικαίας
    Σωσάννης.

W. BAUMGARTNER verweist noch auf die Version der Susanna-Erzählung in 1001 Nacht, die ebenfalls Daniel zwölf Jahre alt sein läßt [74].

β. Susanna ist für HIPPOLYT Typos der Kirche: Von diesem Grundgedanken her allegorisiert er die übrigen Personen und Begebenheiten der Erzählung. Seine Ausführungen sind darum weniger eine Erläuterung der Susanna-Geschichte, vielmehr zieht HIPPOLYT viele Elemente aus ihr dazu heran, um seine theologische Konzeption der Kirche zu veranschaulichen und in der gegenwärtigen Bedrängnis (Christenverfolgung unter Septimius Severus 202?) den immer wieder angeredeten Christen Mut und Hoffnung zu machen [75].

> Die zahlreichen allegorischen Ausdeutungen haben nur in der Kirchen-
> vorstellung HIPPOLYTs und in seiner theologischen Deutung der Situa-
> tion der Christen seiner Zeit logische Stimmigkeit und Vereinbarkeit,
> nicht als Auslegung der Susanna-Erzählung: "Die Susanna bildete die
> Kirche voraus, ihr Mann Joakim den Christus. Der Park aber (ist) die
> Berufung der Heiligen, die wie fruchttragende Bäume in (der) Kirche
> gepflanzt sind. Babylon aber ist die Welt. Die zwei Ältesten aber zei-
> gen sich als Vorausbilder der zwei Völker, die der Kirche nachstellen,
> eines aus der Beschneidung und eines aus den Heiden. Denn wenn es
> heißt: 'Es wurden Machthabende des Volkes und Richter ernannt' (bedeu-
> tet dies), daß sie in dieser Welt herrschen und Macht haben, indem sie
> ungerecht die Gerechten richten." [76]

---

74 W. BAUMGARTNER, Susanna. Geschichte einer Legende, ARW 24 (1927) 259–
    280, hier 268.273; mit Nachträgen wiederabgedruckt in: W. BAUMGARTNER,
    Zum AT und seiner Umwelt. Ausgewählte Aufsätze, Leiden 1959, 42–66,
    hier 52 mit Anm. 2; 57.
    Wie das Verhältnis des von E. LITTMANN, Die Erzählungen aus den 1001
    Nächten, 6 Bde., (Leipzig 1923–29), Neudruck Wiesbaden 1953 = Frank-
    furt/Main [2]1981, übersetzten Textes (III 508f. im Neudruck) zu der in
    B. WALTONs Polyglotte vorliegenden arabischen Version von Sus Th im
    einzelnen ist, konnte ich nicht nachprüfen, jedoch sind in dem LITT-
    MANN-Text Anzeichen der Tradition, die in der herakleensischen syri-
    schen Fassung bezeugt sind, erkennbar: z.B. außer der Altersangabe
    Daniels der Stuhl, auf den Daniel sich dort tatsächlich setzt, u.a.

75 Zu HIPPOLYTs Lehre von der Kirche s. A. HAMEL, Kirche bei Hippolyt von
    Rom, BFChTh.M II/49, Gütersloh 1951, bes. 7–16 "Die Hl. Schrift bei
    Hippolyt: ihre Autorität, seine Exegese" und 40–46 "Die Kirche in den
    Bildern typischen Charakters: 'Susanna' und 'Das Paradies'".

76 Ἡ Σωσάννα προετυποῦτο εἰς τὴν ἐκκλησίαν, Ἰωακεὶμ δὲ ὁ ἀνὴρ αὐτῆς εἰς
    τὸν Χριστόν. Ὁ δὲ παράδεισος ...ἡ κλῆσις τῶν ἁγίων ὡς δένδρων καρπο-
    φόρων ἐν ἐκκλησίᾳ πεφυτευμένων. Βαβυλὼν δέ ἐστιν ὁ κόσμος. Οἱ δὲ δύο
    πρεσβύτεροι εἰς τύπον δείκνυνται τῶν δύο λαῶν τῶν ἐπιβουλευόντων τῇ
    ἐκκλησίᾳ, εἷς μὲν ὁ ἐκ περιτομῆς καὶ εἷς ὁ ἐξ ἐθνῶν. Τὸ γὰρ λέγειν
    "ἀπεδείχθησαν" ἄρχοντες "τοῦ λαοῦ καὶ κριταί", ὅτι ἐν τῷ αἰῶνι τούτῳ
    ἐξουσιάζουσι καὶ ἄρχουσι, κρίνοντες ἀδίκως τοὺς δικαίους. BONWETSCH
    GCS 23 Z. 28 - 24 Z. 6.

γ. Die Begründung für die Allegorese der zwei Ältesten auf Juden
und Heiden, die "ständigen Feinde der Kirche" (οἵ καὶ ἀεὶ ἐπίβουλοι
γίνονται τῆς ἐκκλησίας) , entnimmt HIPPOLYT den Vorwürfen Daniels an
die beiden bei seinem "Verhör" Sus 52f.56f.: Der erste werde von Daniel
als Gesetzeskenner, der zweite als "Same Kanaans und nicht Judas" angeredet [77] .

Bei der Besprechung der abweisenden Antwort Susannas an die zwei Ältesten
Sus 22f. erweitert HIPPOLYT die Gruppe der von ihnen Repräsentierten: Sie
symbolisieren nicht nur die Feinde der Kirche "von außen" (Juden und Heiden), sondern auch die "von innen" (in der Verfolgung die Kirche verraten-
de Scheinchristen und Häretiker). Mit der Deutung der zwei Ältesten als
"Gefährdung des Gottesvolkes von innen" (natürlich ohne die aktualisieren-
de Allegorese) ist HIPPOLYT nahe an die Aussageabsicht der Erzählung selbst
herangekommen.

> "Denn die Kirche wird nicht nur von den Juden bedrängt und in die Enge
> getrieben, sondern auch von den Heiden und von denen, die zwar Chri-
> sten heißen, es aber nicht sind, gleichsam als ob sie beim Anblick
> ihrer Keuschheit und Festigkeit versuchten, sie mit Gewalt zu vernich-
> ten." [78]
> Nur in Hippol[S] ist das Folgende erhalten: "Denn es sind jetzt viele
> lügnerische Verführer gekommen, betrügend die gerechten Seelen der
> Heiligen, die einen durch eitle Worte verkehrend, die anderen aber mit
> häretischen Satzungen verderbend, wollend sich Liebe bereiten." [79]

δ. Allegorisch werden auch die "passende Gelegenheit" (als Pascha-
fest), das Bad (als Taufe), die beiden Mädchen (als Glaube und Liebe), die
Salben (als Gebote des Herrn), das Öl (als Kraft des Hl. Geistes durch die
Firmung), Der Park/παράδεισος mit seinen Bäumen, Früchten, Strömen usf.
(als das Innere der Kirche: die heilige Versammlung der in Gerechtigkeit
Lebenden mit ihren Werken und Ordnungen von den Patriarchen bis in die Gegenwart) u.a. gedeutet [80] .

> "Welchen 'geeigneten Tag' (spähten sie aus), wenn nicht den des Pascha?
> An ihm wird den Erhitzten im Park/Paradies das Bad bereitet und wird

---

77 Vgl. BONWETSCH GCS 40 Z. 28f., 41 Z. 1-17.

78 Ἡ γὰρ ἐκκλησία οὐ μόνον ὑπὸ Ἰουδαίων θλίβεται καὶ στενοχωρεῖται,
    ἀλλὰ καὶ ὑπὸ ἐθνῶν καὶ ὑπὸ τῶν λεγομένων μέν, οὐκ ὄντων δὲ Χριστιανῶν,
    οἱονεὶ τὸ σῶφρον καὶ εὐσταθὲς ταύτης ἐνορῶντες φθείρειν ταύτην βιά-
    ζονται. BONWETSCH GCS 33 Z. 6-9.

79 BONWETSCH GCS 34 Z. 26-29.

80 Vgl. BONWETSCH GCS 26-30 (I 18-18).

(die Kirche wie) Susanna gewaschen und als reine Braut Gott vorgestellt. (Und) wie die beiden Mägde, die sie begleiten, bereiten Glaube
und Liebe (die die Kirche begleiten) das Öl und die Salben für die,
die gewaschen werden. Was aber waren die Salben, wenn nicht die Gebote
des Wortes? Was aber das Öl, wenn nicht die Kraft des Heiligen Geistes?
Mit ihnen werden nach dem Bad wie mit Myrrhe die Glaubenden gesalbt.
Dies wurde einst durch die selige Susanna unseretwegen vorausdarge-
stellt, damit wir, die an Gott Glaubenden, jetzt das in der Kirche Ge-
schehende nicht als unerhört (fremd) ansehen, sondern dies als längst
durch die Vorfahren (Patriarchen) vorausabgebildet im Glauben erfassen..." 81

Susannas Schönheit wird umgedeutet von einer körperlichen in eine Schönheit des Glaubens, der Keuschheit und der Heiligung:

"Nicht Schönheit am unzüchtigen Leib, wie sie Isebel umgab, und nicht
ein Aussehen, das durch vielerlei Schminke zustandegekommen ist - sie
besaß vielmehr (die) Schönheit (des) Glaubens und (der) Keuschheit und
(der) Heiligung." 82

c) Der homiletisch-paränetische Charakter von HIPPOLYTs Kommentar
zeigt sich immer wieder darin, daß Susanna auch als moralisches Vorbild,
nicht nur für die Kirche als ganze, sondern auch für die einzelnen Christen gezeichnet wird.

"Beachtet (die) Worte einer zuchtvollen und sorgsam auf Gott schauen-
den Frau!" 83
Zu Sus 23 "Es ist besser zu sterben, als vor Gott zu sündigen" heißt
es nach Hippol^S: "Deshalb ist auch unser Herr Jesus Christus gestorben
und lebendig geworden, damit er zu herrschen beginne über Lebendige
und Tote. Dies lehrte uns wieder die selige Susanna, in jeder Weise
in sich selbst abbildend die Geheimnisse der Kirche, deren Glaube und
Frömmigkeit und Keuschheit des Leibes auf der ganzen Erde bis jetzt
verkündigt wird... Ihr Männer nun nacheifernd der Reinheit Josefs,
ihr Frauen aber dem Reinen und dem Glauben der Susanna, gestattet
nicht, dass Anschuldigungen des Tadels gegen euch gesagt werden, damit

---

81 ποίαν "εὔθετον (ἡμέραν)" ἀλλ'ἢ τὴν τοῦ πάσχα; ἐν ᾗ τὸ λουτρὸν ἐν παραδείσῳ τοῖς καυσομένοις ἑτοιμάζεται καὶ (ἡ ἐκκλησία ὡς) Σωσάννα ἀπολου-
ομένη καθαρὰ νύμφη θεῷ παρίσταται; (καὶ) ὡς (αἱ δύο παιδίσκαι αἱ αὐτῇ
παρακολουθοῦσαι) πίστις καὶ ἀγάπη (αἱ παρακολουθοῦσαι) τὸ ἔλαιον καὶ
τὰ σμήγματα τοῖς λουομένοις ἑτοιμάζουσιν. τίνα δὲ ἦν τὰ σμήγματα ἀλλ'
ἢ αἱ τοῦ λόγου ἐντολαί; τί δὲ τὸ ἔλαιον ἀλλ'ἢ τοῦ ἁγίου πνεύματος δύ-
ναμις; αἷς μετὰ τὸ λουτρὸν ὡς μύρῳ χρίονται οἱ πιστεύοντες. ταῦτα
πάλαι προετυποῦτο διὰ τῆς μακαρίας Σωσάννης δι'ἡμᾶς, ἵνα νῦν ἡμεῖς οἱ
τῷ θεῷ πιστεύοντες μὴ ὡς ξένα τὰ νῦν γινόμενα ἐν τῇ ἐκκλησίᾳ νοήσωμεν,
ἀλλὰ πάλαι ταῦτα διὰ τῶν πατριαρχῶν προετυπώμενα πιστεύσωμεν... BON-
WETSCH GCS 26 Z. 18 - 27 Z. 4.

82 οὐ κάλλος περὶ σῶμα πορνικόν, ὃν τρόπον περιέκειτο τῇ 'Ιεζάβελ, οὐδὲ
ὄψις ποικίλοις χρώμασι πεφυκομένη, ἀλλ'εἶχε κάλλος πίστεως καὶ σωφροσύνης καὶ ἁγιασμοῦ. BONWETSCH GCS 36 Z. 28-30.

83 ἴδετε ῥήματα σωφρονούσης γυναικὸς καὶ θεῷ μεμελημένης. BONWETSCH GCS
33 Z. 5.

nicht das von den Ältesten Gesagte wahr werde." [84]

Die Schlußmahnung macht nochmals die Absicht und Eigenart von HIPPOLYTs Schrift deutlich: Nach einer Warnung, sich keiner Verfehlung schuldig zu machen, da Gott alles sieht und vergilt, "deshalb lebt wachsam im Herzen und zuchtvoll und ahmt Susanna nach, genießt den Park und kostet von dem immerfließenden Wasser, wischt allen Schmutz ab und heiligt euch durch das himmlische Öl, damit ihr Gott einen reinen Leib anbietet und die Lampen entzündet und den Bräutigam erwartet, damit ihr ihn, wenn er klopft, empfangt und Gott durch Christus lobpreist, dem die Ehre (sei) in Ewigkeit. Amen." [85]

Eine interessante Überlegung HIPPOLYTs, weshalb die zwei Ältesten sich allein durch das Nennen der Baumnamen selbst überführt hätten, sei hier noch erwähnt: "Denn als Daniel das Innere ihres Herzens durch seine Worte überführt und ihre heftige Begierde, die sie noch in (den) Augen trugen, ausgesprochen hatte, da wurden sie in bezug auf ihre von Anfang an (verübten) verborgenen Verfehlungen, die sie an den Töchtern Israels begangen hatten, offensichtlich überführt und, vom Hl. Geiste im Verstand verfinstert, nannten sie die Namen fremder Bäume, so daß sie durch ihr Wort sich selbst in Haft brachten." [86]

Der vorbildliche "Kampf der Susanna für ihre σωφροσύνη " (Besonnenheit, Zucht, Keuschheit) [87] (ἡ τῆς μακαρίας Σουσάννης σωφροσύνης ἄθλησις) ist das Thema einer dem JOHANNES CHRYSOSTOMUS zugeschriebenen, wahrscheinlich von JOHANNES dem Faster (JOHANNES IV., Patriarch von Konstantinopel, + 595) verfaßten Homilie, in der sich viele Motive finden, die inzwischen in die Auslegungs- und ikonographische Tradition eingegangen waren [88].

---

84 BONWETSCH GCS 34 Z. 13-25.

85 ...διὸ ἀεὶ ἐγρήγοροι καρδίαις καὶ σωφρόνως βιοῦντες τὴν Σωσάννην μιμήσασθε, καὶ τὸν παράδεισον ἐντρυφήσατε καὶ τοῦ ἀεννάου ὕδατος ἀπολαύσατε καὶ πάντα ῥύπον ἀποσμήξασθε καὶ ἐλαίῳ ἐπουρανίῳ ἁγιάσθητε, ἵνα σῶμα καθαρὸν θεῷ παραστήσητε καὶ τὰς λάμπαδας ἐξάψητε καὶ τὸν νυμφίον προσδοκήσητε, ἵνα κρούσαντα τοῦτον εἰσδέξησθε καὶ θεὸν διὰ Χριστοῦ ἀνυμνήσητε, ᾧ ἡ δόξα εἰς τοὺς αἰῶνας· ἀμήν. BONWETSCH GCS 44 Z. 15 - 45 Z. 4.

86 τοῦ γὰρ Δανιὴλ τὰ ἐνθύμια τῆς καρδίας αὐτῶν διὰ τῶν ῥημάτων ἐλέγξαντος καὶ τὴν δεινὴν αὐτῶν ἐπιθυμίαν ἣν ἔτι εἶχον ἐν ὀφθαλμοῖς ἐξειπόντος, τὰ τούτων κρύφια ἀπ'ἀρχῆς σφάλματα ἃ ἐποίουν εἰς τὰς θυγατέρας 'Ισραήλ, φανερῶς αὐτοὶ ἐλεγχόμενοι, ὑπὸ τοῦ ἁγίου πνεύματος ἐσκοτισμένοι τῷ νοΐ, ξένα δένδρα ὠνόμασαν, ἵνα διὰ τοῦ ῥήματος αὐτοὶ ὑφ'ἑαυτῶν συμποδισθῶσιν. BONWETSCH GCS 43 Z. 14-20.

87 Siehe U. LUCK, σώφρων, σωφρονέω, σωφροσύνη, ThWNT VII, Stuttgart 1964, 1094-1101, mit Lit.

88 Εἰς τὴν Σουσάνναν, PG LVI, 589-594. - Zur Verfasserdiskussion s. J.A. de ALDAMA, Repertorium Pseudochrysostomicum, Paris 1965, 66 n.176 (Lit.) Nach M. FAULHABER, Die Propheten-Catenen nach römischen Handschriften, BiblSt IV/2-3, Freiburg 1899, 213f. ist in drei Katenen-Handschriften der fünfte Prolog zu Sus, der ein Stück aus dieser Homilie zitiert, überschrieben: 'Ιωάννου ἐπισκόπου Κωνστ. ἐκ τοῦ εἰς τὴν Σουσάνναν

Die immer mehr die Auslegungen fast ausschließlich prägende Engführung
auf die "keusche Susanna" ist hier schon voll ausgeprägt. Wie in der
früheren Homilie desselben Verfassers "Über Josef und die Keuschheit" [89] , so "kämpfe (jetzt) also auch Susanna in diesem öffentlichen (= alle betreffenden?) Theater, wo Gott und Engel und Männer
und Frauen zusehen; sie soll kämpfen und lehren, wie junge Frauen bis
zum Tod für (ihre) Keuschheit kämpfen sollen" [90] .
Außer langen paränetischen Erwägungen zur Keuschheit begegnet in dieser Homilie auch die auf Sarkophagen und Fresken mehrfach dargestellte
Szene: Susanna zwischen den Ältesten in Gestalt von Löwen oder Wöl-
fen [91] .
Das Motiv, das schon bei HIPPOLYT angeklungen war, "Susanna im Park"
als Antitypos zu "Eva im Paradies", wird hier ausgeführt: "...und ihr
werdet euch wundern, wenn ihr hört, wo der Kampfplatz sich öffnete:
im Park/Paradies, wo die Schlange Eva verführt hatte. Als nun das Rin-
gen vorbereitet war...(befand sich) die Schlange in den Gesetzlosen,
der Glaube aber in der Keuschen..." [92]

H. SCHLOSSER hat Deutungsarten und -zusammenhänge der Susanna-Erzählung besonders im 4. Jhdt. mit den entsprechenden Textverweisen zusammengestellt: "Susanna als Rettungstyp; sie erlangte schweigend
Rettung, weil sie so mit Gott sprach; der Prozeß Jesu und Sus werden
einander gegenübergestellt (s.o. bereits bei HIPPOLYT); S. wollte
lieber einen ehrenvollen Tod als ein Leben in Schande; S. als Beispiel der Standeskeuschheit (die mit Abstand häufigste Verwendung!);
S. als Beweis der Allwissenheit und der Vorsehung Gottes; S. beweist
die Existenz des Hl. Geistes; S. in Verbindung mit den Eltern des
Blindgeborenen; die Greise als Beispiel des verkehrten Gewissens und
der Niedertracht; u.a." [93]

λόγος (so Ottob.452); Ἰωάννου ἀρχεπισκόπου Κωνστ. ἐκ τοῦ εἰς τὴν Σωσάνναν λόγου (so der Chigi-Kodex Chis.R VIII 54, ebenso Vat.1153-1154,
aber mit der Schreibweise εἰς τὴν Σουσάνναν).

89 PG LVI 587-590; vgl. J.A. de ALDAMA, Repertorium 108f. n. 293.

90 ἀγωνιζέσθω οὖν καὶ Σουσάννα ἐν τῷδε πανδήμῳ θεάτρῳ, ὅπου καὶ θεὸς καὶ
    ἄγγελοι καὶ ἄνδρες καὶ γυναῖκες ὁρῶσιν· ἀγωνιζέσθω καὶ διδασκέτω πῶς
    δεῖ νεωτέρας ἕως θανάτου ὑπὲρ σωφροσύνης ἀγωνίζεσθαι. PG LVI 590.

91 καὶ ἦν μόνη Σουσάννα ἀνὰ μέσον δύο λεόντων...οἴμοι, οὓς ἐδόκουν εἶναι
    ποιμένες, λύκους ὁρῶ. PG LVI 591.592. - Eine Übersicht über früh-
    christliche Darstellungen aus der Susanna-Erzählung findet sich bei
    H. SCHLOSSER, Die Daniel-Susanna-Erzählung in Bild und Literatur der
    christlichen Frühzeit, in: Tortulae. Studien zu altchristlichen und
    byzantinischen Monumenten, hrsg.v. W.N. SCHUMACHER, RQ Suppl. 30, Rom-
    Freiburg-Wien 1966, 243-249; vgl. H. SCHLOSSER, Art. Susanna, in: Lexi-
    kon der christlichen Ikonographie, Bd.IV Allg. Ikonographie, Freiburg
    1972, 228-231 (vom Ende des 3. bis zum 20. Jhdt.); H. LECLERCQ, Art.
    Suzanne, in: DACL XV,2, Paris 1953, 1742-52.

92 καὶ τὸ θαυμαστόν, ἐὰν ἀκούσητε ποῦ τὸ σκάμμα ἠνέῳκτο ἐν παραδείσῳ,
    ὅπου ἡ ὄφις τὴν Εὔαν ἠπάτησεν. ὡς οὖν ἕτοιμος γέγονεν ἡ πάλη...ὁ ὄφις
    ἐν τοῖς παρανόμοις, ἡ δὲ πίστις ἐν τῇ σώφρονι... PG LVI 591.

93 H. SCHLOSSER, Die Daniel-Susanna-Erzählung 244-246.

Ebenfalls wertvolle Hinweise zur Verwendung der Susannageschichte in
der frühen Kirche bietet ein Artikel von P.A. van STEMPVOORT über das
wohl ungefähr gleichzeitig mit dem HIPPOLYT-Kommentar entstandene Protevangelium Jacobi (um 200), in dem er eine HIPPOLYT ähnliche Exegese
aufweist [94].

2. ORIGENES in der Vermittlung des HIERONYMUS

Die bedeutenderen und in verläßlichem Wortlaut erhaltenen Ausführungen des
ORIGENES zu Sus finden sich in seinem Antwortbrief an JULIUS AFRICANUS (s.
o. S. 17-24). Auf sie wird noch bei der Erörterung jüdischer Traditionen,
die in Sus verwertet wurden, zurückzukommen sein. Ob ORIGENES' Erläuterungen zu Sus im Zehnten Buch seiner Stromata nur so fragmentarisch und kurz
waren, wie sie HIERONYMUS im Anhang seiner *expositio eorum quae in Danielis libro iuxta hebraicum continentur* überliefert, läßt sich nicht mehr
feststellen [95]. Durch die weite Verbreitung von HIERONYMUS' Danielkommentar erhielten diese ORIGENES-Bemerkungen in der HIERONYMUS-Übersetzung und
-Fassung eine maßgebliche Bedeutung für die lateinische Exegese der folgenden Jahrhunderte. Sie sind dort immer als bekannt vorauszusetzen bzw. werden mitkommentiert: Z.B. in welchem Sinne es sich bei Sus um eine *fabula*
handle; ob die zwei Ältesten mit den in Jer 29,21-23 erwähnten Achab und
Zidkija gleichzusetzen seien [96]; weshalb es Sus 23 αἱρετόν (gut) statt
des zu erwartenden αἱρετώτερον (besser) heiße; ob im AT φωνῇ μεγάλῃ
(mit lauter Stimme) nur vorbildliche Personen oder auch andere rufen; was
zum Wortspiel Baumnamen - Strafart zu sagen ist, usw. [97]

---

94 P.A. van STEMPVOORT, The Protevangelium Jacobi, the Sources of its
    Theme and Style and their Bearing on its Date, in: Studia Evangelica
    III, TU 88, Berlin 1964, 410-426; darin bes.: 415-417 The Protevg.Jac.
    and Susanna; 419-426 Susanna in the Early Church.

95 S. HIERONYMI presbyteri Opera, pars I opera exegetica 5: Commentario-
    rum in Danielem Libri III (IV), ed. F. GLORIE, CCSL LXXV A, Turnholti
    1964, De Susanna: 945-950; zit. 945 Z. 697f.

96 Nur diesen Absatz (zu Sus 5) behandelt in seinem 19. Kap. J. BRAVERMAN,
    Jerome's *Commentary On Daniel*. A Study of Comparative Jewish and
    Christian Interpretations of the Hebrew Bible, CBQ MS 7, Washington
    1978, 126-131. Auf BRAVERMANs Untersuchung wird noch bei der Traditi-
    onsgeschichte des in Sus verarbeiteten Stoffes zurückzukommen sein.

97 So übernimmt die im Mittelalter überall verbreitete *Glossa ordinaria*
    die ORIGENES-Bemerkungen nach HIERONYMUS zum guten Teil und ergänzt
    sie. - Verfasser der *Glossa ordinaria* war wohl nicht der Reichenauer
    Abt WALAHFRID STRABO (ca. 808-849), sondern die Schule um ANSELM von
    Laon (ca. 1050-1117); die *Glossa* zum Pentateuch (in die einige Anmer-
    kungen des HRABANUS MAURUS-Schülers WALAHFRID STRABO eingegangen sein
    könnten) und die *Glossa* zu den Propheten, damit auch zu Sus, wird dem

Die Tendenz der Auswahl und Umgestaltung durch HIERONYMUS zeigt sich
z.B. unverkennbar in dem einzigen kleinen Abschnitt, den er von den
Ausführungen des ORIGENES zu Bel referiert (zu Bel 18): *Hoc quod scrip-
tura nunc dicit: (rex) Clamavit voce magna, quia de idolatra et igno-
rante Deum dicitur, videtur observationem nostram subvertere, qua du-
dum asseruimus vocem magnam in sanctis tantum reperiri. Quod solvet
facile qui hanc historiam in libro Danielis apud Hebraeos dixerit non
haberi; si quis autem eam potuerit approbare esse de canone, tunc
quaerendum est quid ei respondere debeamus* [98].

So wertvoll es ist, daß durch die Übertragung des HIERONYMUS einige sprach-
liche Beobachtungen und Überlegungen zur paränetischen Verwendung einzel-
ner Sätze der Susanna-Erzählung aus den Stromata des ORIGENES erhalten geblieben sind - des HIERONYMUS unverhohlener Mangel an Sympathie für nicht
in der *hebraica veritas* enthaltene Schriften hat für Jahrhunderte bis in
unsere Gegenwart mit dazu beigetragen, daß die theologische Relevanz der
Susanna-Erzählung als ganzer unerkannt oder sogar fragwürdig blieb.

3. ALBERT der Große und NIKOLAUS von Lyra

Die Bibelkommentare ALBERTs (ca. 1200-1280) nehmen in dem ungemein umfangreichen und vielseitigen naturwissenschaftlichen, philosophischen und theologischen Schrifttum des *doctor universalis* einen eher bescheidenen Platz
ein [99]. J.-M. VOSTÉ charakterisiert ALBERTs exegetische Methode bei seinen
postillae zu den Prophetenbüchern (im Unterschied zu seiner sehr viel aus-
führlicheren Kommentierung der vier Evangelien) [100] folgendermaßen: "AL-
BERT beginnt immer mit einer logischen Gliederung des gesamten zu kommen-
tierenden Buches, untergliedert wieder und wieder Kapitel und Abschnitte,
zieht dann ähnliche biblische Texte in einzigartiger Fülle heran, so daß
die Bibel selbst die Bibel zu erklären scheint; gelegentlich fügt er noch

---

GILEBERTUS Universalis(Diakon von Auxerre, seit 1128 Bischof in London)
zugeschrieben. - Vgl. J. de BLIC, L'oeuvre exégétique de Walafrid Strabon et la Glossa ordinaria, RThAM 16 (1949) 5-28; B. SMALLEY, The Study of the Bible in the Middle Ages, Oxford (1940 [2]1952, bes.52.56-66.

98 CCSL LXXV A, 950 Z. 840-847. Mit diesen Worten schließt der Danielkom-
    mentar des HIERONYMUS.

99 Zu Leben und Werk des ALBERTUS Teutonicus bzw. de Alemania s. P. SIMON,
    Albert der Große, TRE II, Berlin-New York 1978, 177-184 (mit Lit.).

100 Daß, entgegen der Annahme von J.-M. VOSTÉ, die Entstehungsfolge der
    Schriftkommentare ALBERTs in den Jahren 1264-72 Evangelien - Psalmen -
    Große Propheten - Zwölfprophetenbuch - Ijob war, zeigt A. FRIES, Zur
    Entstehungszeit der Bibelkommentare Alberts des Großen, in: Albertus
    Magnus - Doctor Universalis 1280/1980, hrsg.v. G. MEYER OP und A. ZIM-
    MERMANN, Walberberger Studien, Philos. Reihe 6, Mainz 1980, 119-139.
    Im Anhang befindet sich eine umfangreiche ALBERT-Bibliographie.

Äußerungen der Väter, von Philosophen, besonders des Aristoteles, und
Dichtern an; schließlich erhellt er die biblische Erzählung noch mittels
der Heils- und Profangeschichte und aller Naturwissenschaften [101] .

ALBERTs Erläuterungen zu Sus in seinem Danielkommentar [102] sollen hier
exemplarisch für viele andere vorgestellt werden. Die Gliederung, die
den Erzählinhalt bis in kleinste Verästelungen logisch zu strukturie-
ren versucht, besticht zunächst, erweist sich dann aber weithin als an
den Text herangetragen und für die nicht gelingende Sinnerschließung
der Erzählung kaum relevant. Hier ALBERTs Gliederung im Überblick:

I. *quae ad Susannae condemnationem pertinent (Sus 1-44)*
   1. *accusatae descriptio (1-4): ab habitatione, a viri honestate, a
      nomine, a parentum dignitate, a pulchritudine, a virtute*
   2. *accusantium malitiosa conventio describitur (5-14): ab habitu
      inveteratae consuetudinis, ab abusu auctoritatis, ab opportuni-
      tate saepe objecti concupiscibilis, ab obstinatione perversita-
      tis, ab observatione insidiosa mulieris, a mutuo consensu faci-
      noris*
   3. *accusationis confictio (15-18): insidiosa observation et oppor-
      tunitas qua deprehendi posset*
   4. *accusandae ad crimen inductio (19-21)*
   5. *innocentis ad crimen dissensio (22-27)*
   6. *accusationis in judicio propositio (28-44): populi ad judicium
      convocatio, accusationis testificatio (: testificantium descrip-
      tio, condemnatae contristatio, testimonii prolatio), innocentis
      condemnatio, accusandae vocatio, condemnatae ad Deum oratio*
II. *quae ad Susannae liberationem pertinent s (Sus 46-60)*
   1. *judicii revocatio (45-50): instinctus s. Spiritus, Prophetae ad
      judicium dissensus, judicium revocandi debitus modus*
   2. *testium discussio et examinatio (51-59)*
   3. *iniquitatis inventio (60)*
III. *quae faciunt ad pessimorum vindicationem (Sus 61-62)*
de gratiarum actione (Sus 63)
de congruo merito Prophetae (Sus 64).

Die fortlaufenden Erläuterungen zu einzelnen Worten und Satzteilen
sind unterschiedlichster Art: grammatische Hinweise zur Vulgata (z.B.
zu Sus 20: *assentiri* sei früher im Lateinischen ein Deponens gewesen);
emblematische Deutung eines Begriffes (z.B. zu Sus 1: Joakim wohne "in
Babylon", d.h. *inter perversos*); Worterklärungen (z.B. zu Sus 18:
posticus = kleiner Durchgang, Nebentür); psychologische Begründungen
(z.B. zu Sus 14: "als sie zurückgekehrt waren" ergänze: weil die Be-

---

101 J.-M. VOSTÉ OP, S. Albertus Magnus Sacrae Paginae magister, II: In
    Vetus Testamentum, Romae 1932/33, 4. - Zu Daniel (a.a.O. 19-25) kann
    VOSTÉ zeigen, daß ALBERT trotz gelegentlicher Nennung des HIERONYMUS
    nicht dessen Kommentar, sondern nur seinen Bibeltext mit den Prologen
    und die *Glossa ordinaria* vor sich hatte.

102 Commentarii in librum Danielis Prophetae, in: B. Alberti Magni, Ratis-
    bonensis Episcopi, O.P., Opera Omnia, ed. A. BORGNET, vol.18, Parisiis
    1893, 447-653; zu Sus: 613-630.
    Zur Nachwirkung von ALBERTs Danielkommentar in der weitverbreiteten
    Pantheologia des RAINER von Pisa OP (+ 1348) gerade bei der Findung
    des Literalsinnes s. A. FRIES, Zum Daniel- und Psalmenkommentar Al-
    berts d.Gr., RThAM 19 (1952) 337-342.

gierde sie trieb); Umschreibungen mit anderen Worten; Definitionen (zu
Sus 9: *eversio sensus est a recto ordine perversio*); moralische Beleh-
rungen (z.B. zu Sus 12: Das Hinsehen nährt die Begierde); Namensetymo-
logien und -ätiologien, usw.

Das Prägende dieser Erläuterungen jedoch sind die ständig herangezoge-
nen Zitate aus dem Alten und Neuen Testament, manchmal auch aus Ovid,
"dem Philosophen" (Aristoteles), Hieronymus, Johannes Chrysostomus, u.a.

Gerade die Fülle der locker assoziierten Zitate charakterisiert die *postilla* ALBERTs in ihrer Eigenart: Der alte, weise "doctor universalis" *medi-
tiert*, jeweils ausgehend von Worten oder Sätzen der Susannageschichte -
eine Auslegung der Erzählung als ganzer und in sich ist gar nicht sein
Ziel.

NIKOLAUS von Lyra OFM (1270-1349), der *doctor planus et utilis*, war durch
seine zwischen 1350 und 1450 in 700 Handschriften verbreitete *Postilla lit-
teralis*, die 1471/72 auch als erste Bibelerklärung gedruckt wurde, einer
der herausragenden Exegeten des Mittelalters [103]. NIKOLAUS benutzte für
seine Kommentare der Hl. Schrift ausgiebig die Werke jüdischer Gelehrter
des Mittelalters, u.a. besonders den Rabbi Salomo ben Isaak (RASCHI von
Troyes, 1040-1105) [104].

Die *Postilla in Danielem* entstand um 1328 und wurde, wie seine übrigen
postillae zur Hl. Schrift, immer wieder gemeinsam mit der *Glossa ordinaria* [105] und, nach Ausgaben wechselnd, anderen Zusätzen (z.B. Auslegung der
HIERONYMUS-Prologe durch WILHELM den Bretonen OFM, um 1250; Zusätze des
PAULUS von Burgos, Antworten des MATTHIAS Thoring, u.a.) abgedruckt [106].

NIKOLAUS teilt seine *postilla* zu Sus, wie auch die zu anderen biblischen Büchern, in eine fortlaufende Texterläuterung und in gesondert
davon gedruckte Ausführungen (*Moraliter*) ein. Zu Beginn von beidem
streicht er heraus, daß Sus und Bel et Draco *non sunt de canone* (s.o.
S. 26); da sie aber keine selbständigen Bücher seien, wolle er sie

---

103 Vgl. F. VERNET, Lyre (Nicolas de), DThC IXa, Paris 1926, 1410-1422.

104 Das Verhältnis insbesondere des NIKOLAUS von Lyra zu RASCHI hat unter-
    sucht: H. HAILPERIN, Rashi and the Christian Scholars, Pittsburgh 1963.

105 S. dazu oben Anm. 97.

106 Im folgenden benutzt sind die Ausgaben: TEXTUS BIBLIE cum Glosa ordi-
    naria, Nicolai de lyra postilla, Moralitatibus eiusdem, Pauli Burgen-
    sis additionibus, Matthie Thoring replicis, IV[a] pars: Isaias...Macha-
    baeorum, Basel 1507, zu Sus: 328r -329v.
    BIBLIORUM SACRORUM tomus quartus cum Glossa ordinaria, & Nicolai Lyra-
    ni expositionibus, Additionibus & Replicis. In libros Isaiae...Macha-
    baeorum. Novissime omnia summa cura ac diligentia recognita, Lugduni
    1545, zu Sus: 328r - 329v. (Diese Lyoner Ausgabe ist gleich paginiert
    wie die Baseler, aber in größerem Format neu gesetzt.)

hier kurz behandeln und nicht bei den "nichtkanonischen" Büchern.
Seiner Litteralexegese stellt NIKOLAUS eine im Mittelalter üblich ge-
wordene *divisio* der ganzen Susanna-Erzählung voran, die dann vor den
Abschnitten jeweils noch differenziert wird. Wie bereits bei ALBERT gezeigt, ordnen diese Gliederungen den *Inhalt* bzw. was als solcher erfaßt
wird, sie gehen nicht von literarischen Signalen und Strukturbeobach-
tungen aus. Nach NIKOLAUS hat die Susannageschichte *vier* Teile:
I. Susannae nefaria tentatio (1-24a): personae tentatae virtus (1-4),
tentantium status ibi (5-6), tentationis ortus (7-14), tentationis
modus (15-24a: fraudulentia et insidiatio, maligna suggestio, Susannae
virtuosa electio);
II. ipsius maligna accusatio (24b-40): extra iudicium (24b-27), in iudi-
cio (28-40: Susannae citatio, accusantium iuratio, iuratorum testifi-
catio);
III. eius iniqua condemnatio (41-43) ostenditur ex populi ignorantia
et ex Susannae innocentia;
IV. ipsius digna liberatio (44-63): Danielis appellatio a sententia in-
iqua (44-49), testium diligens examinatio (50-59), ipsorum condemna-
tio (60-62), pro praedictis gratiarum actio (63).
Sus 64 ist in die Gliederung der Erzählung nicht aufgenommen.

Zweierlei erscheint bei den knappen und treffenden Erläuterungen bemerkenswert: einerseits das ständige Interesse NIKOLAUS' am Erzählfaden (*hic con-
sequenter ponitur...in quo apparet...sequitur;* immer wieder weist er auf
die Stringenz der Erzählung hin und begründet die Reden und Züge der Handlung von dort her), und zum anderen die kenntnisreiche Einbeziehung des AT
und des jüdischen Hintergrundes. So verwendet NIKOLAUS z.B. die längste
Einzelanmerkung darauf, wie die von der *Glossa* (aus ORIGENES vermittelt
durch HIERONYMUS) zu Sus überlieferte jüdische Tradition zu verstehen sei,
die beiden Ältesten seien die in Jer 29 genannten Achab und Zidkija. Dem
scheine zu widersprechen (*sed contrarium videtur*): Achab und Zidkija wurden vom König im Feuer geröstet, die beiden Ältesten vom Volk gesteinigt.
Auf den Einwand sei zu antworten (*dicendum*): a. in der Schrift kann jede
Form von Todesstrafe mit "Feuer" bezeichnet werden, so auch hier (steinigen = im Feuer rösten); b. Todesurteile konnten in Babylon nur auf Befehl
des Königs ausgeführt werden: *propter quod rex fecit principaliter et auto-
ritative, populus autem executive.*

Die Ausführungen des NIKOLAUS *Moraliter* (was die Erzählung "lehrt") sind
zwar sehr kurz, aber bezeichnend. Bezüglich Susannas und der Ältesten wird
jeweils zweierlei hervorgehoben. Bei Susanna wurde die vornehme Herkunft,
die manchmal zu schlechtem Handeln ermutigt, und die körperliche Schönheit,
die andere verführt, durch ihre Erziehung nach dem Gesetz und die Gottesfurcht gestärkt und auf dem guten Wege gehalten. Bei den zwei Zeugen ist
erstens ihre Situation (*conditio*) zu beachten: "Wie sehr sie auch Greise
an Alter, Richter an Autorität, Priester an Heiligkeit ihres Dienstes sind,

...darf man ihnen doch nicht zustimmen ohne gebührende Prüfung...", und zweitens ihre Überprüfung: Sie sind getrennt zu vernehmen, anzufahren und einzuschüchtern. Die Schulung des NIKOLAUS an den Werken der jüdischen Gelehrten ist nicht zu verkennen.

Eine eigenständige, glückliche Verbindung der Kommentierweisen ALBERTs und NIKOLAUS' (deren Schriften er kennt und benutzt) zeigt sich bei DIONYSIUS dem Karthäuser (1402-1471), dem *doctor ecstaticus*, der auch "der letzte Scholastiker" genannt wurde [107]. Im *Articulus XIV* seiner um 1440 verfaßten *Enarratio in Danielem Prophetam* beginnt er nach einer kurzen Einleitung zur Kanonfrage (s.o. S. 27): *Nunc ergo exponenda est littera* [108]. Wie ALBERT zieht er zur Stütze seiner Erläuterungen und Überlegungen zu einzelnen Worten und Sätzen und zum Erzählverlauf zahlreiche Texte aus dem AT und dem NT, aus den Kirchenvätern, aber auch aus Ovid, Pamphilus u.a. heran, bleibt jedoch, trotz unvergleichlich größerer Breite, wie NIKOLAUS recht nahe beim auszulegenden Text.

4. Kommentare des 16. und 17. Jahrhunderts

Im folgenden sind beispielhaft drei verschiedene Auslegungen zur Susanna-Erzählung von Jesuitentheologen ausgewählt, deren vielfache Nachdrucke Hochschätzung und Einfluß bezeugen.

Juan de MALDONADO (1534-1583) hatte lange in Paris Philosophie und Theologie doziert und wandte sich dann der Heiligen Schrift zu. Sein Prophetenkommentar wurde erst posthum (Lyon 1609) gedruckt [109]. Zu Sus beschränkt er sich auf wenige kurze philologische Anmerkungen (er zieht den griechischen Text zur Klärung der Vulgata heran und notiert einige Hebraismen in hebräischer Schrift) und auf knappe Erklärungen des Wortlauts der Erzählung. Nur sparsam zitiert er andere Schriftstellen, auf die in Sus ausdrücklich Bezug genommen wird oder die ähnliche Wendungen benutzen. Er kennt die exegetische Tradition und notiert, wo er ihren Deutungen nicht zustimmt.

Sehr viel deutlicher von apologetischen Anliegen geprägt ist der auf Anregung des Kardinals CARAFFA entstandene und ihm gewidmete große Danielkom-

---

107 Zu DIONYSIUS VAN LEEUW (oder: von Rijkel im belgischen Limburg) s. A. STOELEN, Denys le Chartreux, DSp III, Paris 1957, 430-449.

108 Doctoris ecstatici D. DIONYSII CARTUSIANI Opera Omnia, tom. X: Enarratio in Danielem et XII Prophetas minores (verfaßt 1440), Monstrolii 1900, zu Sus: 165-177, hier 165.

109 Im Jahre 1581, kurz vor seinem frühen Tode, kam MALDONADO nach Rom zur Generalkongregation der Gesellschaft Jesu und wurde danach vom Papst zur Mitarbeit an einer LXX-Ausgabe berufen.
   Im folgenden ist die Erstveröffentlichung seines Prophetenkommentars in Deutschland benutzt: Joannis MALDONATI Andalusii Societatis Jesu theologi Commentarii in Prophetas IIII Jeremiam, Baruch, Ezechielem & Danielem, Moguntiae 1611, zu Sus: 746-752.

mentar von Benito PEREIRA (1535-1610) [110]. Die Eigenart dieses Werkes wird
am besten durch einen Blick auf das "Fragenverzeichnis" und das "Verzeichnis der für die Predigt nützlichen Themen" deutlich:

*Index quaestionum et insigniorum tractationum, quae in singulis libris
explicantur:...(in libro XVI): An historia Susannae & Belis, quae duo-
bus ultimis capitibus libri Danielis narratur, sit canonica. Compara-
tio Lucretiae & Susannae in virtute, & laude castitatis. An in iudi-
cio Susannae, Daniel, re vera fuit puer. Ratio servanda in examinandis testibus, exemplo Danielis. Disputatio de illa agnominatione & al-
lusione nominum earum arborum, sub quibus illi senes se mentiebantur
fuisse, qua Daniel usus est ad eos convincendos falsitatis. Quae poena
fuerit adulterorum apud Romanos, Parthos, Aegyptios, Graecos, & Turcas.*

*Index eorum quae in singulis libris huius operis pertinent ad doctri-
nam moralem et usui esse possunt concionatoribus: (in libro XVI) Pon-
deratur exemplum castitatis Susannae, comparando ipsam cum Romana Lucretia. In quo posita sit perfecta ratio castitatis. De ratione servanda in examinandis testibus, exemplo Danielis. De poena adulterorum,
tam apud Hebraeos, quam apud alias gentes.*

CORNELIUS A LAPIDE (1567-1637) [112] kennt die exegetische Tradition von den
Anfängen bis in seine Zeit und zieht sie ebenso wie die klassische, die
theologische und die erbauliche Literatur ausführlich heran. Die Engführung seiner Auslegung zu Sus geht aber bereits aus seiner Überschrift hervor: "Die keusche Susanna, fälschlich von zwei Alten des Ehebruchs angeklagt, wird vom Knaben Daniel befreit und gerächt" [113]. So liegt dann auch
das Schwergewicht seiner Ausführungen hier weniger bei der Texterklärung

---

110 Im Jahre 1535 in Ruzafa bei Valencia geboren, trat PEREIRA 1552 in den
Jesuitenorden ein und wurde zum Studium nach Rom geschickt. Dort lehrte er auch seit 1576.
Sein Danielkommentar wurde erstmalig 1587 in Rom gedruckt. Hier ist
die erste der Lyoner Ausgaben (1588, 1591, 1602; andere erschienen
1594 in Antwerpen u.ö.) benutzt: Benedicti PERERII Valentini e societate Iesu Commentariorum in Danielem Prophetam libri sexdecim, Lugduni 1588; zu Sus: Buch XVI, p. 784-798.

111 A.a.O. dem Kommentar vorangestellt, ohne Seitenzählung.

112 Cornelis Cornelissen van den STEEN, geboren 1567 in Bocholt bei Lüt-
tich, trat 1592 in die Gesellschaft Jesu ein, lehrte 1598-1616 in Löwen, danach bis zu seinem Tode in Rom am Collegio Romano. Er kommentierte alle Bücher der Hl. Schrift (außer den Psalmen und Ijob).

113 Benutzt wurde der Nachdruck: R.P.C. CORNELII A LAPIDE e Societate Jesu,
S. Scripturae olim Lovanii, postea Romae professoris, Commentarii in
Scripturam Sacram, tom. VI: In quatuor Prophetas majores, Lugduni-Pari-
siis 1854; zu Sus: 1501-1510. - Die Commentarii waren zuerst 1621, zuletzt von CORNELIUS A LAPIDE durchgesehen Antwerpen 1634 veröffentlicht worden; es folgten zahlreiche Neuauflagen 1661, 1689, 1703...

als bei Lehren und z.T. fragwürdig moralisierenden Mahnungen (z.B. über
die sittlichen Gefahren, ein Bad zu nehmen) und bei zahllosen Beispielgeschichten, vorbildlichen und verwerflichen (von Lucretia über römische Ma-
tronae und antiochenische Jungfrauen, ottonische Kaiserinnen, mittelalter-
liche Heilige und Verbrecher bis zu portugiesischen und italienischen Kauf-
leuten des 17. Jhdts. in Antwerpen) - die Susanna-Erzählung selbst und
ihre Erläuterung treten als Rahmen eher in den Hintergrund bzw. sind vor
allem Anlaß für die gelehrten bis folkloristischen Beispielgeschichten.

5. Beiträge aus dem 19. und 20. Jahrhundert

Durch die Wiederentdeckung des LXX-Textes zum Buch Daniel 1772 (Chigi-
Kodex) und 1788 (Syrohexaplaris, s.o. S. 11f.) und die sich entwickeln-
de historisch-kritische Methode der Exegese entstand auch für die Auslegung der Susanna-Erzählung eine neue Situation. Aus der großen Zahl
der Einleitungen, Kommentare, Artikel und Einzeluntersuchungen (s. das
Literaturverzeichnis) sind im folgenden einige ausgewählt, die wichtigere Beiträge geliefert haben und größeren Einfluß erlangten.

Bereits Johann David MICHAELIS (1717-1791) [114] hatte die Unwahrscheinlichkeit einer konsequenten historischen und rechtsgeschichtlichen Deutung von
Sus aufgezeigt: "Aus dem Lande, in dem ein solcher Proceß wäre, möchte jeder, dem sein Leben lieb ist, entfliehen; und wer das mosaische Recht damit beschenken wollte, würde ihm das ärgste nachsagen." [115]

Johann Gottfried EICHHORN (1752-1827) [116] schließt aus den noch differen-
zierter erhobenen "HauptUmständen voll historischer Unwahrscheinlichkeit
in der Erzählung.., daß das ganze Stück eine moralische Dichtung seyn
möge" [117].

"In der Septuaginta ist die Erzählung mit einer Moral beschlossen, als
wäre sie zur Rechtfertigung der Wahl eines sehr jungen Mannes zum Vorsteher oder VolksFührer, und zu seiner Empfehlung gedichtet, nicht
ohne gehässige Anspielungen und SeitenBlicke auf gewisse alte Richter,
Vorsteher oder VolksFührer, gegen welche der Verfasser der Dichtung

---

114 Über die Stellung von J.D. MICHAELIS in der Geschichte der Forschung
am AT s. H.-J. KRAUS, Geschichte der historisch-kritischen Erforschung
des AT, Neukirchen (1956) [2]1969 ([3]1982), 97-103.

115 J.D. MICHAELIS, Mosaisches Recht I-VI, Biehl 1777; zu Sus: VI § 300,
S. 99-108, zit. 108.

116 Dem "großen Enzyklopädisten der alttestamentlichen Wissenschaft" wid-
met H.-J. KRAUS ein ganzes Kapitel: a.a.O. 133-151.

117 J.G. EICHHORN, Einleitung in die apokryphischen Schriften des AT,
Leipzig 1795; zu Sus: 447-482, zit. 456.

einnehmen wollte." [118]

Die Th-Fassung hält EICHHORN für eine Überarbeitung des griechisch verfaßten LXX-Textes, der "blos in einer neuen Ausgabe zu einer ründern, zu-
sammenhängendern, wahrscheinlichern Erzählung habe gemacht werden sollen" [119].

> Nach dem LXX-Text sollte die Erzählung "eine lehrende Fabel seyn: nach
> dem Exemplar, das wir unter Theodotions Namen haben, sollte sie für
> ein Fragment aus der wahren Geschichte angesehen werden. Der Urheber
> desselben, sey es Theodotion oder ein anderer jüdischer Schriftstel-
> ler gewesen, behielt daher die in dem frühern aus der Septuaginta be-
> kannten Exemplar gefundene Moral nicht bey, sondern suchte der Erzäh-
> lung durch Anfang und Ende und Erweiterungen in der Mitte allen An-
> strich einer Fabel zu benehmen." [120] EICHHORN begründet dieses Urteil
> dann im einzelnen am Text der Th-Fassung.

Die syrischen Übersetzungen enthielten noch weitere Ausschmückungen gegenüber Th: "Das Verhältniß der beyden syrischen Versionen (zu Th) ist gerade wie das des Theodotions zu dem Text der Septuaginta." [121]

> Ähnlich wie EICHHORN, wenn auch ohne Bezugnahme auf ihn und ohne aus-
> führliche Begründung, schreibt Johann JAHN (1750-1816) in seiner
> schulbuchartigen Einleitung die später vielzitierten Sätze: "Die
> leichteste Lösung wäre, wenn man die ganze Erzählung als eine Parabel
> ansehen wollte, da dann alle Schwierigkeiten weiter nichts als Fehler
> gegen die Aesthetik sind, die in einem Gedichte eben nicht sehr in An-
> schlag gebracht werden können. Der Verfasser wollte nähmlich in einem
> Gemählde anschaulich darstellen, daß auch alten angesehen Männern kein
> unbegränztes Zutrauen zu schenken sey, sondern im Gegentheil edel und
> gottselige junge Leute zu schätzen, und alten Bösewichtern weit vor-
> zuziehen sind. Dieses, als das Resultat der Erzählung, ist auch in
> dem Alexandrinischen Texte am Ende ausdrücklich angemerkt..." [122]
> Auch JAHN hält Th für eine Umarbeitung von LXX.

> Gegenüber JAHN ("...wenngleich diese Meinung unschädlich ist") möchte
> Thaddäus Anton DERESER doch "die Erzählung von Susanna auch als *Ge-
> schichte* rechtfertigen", eine kaum überzeugende apologetische Be-
> mühung [123].

---

118 EICHHORN, Einleitung 457.

119 A.a.O. 472.

120 A.a.O. 459; vgl. 459-467.

121 A.a.O. 477. EICHHORN druckt dann syrisch (z.T. mit deutscher Überset-
    zung) die Hauptabweichungen der syrischen Fassungen nach B. WALTONs
    Londoner Polyglotte und nach JACOB von Edessa ab.

122 J. JAHN, Einleitung in die Göttlichen Bücher des Alten Bundes II, 3-4,
    Wien (1802) [2]1803; zu Sus: § 225-227, S. 871-876, zit. 874f. -
    Wegen solcher und ähnlicher Urteile zu anderen Büchern des AT verlor
    JAHN 1805 seinen Lehrstuhl für katholische Theologie in Wien.

123 Th.A. DERESER (bearbeitet von J.M.A. SCHOLZ), Die hl. Schrift des AT
    IV,3: Ezechiel und Daniel, Frankfurt [2]1835; zu Sus: 271.295-298.398-
    404. DERESER plädiert für ein semitisches Original.

Eher nebenbei und ohne sie in seinen Ausführungen fruchtbar werden zu
lassen, führt Leonhard BERTHOLDT (1774-1822) eine wichtige Kategorie
in die Deutung der Susanna-Erzählung ein. In Absetzung von J. JAHNs
"Parabel" und Th.A. DERESERs "Geschichte" schreibt BERTHOLDT: "Es
scheint daher besser zu sein, die Sache als eine Sagengeschichte, als
eine jüdische Aggadah zu betrachten." [124] Erst viele Jahrzehnte später
wird N. BRÜLL diesen Begriff inhaltlich füllen und zeigen, daß die bei-
läufige Bemerkung BERTHOLDTs einen wesentlichen Schlüssel zum Verständnis von Sus enthält.

Den bei stichwortartiger Knappheit philologisch gründlichsten und bestin-
formierten Kommentar, den zu konsultieren sich auch heute noch lohnt, veröffentlichte 1851 Otto Fridolin FRITZSCHE. Er legt die LXX- und die Th-
Fassung, die er für eine bloße Überarbeitung der LXX hält, abschnittweise
getrennt aus. Möglicherweise habe der Erzählung eine Sage zu Grunde gelegen [125].

Die Absicht, den kirchlichen Gebrauch der Th-Fassung anstelle des LXX-
Textes auch bei Sus zu rechtfertigen und die "Glaubwürdigkeit der Geschichte der Susanna" zu zeigen, prägt den Artikel von Theodor WIEDER-
HOLT: Th habe sich der hebräischen oder aramäischen Urfassung genau
angeschlossen wie bei Dan 1-12, die LXX aber habe dieselbe Urschrift
mit Auslassungen und Zusammenfassungen übersetzt; mit Hilfe von Jer 29
sei die Zeit des in Sus Berichteten kurz nach 586 anzusetzen, Verfasser sei nicht Daniel, sondern ein Jude während oder nach dem Exil (so
im Anschluß an CORNELIUS A LAPIDE) [126].

Eine Wende in der Auslegung von Sus führt die Arbeit des Frankfurter Rabbi-
ners Nehemia BRÜLL herbei [127]. "Man hat die Frage nach Ursprung und Tendenz
der Susanna-Schrift bisher aus Mangel an Material zur Aufklärung darüber
fast ganz mit Stillschweigen übergangen." [128] Gerade diese für das Verständnis der Erzählung so wichtigen Fragen will BRÜLL durch Beiziehung von Stoffen aus den Talmudim und der Midraschüberlieferung einer Lösung entgegen-
führen. Dies gelingt ihm auch hervorragend und bis heute gültig (s.u. den

---

124 L. BERTHOLDT, Historischkritische Einleitung in sämmtliche kanonische
und apokryphische Schriften des alten und neuen Testaments I-VI, Erlangen 1812-1819; zu Sus: IV (1814) § 394, S. 1572-1582, zit. 1575.

125 O.F. FRITZSCHE, Zusätze zu dem Buche Daniel, in: Kurzgefasstes exegetisches Handbuch zu den Apokryphen I, Leipzig 1851, 109-154; zu Sus: 116-
119.132-145.

126 Th. WIEDERHOLT, Die Geschichte der Susanna, ThQTüb 51 (1869) 287-321.
377-399.

127 N. BRÜLL, Das apokryphische Susanna-Buch, Jahrbücher für Jüdische Geschichte und Literatur 3, Frankfurt a.M. 1877, 1-69.

128 N. BRÜLL, Susanna-Buch 4.

Abschnitt zur Traditionsgeschichte) für das Problem des Ursprungs bzw. der
verwendeten Traditionen - sehr viel weniger plausibel aber für die Frage
nach der "Tendenz". Dafür wäre eine Unterscheidung der Erzählabsicht in
der LXX und in Th unerläßlich gewesen, eine einheitliche Tendenz kann bei
ihnen nicht einfach vorausgesetzt werden. Die juristisch-halachische These von N. BRÜLL [129], es werde hier zur Zeit des Alexander Jannai im Sinne
des Simon ben Schetach die pharisäische Straftheorie zur Behandlung von
Falschzeugen erzählerisch propagiert, hat den Wert seines Artikels weithin verdunkelt.

Ganz übernommen und ausführlich referiert wurden die Thesen von BRÜLL in
der Einleitung zu dem ansonsten selbständigen und reichhaltigen Kommentar
von Charles James BALL, der damit auch BRÜLLs Gesamtinterpretation einschließlich der Datierung und der These von der rechtspolitischen Absicht
in der englischsprachigen Welt bekanntmachte [130].

> Dasselbe geschah nochmals, allerdings ohne so deutliche Kennzeichnung
> der Thesen als von BRÜLL herkommend, und zusammen mit vielen anderen
> wertvollen Beobachtungen in dem dann weltweit verbreiteten Kommentar
> von David M. KAY [131].

> Aber auch manche anderen Autoren schließen sich ganz oder wenigstens
> zur Frage der Absicht der Erzählung an C.J. BALL und damit an N. BRÜLL
> an, z.B. der bereits erwähnte, besonders die syrischen Texterweite-
> rungen berücksichtigende Lexikonartikel von J.T. MARSHALL [132] und die
> Einführung von W.O.E. OESTERLEY [133].

Ein Kompendium wichtiger Beiträge der Auslegungstradition von den Anfängen
an enthält der Kommentar von Joseph KNABENBAUER, der aber selber noch an
der unbefragten Voraussetzung festhält, die Susanna-Erzählung berichte
eine geschichtliche Begebenheit [134]. An Stellen, wo er sich vom Histori-
sierenmüssen frei fühlt, ist er eine Fundgrube treffender Beobachtungen

---

129 "Das Susanna-Buch ist somit nichts anderes als eine anti-sadducäische
Tendenzschrift, in welcher auf nicht ungeschickte Weise ein alter Sa-
genstoff von einem Processe gegen Frauenverführer so bearbeitet wurde,
dass er zu einem belehrenden Zeitbilde sich gestaltete." N. BRÜLL, Das
Susanna-Buch 63.

130 C.J. BALL, The Additions to Daniel II: The History of Susanna, in: The
Holy Bible. Apocrypha vol.II, ed. H. WACE, London 1888, 323-343.

131 D.M. KAY, Susanna, in: The Apocrypha and Pseudepigrapha of the OT, ed.
R.H. CHARLES, vol.I, Oxford 1913, 638-651.

132 J.T. MARSHALL, Susanna, in: A. Dictionary of the Bible, ed. J.HASTINGS,
vol.IV, Edinburgh 1902 (= [4]1905), 630-632.

133 W.O.E. OESTERLEY, An Introduction to the Books of the Apocrypha, London (1935) reprinted 1958; zu Sus: 280-286.

134 J. KNABENBAUER, Commentarius in Danielem prophetam, Lamentationes et

und Anregungen.

Noch stärker vom apologetischen Anliegen geprägt waren die Ausführungen in der "Einleitung" von Rudoph CORNELY [135].

Ein Kuriosum stellt der Kommentar von Anton SCHOLZ dar [136]. Er geht
davon aus, "dass es im a.T. eine Reihe von Schriften gebe, die allegorisch geschrieben sind, dass also die 'historisch-grammatische' Methode als allgemeines Erklärungsprinzip falsch sei" [137]. Neben Judit, Tobit und Ester hält SCHOLZ auch Susanna (wie Bel und Drache) für einen
"prophetischen Midrasch, d.i. eine Allegorie". Nachdem er sich durch
diese Grundannahme von allem Historisieren völlig entlastet hat (Sus
"ist, man möchte sagen, aus lauter Unwahrscheinlichkeiten zusammenge-
setzt, die sich nicht selten fast zu Unmöglichkeiten steigern" [138]),
gelingen ihm bei der Kommentierung im einzelnen mehrere gute und interessante Beobachtungen, die er aber durch seine kraus-willkürlichen
Allegorisierungen grundlegend entwertet: Sus behandle "das Thema von
Esther (= 'prophetischer Midrasch' [Allegorie], welcher von der end-
lichen Bekehrung Israels und von dem Kampfe Gog's gegen das messiani-
sche Reich und von dessen Untergang handelte) unter anderen Formen
und verschiedenen Namen: ...Susanna stellt demnach dieselbe Idee vor
wie Esther, Daniel wie Mardochäus, die Alten wie Haman..." [139] Die Berufung von SCHOLZ auf HIPPOLYT ("Nach Weglassung der geschichtlichen
Auffassung stimmt das wesentlich mit meiner Meinung" [140]) ist unbe-
rechtigt. A. SCHOLZ fühlt sich als "Apologet der Bibel", der dem Kampf
gegen den "bedrohenden Angriff auf die hl. Schrift" (von seiten der
historisch-kritischen Exegese) nicht scheu ausweichen will [141]. Er hat
aber seinem Anliegen wohl mehr geschadet als genützt.

Mit Sympathie behandelt William Heaford DAUBNEY die Susanna-Erzählung,
sorgfältig berichtet er die Probleme des Textes und der Auslegung, er-
wägt die klassischen und neueren Lösungsvorschläge, ohne sich zu sehr
festzulegen, und gibt einen guten Überblick besonders über die eng-
lischsprachige Literatur des 19. Jahrhunderts. "Much admirable moral
teaching therefore may be drawn from the characters of this little
work of world-wide interest, teaching which is needed in all nations
and in all periods." [142]

Baruch, CSS III,4, Paris 1891 ([2]1907); zu Sus: 113-130.325-342.

135 R. CORNELY, Historica et critica Introductio in V.T. libros sacros,
vol.II,2 Introductio specialis in didacticos et propheticos V.T. libros,
CSS, Paris (1887) [2]1897, 504-509.

136 A. SCHOLZ, Commentar über das Buch "Esther" mit seinen "Zusätzen" und
über "Susanna", Würzburg-Wien 1892.

137 A.a.O. I.

138 A.a.O. 136.

139 A.a.O. 138.

140 A.a.O. 139.

141 Vgl. die Vorrede a.a.O. IV-V.

142 W.H. DAUBNEY, The Three Additions to Daniel, Cambridge 1906; zu Sus:
103-177, zit. 177.

Einen das Verständnis der Susanna-Erzählung wesentlich fördernden Beitrag
lieferte 1927 Walter BAUMGARTNER [143], der dabei die Ausführungen von Gêdê-
on HUET übernahm, umfangreich ergänzte und weiterführte [144]. Zunächst zeigte er das Ungenügen der bisherigen Auffassungen auf, die er so klassifi-
ziert: Bericht eines geschichtlichen Ereignisses; moralische Dichtung;
sadduzäerfeindliche Tendenzschrift oder Stütze der Praxis ben Sakkais;
legendenhafte Ausspinnung von Jer 29,21-23; babylonischer oder allgemein
altorientalischer Mythus [145]. Der Mißerfolg dieser Erklärungsversuche kom-
me daher, "dass sie den Charakter der Erzählung völlig verkennen: einmal
das märchenhaft Wunderbare, dass ein Knabe den Trug durchschaut, wo die
Männer mit Blindheit geschlagen sind, und dann das Burleske in der Art,
wie er die beiden überführt." [146] BAUMGARTNER versucht dann aufzuzeigen,
daß es sich bei Sus um eine "volkstümliche Erzählung" (*a folktale*) handle.

"Auch dass sie, kaum verändert, in die Sammlung von 1001 Nacht Aufnahme gefunden, verdankt sie gewiß weniger ihrer Moral als dem pikanten
Gegenstand und der witzigen Lösung." [147]

Sus stelle eine einzigartige und wohlgelungene Verbindung von zwei Typen
orientalischer (und internationaler) Erzählungen dar (BAUMGARTNER trägt
zahlreiche Varianten und Parallelbeispiele mit der zugehörigen Literatur
zusammen): Geschichten vom weisen Richterspruch (durch ein Kind) und Ge-
novevageschichten ("die Rache des abgewiesenen Liebhabers, dessen Verliebt-
heit sich in Hass wandelt und der dann die keusche Frau des Ehebruchs bezichtigt...und die weiblichen Gegenstücke: Potiphars Weib und Phaedra" [148]).
Dazu kommt noch das Motiv der lüsternen Amts- und Respektspersonen.

---

143 W. BAUMGARTNER, Susanna. Geschichte einer Legende, ARW 24 (1927) 259-
280; ders., Der weise Knabe und die des Ehebruchs beschuldigte Frau,
ARW 26 (1929) 187-188. Beide Artikel sind mit Nachträgen wiederabgedruckt in: W. BAUMGARTNER, Zum AT und seiner Umwelt, Ausgewählte Aufsätze, Leiden 1959, 42-66.66-67.

144 G. HUET, Daniel et Susanne. Note de littérature comparée, RHR 65 (1912)
277-284; ders., Daniel et Susanne, RHR 76 (1917) 129-130.

145 Von W. BAUMGARTNER hat diese Einteilung und das schließliche Urteil
weitgehend übernommen: R.H. PFEIFFER, History of New Nestament Times.
With an Introduction to the Apocrypha, New York & Evanston 1949; über
die Daniel-Zusätze 433-460; zu Sus: bes. 434-436.448-454.

146 W. BAUMGARTNER, Susanna 268 (= Das AT und seine Umwelt 51f.).

147 A.a.O. 268 (52). Die Erzählung steht in der neuesten 1001-Nacht-Ausga-
be von Enno LITTMANN (s.o. Anm. 74) in Bd.III, 508f.

148 W. BAUMGARTNER, Susanna 275 (= Das AT und seine Umwelt 59f.).

W. BAUMGARTNER hat durch seine Kritik an bisherigen Konzeptionen und das
von ihm beigebrachte Material den motivgeschichtlichen Hintergrund der Susanna-Erzählung erhellt. Aber sein Hauptinteresse galt der Vorgeschichte
der Erzählung und ihren Hauptmotiven, wie er sie glaubte rekonstruieren zu
können.

> "Die Susannageschichte war somit ursprünglich eine rein profane Volks-
> erzählung, vielleicht sogar ausserjüdischen Ursprungs. Aber sie ist
> das nicht geblieben. Sie erfuhr eine leise Umgestaltung in dem Sinne,
> dass zum unterhaltenden Moment das erbauliche hinzukam... Geschichten,
> die man anfänglich zum reinen Vergnügen erzählte, (werden) später
> einem lehrhaften und erbaulichen Zweck dienstbar gemacht." [149]

So beschäftigen ihn die wesentlichen Unterschiede der beiden Fassungen
kaum und sind für ihn die von N. BRÜLL zusammengetragenen jüdischen Stoffe
"doch nur junge Ausspinnungen jener Jeremiastelle, die auf die Entstehung
der Susannageschichte nicht das geringste Licht werfen..." [150]

Für Vermutungen über Vorformen von Sus und Beobachtungen zu ihren späteren Umgestaltungen und Varianten wird immer auf W. BAUMGARTNERs grundlegenden Aufsatz zurückzugreifen sein; der vorliegende LXX-Text und die Th-
Neufassung werden jedoch - bei aller Beachtung ihrer zu erwägenden Vorgeschichte - über BAUMGARTNER hinausgehend auch in ihrem Wortlaut ernstzu-
nehmen und auszulegen sein.

> So sehr die Argumentation BAUMGARTNERs gegen BRÜLLs These einer "sad-
> duzäerfeindlichen Tendenzschrift" plausibel ist, so wenig überzeugend
> ist seine Verallgemeinerung, der "novellistische Charakter der ganzen
> Erzählung" lasse die Erkenntnis einer Erzählabsicht nicht zu. "Die in
> unserer Wissenschaft vielfach bestehende Neigung, überall eine be-
> stimmte Tendenz zu wittern, muss bei Susanna genau so scheitern, wie
> sie bei Ruth, Esther und den Danielgeschichten gescheitert ist." [151]

Abschließend sind zwei neuere, ausführliche Kommentare hervorzuheben, beide umfassend informiert und mit den Hauptfragen der Auslegungsgeschichte
vertraut; daß beide versuchen, die zwei Fassungen gleichzeitig (d.h. ausgehend von Th und auf Verschiedenheiten bei LXX verweisend) auszulegen,
läßt sie insgesamt nicht zu einem genügend differenzierten Ergebnis gelan-
gen.

> M. DELCOR [152] teilt die Th-Fassung in sechs Abschnitte ein (1-4 Einlei-
> tung; 5-18 die Alten und ihre Leidenschaft für Susanna; 19-27 der Ver-
> führungsversuch; 28-43 die Verurteilung Susannas; 44-59 Daniels Dazwi-

---

149 W. BAUMGARTNER, Susanna 279 (= Das AT und seine Umwelt 64).

150 A.a.O. 265f. (49).

151 A.a.O. 263 (46).

152 M. DELCOR, Le livre de Daniel (Sources bibliques), Paris 1971; zu
Sus: 260-278.

schentreten und sein Urteil; 63-64 Abschluß. (60-62 sind nicht eingeordnet.)

Besonders sorgfältig weist DELCOR die tiefe Verwurzelung von Sus in den
Schriften des AT und im jüdischen Leben auf und macht immer wieder auf die
geschickte Erzähltechnik aufmerksam. Er hält insgesamt Sus für eine haggadische Interpretation von Jer 29,21-23 und möchte als Lehre herausheben:
"Gott verläßt niemals diejenigen, die seinem Gesetz treu sind." [153]

Bei Carey A. MOOREs großem Kommentar [154], der die bisherige Forschung in
ihren Ergebnissen vorzüglich thematisch und sachlich ordnet und zu ausge-
wogenen Urteilen kommt, fällt allerdings auf, daß der Abschnitt *Purpose
of the Story* merkwürdig unentschieden bleibt.

> Auch die treffende Bemerkung am Anfang seiner "Einleitung" antwortet
> nur auf das *Wie?*, nicht aber auf das *Wozu?*: "Brief though the story
> itself is, in both the Lxx and Θ, the principal characters are well
> developed, and the plot is simple and direct, with mounting suspense
> and sudden resolution. The story is a skillful admixture of three of
> the most basic and universal fascinations of man: God, sex and
> death." [155]
>
> MOORE teilt (ohne nähere Begründung) die Th-Fassung in drei Abschnitte
> auf (1-27 Two Elders Falsely Accuse Susanna of Adultery; 28-41 Susanna
> Is Tried and Sentenced to Death; 42-64 The Elders Are Discredited by
> Daniel and Are Executed). Die versweise erläuternden *Notes* enthalten
> eine Fülle wertvoller Hinweise. In dem nach jedem Abschnitt folgenden
> *Comment* vergleicht MOORE dann den in englischer Übersetzung nachge-
> tragenen LXX-Text in großen Zügen mit der Th-Fassung, die nach ihm
> außer der LXX noch eine eigene semitische Vorlage hatte. Gerade hier
> wird aber der Verzicht MOOREs darauf, eine unterschiedliche Erzählab-
> sicht der beiden Fassungen zu suchen, besonders spürbar.

---

153 "En bref, ce récit est un midrash inspiré par la lettre de Jérémie
aux exilés dont il se dégage au moins un enseignement moral certain:
Dieu n'abandonne jamais ceux qui sont fidèles à sa Loi." M. DELCOR,
Le livre de Daniel 278.

154 C.A. MOORE, Daniel, Esther and Jeremiah: The Additions. A New Translation with Introduction and Commentary, The Anchor Bible 44, Garden
City, N.Y., 1977; zu Sus: 77-116.

155 A.a.O. 78.

IV. Zur Literarkritik der beiden Fassungen der Susanna-Erzählung

1. Das Verhältnis der Th-Fassung zum LXX-Text und zu den späteren
   Übersetzungen und Bearbeitungen

Seit der LXX-Text wieder aufgefunden war und bekannt wurde, zweifelte niemand mehr daran (ausgenommen Th. WIEDERHOLT, s.o. S. 49), daß der Verfasser der Th-Fassung diesen benutzt hatte. Alle, die annahmen, Sus sei
ursprünglich griechisch verfaßt worden und der LXX-Text stelle auch zugleich den Urtext dar, hielten schon deshalb Th für eine bloße Überarbeitung der LXX. Strittig war nur bei denen, die Sus LXX für eine Übersetzung
eines semitischen Originals hielten, ob Sus Th unter Benutzung desselben
oder eines anderen semitischen Textes eine neue Übersetzung vorlegt bzw.
die LXX korrigiert, oder aber, ob Th selbständig den LXX-Text veränderte.

Die nach dem Kommentar zum LXX-Text folgenden Erläuterungen zur Th-Fassung
werden das Ergebnis des vergleichenden Studiums beider Texte immer wieder
bestätigen: Dem Autor der Th-Fassung lag der LXX-Text schriftlich vor. Er
hat ihn zum Teil neuformuliert und ergänzt und dadurch insgesamt wesentlich
verändert. Daß er dies unter Benutzung einer von der LXX-Vorlage verschiedenen aramäischen oder hebräischen Fassung der Sus-Erzählung unternommen
habe, ist nicht völlig auszuschließen - naheliegend oder sogar notwendig
ist eine solche Annahme aber nicht, wie aus der Erklärung des Textes zu erkennen sein wird.

So urteilte bereits O.F. FRITZSCHE: "Theodotion hat den Text der LXX
bloss überarbeitet, die Erzählung erweitert, abgerundeter und wahrscheinlicher gemacht..." [156] Zu einem ähnlichen Ergebnis kommt auch
J. SCHÜPPHAUS: "Der TH-Text in den apokryphen Zusätzen zu Dan...(muß)
als eine sehr weitgehende Redaktion des LXX-Textes angesehen werden." [157]

Anders äußert sich C.A. MOORE in seinem Kommentar: "It would seem to
the present writer that the differences between the Lxx and θ of 'Susanna' are sufficiently great in terms of content and diction as to
argue for their being separate translations of two Semitic texts which,
while similar, were by no means identical, *and* that the translator of θ
must have had the Lxx before him..." [158] C.A. MOORE verweist auf

156 O.F. FRITZSCHE, Zusätze zu Daniel (s.o. Anm. 125) 119. - Vgl. schon
    ähnlich dazu J.G. EICHHORN (1795) oben S. 47f. mit Anm. 116-121.

157 J. SCHÜPPHAUS, Das Verhältnis von LXX- und Theodotion-Text in den apo-
    kryphen Zusätzen zum Danielbuch, ZAW 83 (1971) 49-72, zit. 71.

158 C.A. MOORE (s.o. Anm. 154) 80.

A. BLUDAU [159] und, allerdings nicht zu Recht, auf Armin SCHMITT [160]
als frühere Vertreter dieser Meinung. Die Schlußfolgerungen von SCHMITT,
1. daß der sog. ϑ'-Text des ganzen Dan-Buches nichts mit dem durch seine Übersetzung anderer alttestamentlicher Bücher unter der Sigel ϑ' bekannten Theodotion zu tun habe [161]; 2. daß der ϑ'-Text von Dan 1-12
einerseits und Sus und Bel et Draco andererseits nicht das Werk eines
einzigen sei; 3. (fragend) ob vielleicht die deuterokanonischen Stücke
des ϑ'-Textes von Symmachus stammen, sind inzwischen durch die Arbeiten von D. BARTHÉLEMY und J.R. BUSTO SAIZ kritisch überprüft und korrigiert worden.

Unter Heranziehung gerade der von A. SCHMITT zusammengestellten Beobachtungen und mit weiteren Argumenten zeigt Dominique BARTHÉLEMY, daß
der Bearbeiter der LXX in Dan (mit Sus und Bel et Draco) durchaus mit
dem unter der Sigel ϑ' bekannten Rezensionisten gleichzusetzen ist,
der nach BARTHÉLEMY in der ersten Hälfte des 1. Jhdts. nach Chr. wirk-
te [162].

José Ramón BUSTO SAIZ kann wahrscheinlich machen, daß die Verschiedenheit des ϑ'-Textes in den deuterokanonischen Stücken von dem ϑ'-Text
im protokanonischen Dan daher rührt, daß der Bearbeiter in Dan 1-12
außer der LXX noch den hebräisch-aramäischen Text vor sich hatte, in
den deuterokanonischen Stücken aber nur die LXX - diese Annahme wird
sich in unserem Kommentar wiederholt erhärten [163].

In der deutschen Übersetzung der Th-Fassung werden verschiedene Schrift-
typen die wörtlichen Übernahmen aus dem LXX-Text und die Th eigenen Formulierungen kennzeichnen. Die Kommentierung der Th-Fassung hebt dann jeweils den Charakter der Änderungen gegenüber der LXX hervor: erzählerische
Verbindungen und Straffungen, stilistische Glättungen, Ausmalungen, die
Neuformulierung des Anfangs und des Schlusses, usw. Die gegenüber der LXX
bei Th häufigeren Hebraismen erweisen sich als gebräuchliche "Septuagintismen".

---

159 A. BLUDAU, Die alexandrinische Übersetzung (s.o. Anm. 5) bes. 165-189.

160 A. SCHMITT, Stammt der sogenannte "ϑ'"-Text bei Daniel wirklich von
    Theodotion?, NAW Göttingen 1966 Nr. 8, 279-392 (separat: 1-114).
    Die Frage, "ob es sich bei Sus und Bel et Dr um Verfasser- oder Über-
    setzergriechisch handelt", läßt A. SCHMITT mehrmals ausdrücklich offen:
    a.a.O. 378f. 385f. 388f. (separat: 100-111).

161 Eine solche Vermutung hatte bereits J. ZIEGLER in der Einleitung zu
    seiner Textedition (s.o. Anm. 3) S.28f. Anm.1 und S.61f. vorgetragen.

162 D. BARTHÉLEMY, Notes critiques sur quelques points d'histoire du texte,
    in: Übersetzung und Deutung, Fs. A.R. HULST, Nijkerk 1977, 9-23, bes.
    17-23 (jetzt auch in: D. BARTHÉLEMY, Études d'histoire du texte de l'
    Ancien Testament, OBO 21, Fribourg-Göttingen 1978, 289-303).

163 J.R. BUSTO SAIZ, El texto teodociónico de Daniel y la traducción de Sí-
    maco, Sefarad 40 (1980) 41-55. - Die Symmachus-Vermutung von A. SCHMITT
    wird als unzureichend begründet und unwahrscheinlich abgewiesen. Sym-
    machus war selbständiger Übersetzer und nicht nur Überarbeiter bereits
    vorliegender Übersetzungen wie Theodotion.

J. SCHÜPPHAUS hat die im Vergleich mit der LXX unterschiedliche theologische Ausrichtung und Erzählsituation bei Th gut erhoben: "TH formte die von der LXX gebotene Geschichte, bei der es sich in erster Linie um eine Richtergeschichte handelte, in eine Susannaerzählung um, in der nun vor allem die böswillige Bedrohung, Verleumdung und beabsichtigte Vernichtung einer untadeligen Frau, ihre Errettung durch Gott und der Erweis ihrer Unschuld im Vordergrund stehen. Sicherlich gestaltete TH den literarischen Stoff auch hier um, um ihn in den Dienst einer anderen Thematik zu stellen. Da es ihm in der Geschichte gerade um Susanna ging, wollte er wohl verdeutlichen, daß derjenige, der trotz aller böswilligen, ja sogar das Leben bedrohenden Anfeindung mit beharrlicher Lauterkeit seine Hoffnung auf Gott setzt, durch diesen bewahrt (v.60) und in seiner Unschuld und Reinheit offenbar wird. Damit scheint auch TH hier eine von Gottlosen bedrohte, und zwar hiernach eine von innen bedrohte Glaubensgemeinschaft vor Augen zu haben, die des tröstenden Zuspruchs und des Aufrufs zu weiterer beharrlicher Treue bedarf..." [164]

Aus der grundsätzlich-theologischen, paränetischen Lehrerzählung der LXX (s. dazu unten den Abschnitt D.) ist bei Th die spannend-erbaulich-pikante Legende von der keuschen Susanna und den zwei lüsternen Alten geworden, in der der damals noch kleine Daniel als Retter und Richter auftritt.

Die Grundlage der später vielleicht noch revidierten Th-Rezension zu Dan ist wohl in der 2. Hälfte des 1. Jhdts. vor Chr. oder in der 1. Hälfte des 1. Jhdts. nach Chr. anzusetzen: Dahingehend zeichnet sich ein wachsender Konsensus in der "Ur-Theodotion-Diskussion" ab [165].

In der Linie von Th fährt nun die Übersetzungstradition fort; auch bei den im folgenden genannten Erweiterungen und Veränderungen braucht keine "Vorlage" neben Th angenommen zu werden. Die Verwurzelung im jüdischen und später christlichen Umgang mit der Heiligen Schrift (Targum, Midrasch) und die Freiheit im gestaltenden Weitergeben von Erzähltraditionen bieten eine ausreichende Erklärung.

---

164 J. SCHÜPPHAUS (s.o. Anm. 157) 68.

165 Vgl. schon den Daniel-Kommentar von James A. MONTGOMERY, ICC (1927) 46-50; die Arbeiten von D. BARTHÉLEMY, bes. Les devanciers d'Aquila, VTS 10, Leiden 1963, und Notes critiques (s.o. Anm. 162); Sidney JELLICOE, The Septuagint and Modern Study, Oxford 1968, bes. 83-94 und ders., Some Reflections on the καίγε Recension, VT 23 (1973) 15-24.
Zusammenfassend: Natalio FERNÁNDEZ MARCOS, Introducción a las versiones griegas de la Biblia, Madrid 1979, bes. 127-138.

Die syrischen Übersetzungen [166] variieren in verschiedener Weise die Th-
Fassung. Die herakleensische Version stellt eine durchgehende Neubearbei-
tung dar. Die Altersangabe Daniels darin gleich zu Beginn wurde bereits genannt [167]; statt Hilkija heißt Susannas Vater hier Helqanah; Joakims Haus
ist zugleich Synagoge; Susanna ist Witwe nach einer nur wenige Tage dauern-
den Ehe und lebt jetzt im Dienst Gottes Tag und Nacht (der Anklang an die
Prophetin Anna in der Kindheitsgeschichte Jesu nach Lukas [2,36-38] ist
unverkennbar); die beiden Alten hießen 'Amîd (untergetaucht, ertränkt)
und 'Abîd (verloren, zugrundegegangen) und waren Synagogenvorsteher;
im Anschluß an eine Synagogenversammlung lauerten sie Susanna auf; nach der
Verleumdung vor den Hausangehörigen lassen sie Susanna Ketten anlegen und
sie drei Tage ins Gefängnis werfen; das Todesurteil durch Hinabstürzen und
Steinigung soll um die 9. Stunde ausgeführt werden (diese Angabe soll vielleicht auf die Todesstunde Jesu verweisen); der Einspruch Daniels gegen die
Hinrichtung wird ausführlich erweitert; man bringt ihm aus dem Schatzhaus
einen Richterstuhl, aber er will stehend richten; das Wortspiel wird mit
syrischen Baumnamen nachgeahmt, usw...

Die von Moses GASTER in englischer Übersetzung vorgelegte Susanna-Erzählung
aus einem hebräischen Manuskript der Bodleian Library in Oxford (kompiliert
von ELEASAR ben Ascher ha-Levi, der nach GASTER zu Anfang des 14. Jhdts.
"in den Rheinprovinzen" lebte) dürfte entgegen GASTERs Versicherungen doch
nur eine Rückübersetzung ins Hebräische bieten. ELEASARs Hauptquelle war
JERACHMEEL ben Salomo (Süditalien, um 1150?), der seinerseits aus den ver-
schiedenartigsten Quellen schöpfte [168]. Sein Urteil: "In some details this
text agrees more with the Syriac than with the Latino-Greek version" begrün-

---

166 S.o. S. 16 mit Anm. 19. 20.

167 S.o. S. 34 mit Anm. 71.

168 M. GASTER, The Chronicles of Jerahmeel, or: The Hebrew Bible Historiale.
    Being a Collection of Apocryphal and Pseudo-Epigraphical Books Dealing
    with the History of the World from the Creation to the Death of Judas
    Maccabeus, Translated for the First Time from an unique Manuscript in
    the Bodleian Library, London 1899; Sus: 202-205 (= Chapt. LXV).
    Moses GASTER (1856-1939) war Rabbiner in Bukarest, dann in London. -
    Der Jerachmeel-Text über Susanna ist hebräisch nach einer Münchener
    Handschrift des 15. Jhdts. veröffentlicht bei Adolph JELLINEK, Bet ha-
    Midrasch. Sammlung kleiner Midraschim und vermischter Abhandlungen aus
    der älteren jüdischen Literatur VI, (Wien 1877) Jerusalem [2]1938, 126-
    128. Dieser Abschnitt bei JELLINEK scheint GASTER entgangen zu sein.

det M. GASTER jedoch nicht [169].

Nur bei JERACHMEEL heißt der Vater Susannas Schealtiel und ihr Mann Jojachin: Der königliche Stand Susannas wird hier stark betont. Insgesamt
handelt es sich jedenfalls um einen Ableger der Th-Fassung, nicht um
einen hebräischen Text, der Th (oder etwa sogar der LXX) vorausgeht.
Interessant ist, daß JERACHMEEL der Susanna-Erzählung die aus dem Talmud (Sanh 93a, s.u.) bekannte Haggada zu Jer 29,21-23 über Ahab ben
Kolaja und Zidkija ben Maaseja unmittelbar voranstellt [170].

Ebenfalls um eine Rückübersetzung ins Hebräische, nach der Meinung des Herausgebers aus dem Lateinischen, handelt es sich bei dem Text, den Israël
LÉVI aus einer Handschrift des 15. Jhdts. veröffentlichte [171].

Der Mann Susannas heißt hier יהויקים Jojakim. Aus den πρεσβύτεροι sind
כהנים Priester geworden (auch in Sus 50!). Bis auf wenige Wendungen ist
die Th-Version in ein z.T. seltsames Hebräisch wörtlich übersetzt.
Stark verändert ist jedoch Sus 5, der Text lautet hier: ...ונעשו את
באותו הזמן שני כהנים ברצון ה' שופטים כי סר העון מבבל מהשופטים הראשונים
ויקונו שופטים אחרים וילכו אחרי ה' ואלה הכהנים השופטים היו הולכים אז
בכל יום בביה יהויקים ומי שהיה לו משפט היה הולך לפניהם... "Und es wurden damals zur selben Zeit zwei Priester nach dem Willen des Herrn zu
Richtern gemacht, denn die Sünde war von Babel, von (= seit?) den ersten Richtern gewichen. Und es standen andere Richter auf, und sie gingen hinter dem Herrn her, und diese Priester-Richter gingen damals jeden Tag in das Haus Jojakims, und wer einen Rechtsstreit hatte, ging
vor sie..."
Der Übersetzer versucht nicht einmal eine Nachahmung der Wortspiele
σχῖνος - σχύσαι, πρῖνος - πρύσαι, obwohl die von ihm gewählten Baumnamen (צרי אילן Balsambaum, אילן סרק nichtfruchttragender Baum) sich ge-
radezu dafür anboten (צרי spalten, zerreißen; סרק [Flachs] hecheln),
stattdessen schreibt er zweimal ויבקע "und er wird dich spalten".

An den Schluß (v.64 Th) wird noch angefügt: (ודניאל נהיה גדול לפני העם
מהיום ההוא) על כל היהודים הנמצא(א)ים בבל: "(Und Daniel wurde groß vor
dem Volk von diesem Tag an) aber alle Juden, die sich in Babel befan-
den."

Um eine tiefgreifende Veränderung der Susannageschichte, oder richtiger:
um eine Verwertung vieler Elemente aus der Susanna-Erzählung in einer anderen jüdischen Erzählung, handelt es sich bei dem zweiten Text, den Israël
LÉVI im gleichen Artikel publizierte [172].

Diese Erzählung spielt in der Zeit des Herodes (nach I. LÉVI ist Agrip-
pa II. gemeint) in Jerusalem. Im Mittelpunkt steht Hanna, die schöne,

---

169 M. GASTER, Chronicles of Jeraḥmeel CV.

170 A.a.O. 200-203 (= Chapt. LXIV).

171 I. LÉVI, L'histoire "de Suzanne et les deux vieillards" dans la littérature juive, REJ 96 (1933) 157-171, hier: 159-166.

172 A.a.O. 166-171. Da in diesem Text JOSIPHON zitiert oder nachgeahmt
wird (10./11. Jhdt.) und die betreffende Handschrift der Rothschild-
Bibliothek aus dem 15. Jhdt. stammt, ist die Entstehungszeit dieser
Form des Textes deutlich.

keusche und fromme Tochter des Hohenpriesters Eljakim, des letzten
Überlebenden aus der Hasmonäerfamilie, und Gattin des Priesters Hanan-
el. Als ihr Mann bei einer Gesandtschaft des Königs sich in Rom auf-
hält, wohnt Hanna im Hause ihres Vaters, wohin die Ältesten und Anführer des Volkes (זקני העם ושריהם) regelmäßig kamen, um Recht zu sprechen. Durch die Schönheit Hannas wird der böse Trieb der Anführer erregt, und sie planen, sie im Park (פרדס) hinter dem Haus Eljakims zu
verführen. Als sie einmal, wie sie täglich zu tun pflegte, in den
Park hinausging, um für ihren Gatten zu beten [173], stand der eine auf,
hielt sie fest und forderte sie auf, ihm zu Willen zu sein. Als sie
sich ihm wiederholt verweigerte, drohte er ihr, sie wegen Ehebruchs
mit einem andern Mann anzuklagen. Hanna verwies ihn darauf, nur auf die
Aussage von zwei oder drei Zeugen hin sei eine Verurteilung zum Tode
möglich [174]. Da rief er drei Genossen, die über sie bezeugen wollten,
daß sie Ehebruch begangen habe. Als Priestertochter würde sie dann verbrannt werden. Auf das Schreien Hannas und der drei Anführer hin kommen die Ältesten aus dem Haus Eljakims und hören sich die Aussage der
drei an. Dann treten "die Falschzeugen" (עדי הבליעל) auf und berichten, wie sie den Ehebruch Hannas mit einem jungen Mann (בחור) unter dem
Baum gesehen hätten [175]. Hanna wurde zum Tod durch Verbrennen verurteilt und hinausgeführt. Die Frauen beschimpften sie, da sie sie für
schuldig hielten, ihr Vater Eljakim aber ging weinend und jammernd hinter ihr her, da er ihre Keuschheit kannte und wußte, daß die Zeugen logen. Als sie am Tempel vorbeikam, betete Hanna [176]. Und der Herr (ייי)
erhörte ihr Gebet und erweckte den Geist des weisen Nachman und des
Königs, der den Prozeß vor ihn zu bringen befahl. Der König ließ zunächst die Frau berichten, wie die Ältesten und Zeugen sie festgenom-
men hätten. Nachman fragte dann die Zeugen einzeln vor dem König, unter welchem Baum sie Hanna hätten Ehebruch treiben sehen. Die Antworten waren: unter einem Nußbaum (עץ אגוז) in einer Ecke des Gartens
(גן), unter einem Feigenbaum (עץ תאנה) in einer Ecke des Gartens, und
eine weitere Lüge. Nachman begleitet dann die Zeugen auf Befehl des
Königs in den Park, wo sich weder im angegebenen Osten oder überhaupt
im Park ein Nußbaum, noch im Westen oder sonstwo ein Feigenbaum befindet, dasselbe beim dritten Zeugen. Der König läßt daraufhin die drei
Zeugen am Baum aufhängen. "Und es wurde zum Segenswort (ברכה) im Munde
des ganzen Volkes und zum Gebetswunsch (תפלה): 'Möge der Herr dir Recht
schaffen, wie er Hanna Recht verschafft hat gegenüber den Falschzeugen!'" (ישפוט ייי אותך כאשר שפט בין חנה ובין עדי שקר:)

---

173 I. LÉVI bemerkt dazu: "Diese Erklärung für die Anwesenheit Hannas im
Park ist seltsam: Sie stützt sich auf keinerlei jüdischen Brauch."
a.a.O. 168 Anm. 9.

174 למדנו כי לא ימות אדם כי אם על פי ב' עדי' או ג' "Wir haben gelernt:
Kein Mensch darf zum Tode verurteilt werden (wird sterben) außer auf
die Aussage von zwei Zeugen hin oder dreien" (Dtn 17,6). Dazu I. LÉVI:
"Hanna drückt sich wie ein Rabbi aus." a.a.O. 169 Anm. 1.

175 Nach dem vorliegenden Text sind diese bösen Zeugen noch zusätzlich zu
den vorher dazugerufenen drei Genossen (שלשה חביריו) aufgetreten, deren Aussage sie nur wenig verändert wiederholen. Der anfangs genannte
Anführer (LÉVI übersetzt שר mit noble) und seine drei Freunde treten
im weiteren Verlauf der Geschichte dann nicht mehr auf.

176 Ihr Gebet ist geformt u.a. aus Jer 11,20; 32,19; Ez 18,4; Dtn 32,4.

Nur noch wenige Elemente hat die Erzählung von der (namenlosen) Tochter
des samaritanischen Hohenpriesters Amram mit der Susanna-Erzählung gemeinsam.

Eine "verkümmerte Form" davon nach einer samaritanischen Chronik hat
Micha Josef bin GORION (BERDYCZEWSKI) in deutscher Übersetzung veröffentlicht [177]. Eine ausführlichere ältere Fassung nach hebräischen Übersetzungen, die auf eine arabische Handschrift des samaritanischen Josua-
buches aus dem 15. Jhdt. zurückgehen, gab Moses GASTER in englischer
Übertragung heraus [178]. Bernhard HELLER legte eine kurze Zusammenfas-
sung dieser Erzählung vor und diskutierte einige der mit ihr verbunde-
nen Fragen [179].

Die fromme, schöne und weise Tochter des Hohenpriesters Amram, die
schon seit ihrer Kindheit die Tora studiert hatte, erhält von ihrem Vater die Erlaubnis, als Einsiedlerin (Nasiräerin) sich auf den Berg Garizim in ein für sie gebautes Haus zurückzuziehen. In der Nähe wohnten
dort oben bereits seit fünfundzwanzig Jahren zwei hochgeachtete, inzwischen 60jährige Einsiedler, die nie mehr nach Sichem hinabgestiegen
waren. In einer Mondnacht steigen beide auf das Dach ihres Hauses, um
in der Tora zu lesen, und bitten die Tochter Amrams, ihnen vom Dache
ihres benachbarten Hauses aus schwierige Stellen zu erklären. Als sie
ihre strahlende Schönheit erblicken, vergessen sie ihr 25jähriges Nasi-
räerleben und wollen sie unter dem Vorwand, die von ihr selbst geschriebene Torarolle einzusehen, verführen. Die Tochter Amrams weist sie zunächst ab, sagt dann aber, um einer Vergewaltigung zu entgehen, sie
wolle erst noch in ihr Haus gehen, um sich schöne Kleider anzulegen und
sich zu salben. Freudig gestatten die beiden es ihr. Die Tochter Amrams
verriegelt dann die Tür hinter sich und spricht ein langes Gebet um
Rettung. Die beiden Alten draußen versuchen einzudringen, aber Gott
läßt sie blind werden, so daß sie die einzubrechende Tür nicht finden.
Aus Angst um ihr Ansehen steigen sie vom Garizim herab, um vor der Synagoge und dem Hohenpriester nach dem Morgengebet Amrams Tochter des
Ehebruchs mit einem Fremden in der vergangenen Nacht anzuklagen. Voller
Schmerz wird die Verbrennung der Frau (nach der Bestimmung in Lev 21,9
über eine Unzucht treibende Priestertochter) vorbereitet. Weinend geht
Amram mit dem Herold, getrennt vom Zug des Volkes, zur Hinrichtungsstät-
te. Da sieht er Engel in Gestalt samaritanischer Kinder Gerichtshof
spielen. Das Kind in der Rolle des richtenden Hohenpriesters vernahm
die Zeugen getrennt, und ihre Aussagen stimmten nicht überein: "Hätte
der Rabban so gehandelt, hätte er nicht eine unschuldige Frau verurteilt." Amram hielt nun draußen auf dem Platz Gericht in dieser Weise,

177 Der Born Judas. Legenden, Märchen und Erzählungen, gesammelt von M.J.
bin GORION, Bd. I Von Liebe und Treue, Leipzig (1916) [3]1924, 45-46 "Die
samaritanische Susanna" (in der Neuausgabe durch Emanuel bin GORION,
Wiesbaden 1959, nicht aufgenommen). - M.J. bin GORION entnahm die Erzählung aus: Une nouvelle chronique samaritaine, éd. E. ADLER et M. SE-
LIGSOHN, Paris 1903, 42-44; vgl. ADLER-SELIGSOHN, REJ 45 (1902) 78f.

178 M. GASTER, The Story of the Daughter of Amram: The Samaritan Parallel
to the Apocryphal Story of Susanna, in: M. GASTER, Studies and Texts
in Folklore, Magic, Medieval Romance, Hebrew Apocrypha and Samaritan
Archaeology, 3 vols., London 1925-28, vol.I, 199-210.

179 B. HELLER, Die Susannaerzählung: ein Märchen, ZAW 54 (1936) 281-287.

und das Zeugnis der beiden war widersprüchlich. Erst jetzt kommt seine
Tochter vom Berge herab, ohne den Grund der Volksversammlung zu kennen.
Sie wird vernommen, und alle erkennen die Wahrheit ihrer Worte und ihre
Reinheit an. Die beiden Alten bekennen ihre Schuld und werden (gemäß
der Vorschrift in Dtn 19,19 über die Falschzeugen) gesteinigt und ihre
Leichen verbrannt.

Daß hier eine ältere Form der Susanna-Erzählung vorläge als in der Th-Fassung, bzweifelt B. HELLER mit Recht gegenüber M. GASTER. Es sind nur einige Motive aufgegriffen, auf samaritanische Verhältnisse hin verändert
(Priestertochter; nicht Daniel, sondern der eigene Vater, Hoherpriester,
ist Richter; auch nach der Mischna Sanh IX 5 trifft Falschzeugen über Ehebruch einer Priestertochter nicht die Spiegelstrafe) und um das Motiv vom
Kinder-Gerichtshof, das sich auch in der Ali-Hodscha-Geschichte aus 1001
Nacht findet, bereichert worden [180].

HELLER hebt, wie bereits BAUMGARTNER, als einflußreiches Gestaltungsmotiv
gerade für die weiteren Variationen des Stoffes neben dem Grundmotiv des
klugen Knaben(-Richters) das "Motiv von der verleumdeten und schließlich
glänzend obsiegenden weiblichen Unschuld: Crescentia, Hildegardis, Floren-
tia, Genoveva" hervor. "In die jüdische Legende ist dieses Motiv erst unter fremdem (arabischem oder europäischem) Einfluß gedrungen." [181]

"Die Geschichte von der frommen Israelitin und den beiden bösen Alten" in
Enno LITTMANNs Ausgabe der Erzählungen aus 1001 Nacht bleibt der Th-Fassung
recht nahe und variiert sie durch Straffung und Änderung von Einzelzü-

---

180 Vgl. B. HELLER, Die Susannaerzählung 283f.- Bei dieser in Varianten
    wiederkehrenden Erzählung gibt jemand, da er verreisen muß oder eine
    Gefahr der Beraubung besteht, einem Freund Oliven oder Honig in Krügen
    zur Aufbewahrung; tatsächlich aber sind die Krüge unter einer Oliven-
    bzw. Honigschicht mit Gold gefüllt; der Aufbewahrer findet das Gold
    und gibt dann später die Krüge nur mit Oliven bzw. mit Honig gefüllt
    zurück. Ein Kindergerichtshof spielt die Verhandlung so, wie der Rich-
    ter den Betrug hätte erweisen können (die eingefüllten Oliven sind
    frisch statt sieben Jahre alt; am Boden der Krüge mit Honig kleben
    noch Goldstücke).

181 B. HELLER, Die Susannaerzählung 286. - Vgl. z.B. die Erzählung von der
    jüdischen "Ärztin" (Heilerin) und "Eine ähnliche Geschichte" bei M.J.
    bin GORION (s.o. Anm. 177) I 265-274. S. 377 verweist bin GORION auf
    zahlreiche Parallelen, z.B. auf die Geschichte von dem jüdischen Rich-
    ter und seinem frommen Weibe" in den Erzählungen aus 1001 Nacht, hrsg.
    v. E. LITTMANN, Bd. III, Wiesbaden 1953 = Frankfurt ²1981, 708-712.
    Diese findet sich mit einigen Variationen und Erweiterungen auch in
    den 1001-Nacht-Erzählungen nach der Oxforder Wortley-Montague-Hand-
    schrift, hrsg.v. Felix TAUER, Frankfurt 1966, 78-97 "Die Geschichte
    von der tugendhaften Gemahlin des Richters von Bagdad".

gen [182].

Die Erzählung wird in eine unbestimmte ferne Vergangenheit der Kinder
Israels verlegt. Eine namenlose fromme Jüdin ging täglich zum Gebet in
die Synagoge und vollzog regelmäßig vorher die religiöse Waschung in
einem Garten nebenan, der von zwei alten Männern bewacht wurde. Diese
entbrannten in Leidenschaft zu ihr und wollten sie verführen mit der
Drohung, sie sonst des Ehebruchs zu verklagen. Da sie sich weigert,
schreien sie, die Leute laufen zusammen, und die Verleumdete wird drei
Tage an den Pranger gestellt, wo ihr die zwei Alten täglich die Hände
auf den Kopf legen. Als sie dann zur Steinigung geführt wird, rennt
der zwölfjährige Daniel dem Zug nach und ruft, er wolle richten. Man
bringt ihm einen Stuhl, er setzt sich, fragt die Zeugen einzeln, was
sie wo genau gesehen hätten, und sie machen einander widersprechende
Aussagen ("Auf der Ostseite unter einem Birnbaum" - "Auf der Westseite
unter einem Apfelbaum"). Während dieser Befragung betet die Frau mit
erhobenem Haupt und Händen um Rettung. Da sendet Allah einen rächenden
Blitz, der die beiden Alten verbrennt und die Unschuld der Frau erweist. "Dies war das erste Wunder des Propheten Daniel - auf ihm ruhe
Heil!"

Nur noch eine summarische Nachzeichnung des Inhalts der Th-Fassung mit
einigen Abänderungen legt M.J. bin GORION aus dem *Sefer Juchassin* des Abraham ZACUTI (geboren in Spanien 1404) vor [183].

Aus den zwei sind drei alte Richter geworden (vielleicht aufgrund von
Dtn 17,6 "Nur auf die Aussage von zwei Zeugen hin oder dreien..."),
die eines Tages, als Jojakim abwesend war, Susanna nackt sahen, als
sie aus dem Tauchbad stieg, wo sie ihre Reinigung vollzogen hatte. Als
Susanna dem Verführungsversuch trotz Verleumdungsdrohungen widersteht,
wird sie angeklagt und zum Tode verurteilt. Der Schluß lautet: "Daniel
errettete sie durch seine Weisheit und seinen Prophetengeist. Er stellte eine neue Untersuchung an, wobei er die Greise voneinander trennte
und einen jeden einzeln ausfragte. Da zeigte es sich, daß ihre Aussagen miteinander nicht übereinstimmten. So wurde an ihnen das Todesurteil vollstreckt."

Eine mehrere Motive der dargestellten Überlieferungen aufnehmende und wei-
tergestaltende Erzählung der Falaschas, einer wohl über die Arabische Halb-
insel schon früh in Äthiopien eingewanderten jüdischen Gruppe am Tana-See,
hat Max WURMBRAND veröffentlicht und ihre Beziehung zu den übrigen Susanna-
geschichten sorgfältig herausgearbeitet [184].

---

182 Die Erzählungen aus den Tausendundein Nächten. Vollständige Ausgabe
    in sechs Bänden. Zum ersten Mal nach dem arabischen Urtext der Cal-
    cuttaer Ausgabe aus dem Jahre 1839 übertragen von E. LITTMANN, Bd.III,
    Wiesbaden 1953 = Frankfurt [2]1981, 508-509.

183 M.J. bin GORION (s.o. Anm. 177) I 46-47 "Susanna, die Tochter Helki-
    jas", ebenfalls nicht in die Neuausgabe durch E. bin GORION aufgenom-
    men. In der Neuausgabe findet sich nur eine Nacherzählung der Th-Fas-
    sung in einer wenig veränderten Form: S. 98-100 "Susanna".

184 M. WURMBRAND, A Falasha Variant of the Story of Susanna, Bibl 44
    (1963) 29-45.

Die nach WURMBRAND spätestens aus dem 15. Jhdt. stammende Schrift "Akten der Susanna" würde, so führt er in seiner Einleitung aus, besser
als "Geschichte aus Jerusalem, um die Größe, Herrlichkeit, Würde und
Sendung Michaels und Gabriels, der vier himmlischen Wesen, usw. zu erzählen" gekennzeichnet. Susanna, Königstochter und Witwe eines Königs,
will trotz vieler königlicher Werbungen nicht mehr heiraten, da sie
sich Gott geweiht habe. Drei Alte, die sie auffordern, einen von ihnen
zu heiraten, weist sie zurück. Diese gehen zu ihrem Vater und beschul-
digen Susanna, sie hätten sie mit allen möglichen Männern verkehren gesehen. Der Engel Michael kann gerade noch verhindern, daß sie in eine
tiefe Grube geworfen wird. Er tadelt den König, ohne regelrechtes Verfahren gegen seine Tochter vorgegangen zu sein. Beim Einzelverhör geben die drei immer unwahrscheinlichere, voneinander verschiedene Antworten: unter einem Feigenbaum sei es gewesen, im Palast, nach dem
dritten sogar im Harem. Darüber hinaus konnten sie die Zeit nicht an-
geben. (Über ihre Bestrafung wird nichts erzählt.) Der König und sie-
benundsiebzig (Vasallen-)Könige warfen sich vor Susanna nieder und erhoben sie zur Königin. "So erlangte sie doppelte Belohnung für ihre
Treue: die Würde einer Königin auf der Erde und Segen im Himmel."

2. Literarkritische Beobachtungen zum LXX-Text

Da die Th-Fassung, die erweiterten Übersetzungen und die vielen vari-
ierenden Nacherzählungen sich als spätere Umarbeitungen zeigen, ist nun
die Frage zu beantworten, ob auch der ihnen allen vorausliegende LXX-Text
seinerseits nur eine Bearbeitung einer wiederum älteren Susanna-Erzählung
darstellt, oder ob er tatsächlich, wie hier vertreten wird, eine originelle
Schöpfung ist, die zwar traditionellen Stoff, allgemein verbreitete Erfah-
rungs- und Erzählmotive und den vielgestaltigen Schatz des AT verwendet,
aber dies alles doch zu einer eigenständigen, aktuellen theologischen Aussage verbindet. Der Kommentar zum LXX-Text wird dafür den Einzelnachweis
erbringen.

> Mit "LXX-Text" ist hier und im folgenden der griechische Wortlaut, wie
> er sich aus P.967 und den Handschriften 88 und Syh kritisch erheben
> läßt, gemeint.

Eine unaufhebbare Erschwerung der literarkritischen Analyse liegt darin,
daß der LXX-Text eine Übersetzung aus dem Hebräischen oder Aramäischen darstellt. Der Kommentar wird jeweils die sprachlichen Beobachtungen (Wortwahl, Stil, usw.) nennen, die die Annahme begründen, daß Griechisch nicht
die Originalsprache der Erzählung ist. Ob der Übersetzer aber seine "Vorlage" schriftlich vor sich hatte (dafür könnte sprechen, daß er Sus zusammen
mit Dan 1-12 und den übrigen nur griechisch erhaltenen Zusätzen übersetzte)
oder ob er eine nur mündlich weitererzählte Geschichte durch seine Übersetzung zum erstenmal verschriftete (darauf könnte der Umstand verweisen,

daß nie jemand eine aramäische oder hebräische Sus-Schrift gesehen hat -
anders als z.B. bei Tobit und anderen ausschließlich oder großenteils nur
in Übersetzungen erhaltenen Büchern), kann ohne weitere Quellen nicht entschieden werden.

Das seit dem Brief des JULIUS AFRICANUS an ORIGENES wiederholt vorgebrach-
te Argument, wegen der Wortspiele (Baumnamen - Strafansagen) müsse die Ursprache Griechisch sein, war nie zwingend. Das zeigten schon die Antwort
des ORIGENES und die in den Übersetzungen in verschiedenen Sprachen immer
wieder gebildeten Nachahmungen dieser Paronomasien. Vgl. dazu unten den
Kommentar zu Sus LXX 54f.58f.

Mit der Hypothese eines semitischen Originals sind aber einige Spannungen
im vorliegenden Text noch nicht ausreichend erklärt. Daß sie als solche
schon früh empfunden wurden, zeigt ihre weitgehende Beseitigung in der Th-
Bearbeitung. Vor allem zwei Beobachtungsreihen könnten die Vermutung auf-
kommen lassen, daß der vorliegende LXX-Text nicht vom Anfang in v.5b bis
zum Schluß v.62b einheitlich konzipiert worden ist: a. das eigenartige Ne-
beneinander des "Engels JHWHs" und des "Jüngeren namens Daniel" im dritten
Akt; dazu die Diskrepanz zwischen der Strafankündigung (was der Engel JHWHs
tun werde) und der tatsächlich durchgeführten Bestrafung; b. die Beziehung
des überschriftartigen Mottos vv.5b-6 und des Epilogs vv.62a-b aufeinander
und zu der von ihnen umschlossenen dramatischen Erzählung.

Zu a.: Ob sich aus dem dritten Akt, falls der semitische Urtext zugänglich
wäre, noch eine "Urerzählung" erschließen ließe, in der nur der "Engel
JHWHs" handelte, mag dahingestellt sein - der uns vorliegende griechische
Text jedenfalls erlaubt im dritten Akt keine literarkritische Schichtung.
Der "Engel JHWHs" konkurriert nirgends mit dem "Jüngeren namens Daniel",
er macht vielmehr erzähltechnisch die Gottgewolltheit der Vorgänge im dritten Akt anschaubar (vgl. den Kommentar zu Sus LXX 35a.44-45). So verleiht
er im Auftrag JHWHs dem "Jüngeren" den Geist der Einsicht - damit wird das
erstaunliche Auftreten Daniels und der Fortgang der erzählten Ereignisse
verstehbar. Er wird von Daniel als Strafinstanz für Unrecht und Gesetzlosigkeit der Ältesten angekündigt (vv.55 und 59) - aber *das Volk* wird sie
austilgen und steinigen (vv.59.62). Schließlich, nach dem Vollzug der Todesstrafe, "warf der Engel JHWHs Feuer durch ihre Mitte" als Ausdruck für
die Ratifikation der Todesstrafe von seiten Gottes (s. den Kommentar zu
Sus LXX 62).

Zu b.: Im überschriftartigen Motto vv.5b-6 fällt das eigenartige zweifa-
che ἐκ und der Ausdruck "Älteste-Richter" auf (s. den Kommentar dazu).

Anstelle der literarkritischen Hypothese einer älteren Erzählung über das
Fehlverhalten von zwei Ältesten im Babylonischen Exil und einer jüngeren
"Schicht", vielleicht aus dem 2. Jhdt. v.C., legen sich eher überlieferungs-
geschichtliche Überlegungen nahe, die die zu beobachtenden Unebenheiten
besser erklären. Wie im folgenden Abschnitt V. deutlich wird, dürften die
aufgegriffenen Motive und Stoffe ihre Wurzel tatsächlich in der Exilszeit
haben (das in v.5b wohl nicht mehr als Ortsangabe, sondern emblematisch zu
verstehende ἐκ Βαβυλῶνος [s. den Kommentar] verweist noch darauf), die
vorliegende Erzählung jedoch ist erst viel später geschaffen worden. Trotz
der genannten Härten sind vv.5b-6 präzise auf die folgende Erzählung bezogen und nicht aufteilbar: Die Hauptpersonen der Handlung sind *Richter*,
d.h. mit der Gesetz*wahrung* Beauftragte, die jedoch Ausgangsstelle von
Gesetz*losigkeit* (ἀνομία ist ein Leitmotiv der Erzählung) wurden, und sie
sind *Älteste/Alte* (πρεσβύτεροι) , denen im dritten Akt der *Jüngere/Junge*
(νεώτερος) gegenübergestellt wird. Sie scheinen *das Volk* zu leiten, wie
der Andrang der Rechtsuchenden zeigen soll, aber in Wirklichkeit bereiten
sie ihm den Untergang, wenn nicht der Herr der Geschichte die Söhne Israels durch diejenigen rettet, die sich vom Geist der Einsicht leiten lassen.
Die vv.5b-6 sind also wegen der Einführung der negativen Hauptfiguren notwendig als Beginn der Erzählung und durch ihre Einzelelemente mit dem ganzen Ablauf der Handlung und deren Bewertung fest verklammert. Die uns jetzt
vorliegende Erzählung hatte wohl nie einen anderen Anfang. Th hat vv.5b-6
(anders als den Epilog vv.62a-b) vollständig (mit nur kleinen Änderungen
in v.6) in seinen völlig neugestalteten Erzählungsbeginn eingebaut.

Daß vom Epilog Sus LXX 62a-b in Th keine Spur geblieben ist, könnte zu der
Vermutung führen, diese Sätze hätten zur Zeit der Bearbeitung des LXX-Textes durch Th noch nicht vorgelegen, sie seien "sekundär". Durch den Kommentar zur Th-Fassung und die Beobachtung zahlreicher, auch umfangreicher
Einzelveränderungen läßt sich jedoch wahrscheinlich machen, daß Th diesen
Epilog bewußt ausgelassen und durch den selbstformulierten v.63 ersetzt
hat: Nur so erhielt seine "Beispielerzählung von der gottesfürchtigen,
schönen und keuschen Susanna" ihren "richtigen" Schluß.
Tatsächlich ist der Epilog nicht ein Stück der Erzählung selbst, sondern
eine angehängte Schlußfolgerung, Verallgemeinerung, "was wir aus dem Ge-
hörten/Gelesenen lernen sollen". Aber es läßt sich kaum ausschließen, daß
der Erzähler seiner Geschichte, die er aus Stoffen verschiedener Herkunft
eigenständig entworfen hatte, selber noch diese "Moral" aufgesetzt hat.

Diese letzten Zeilen greifen nämlich sehr genau die Ideale und den Bewertungsmaßstab auf, die in der Erzählung immer wieder durchscheinen und auf die hin sie zusteuert: Den Ältesten-Richtern und ihrer Gesetzlosigkeit werden die Jüngeren (im paradigmatischen νεώτερος Daniel) mit ihrer vorbehaltlosen Offenheit und Bereitschaft zur Erfüllung des Gotteswillens (zu ἁπλότης v.62a s. den Kommentar) als positive Entsprechung entgegengestellt. Von den verwendeten Stoffen her wäre wohl das Verhalten und die schließliche Rettung der Susanna das Paradigma gewesen (und die Th-Fassung kehrt ja auch wieder zu einer Vorbilderzählung, in deren Mittelpunkt Susanna steht, "zurück") - ohne die Beispielhaftigkeit Susannas zu mindern, zielt der LXX-Epilog jedoch auf etwas Umfassenderes und Grundlegenderes: Die Jugendlichen sollen zur "Ganzheit" (zur uneingeschränkten Toratreue), zur Gottesfurcht, angeleitet werden; nicht von den Autoritäten und Institutionen an sich ist Recht und Gerechtigkeit zu erwarten (vgl. auch Sus LXX 51a; dieser Satz ist in Th konsequenterweise ausgelassen), sondern nur, wenn und wo dem Geist der Einsicht und Weisheit Aufmerksamkeit und Raum geschenkt wird.

Aufgrund der vorstehenden Überlegungen erklärt der Kommentar die im LXX-Text auffallenden Unebenheiten überlieferungsgeschichtlich und läßt sich von der einleitenden Überschrift vv.5b-6 und dem Epilog vv.62a-b, der durchaus dem Erzähler zugetraut wird, die Perspektive vorgeben, in der die in der Erzählung originell verknüpften und umgeformten traditionellen Stoffe gehört/gelesen werden sollen.

V. Tradition und Redaktion im LXX-Text

Was im folgenden über die Redaktion und die daraus erkennbare Aussageabsicht des LXX-Textes gesagt wird, bezieht sich auf den palästinischen Erzähler oder Lehrer, von dem der (alexandrinische?) Daniel-Übersetzer seine Vorlage (mündlich oder schriftlich) übernommen hat.

Um die Eigenart des LXX-Textes zu erfassen, ist es notwendig, so weit wie möglich die Überlieferungen zu kennen, die hier mit Hilfe internationaler folkloristischer Motive, wie sie bereits W. BAUMGARTNER hervorgehoben hat (z.B. "die schöne Frau und die lüsternen Alten bzw. Amtspersonen"; "Genoveva" oder "die Rache des enttäuschten Liebhabers"; "die kluge Wahrheitsfindung vor Gericht durch ein Kind"; "die Rettung des Unschuldigen in letzter Minute"; usw.), erzählerisch zu einer neuen Aussage zusammengestellt und verwendet werden. Die genaue Beachtung der Aufnahme, Auswahl und Red-

aktion der traditionellen Stoffe und der genannten Motive wird zeigen, daß
es sich weder um eine Kriminalnovelle (O. ZÖCKLER; "detective story" R.H.
PFEIFFER) noch um ein Märchen (H. GUNKEL, B. HELLER) noch um eine Rechtslegende (M. DUSCHAK, N. BRÜLL; ausdrücklich D. DAUBE und im Anschluß an
ihn D. von DOBSCHÜTZ, E. STAUFFER) handelt.

> Zwar sind die im folgenden zu behandelnden Überlieferungen (abgesehen
> von Jer 29) alle literarisch jünger als der LXX-Text, aber der in ihnen
> tradiierte Stoff ist einerseits in der Regel sicher älter als seine
> früheste schriftliche Fixierung (s.u. zu den Zeugnissen des ORIGENES
> und des HIERONYMUS) und läßt zum anderen in seiner (unabhängig von der
> Umformung in der Susanna-Erzählung) weiterentwickelten Gestalt wahr-
> scheinliche Vermutungen und Rückschlüsse darüber zu, woraus der Susan-
> na-Erzähler schöpfen konnte.

Ausgangstext der Midraschüberlieferungen [185], die in der Susanna-Erzählung
als Stoff benutzt werden, ist Jer 29, der Brief des Propheten Jeremia aus
Jerusalem an die Exulanten in Babylon.

> Im folgenden sind Sätze, Namen und Begriffe aus Jer 29 durch Kursiv-
> schrift hervorgehoben, die (bei aller Verwandlung) in Sus wiederzuer-
> kennen sind:
> Adressaten des Jeremia-Briefes sind der Rest der *Ältesten* der Exilsge-
> meinde (außerdem die Priester und Propheten: diese kommen aber in Sus
> nicht vor; dazu s.u.) und das ganze *Volk*. Die Zeit ist: nach dem Abzug
> des Königs *Jojachin* und der Königinmutter (גבירה) übersetzt der Tar-
> gum [186] mit מלכתא Königin) aus Jerusalem. Überbringer sind Elasa ben
> Schafan und Gemarja ben *Hilkija*. Jeremia fordert im Auftrag JHWHs die
> Exulanten auf: Baut *Häuser*, pflanzt *Gärten*, nehmt euch Frauen und
> zeugt *Söhne und Töchter*... und *vermehrt euch* dort... Die (LXX: Lügen-)
> Propheten bei euch sollen euch nicht irreführen (mit לא יטעון לכון
> נבייכון übersetzt der Targum den MT אל-ישיאו לכם נביאיכם אשר-בקרבנם)...
> denn *Lüge* ist das, was sie in meinem Namen weissagen; ich habe sie
> nicht gesandt...und wenn ihr *zu mir betet*, werde ich euch *erhören*...
> 21 So spricht der Herr der Heere, der Gott Israels, über Ahab, den
> Sohn Kolajas (אחאב בן-קוליה), und über Zidkija, den Sohn Maasejas, die
> euch in meinem Namen *Lüge* weissagen: Seht, ich gebe sie in die Hand
> Nebukadrezzars, des Königs von Babel, und er wird sie erschlagen vor
> euren Augen. 22 Und man wird von ihnen ein Fluchwort (קללה) herleiten
> für die ganze Exiliertengemeinde *Judas* in *Babel*: Der Herr mache dich
> Zidkija und Ahab gleich, die geröstet hat (קלם) der König von Babel im
> Feuer, 23 deshalb, weil sie getan haben *Schändliches in Israel* (נבלה
> בישראל; der Targum übersetzt חלף דעבדו קלנא בישראל: das bereits im MT
> vorliegende Wortspiel קלם — קללה — בן־קוליה wird im Targum also noch

---

185 Zur Eigenart von Midraschüberlieferungen und -literatur vgl.besonders:
I.L. SEELIGMANN, Voraussetzungen der Midraschexegese, VTS 1 (1953) 150
-181; Renée BLOCH, Midrash, DBS 5, Paris 1957, 1263-81; R. LE DÉAUT, A
propos d'une définition du midrash, Bibl 50 (1969) 395-413 [= Rez. zu
A.G. WRIGHT, The Literary Genre Midrash, New York 1967]; G. PORTON,
Midrash: Palestinian Jews and the Hebrew Bible in the Greco-Roman Pe-
riod, ANRW II 19,2, Berlin New York 1979, 103-138 (mit Lit.).

186 Prophetae chaldaice e fide codicis reuchliani, ed. P. de LAGARDE, Lipsiae 1872, 330f.

durch ein viertes Glied קלנא "Schandbares, Sexualvergehen" für hebr.
נבלה erweitert; Ιερ 36,23:...δι'ἥν ἐποίησαν ἀνομίαν ἐν 'Ισραήλ): sie
begingen Ehebruch mit den Frauen ihrer Nächsten, und sie redeten Worte
in meinem Namen — Lüge! — die ich ihnen nicht aufgetragen hatte. Und
ich bin der *Wissende* und *Zeuge*, Spruch des Herrn (Targum: וקדמי גלי
ומימרי סהיד אמר יהוה: 'und vor mir ist es offenbar, und mein Wort ist
Zeuge, spricht JHWH').

Nehemia BRÜLL [187] und ähnlich vor kurzem Jay BRAVERMAN [188] haben die unabhängig von der Susanna-Erzählung weiterüberlieferten Midraschim zu Jer 29
in ihren verschiedenen Ausprägungen vorgelegt. Das literarisch älteste
Zeugnis ist im Antwortbrief des ORIGENES an JULIUS AFRICANUS erhalten.
ORIGENES schreibt, von einem gelehrten Juden, der die Susannageschichte
nicht ablehnte (ὡς μὴ ἀθετουμένης τῆς περὶ Σωσάννης ἱστορίας),
habe er die Namen der Ältesten erfahren: Es seien die in Jer 29,21-23 genannten. Zum Unterschied der Bestrafung (bei Jer: vom König von Babel im
Feuer geröstet; in Sus: von einem Engel gespalten bzw. zersägt) sei zu sagen: letzteres werde ihnen nicht für die gegenwärtige Welt angekündigt,
sondern für das Gericht Gottes nach ihrem Tode (λεκτέον οὐ κατὰ τὸν ἐν-
εστῶτα αἰῶνα ταῦτα αὐτοῖς προφητεύεσθαι, ἀλλ'εἰς τὴν ὑπὸ Θεοῦ
μετὰ τὴν ἐντεῦθεν ἔξοδον κρίσιν).
Von einem anderen Juden hörte ORIGENES folgende Überlieferung (παραδό-
σεις) über diese Alten: Sie hätten sich im Exil an solche herangemacht,
die darauf hofften, durch die Ankunft des Messias (διὰ τῆς τοῦ Χριστοῦ
ἐπιδημίας) von der Knechtschaft befreit zu werden. Den Frauen, die sie
trafen und verführen wollten, hätten sie heimlich gesagt, ihnen sei es von
Gott gegeben, den Messias zu zeugen. So hätten Ahab und Zidkija mit den
Frauen ihrer Mitbürger Ehebruch getrieben. Darauf bezögen sich die Anschuldigungen Daniels in Sus 52 "Du Altgewordener in bösen Tagen..." und Sus 57
"So tatet ihr den Töchtern Israels, und jene verkehrten mit euch, weil sie
sich fürchteten. Aber die Tochter Judas ertrug eure Gesetzlosigkeit (ἀνο-

---

187 S.o. S. 49f. mit Anm. 127.

188 J. BRAVERMAN, Jerome's *Commentary on Daniel*: A Study of Comparative
    Jewish and Christian Interpretations of the Hebrew Bible, CBQ.MS 7,
    Washington, D.C., 1978, 126-131: Jerome's Commentary on Daniel 13 (Su-
    sanna):5. - J. BRAVERMAN zieht ausschließlich bereits von N. BRÜLL auf-
    geführte Texte heran. - Reiche Quellenverweise auf die rabbinische Li-
    teratur hat Louis GINZBERG, Legends of the Jews, Philadelphia 1913
    (= 5,1947) vol. VI p.426 n.106 (vgl. auch vol. VI p.415 n.79) zusammen-
    gestellt. Eine englische Nacherzählung der Geschichte von den falschen
    Propheten Ahab und Zidkija gibt L. GINZBERG vol. IV p.336-337.

μία) nicht." [189]

J. BRAVERMAN stellt die Frage [190], ob es erst ORIGENES selbst war oder
schon sein jüdischer Gewährsmann, der in den Anschuldigungen Daniels
an die zwei Ältesten eine Bezugnahme auf die Umtriebe von Ahab und Zidkija erblickte (Διὸ καλῶς ὑπὸ τοῦ Δανιἠλ ὁ μὲν εὔρηται "πεπαλαιωμένος
ἡμερῶν κακῶν"· ὁ δὲ ἤκουσε τὸ "Οὕτως ἐποιεῖτε ταῖς θυγατράσιν 'Ισρα-
ἠλ"...).
Für eine Verbindung bereits innerhalb der jüdischen Tradition scheint
jedoch zu sprechen, daß ORIGENES beide Gewährsleute nach den *Ältesten
der Susannageschichte* gefragt hatte und Ahab und Zidkija bei beiden
gelehrten Juden nicht als (Pseudo-)Propheten wie in Jer, sondern nur
eben als Älteste bezeichnet werden. Würde ORIGENES erst selbst die Verbindung hergestellt haben, fehlte ihr alle argumentative Kraft gegenüber den Bedenken des JULIUS AFRICANUS.

Ob HIERONYMUS in seinem Jeremia-Kommentar selber unmittelbar von seinen
jüdischen Lehrern Gehörtes berichtet oder ob er nur das bei ORIGENES Gelesene selbständig wiedergibt (die große Ähnlichkeit spricht eher dafür),
ist kaum entscheidbar.

In Buch V Abschnitt LXVII kommentiert HIERONYMUS Jer 29,21-23 so: "Die
Hebräer sagen, diese seien die Ältesten..., zu deren einem Daniel sagt:
'Altgewordener an schlimmen Tagen', und dem andern: 'Same Kanaans...'.
Und was der Prophet nun sagt ("und sie haben ein Wort in meinem Namen
lügnerisch gesprochen, was ich ihnen nicht aufgetragen habe"), bedeute,
meinen sie, daß sie arme Frauen, die sich von jedem Wind von Behauptung
umdrehen lassen *(miseras mulierculas quae circumferuntur omni vento
doctrinae)*, dieserart getäuscht hätten, indem sie ihnen sagten, weil
sie vom Stamme Juda wären, müsse der Messias von ihnen gezeugt werden.
Diese, von Begierde angelockt, boten ihre Leiber an, gleichsam als
künftige Mütter des Messias. Wenn es aber dann heißt: 'die der König
von Babylon im Feuer röstete', scheint das der Geschichte Daniels zu
widersprechen. Dieser behauptet ja, sie seien auf das Urteil Daniels
hin vom Volk gesteinigt worden, hier jedoch steht geschrieben, der König von Babylon habe sie im Feuer geröstet. Daher wird sie einerseits
von den meisten, ja fast allen Hebräern als unwahre Geschichte nicht
angenommen *(quasi fabula)* und in ihren Synagogen nicht vorgelesen. 'Wie
konnte es denn geschehen', sagt man, 'daß die Gefangenen die Macht hatten, ihre Anführer und Propheten zu steinigen?' Eher sei das wahr, was
Jeremia schreibt: Die Ältesten seien zwar von Daniel überführt worden,
aber das Urteil sei vom König von Babylon ausgeführt worden, der als
Sieger und Herr über die Gefangenen Befehlsgewalt hatte." [191]

---

189 PG XI, 61 C - 65 A. — In seinem Danielkommentar übersetzt HIERONYMUS
    aus dem 10. Buch der Stromata des ORIGENES zu Sus 5: *Referebat Hebraeus:
    istos esse Achiam et Sedeciam, de quibus scripsit Hieremias: Faciat te
    Dominus...*(Jer 29,22), und zu Sus 61-62: *Si interfecit eos omnis syna-
    goga, videtur illa opinio refutari de qua supra diximus secundum Hiere-
    miam: quod ipsi essent presbyteri Achias et Sedecias; nisi forte hoc
    quod scriptum est* Interfecerunt eos *sic interpretemur pro eo quod est:
    'regi Babylonis occidendos tradiderunt'*... CCSL LXXV A, 945 Z.707-709,
    949 Z.821-826.

190 J. BRAVERMAN, Jerome's *Commentary on Daniel* 127.

191 CCSL LXXIV, 284 Z.13 - 285 Z.15.

Die Susanna-Erzählung scheint demnach eine von den meisten jüdischen Tra-
denten zur Zeit des ORIGENES und des HIERONYMUS nicht mehr anerkannte Sei-
ten- bzw. Weiterentwicklung von in mehreren Varianten wohlbekannten Midraschim zu Jer 29,21-23 zu sein, die ebenfalls noch weiter ausgestaltet und
geändert wurden. So verweist N. BRÜLL auf die Version im *Midrasch Tanchuma*
zum Buche Levitikus [192]. Danach hätten die beiden mit den Frauen hoher babylonischer Beamter Ehebruch begangen.

Ahab ben Kolaja und Zidkija ben Maaseja waren schon in Jerusalem Sünder, aber nicht genug das. Auch als sie nach Babel ins Exil gegangen
waren, trieben sie dort ihr Sündhaftigkeit weiter. Was taten sie in
Jerusalem? Da waren sie Lügenpropheten. Aber auch in Babylon legten
sie diese Profession nicht ab und bedienten sich gegenseitig als Sün-
denmakler. Da kam Ahab ben Kolaja zu einem der Grossen des Babylonischen Reiches und sprach zu ihm: 'Gott hat mich hierher geschickt, damit ich deiner Frau ein Wort verkünde.' Er erwiderte ihm darauf: 'Sie
ist vor dir, trete nur ein.' Als Ahab dann in ihrer alleinigen Gesellschaft sich befand, sagte er zu ihr: 'Gott will es, dass Propheten
deine Sprösslinge seien, gehe und pflege Umgang mit Zidkija, und du
wirst Mutter von Propheten werden.' Sie gab ihm Gehör, liess Zidkija
kommen, der nun nach Lust mit ihr verkehrte. In gleicher Weise ging
auch Zidkija ben Maaseja vor, der wiederum für Ahab war. Das war ihr
Geschäft. [193]

Daran schließt sich ein Abschnitt darüber an, wie die beiden Propheten
schwangeren Frauen das Geschlecht ihrer zu gebärenden Kinder "prophe-
zeiten": Der künftigen Mutter kündigten sie einen Jungen an, den Nachbarinnen aber ein Mädchen. Stimmte, was sie der Mutter gesagt hatten,
hieß es: 'Die Worte des Propheten sind in Erfüllung gegangen.' War es
ein Mädchen, erzählten die Nachbarinnen der Mutter: 'Der Prophet hat
es so vorhergesagt, doch dich wollte er mit dieser Ankündigung nicht
betrüben.' [194]

---

192 Zu dem "in mehreren Sammlungen bekannten Homilien-Midrasch zum ganzen
Pentateuch Tanchuma oder Jelamdenu" (Grundstock um 400 n.C.) s. H.L.
STRACK-G. STEMBERGER, Einleitung in Talmud und Midrasch, München [7]1982,
279-282, mit Angaben über die zwei verschiedenen Textrezensionen und
über Editionen, Übersetzungen, Literatur.

193 N. BRÜLL, Susanna-Buch 9-10: N. BRÜLL übersetzt aus der "gewöhnlichen
Ausgabe" מדרש תנחומא (Neudr. Jerusalem 1965), חלק שני (Teil II), פרשת
ויקרא (Parasche 1: zu Lev 1-5), נפש כי תחטא: ילמדנו רבינו... (Abschnitt
6: zu Lev 4,1ff.); er korrigiert gelegentlich nach Jalqut II 309 (zum
Jalqut Schimʿoni s. STRACK-STEMBERGER 314f.), einem "midraschischen
Thesaurus zum ganzen AT...aus dem 13. Jhdt."
In der Ausgabe von Salomon BUBER, Midrasch Tanchuma, Wilna 1885 (Neu-
druck in 2 Bdn. Jerusalem 1964), steht diese Haggada in der פרשת
ויקרא: (?) = Tanch Lev par. 1,10, S.6-7 (zu נפש כי תחטא Lev 4,1ff.).
S. BUBERs Text erzählt nur noch die folgende Episode (die betrügeri-
schen "Prophezeiungen" an die schwangeren Frauen und deren Nachbarinnen) und bricht dann unvermittelt ab: "Und sie taten so, bis sie zu
Semiramis, der Frau Nebukadnezzars kamen. Zidkija ging zu ihr und sagte zu ihr: 'So spricht der (Herr), erhöre Ahab!' usw."

194 N. BRÜLL, Susanna-Buch 10.

In den *Pirqe de Rabbi Eliezer* 33 treten Ahab und Zidkija als falsche
Ärzte (רפאי שקר) "zu sündhaftem Beischlaf" (ובאים עליהם בהשמיש המטה)
bei den Babylonierinnen auf [195].

Besonders aufschlußreich ist, daß im babylonischen Talmud Sanh 93a im Anschluß an Erörterungen über die drei jungen Männer im Feuerofen und Daniel
der Text von Jer 29,21-23 zitiert wird und daran eine Haggada angeschlossen wird:

> "Was taten sie? Ahab ging zu der Tochter Nebukadnezzars und sprach zu
> ihr: So sprach der Herr, sei gefügig gegen Zidkija; und Zidkija sprach
> zu ihr: So sprach der Herr, sei gefügig gegen Ahab. Als sie dies ihrem
> Vater erzählte, sprach er zu ihr: Der Gott von diesen hasst die Un-
> zucht; wenn sie zu dir kommen, so schicke sie zu mir. Als sie darauf
> wiederum zu ihr kamen, schickte sie sie zu ihrem Vater. Da fragte er
> sie: Wer sprach dies zu euch? Sie erwiderten ihm: Der Heilige, gebene-
> deit sei er.- Ich habe ja aber Hananja, Mischael und Azarja gefragt,
> und sie sagten mir, es sei verboten?! Sie erwiderten ihm: Wir sind
> ebensolche Propheten wie sie, ihnen hat er es nicht gesagt, uns aber
> hat er es wohl gesagt.- Ich will euch prüfen, wie ich Hananja, Mischa-
> el und Azarja geprüft habe. Sie erwiderten ihm: Jene waren drei, wir
> aber sind nur zwei. Er entgegnete ihnen: Wählet euch noch einen, den
> ihr wünscht. Sie erwiderten: Wir wünschen den Hochpriester Jehoschua.
> Sie glaubten nämlich, Jehoschua, dessen Verdienste bedeutend sind,
> werde auch sie beschützen. Darauf holte man sie und warf sie ins Feu-
> er. Diese wurden verbrannt, während an dem Hochpriester Jehoschua
> nur die Kleider versengt wurden, wie es heißt: Ist dieser Mann nicht
> ein Holzscheit, das man aus dem Feuer gerissen hat? (Sach 3,2)" [196].

> In der bereits angeführten Überlieferung Tanchuma Lev (und entspre-
> chend Jalqut II 309) ist aus der namenlosen Tochter Nebukadnezzars
> dessen Frau Semiramis geworden; die Geschichte geht dann wie in
> bSanh 93a weiter [197].

N. BRÜLL untersucht danach die Gründe für die Variationen der Überlieferung: Aus Bedenken gegenüber der Reinheit der jüdischen Familien in der
Gola setzte man (als diese Haggada von Palästina aus auch in den Osten
wanderte? als die babylonischen Lehrhäuser maßgeblich geworden waren?)
babylonische Frauen an die Stelle von Jüdinnen. Da nur bei letzteren die
Aussicht, Mutter des Messias zu werden, des Befreiers aus der Knechtschaft
Babylons, ein plausibles Motiv darstellte, wurden die Babylonierinnen von
den beiden damit gelockt, aus der Verbindung würden "Propheten", weise
Männer, hervorgehen. Die in der jüdischen Tradition wegen ihrer Schönheit

---

195 N. BRÜLL, Susanna-Buch 12 mit Anm. 27.- Zu *Pirke/Baraita/Mischna/Hagga-*
da de Rabbi Eliezer s. STRACK-STEMBERGER (s.o. Anm. 192) 298f.: eine
Gattung der "rewritten Bible" aus dem 8. oder 9. Jhdt. n.C.

196 L. GOLDSCHMIDT, Der Babylonische Talmud, Bd. VII, Berlin-Wien 1925,
397f. - Dieser Abschnitt findet sich hebräisch abgedruckt mit englischer Übersetzung bei M. WURMBRAND (s.o. Anm. 184) 36-37.

197 Vgl. N. BRÜLL, Susanna-Buch 10-11.

und Schlauheit berühmteste Babylonierin war die Königin Semiramis, die in
der Haggada als Tochter oder Gattin zu Nebukadnezzar gestellt wurde.

Wie der Verfasser der Susanna-Erzählung darauf gekommen sein mag, auch noch
einen ganz anderen Überlieferungskomplex einzubeziehen, läßt sich den Ausführungen von N. BRÜLL ebenfalls entnehmen [198].

Daß "Mutter des Messias werden" für jüdische Frauen im babylonischen
Exil überhaupt etwas Erwägenswertes war, setzt die Kinderlosigkeit des
jüdischen Königs, des Jojachin im Kerker, voraus. Gerade dies hatte
Jeremia ja über ihn gesagt: "Schreibt diesen Mann als kinderlos ein,
als Mann, der in seinem Leben kein Glück hat. Denn keinem seiner Nachkommen wird es glücken, sich wieder auf den Thron Davids zu setzen und
wieder über Juda zu herrschen" (Jer 22,30).
Da einerseits bei der Aufzählung der im Jahre 597 v.C. Deportierten
keine Kinder Jojachins genannt sind (2 Kön 24,15; 2 Chr 36,9f.), zum
andern aber in 1 Chr 3,17 als "Söhne Jojachins, des Gefangenen" Schealtiel, Malkiram, Pedaja, Schenazzar, Jekamja, Hoschama und Nedabja auf-
gezählt werden, hat der Midrasch Anlaß und Raum, wie es von der ange-
drohten und tatsächlichen Kinderlosigkeit des Königs Jojachin zu einer
so zahlreichen, Gottes Segen und Wohlwollen erweisenden Nachkommenschaft gekommen ist. Die im folgenden mitzuteilende Haggada hat darauf
eine klare Antwort: durch die unbedingte Toratreue Jojachins und seiner
Gemahlin auch in einer extremen Belastungssituation.

In dem Homilien-Midrasch *Levitikus Rabba* 19,6 (redigiert zwischen 400
und 500 n.C.) [199] wird erzählt, wie nach der Deportation und Einkerke-
rung des bis dahin kinderlosen Jojachin die Hoffnung auf Befreiung zu
schwinden drohte. "Damals trat das grosse Synhedrium zur Beratung zusammen und erklärte: In unseren Tagen soll das Königshaus Davids erlö-
schen, von dem verheissen ist 'Sein Thron soll wie die Sonne vor mir
bestehen' (Ps 89,37), was wollen wir thun? Wir wollen gehen und die
Hoffriseuse zur Fürsprache veranlassen, sie möge der Königin, und diese
dem König, unsere Bitte überbringen (dass er nämlich Jojachin gewisse
Erleichterungen in seiner Haft gewähre). Also geschah es auch. Wie hieß
die Frau Nebukadnezzars? Rabbi Huna sagte, Schemira war ihr Name, Rabbi
Abin meint, Semiramis habe sie geheissen... Als Nebukadnezzar nun mit
seiner Frau zusammenkam, sprach sie zu ihm: 'Siehe, du bist König, ist
Jechonja nicht auch ein König? Du verlangst nach dem Liebesgenusse, hat
Jechonja nicht auch dies Verlangen?' Sofort befahl Nebukadnezzar, dass
man der Frau des Jojachin den Zutritt zu ihrem Manne gewähre. Als aber
dieser sich ihr näherte, rief sie ihm zu: 'Ich habe etwas wie eine rote
Rose gesehen!' Er zog sich nun zurück, sie ging fort, hielt die (nach
dem Gesetz Lev 15,28) vorgeschriebene Anzahl von Tagen ein und nahm
dann ein Tauchbad." [200]

---

198 Von N. BRÜLLs Historisierungen, seiner Suche nach dem "geschichtlichen
Kern", hat sich W. BAUMGARTNER zu sehr irritieren lassen.

199 Zu LevR (auch Midrasch *Wajjikra Rabba, Haggada de Wajjikra,* u.ä. genannt) s. STRACK-STEMBERGER (s.o. Anm. 192) 267-269.

200 N. BRÜLL, Susanna-Buch 17-19. Der in BRÜLLs Übersetzung wiedergegebene
Text findet sich hebräisch bei: Mordecai MARGULIES, Midrash Wayyikra
Rabba. A Critical Edition Based on Manuscripts and Genizah Fragments
with Variants and Notes, Bd.II, Jerusalem 1954, ויקרא רבה יט, ו Seiten

Könnte in dem kurzen Satz der Königin כשושנה אדומה ראיתי "Ich habe (etwas) wie eine rote Lilie/Blume/Rose [201] gesehen", einer Umschreibung
ihrer Menstruation [202], woraufhin das gesetzestreue Königspaar eher die
Hoffnungen seines Volkes und seine eigenen unerfüllt läßt als eine Bestimmung der Tora zu verletzen, auch eine Ätiologie des Namens "Susanna"
stecken?

Wenn der Verfasser der Susanna-Erzählung aus einer der eben angeführten
Haggada entsprechenden Überlieferung den Namen der auch in einer Extremsi-
tuation nicht sündigenden Gattin des Joakim [203] entnommen/erschlossen hatte, mögen daneben auch Hos 14,6 und haggadische Auslegungstraditionen zu
dem Ausdruck על שושן/שושנים ("nach der Weise 'Lilie[n]'") in einigen Psalmenüberschriften (Ps 45,1; 60,1; 69,1; 80,1) und zu שושנה/שושנים im Hohen-
lied (2,1f.16; 4,5; 5,13; 6,2) seine Wahl des Namens der Frau mitbeein-
flußt haben.

Hos 14,6 כשושנה יפרח אהיה כטל לישראל "Ich werde für Israel dasein
wie der Tau, damit es aufblüht wie eine Lilie..."

Das Bild von der Lilie steht in der jüdischen und dann auch in der christlichen Schriftauslegung für das Volk Israel, sein Wohlergehen, für die Synagoge und die Kirche.

Sehr schön bezeugt dies NICOLAUS von Lyra in seinem Psalmenkommentar
aus dem Jahre 1326, in dem er die jüdische Exegese, besonders RASCHI,
ausdrücklich und durchgehend konsultiert. Zur Auslegung der Überschrift
von Ps 45 (lat. 44) diskutiert er zunächst, ob על־שושנים *super rosas*
(so zeitgenössische Juden einschließlich RASCHIs) oder *super lilia* (so
HIERONYMUS in der Vulgata und *quaedam glosa Hebraica*, wohl eine Bezugnahme auf die Midraschim; nach H. HAILPERIN versteht der Midrasch unter
שושנה immer eine Lilie, außer in CantR 2,6 und LevR 23,3: dort ist die
Rede von שושנה של ורד "Rosen-Blume" [204]) zu übersetzen sei. "Wie es
auch mit der einen oder anderen Bedeutung stehen mag, der Sinn ist bei
den Hebräern und Lateinern nicht verschieden. Denn nach den Hebräern
werden unter Lilien oder Rosen hier die Israeliten verstanden, die andere Völker im Glauben überragten und in der Verehrung des einen Gottes. Und im Psalm selbst wird das Wohlergehen der Israeliten ausgedrückt." [205]

תמ-תלא, zit. תלז Zeile 7 - תלט Zeile 3.- Zur Weiterentwicklung der Erzählung im Mittelalter s. N. BRÜLL, Susanna-Buch 19 Anm.47 und den Hinweis auf Jalqut II 249.

201 Zu שושנה *šōšannā* s. den Kommentar zu Sus LXX 7.

202 N. BRÜLL, Susanna-Buch 18f. Anm.46 macht darauf aufmerksam, daß diese
Ausdrucksweise ("rote Blume/Lilie" für Menstruation) auch in LevR 12;
Jalqut II 960; bSanh 37a verwendet wird.

203 Zu dem Problem, wer mit Joakim gemeint war, s.o. S. 23 und 31f. und den
Kommentar zu Sus LXX 7.

204 H. HAILPERIN, Rashi and the Christian Scholars, Pittsburgh 1963, 320
mit Anm. 320.

205 Bibliorum sacrorum tomus tertius cum Glossa ordinaria & Nicolai Lyrani

Den gleichen Gedanken drückt NICOLAUS von Lyra zur Überschrift von Ps
80 (lat. 79) aus: *Ad victoriam super Sosanim testimonium Asaph, Psalmus.*
למנצח אל־שושנים עדות לאסף מזמור: "Es sagt also Rabbi Salomo (= RASCHI),
daß unter 'Lilien' die Israeliten verstanden werden, und führt dazu
Hoheslied 2,2 an: Wie eine Lilie unter Dornen, so ist meine Freundin
unter den Mädchen. Dies legt er auf die Synagoge oder das Volk Israel
hin aus: Nach der Zeit Asafs waren die 'Lilien' in drei bemerkenswerten
Verfolgungen, die durch die 'Dornen' bezeichnet werden, nämlich durch
die Babylonier, durch Antiochos Epiphanes und durch die Römer, worin
sie sich jetzt noch befinden..." [206]

NICOLAUS selber übernimmt aber diese jüdische Deutung nur zum Teil, da
nach seiner Überzeugung der Messias, der nach jüdischem Verständnis
erst noch kommen wird, um sie aus der gegenwärtigen Unterdrückung zu
befreien, bereits gekommen ist. Der Psalmtitel ist nach NICOLAUS so zu
deuten: "Dieser Psalm ist ein Zeugnis Asafs über die Lilien oder für
die Lilien, wie Hieronymus übersetzt (אל, nicht על), das ist über Christus und seine Kirche, oder den mystischen Leib, die durch die Lilien
bezeichnet werden... Zum Verständnis dieses Psalmes muß man wissen,
daß die Kirche im Alten und Neuen Testament *eine* ist, denn oft wird sie
im Alten und Neuen Testament 'Weinberg Gottes' genannt..." [207]

Auch zur Frage der Trennung der Zeugen zum Einzelverhör, um aus den Wider-
sprüchen ihrer Aussagen zu beweisen, daß sie falsches Zeugnis abgelegt hatten, konnte N. BRÜLL aus den Talmudim und Midraschim viel Material zusam-
mentragen. Aber im Blick darauf legt sich eine andere Folgerung nahe, als
sie von N. BRÜLL gezogen wurde: Bei den Überlieferungen sowohl über ben
Sakkai wie über Simon ben Schetach und seinen Sohn wurde dieses Motiv der

---

expositionibus...in Libros Job - Ecclesiasticum, Lugduni 1545, 148 verso: *Quicquid tamen sit de significatione ista vel illa, non mutatur
tamen sententia apud Hebraeos nec apud Latinos. Quia secundum Hebraeos
per lilia vel rosas hic intelliguntur filii Israel qui alios populos
in fide excellebant et cultu unius Dei. Et in psalmo isto exprimitur
prosperitas filiorum Israel...*

206 *Dicit igitur Rabbi Salomon quod per lilia intelliguntur filii Israel,
ad hoc inducens illud Canticorum 2* Sicut lilium inter spinas, sic ami-
ca mea inter filias *quod exponit de synagoga, seu de populo Israel. Lilia igitur ista post tempus Asaph fuerunt in tribus notabilibus perse-
cutionibus designatis per spinas, scilicet, per Babylonios, et per An-
tiochum illustrem, et per Romanos, in qua sunt modo...* A.a.O 203 verso.

207 *Psalmus iste est testimonium Asaph super lilia vel pro liliis ut habet
titulum Hieronymus, id est super Christum et ecclesiam suam, vel cor-
pus mysticum, quae per lilia designantur... Ad intellectum huius psal-
mi sciendum quod una est ecclesia veteris et novi testamenti, qui fre-
quenter in vetere et novo testamento dicitur vinea dei...* ebd. - Vgl.
zu dieser Deutungsweise auch die Ausführungen bei H. HAILPERIN, Rashi
bes. 179f. 320-322 mit Anm. 320-338.

strengen, getrennten Zeugenbefragung *benutzt*, wie es auch in anderer Weise in Sus verwendet wurde — jedoch widerspricht allzuviel in Sus einer ernstzunehmenden Rechtspraxis [208] und müssen zu viele wesentliche Züge der Erzählung unbeachtet gelassen werden, wenn man mit Moritz DUSCHAK [209] annehmen wollte, in Sus werde eine "thatsächliche Affaire (mit ben Sakkai) mit einem sagenhaften Gewande umhüllt und in das babilonische Exil verpflanzt", oder mit N. BRÜLL, Sus sei nichts anderes als eine antisadduzäische Tendenzschrift, die die pharisäische Halaka bezüglich der Zeugenvernehmung und der Bestrafung von Falschzeugen in Kapitalprozessen in der Zeit Simon ben Schetachs propagieren wollte.

> Von DUSCHAK und BRÜLL wird Bezug genommen auf Mischna Sanh V 2: "Je mehr einer das Prüfen mehrt, um so mehr ist er zu loben. Es traf sich, daß ben Sakkai die Stiele der Feigen prüfte", und auf die Erläuterung der Gemara bSanh 41a dazu: "Da sagten sie zu ihm: Unter einem Feigenbaum hat er ihn erschlagen. Er fragte sie: Waren an diesem Feigenbaume kleine oder große Fruchtstiele, dunkel- oder hellfarbige Früchte?" [210]

> M. DUSCHAKs Meinung ist schon deshalb nicht haltbar, weil bereits die Th-Fassung der Susanna-Erzählung älter ist als der hier im Mittelpunkt stehende berühmte Rabbi Jochanan ben Sakkai, der entscheidende pharisäisch-priesterliche Traditionsträger über die Katastrophe des Jahres 70 n.C. hinweg und Begründer des Lehrhauses von Jamnia.

> N. BRÜLL behauptet darum, mit ben Sakkai in der Mischna sei *nicht*, wie es bSanh 41a annimmt (מעשה ובדק רבן יוחנן בן זכאי בעוקצי תאנים "Vorgang: Und es forschte Rabban Jochanan ben Sakkai nach den Stielen der Feigen"), der Gelehrte des 1. Jhdts. n.C. gemeint, sondern ein sonst nie erwähnter ben Sakkai, Zeitgenosse Simon ben Schetachs unter Alexander Jannai (1. Hälfte des 1. Jhdts. v.C.). Aber als Stütze für diese Annahme ist der von Simon ben Schetach überlieferte Spruch: "Frage die Zeugen viel aus und sei behutsam mit deinen Worten, denn sie könnten aus ihnen lernen, wie sie lügenhafte Aussagen machen" (Abot I 9) doch kaum plausibel, ebensowenig, daß BRÜLL den von ihm angenommenen ben Sakkai in die Nähe einer Gleichsetzung mit Jehuda ben Tabbai, dem tatsächlichen älteren Zeitgenossen Simon ben Schetachs, zu rücken versucht ist [211].

> Auch das ausführliche Referat, wie der Sohn Simon ben Schetachs die von seinem Vater bekämpfte sadduzäische Halaka [212] durch sein Selbstopfer

---

208 Seit J.D. MICHAELIS ist immer wieder und zusammenfassend von W. BAUMGARTNER auf die zahlreichen Rechtswidrigkeiten in Sus hingewiesen worden, die die Erzählung für eine Belehrung über Prozeßführung und Zeugenbefragung denkbar ungeeignet machen.

209 M. DUSCHAK, Das mosaisch-talmudische Strafrecht. Ein Beitrag zur historischen Rechtswissenschaft, Wien 1869, 91-95: Note 13 zu S.62 "Susanna und Sacai", zit. 95.

210 N. BRÜLL, Susanna-Buch 24.

211 A.a.O. 64 Anm. 158.

212 לא הרגו נהרגין הרגו אין נהרגין "Hatten sie (die Falschzeugen) noch nicht getötet (d.h. ist der durch ihre Aussage wegen eines todeswürdi-

ad absurdum führte, trägt wenig zur Erhellung der Sus-Erzählung bei,
erst recht datiert sie sie nicht in die Zeit Simon ben Schetachs [213].
Zu derartigen Gedankengängen sagt W. BAUMGARTNER mit Recht: "Es ist verlo-
rene Mühe, hier (d.h. in Sus) irgendwelche Rechtsbelehrung oder -reform,
oder auch nur genauer Schilderung bestehender Rechtsverhältnisse finden zu
wollen. Daniel ist nicht der bessere Jurist, der klügere Richter, sondern
der von Gott geschickte und mit der dazu nötigen Weisheit ausgerüstete Retter der unschuldig verurteilten Frau. Er stellt das Verhör auch nicht zu
dem Zweck an, selber Klarheit über den Sachverhalt zu gewinnen – das hat
er ja gar nicht nötig – sondern um das mit Blindheit geschlagene Volk zu
belehren..." [214]

Im Unterschied zu ihrer Nachgeschichte, von der Th-Fassung angefangen bis
in die Kunst und Literatur der Neuzeit [215], und auf dem Hintergrund der
Stoffe und Motive, die sich vor und unabhängig neben der Susanna-Erzählung
weiter entfalteten, dürfte eine aufmerksame Lektüre des LXX-Textes erkennen lassen [216], daß es in Sus nicht um eine absichtslose Aufnahme folkloristischer Motive und um ein Referat oder eine nur an den Rändern variie-
rende Weiterentwicklung von Midrasch-Überlieferungen handelt, sondern um
eine souveräne Neukombination und -gestaltung von bisher so nicht Verbun-
denem.

---

gen Verbrechens Verurteilte noch nicht hingerichtet, weil die Falsch-
heit des Zeugnisses noch vorher ermittelt wurde), werden sie getötet;
haben sie getötet, werden sie nicht getötet" (d.h. wird erst nach der
Hinrichtung des Unschuldigen das Falschzeugnis als solches erkannt,
bleiben die Falschzeugen straffrei). Vgl. dazu S. KRAUSS, Sanhedrin-
Makkot, Gießener Mischna IV, 4-5, Gießen 1933, 322-325: Die Differenz
zwischen Sadduzäern und Pharisäern Deut 19,19.

213 Der Sohn Simon ben Schetachs bestand auf der Vollstreckung des Todes-
urteils an sich selbst, obwohl die Falschzeugen ihre Aussagen noch vor
der Hinrichtung zurückzogen. Vgl. N. BRÜLL, Susanna-Buch 48f.

214 W. BAUMGARTNER, Susanna (s.o. Anm. 143) 264 (47).- Leider scheint Ber-
nard S. JACKSON, Susanna and the Singular History of Singular Witnesses, in: Acta Juridica 1977 (= Essays in honour of BEN BEINART, vol.II),
Cape Town 1979, 37-54, weder die Arbeit von BAUMGARTNER noch andere
wichtige Literatur zu Sus zu kennen. So können seine interessanten
rechtsgeschichtlichen Darlegungen (von der frühen rabbinischen Praxis
bis in die Neuzeit) zur Erhellung der Sus-Erzählung kaum etwas beitragen.

215 S. hierzu besonders den von mehreren Autoren erstellten Artikel "Susanna", in: Encyclopaedia Judaica, vol.15, Jerusalem 1971, 532-535; für
die Darstellungen in der Kunst vom Altertum bis ins 20.Jhdt. s. bes.
H. SCHLOSSER, Susanna, in: Lexikon der christlichen Ikonographie, Bd.
IV Allgemeine Ikonographie, Freiburg 1972, 228-231.

216 Diese Lektüre geschieht im Kommentar zum LXX-Text.- Vgl. auch Teil D.

B. Die Susanna-Erzählung nach der Septuaginta

Die Verszahlen im griechischen Text, in der Übersetzung und im Kommentar geben die in der Edition von J. ZIEGLER verwendeten wieder. Diese teilen den LXX-Text in Entsprechung zur Theodotion-Fassung ein. Er beginnt mit v.5b (zur Diskussion über den Beginn des LXX-Textes s.o. die Einleitung I 1 S. 12-15); wo Theodotion erweitert, "fehlen" die Verszahlen zum LXX-Text (so fallen 1-4.11.15-18.20.21.24-27.42-43.46-47. 49-50 aus), einige LXX-Verse haben bei dieser Einteilung nur wenige Wörter (8.31), andere sind überlang (51.60-62).

Der griechische Text mit kritischen Anmerkungen und Übersetzung

περὶ ὧν ἐλάλησεν ὁ δεσπότης ὅτι ᾿Εξῆλθεν ἀνομία ἐκ Βαβυλῶνος ἐκ πρεσβυτέρων κριτῶν, οἳ ἐδόκουν κυβερνᾶν τὸν λαὸν 6 καὶ ἤρχοντο κρίσεις ἐξ ἄλλων πόλεων πρὸς αὐτούς.

7 οὗτοι ἰδόντες γυναῖκα ἀστείαν τῷ εἴδει, γυναῖκα ἀδελφοῦ αὐτῶν ἐκ τῶν υἱῶν Ισραηλ, ὄνομα Σουσάνναν θυγατέρα Χελκίου γυναῖκα Ιωακιμ, περιπατοῦσαν ἐν τῷ παραδείσῳ τοῦ ἀνδρὸς αὐτῆς [τὸ δειλινὸν] 8 καὶ ἐπιθυμήσαντες αὐτῆς 9 διεστρέψαντο τὸν νοῦν αὐτῶν καὶ ἐξέκλιναν τοὺς ὀφθαλμοὺς αὐτῶν τοῦ μὴ βλέπειν εἰς τὸν οὐρανὸν μηδὲ μνημονεύειν κριμάτων δικαίων. 10 καὶ ἀμ-

---

1-5a] 88.Syh stellen dem LXX-Text noch eine Überschrift σουσαννα und den Beginn der Th-Fassung voran (Sus 1-5a ϑ'); s. dazu oben S. 12-15.

6 πόλεων 88.Syh] πολλῶν P.967 (J.T. MILIK, Daniel et Susanne 341 hält πολλῶν für ursprünglich: "Il s'agit évidemment des *hoi polloi=hrbym* des textes esséniens de Qumrân. Ce terme désigne un groupe d'hommes, en général restreint, uni pour des raisons religieuses ou professionnelles, et non pas par des liens du sang. Le *poleôn* d'Origène est une leçon facilitante due à l'ignorance des copistes, ou même de l'illustre Alexandrin.")

7 Σουσάνναν 88.Syh] Σουσα( ) P.967; γυναῖκα Ιωακιμ 88.Syh] γυναι Ιωακειμου P.967; τὸ δειλινὸν 88.Syh] om. P.967 (Handelt es sich um eine Zufügung in 88.Syh in Angleichung an die Zeit des Parkbesuchs in ϑ', oder um eine Weglassung durch P.967 im Blick auf v.13, wonach Susanna gewöhnlich morgens ihren Spaziergang zu unternehmen scheint?).

8 αὐτῆς 88.Syh] αὐτήν P.967.

9 διεστρέψαντο P.967] διέστρεφαν 88.Syh (Haplographie).

10 καὶ ἀμφότεροι 88.Syh] ἀλλ'ἀμφότεροι P.967.

Über die, von denen der Gebieter gesagt hat: Gesetzlosigkeit
ist ausgegangen von Babylon, von Ältesten-Richtern, die das
Volk zu leiten schienen 6 und zu denen (ständig) Rechtsfälle
aus anderen Städten kamen.

7 Diese erblickten eine Frau, gepflegt im Aussehen, die Frau
eines ihrer Brüder aus den Söhnen Israels, namens Susanna, die
Tochter Hilkijas, die Frau Joakims, während sie im Park ihres
Mannes [am Nachmittag] spazierenging, 8 und begehrten sie.
9 Sie verdrehten ihren Sinn und wandten ihre Augen davon ab,
zum Himmel zu schauen und an Recht und Gerechtigkeit zu denken. 10 Und beide waren (wie von einem Stich) getroffen ihretwegen, und einer verheimlichte dem andern das Übel, das sie
festhielt ihretwegen. Die Frau aber erkannte diesen Vorgang
nicht.

φότεροι ἦσαν κατανενυγμένοι περὶ αὐτῆς, καὶ ἕτερος τῷ ἑτέρῳ
οὐ προσεποιεῖτο τὸ κακὸν τὸ ἔχον αὐτοὺς περὶ αὐτῆς, οὐδὲ ἡ
γύνη ἔγνω τὸ πρᾶγμα τοῦτο.

12 καὶ ὡς ἐγίνετο ὄρθρος, ἐρχόμενοι ἔκλεπτον ἀλλήλους σπεύδοντες, τίς φανήσεται αὐτῇ πρότερος καὶ λαλήσει πρὸς αὐτήν. 13 καὶ
ἰδοὺ αὕτη κατὰ τὸ εἰωθὸς περιεπάτει, καὶ ὁ εἷς τῶν πρεσβυτέρων
ἐληλύθει, καὶ ἰδοὺ ὁ ἕτερος παρεγένετο, καὶ εἷς τὸν ἕτερον
ἀνέκρινε λέγων Τί σὺ οὕτως ὄρθρου ἐξῆλθες οὐ παραλαβών με;
14 καὶ ἐξωμολογήσαντο πρὸς ἀλλήλους ἑκάτερος τὴν ὀδύνην αὐτοῦ.
19 καὶ εἶπεν εἷς τῷ ἑτέρῳ Πορευθῶμεν πρὸς αὐτήν· καὶ συνθέμενοι προσήλθοσαν αὐτῇ καὶ ἐξεβιάσαντο αὐτήν. 22 καὶ εἶπεν αὐτοῖς
ἡ Ἰουδαία Οἶδα ὅτι ἐὰν πράξω αὐτό, θάνατός μοί ἐστι, καὶ ἐὰν
μὴ πράξω, οὐκ ἐκφεύξομαι τὰς χεῖρας ὑμῶν· 23 κάλλιον δέ με μὴ
πράξασαν ἐμπεσεῖν εἰς τὰς χεῖρας ὑμῶν ἢ ἁμαρτεῖν ἐνώπιον κυρίου. 28 Οἱ δὲ παράνομοι ἄνδρες ἀπέστρεψαν ἀπειλοῦντες ἐν ἑαυτοῖς καὶ ἐνεδρεύοντες ἵνα θανατώσουσιν αὐτήν.

Καὶ ἐλθόντες ἐπὶ τὴν συναγωγὴν τῆς πόλεως, οὗ παρῳκοῦσαν, καὶ
συνήδρευσαν οἱ ὄντες ἐκεῖ πάντες οἱ υἱοὶ Ισραηλ· 29 καὶ ἀναστάντες οἱ δύο πρεσβύτεροι καὶ κριταὶ εἶπαν Ἀποστείλατε ἐπὶ
Σουσάνναν θυγατέρα Χελκίου, ἥτις ἐστὶ γυνὴ Ιωακιμ· οἱ δὲ εὐ-
θέως ἐκάλεσαν αὐτήν. 30 ὡς δὲ παρεγενήθη ἡ γυνὴ σὺν τῷ πατρὶ
ἑαυτῆς καὶ τῇ μητρί, καὶ οἱ παῖδες καὶ αἱ παιδίσκαι αὐτῆς ὄντες τὸν ἀριθμὸν πεντακόσιοι παρεγένοντο καὶ τὰ παιδία Σουσάννας τέσσαρα· 31 ἦν δὲ ἡ γυνὴ τρυφερὰ σφόδρα. 32 καὶ προσέταξαν
οἱ παράνομοι ἀποκαλύψαι αὐτήν, ἵνα ἐμπλησθῶσι κάλλους ἐπιθυμίας αὐτῆς· 33 καὶ ἐκλαίοσαν οἱ παρ'αὐτῆς πάντες καὶ ὅσοι
αὐτὴν ᾔδεισαν πάντες. 34 ἀναστάντες δὲ οἱ πρεσβύτεροι οἱ καὶ
κριταὶ ἐπέθηκαν τὰς χεῖρας αὐτῶν ἐπὶ τῆς κεφαλῆς αὐτῆς·

---

10 προσεποιεῖτο 88] προσεποιοῦντο Syh.

21 ἐξεβιάσαντο P.967] ἐξεβιάζοντο 88 (Im Blick auf die Erfolglosigkeit
   könnte der Aorist in ein Imperfekt verwandelt worden sein.).

22 αὐτό P.967] τοῦτο 88.Syh.

28 ἐν ἑαυτοῖς 88.Syh] αὐτῇ P.967 (Die ungewöhnliche Ausdrucksweise "innerlich drohen" könnte hier von P.967 erleichtert worden sein.).
   παρῳκοῦσαν 88*] παρῴκησαν P.967, παρῴκουν 88[1] (Die hellenistische Imperfektform dürfte in 88[1] in ein klassisches Imperf., in P.967 in einen
   Aorist geändert worden sein.).

12 Und sobald es Morgen wurde, kamen sie, voneinander unbemerkt, und beeilten sich, wer als erster (bei) ihr erscheine
und sie anspreche. 13 Und siehe, diese ging wie gewöhnlich
spazieren, und der eine der Ältesten war angekommen, und siehe,
der andere kam hinzu, und einer verhörte den anderen: Was bist
du so früh hinausgegangen, ohne mich mitzunehmen? Und sie gestanden einander jeder seinen Schmerz. 19 Und es sagte einer
zum andern: Wir wollen zu ihr gehen. Und gemeinsam traten sie
an sie heran und versuchten, sie zu vergewaltigen. 22 Und es
sagte zu ihnen die Jüdin: Ich weiß, wenn ich das tue, ist es
mein Tod; und wenn ich (es) nicht tue, werde ich euren Händen
nicht entkommen. 23 Besser aber ist es für mich, ohne (es) getan zu haben, in eure Hände zu fallen als zu sündigen vor
JHWH. 28 Die verbrecherischen Männer aber wandten sich ab,
drohten innerlich und planten heimtückisch, sie zu Tode zu
bringen.

Und als sie zur Stadtsynagoge, neben der sie wohnten, gekommen waren, da versammelten sich die dortigen Söhne Israels
alle. 29 Und die zwei Ältesten und Richter standen auf und
sagten: Schickt nach Susanna, der Tochter Hilkijas, welche die
Frau Joakims ist! Die aber riefen sie sofort. 30 Sobald aber
die Frau mit ihrem Vater und der Mutter herbeigebracht wurde,
da kamen auch ihre Knechte und Mägde herbei, fünfhundert an
der Zahl, und die vier Kinder Susannas. 31 Die Frau war aber
sehr zart. 32 Und die Verbrecher ordneten an, sie zu entblößen, um die Begierde nach ihrer Schönheit zu sättigen. 33 Und
es schluchzten alle ihre Angehörigen und alle, die sie kannten.
34 Die Ältesten aber, die (gleichzeitig) auch Richter (waren),
standen auf und legten ihre Hände auf ihren Kopf.

---

29 ἐκάλεσαν αὐτήν 88] απεστειλαν (επ) αυτην Syh (vgl. ϑ'!).
34 οἱ πρεσβύτεροι οἱ καὶ κριταί P.967] οἱ πρεσβύτεροι καὶ κριταί 88.Syh
    (Haplographie).

35 ἡ δὲ καρδία αὐτῆς ἐπεποίθει ἐπὶ τῷ κυρίῳ τῷ θεῷ αὐτῆς, καὶ
ἀνακύψασα ἔκλαυσεν ἐν ἑαυτῇ λέγουσα 35a Κύριε ὁ θεὸς ὁ αἰώνιος
ὁ εἰδὼς τὰ πάντα πρὶν γενέσεως αὐτῶν, σὺ οἶδας ὅτι οὐκ ἐποίησα
ἃ πονηρεύονται οἱ ἄνθρωποι ὁμοῦ οὗτοι ἐν ἐμοί. καὶ εἰσήκουσε
κύριος τῆς δεήσεως αὐτῆς. 36 οἱ δὲ πρεσβύτεροι εἶπαν ῾Ημεῖς
περιεπατοῦμεν ἐν τῷ παραδείσῳ τοῦ ἀνδρὸς ταύτης 37 καὶ κυκλοῦντες τὸ στάδιον εἴδομεν ταύτην ἀναπαυομένην μετὰ ἀνδρὸς καὶ
στάντες ἐθεωροῦμεν αὐτοὺς ὁμιλοῦντας ἀλλήλοις, 38 καὶ αὐτοὶ οὐκ
ᾔδεισαν ὅτι εἰστήκειμεν. τότε συνειπάμεθα ἀλλήλοις λέγοντες
Μάθωμεν τίνες εἰσὶν οὗτοι. 39 καὶ προσελθόντες ἐπέγνωμεν αὐτήν,
ὁ δὲ νεανίσκος ἔφυγε συγκεκαλυμμένος, 40 ταύτης δὲ ἐπιλαβόμενοι
ἐπηρωτῶμεν αὐτὴν Τίς ὁ ἄνθρωπος; 41 καὶ οὐκ ἀπήγγειλεν ἡμῖν τίς
ἦν. ταῦτα μαρτυροῦμεν. καὶ ἐπίστευσεν αὐτοῖς ἡ συναγωγὴ πᾶσα
ὡς πρεσβυτέρων ὄντων καὶ κριτῶν τοῦ λαοῦ.

44-45 Καὶ ἰδοὺ ἄγγελος κυρίου ἐκείνης ἐξαγομένης ἀπολέσθαι, καὶ
ἔδωκεν ὁ ἄγγελος, καθὼς συνετάγη, πνεῦμα συνέσεως νεωτέρῳ
ὀνόματι Δανιηλ. 48 διαστείλας δὲ Δανιηλ τὸν ὄχλον στὰς μέσος
αὐτῶν εἶπεν Οὕτως μωροί, οἱ υἱοὶ Ισραηλ; οὐκ ἀνακρίναντες
οὐδὲ τὸ σαφὲς ἐπιγνόντες ἀπεκτείνατε θυγατέρα Ισραηλ; 51 καὶ
νῦν διαχωρίσατέ μοι αὐτοὺς ἀπ'ἀλλήλων μακράν, ἵνα ἐτάσω αὐτούς.
51a ὡς δὲ διεχωρίσθησαν, εἶπε Δανιηλ τῇ συναγωγῇ Νῦν μὴ βλέψη-
τε ὅτι οὗτοί εἰσι πρεσβύτεροι, λέγοντες Οὐ μὴ ψεύσωνται· ἀλλὰ
ἀνακρινῶ αὐτοὺς κατὰ τὰ ὑποπίπτοντά μοι. 52 καὶ ἐκάλεσε τὸν
ἕνα αὐτῶν, καὶ προσήγαγον τὸν πρεσβύτερον τῷ νεωτέρῳ, καὶ
εἶπεν αὐτῷ Δανιηλ ῎Ακουε ἄκουε, πεπαλαιωμένε ἡμερῶν κακῶν· νῦν
ἥκασί σου αἱ ἁμαρτίαι ἃς ἐποίεις τὸ πρότερον 53 πιστευθεὶς
ἀκούειν καὶ κρίνειν κρίσεις θάνατον ἐπιφερούσας καὶ τὸν μὲν
ἀθῷον κατέκρινας, τοὺς δὲ ἐνόχους ἠφίεις, τοῦ κυρίου λέγοντος

---

35 τῷ κυρίῳ P.967] κυρίῳ 88 (in Angleichung an den LXX-Brauch, κύριος vor
    ὁ θεός nicht mit dem Artikel zu versehen).

35a κύριε 88.Syh] κύριος ὁ κύριος P.967 (s. den Kommentar zur St.);
    οἱ ἄνθρωποι ὁμοῦ οὗτοι ἐν ἐμοί P.967] οἱ ἄνομοι οὗτοι ἐπ'ἐμοί 88.Syh.

36 οἱ δὲ πρεσβύτεροι P.967] οἱ δὲ δύο πρεσβύτεροι 88.Syh; ταύτης P.967]
    αὐτῆς 88.Syh.

40 τίς 88] τις ην Syh; ἄνθρωπος 88] νεανισκος Syh (vgl. den θ'-Text!).

45 συνετάγη P.967] προσετάγη 88.Syh; ὀνόματι P.967] ὄντι 88.Syh;
    Δανιηλ 88.Syh] Δανιηλω P.967.

35 Ihr Herz aber vertraute auf den Herrn, ihren Gott; sie
richtete sich auf und begann innerlich zu weinen, dabei betete
sie: 35a Herr, JHWH, ewiger Gott, der alles vor seinem Entstehen weiß, du weißt, daß ich nicht getan habe, was diese
Menschen zusammen mir Böses zur Last legen. Und JHWH erhörte
ihr Flehen. 36 Die Ältesten aber sagten: Wir gingen spazieren
im Park des Mannes von dieser (hier), 37 und als wir die Runde
machten um das Gelände, erblickten wir diese daliegend mit
einem Mann, und wir stellten uns hin und betrachteten sie,
während sie miteinander verkehrten, 38 und sie wußten nicht,
daß wir dastanden. Dann verabredeten wir uns und sagten: Wir
wollen erfahren, wer diese sind. 39 Und wir traten heran und
erkannten sie, der junge Mann aber entfloh verhüllt. 40 Diese
aber ergriffen wir und befragten sie: Wer (war) der Mensch?
41 Und sie teilte uns nicht mit, wer es war. Das bezeugen wir.
Und es glaubte ihnen die ganze Synagoge, da sie Älteste waren
und Richter des Volkes.

44-45 Und siehe, ein Engel JHWHs — als jene hinausgeführt wurde, um zu sterben, da gab der Engel, wie angeordnet wurde,
einem Jüngeren namens Daniel (den) Geist der Einsicht. 48 Daniel aber zerteilte die Menge, stellte sich mitten unter sie
hin (und) sagte: (Seid ihr) so töricht, ihr Söhne Israels?!
Ohne ein Verhör angestellt und ohne den wahren Tatbestand erkannt zu haben, habt ihr eine Tochter Israels zum Tode verurteilt? 51 Und nun, trennt mir sie weit voneinander, ich werde
sie prüfen. 51a Sobald sie aber getrennt worden waren, sagte
Daniel der Synagoge: Nun schaut nicht (darauf), daß diese Älteste sind, indem ihr denkt: Sie lügen gewiß nicht! (Jetzt)
aber will ich sie verhören, wie es sich mir nahelegt. 52 Und
er rief den einen von ihnen, und sie führten den Älteren dem
Jüngeren vor, und Daniel sagte zu ihm: Höre, höre, Altgewordener an schlimmen Tagen! Nun sind deine Sünden gekommen, die

---

48 στὰς μέσος αὐτῶν P.967] καὶ στὰς ἐν μέσῳ αὐτῶν 88.Syh; οἱ υἱοί P.967]
υἱοί 88.Syh; ἀπεκτείνατε P.967.88.Syh] conj ἀπεκρίνατε RAHLFS, ZIEG-
LER (s. den Kommentar z.St.).

51 ἵνα 88.Syh] om. P.967.

'Αθῷον καὶ δίκαιον οὐκ ἀποκτενεῖς· 54 νῦν οὖν ὑπὸ τί δένδρον
καὶ ποταπῷ τοῦ παραδείσου τόπῳ ἑόρακας αὐτοὺς ὄντας σὺν ἑαυτοῖς; καὶ εἶπεν ὁ ἀσεβὴς ῾Υπὸ σχῖνον. 55 εἶπε δὲ ὁ νεώτερος
'Ορθῶς ἔψευσαι εἰς τὴν σεαυτοῦ ψυχήν· σήμερον γὰρ ὁ ἄγγελος
κυρίου σχίσει σου τὴν ψυχήν. 56 καὶ τοῦτον μεταστήσας εἶπε
προσαγαγεῖν αὐτῷ τὸν ἕτερον· καὶ τούτῳ δὲ εἶπε Διὰ τί διεστραμμένον τὸ σπέρμα σου ὡς Σιδῶνος καὶ οὐχ ὡς Ιουδα; τὸ κάλλος σε
ἠπάτησεν, ἡ μικρὰ ἐπιθυμία· 57 καὶ οὕτως ἐποιεῖτε θυγατράσιν
Ισραηλ, καὶ ἐκεῖναι φοβούμεναι ὡμιλοῦσαν ὑμῖν, ἀλλ'οὐ θυγάτηρ
Ιουδα ὑπέμεινε τὸ νόσημα ὑμῶν ἐν ἀνομίᾳ ὑπενεγκεῖν· 58 νῦν
οὖν λέγε μοι ῾Υπὸ τί δένδρον καὶ ἐν ποίῳ τοῦ κήπου τόπῳ κατέλαβες αὐτοὺς ὁμιλοῦντας ἀλλήλοις; ὁ δὲ εἶπεν ῾Υπὸ πρῖνον.
59 καὶ εἶπε Δανιηλ 'Αμαρτωλέ, νῦν ὁ ἄγγελος κυρίου τὴν ῥομφαίαν ἔστηκεν ἔχων, ἕως ὁ λαὸς ἐξολεθρεύσει ὑμᾶς, ἵνα καταπρίσῃ σε. 60-62 καὶ πᾶσα ἡ συναγωγὴ ἀνεβόησεν ἐπὶ τῷ νεωτέρῳ,
ὡς ἐκ τοῦ ἰδίου στόματος ὁμολόγους αὐτοὺς κατέστησεν ἀμφοτέρους ψευδομάρτυρας· καὶ ὡς ὁ νόμος διαγορεύει, ἐποίησαν
αὐτοῖς, καθὼς ἐπονηρεύσαντο κατὰ τῆς ἀδελφῆς. καὶ ἐφίμωσαν
αὐτοὺς καὶ ἐξαγαγόντες ἔρριψαν εἰς φάραγγα· τότε ὁ ἄγγελος
κυρίου ἔρριψε πῦρ διὰ μέσου αὐτῶν. καὶ ἐσώθη αἷμα ἀναίτιον ἐν
τῇ ἡμέρᾳ ἐκείνῃ.

62a Διὰ τοῦτο οἱ νεώτεροι ἀγαπητοὶ Ιακωβ ἐν τῇ ἁπλότητι αὐτῶν.
62b καὶ ἡμεῖς φυλασσώμεθα εἰς υἱοὺς δυνατοὺς νεωτέρους· εὐσεβήσουσι γὰρ νεώτεροι, καὶ ἔσται ἐν αὐτοῖς πνεῦμα ἐπιστήμης
καὶ συνέσεως εἰς αἰῶνα αἰῶνος.

---

55 σήμερον γὰρ ὁ ἄγγελος P.967] ὁ γὰρ ἄγγελος...τὴν ψυχὴν σήμερον 88.Syh.

56 σε ἠπάτησεν 88.Syh] ἠπάτησεν P.967 (s. den Kommentar z.St.);
     μικρά P.967.88.Syh] conj μιαρά SCHLEUSNER, RAHLFS, ZIEGLER (s.Komm.).

57 τὸ νόσημα P.967   τὴν νόσον 88.

60-62 ἐποίησαν P.967.88] εποιησεν Syh.

62 ἀγαπητοὶ Ιακωβ P.967.88] tr. Syh.

du früher (immer) tatest, 53 als dir (noch) geglaubt wurde, du
würdest hören und (erst dann) todbringende Urteile fällen; du
hast jedoch den Unschuldigen verurteilt, die Schuldigen aber
hast du (immer) freigesprochen, während (doch) der Herr sagt:
Einen Unschuldigen und Gerechten sollst du nicht töten! 54 Nun
also: Unter welchem Baum und an was für einer Stelle des Parks
hast du sie beieinander gesehen? Und der Gottlose sagte: Unter
einem Spaltbaum [1]. 55 Der Jüngere aber sagte: Richtig hast du
gelogen gegen dein eigenes Leben; denn heute (noch) wird der
Engel JHWHs dich spalten. 56 Und nachdem er diesen hatte wegbringen lassen, sagte er, der andere solle ihm vorgeführt werden. [Und] zu diesem aber sagte er: Weshalb (ist) dein Same
verkehrt wie Sidons und nicht wie Judas? Die Schönheit hat
(dich) verführt, die niedrige Begierde; 57 und so tatet ihr
(immer an) den Töchtern Israels, und jene verkehrten mit euch,
weil sie sich fürchteten. Aber eine Tochter Judas duldete
nicht, eure Leidenschaft in Gesetzlosigkeit zu ertragen.
58 Nun also, sage mir: Unter welchem Baum und an was für einer
Stelle des Gartens hast du sie ertappt, während sie miteinander verkehrten? Der aber sagte: Unter einem Sägebaum [2]. 59 Und
Daniel sagte: (Du) Sünder, nun steht der Engel JHWHs da mit
dem Schwert, während das Volk euch austilgt, um dich zu zersägen. 60-62 Und die ganze Synagoge schrie auf über den Jüngeren,
wie er aus dem eigenen Munde, (obwohl) sie (in ihrer Aussage
völlig) übereinstimmten, beide als Falschzeugen hingestellt
hatte. Und wie das Gesetz gebietet, taten sie (an) ihnen, so
wie sie Böses geplant hatten gegen die Schwester. Und sie verurteilten sie als verleumderische Zeugen [3], führten sie hinaus
und stießen sie in eine Schlucht. Dann warf der Engel JHWHs
Feuer durch ihre Mitte. Und gerettet wurde unschuldiges Blut
an jenem Tag.

62a Deshalb (sind) die Jungen die (von Gott) geliebten Jakobs
(söhne) wegen ihrer Ganzheit. 62b Und wir wollen achthaben (darauf, daß die) jungen (Leute) zu tüchtigen Söhnen (werden);
denn (wenn) die jungen (Leute) gottesfürchtig sind, dann wird
ihnen Geist von Wissen und Einsicht zuteil zu aller Zeit.

---

1 Mastixbaum   2 Eiche   3 Text: sie knebelten sie (s.Komm. z.St.).

Gliederungssignale im Text und Aufbau der Erzählung

5-10

5 In dem Gotteswort wird das Stichwort ἀνομία genannt, das leitmotivartig durch die Erzählung hindurch die Ältesten immer wieder kennzeichnet (28.32.35a; vgl. die inhaltlichen Konkretisierungen in 52.53.55.56.57.59.61).

6-9 *inclusiones* κρίσεις 6 – κριμάτων 9; ἰδόντες γυναῖκα 7 – τοῦ μὴ βλέπειν εἰς τὸν οὐρανόν 9 *im Zentrum:* καὶ ἐπιθυμήσαντες αὐτῆς.

12-28a

12 καὶ ὡς ἐγίνετο ὄρθρος Zeitangabe (Imperf.: Verlauf)
13 doppeltes καὶ ἰδού vor den Personen kennzeichnet den Einsatz der Handlung (καὶ ἰδοὺ αὕτη...καὶ ὁ εἷς – καὶ ἰδοὺ ὁ ἕτερος...)
Verben der Bewegung leiten *Szenen* ein und beschließen *Akt:*
12-19a *1. Szene: vorn*   eilig-heimliche Ankunft der Alten, Gespräch und Verabredung
                    im Hintergrund Spaziergang der Susanna

19b-23 *2. Szene: Ortswechsel* προσήλθοσαν αὐτῇ 19b

28a   *Ortswechsel* schließt den I. Akt ab ἀπέστρεψαν.

28b-41

28b   *Ortswechsel* καὶ ἐλθόντες ἐπὶ τὴν συναγωγὴν τῆς π.
Einführung der Personengruppe, die in diesem Akt erstmals auftritt (alle dortigen Söhne Israels)
Verben der Bewegung markieren jeweils den Beginn von Szenen:
29 καὶ ἀναστάντες οἱ δύο πρεσβύτεροι καὶ κριταί
30 ὡς δὲ παρεγενήθη ἡ γυνή
34 ἀναστάντες δὲ οἱ πρεσβύτεροι οἱ καὶ κριταί.

44-62

44 καὶ ἰδού betont den Neueinsatz der Handlung
Einführung des Engels des Herrn und des jungen Daniel
inclusiones ἄγγελος κυρίου 44 – ὁ ἄγγελος κυρίου 62
                ἐκείνης ἐξαγομένης 44 – ἐξαγαγόντες 62
                πνεῦμα συνέσεως 45 – πνεῦμα συνέσεως καὶ
                                            ἐπιστήμης 62b
Verben der Bewegung kennzeichnen *Szenenanfänge:*
48 διαστείλας δὲ Δανιηλ στὰς μέσος αὐτῶν
52 καὶ ἐκάλεσε τὸν ἕνα καὶ προσήγαγον τὸν πρεσβύτερον
                                            τῷ νεωτέρῳ
62 ἐξαγαγόντες beschließt die Erzählung.

62a-b

διὰ τοῦτο schlußfolgernd, leitet den einzigen Nominalsatz in Sus ein;
καὶ ἡμεῖς φυλασσώμεθα einziger Kohortativ in Sus, nur hier 1.pers.pl.; formuliert zusammen mit dem folgenden futurischen (Konditional-)Gefüge εὐσεβήσουσι γὰρ νεώτεροι, καὶ ἔσται ἐν αὐτοῖς πνεῦμα... die abschließende "Moral" der Lehrerzählung.

Die Erzählung ist dramatisch in eine Exposition (5-10), drei Akte (12-28a; 28b-41; 44-62) und eine schlußfolgernde Mahnung (62a-b) gegliedert:

5-10   EXPOSITION DER ERZÄHLUNG

5-6   Oberschriftartiges Motto: Die Hauptpersonen und das Urteil über sie durch ein Gotteswort.

7-9   Die im I. Akt Mitwirkenden werden vorgestellt, der Ort und der Anlaß für das Geschehen und dessen innere Gründe genannt.

10   Innen und Außen der Ältesten-Richter. Die Ahnungslosigkeit der Frau.

12-28a   ERSTER AKT: DER VERGEWALTIGUNGSVERSUCH IM PARK

12-19a   *1. Szene:* Die Annäherungsversuche am Morgen und die Verabredung zur Vergewaltigung.

19b-23   *2. Szene:* Vergewaltigungsversuch und Zurückweisungsrede der "Jüdin".

28a   Abschluß des I. Aktes und Motivierung des nächsten Erzählschrittes: Drohung und Tötungsvorhaben.

28b-41   ZWEITER AKT: DIE ERNIEDRIGUNG DER SUSANNA IN DER SYNAGOGE

28b-29   *1. Szene:* Einberufung aller ortsansässigen Israeliten durch die zwei Ältesten-Richter, Vorladung der Susanna.

30-33   *2. Szene:* Auftreten der Susanna und ihrer Angehörigen; ihre Entblößung.

34-41   *3. Szene:* Anklage gegen Susanna. Ihr Gebet. Das verleumderische Zeugnis der Ältesten, dem die ganze Gemeinde glaubt.

44-62   DRITTER AKT: DIE ERRETTUNG DER UNSCHULDIGEN TOCHTER JUDA VOM TODE

44-45   Einführung des "Jüngeren namens Daniel": Während des Zuges zur Hinrichtung Susannas verleiht der Engel JHWHs ihm den Geist der Einsicht.

48-51a   *1. Szene:* Daniels Vorwürfe an das Volk und Aufforderung zu einem neuen Verhör.

52-60a   *2. Szene:* Beschuldigung, Verhör und Entlarvung der beiden Älteren durch den Jüngeren. Bestätigende Reaktion der ganzen Gemeinde.

60b-62   *3. Szene:* Vollzug der Gesetzesstrafe an den Verbrechern. Schlußsatz.

62a-b   EPILOG: LEHRE AUS DER ERZÄHLUNG UND MAHNUNG.

K O M M E N T A R

zur Susanna-Erzählung nach der LXX

Die folgende Auslegung wird immer wieder Gründe nennen für die Vermutung, der LXX-Text sei eine Übersetzung einer aramäisch oder hebräisch
umlaufenden Erzählung, vgl. z.B. zu Sus 10.28.35.44-45.48.51.55.60-62.
Der Kommentar wird deshalb versuchen, den griechischen Text der Erzählung auf dem Hintergrund des Alten Testaments und der frühjüdischen
Haggada, soweit sie sich aus biblischen Schriften, den Apokryphen und
späteren jüdischen Überlieferungen erschließen läßt, zu verstehen und
auch in seiner Originalität zu verdeutlichen.

5 Die Erzählung beginnt mit einer These über die Hauptproblemträger:
πρεσβύτεροι κριταί "Alte/Älteste - Richter".

> Der griechische Komparativ πρεσβύτεροι ist in der LXX in der Regel
> Übersetzung von זקנים "Alte", den Autoritätsträgern der israeli-
> tisch-judäischen vorstaatlichen Stämmegesellschaft. Es scheint, daß
> in nachstaatlicher Zeit für die Synagogenstruktur auf diese Insti-
> tution in neuer Weise zurückgegriffen wurde. Seit dem Exil standen
> nach der jüdischen Überlieferung (abgesehen vom Tempel in Jerusalem
> und dessen Umkreis) solche Ältesten verantwortlich an der Spitze
> jeder jüdischen Ortsgemeinde der Welt (vgl. z.B. Εσδρ α 8,23; 9,13
> = Esr 7,25; 10,14). Aus ihrem Kreis wurden Richter ernannt.

> Falls die in der Einleitung dargelegte Vermutung richtig ist, daß
> unsere Erzählung auch aus Midraschim zu Jer 29 schöpft, wäre zu be-
> achten, daß von den Adressaten des Jeremiaschreibens nach Babylon
> hier nur die Ältesten זקנים πρεσβύτεροι und das Volk עם λαός ge-
> nannt werden, nicht mehr "Priester und Propheten" wie in Jer 29,1.

Zum Verständnis der ganzen Erzählung wird die Klimax von den πρεσβύτεροι und deren Qualifizierung am Anfang zu den νεώτεροι und deren
Kennzeichnung am Ende wichtig sein.

Die Beurteilung dieser Ältesten-Richter wird überschriftartig in einem
Gotteswort gegeben, das sich jedoch in dieser Formulierung nirgends im
AT findet, und mit einer in der LXX einzigartigen Einleitungswendung.

> περὶ ὧν ἐλάλησεν ὁ δεσπότης: δεσπότης kommt meistens im Vokativ der
> (Gebets-)Anrede vor (δέσποτα אדני); nur einmal findet es sich in
> einer Einleitungswendung zu einer Gottesrede: Jes 1,24 נאם לכן
> האדון יהוה צבאות אביר ישראל... διὰ τοῦτο τάδε λέγει ὁ δεσπότης κύ-
> ριος σαβαωθ (+ ὁ δυναστὴς τοῦ Ισραηλ L) "Deshalb — Spruch des Herrn
> JHWH der Heerscharen, des Starken Israels..."

> Wenn man biblische Vorstellungshintergründe zu dem der Susanna-Er-
> zählung als Motto dienenden Gotteswort sucht, kann man an Motive
> denken, wie sie z.B. in folgenden Texten ausgedrückt werden:
> a) "Schlimmes/Gutes geht aus von..." ...הן...יצא ἐξελεύσεται...ἐκ..
> "Von Bösewichtern geht Bosheit aus, aber meine Hand soll dich nicht

anrühren" ‏מרשעים יצא רשע וידי לא תהיה־בך: wird schon in 1 Sam 24,14
als "uraltes Sprichwort" angeführt (‏כאשר יאמר משל הקדמני); die griechische Übersetzung läßt das Wortspiel nicht mehr erkennen: 1 βασ
24,14 καθὼς λέγεται ἡ παραβολὴ ἡ ἀρχαία 'Εξ ἀνόμων ἐξελεύσεται πλημ-
μέλεια· καὶ ἡ χείρ μου οὐκ ἔσται ἐπί σε.
Vergleichbare Wendungen: "Schlimmes geht aus..." Ps 72,7; zu Jer
23,15 s.u.; "Gutes geht aus..." (Gesetz, Gerechtigkeit, Heil) Jes
2,3; 45,23; 51,4.5; 62,1; u.ö.

b) zum Aorist ἐξῆλθεν: Eine formal und inhaltlich mit Sus 5 vergleichbare Wendung findet sich Jer 23,15-17: "Darum — so spricht
der Herr der Heere gegen die Propheten: Ich gebe ihnen Wermut zu
essen und Giftwasser zu trinken; denn von den Propheten Jerusalems
ist Frevel ausgegangen ins ganze Land (‏כי מאת נביאי ירושלים יצאה
‏חנפה לכל־הארץ ὅτι ἀπὸ τῶν προφητῶν Ιερουσαλημ ἐξῆλθεν μολυσμὸς πάσῃ
τῇ γῇ). So spricht der Herr der Heere: Hört nicht auf die Worte der
Propheten, die euch weissagen. Sie betören euch nur; sie verkünden
Visionen, die aus ihrem eigenen Herzen stammen, nicht aus dem Mund
des Herrn. Immerzu sagen sie denen, die das Wort des Herrn verachten: Das Heil ist euch sicher! und jedem, der dem Trieb seines Herzens folgt (...‏וכל הלך בשררות לבו καὶ πᾶσιν τοῖς πορευομένοις τοῖς
θελήμασιν αὐτῶν, παντὶ τῷ πορευομένῳ πλάνῃ καρδίας αὐτοῦ...), ver-
sprechen sie: Kein Unheil kommt über euch."
In Sus sind als Autoritäten an die Stelle der Propheten des Jer-
Buches die Ältesten-Richter getreten.

c) zu Babylon als "Ort" von Unrecht, Bosheit, vgl. z.B. Sach 5,5-11:
die Vision von der 'Frau im Faß', die "Schuld" [1] und "Bosheit" [2]
verkörpert und die in Babylon [3] Wohnung und festen Ort erhält.

Vgl. auch die emblematische Verwendung von "Babylon" in der apoka-
lyptischen Literatur und im Neuen Testament.

ἐκ Βαβυλῶνος ἐκ πρεσβυτέρων κριτῶν: man könnte den zweiten präposi-
tionalen Ausdruck als präzisierend verstehen; dann wäre Babylon der
Schauplatz, die Ältesten-Richter die Agierenden. Vom Ganzen der Erzählung her ist aber die epexegetische Deutung wahrscheinlicher:
von Babylon, das heißt, von Ältesten-Richtern...

d) zu ἀνομία "Gesetzlosigkeit, Gesetzwidrigkeit": In der LXX dient
ἀνομία zur Wiedergabe einer Vielzahl von Wörtern im Bedeutungsbe-
reich religiöser wie sozialer Vergehen: Unrecht, Sünde, Frevel, Ge-
walttat, Betrug, Bosheit... Von den 199 Stellen, an denen ἀνομία
ein hebräisches Wort übersetzt, steht es nach der Konkordanz von
HATCH-REDPATH für ‏עון 63x, ‏און 26x, ‏תועבה 26x (bis auf Jer 16,18
nur bei Ez), ‏פשע 21x, ‏רשע/רשעה 13x; seltener für ‏דרך, בצע, בליעל,
‏עתק, עצב, עולה/עול, סרה, מעל, מעלל, משפח, חמס, חטאה/חטא, ‏זמה, הוה,
‏עלילה, קלון, שקר, שחה.
Nur einmal gibt ἀνομία das besonders zur Bezeichnung von Sexualvergehen verwendete ‏נבלה "Torheit" wieder (‏נבלה wird meist durch ἀφρο-
σύνη übersetzt: Dtn 22,21; Ri 19,23.24; 20,6A.10A; 2 Sam 13,12;
25,25; je einmal durch ἄσχημον Gen 34,7; ἀνόμημα Jos 7,15; ἄδικα
Jes 9,16; μωρά Jes 32,6; ζέμα καὶ ἀπόπτημα Ri 20,6B; ἀπόπτημα Ri

---

1   Statt ‏עינם ist zu lesen ‏עונם ἀδικία αὐτῶν (Sach 5,6c).

2   Sach 5,8: ‏זאת הרשעה αὕτη ἐστὶν ἡ ἀνομία "Dies ist die Bosheit..."

3   Sach 5,11:...‏בארץ שנער ἐν γῇ Βαβυλῶνος "...im Lande Babylon..."

20,1OB; ἀκαθαρσία Hos 2,12), und diese Stelle ist nun gerade Jer
29,23 (Ιερ 36,23): "...Fluchwort: Der Herr mache dich Zidkija und
Ahab gleich, die der König von Babel im Feuer rösten ließ, weil sie
'Torheit in Israel' getan haben und gehurt haben mit den Frauen
ihrer Nächsten רעיהם יען אשר עשו נבלה בישראל וינאפו את־נשי δι'ἦν
ἐποίησαν ἀνομίαν ἐν Ισραηλ καὶ ἐμοιχῶντο τὰς γυναῖκας τῶν πολιτῶν
αὐτῶν...und geredet haben Wort in meinem Namen — Lüge! — das ich
ihnen nicht aufgetragen hatte."
Hier wird erkennbar, daß die Sus-Erzählung wohl Midraschim zu Jer
29,21-23 verwendet hat. Vgl. die Einleitung S. 68-77.

e) zu "das Volk leiten/steuern": Die Wendung (κυβερνᾶν + Stadt,
Reich, Volk als Objekt), die sich *so* einzig Sus 5 in der LXX findet, ist im Sinne von "steuern" (der griechische Ausdruck stammt
aus der Seefahrt), "bestimmen, regieren" schon im klassischen Griechisch mehrfach belegt.
Der Wortstamm κυβερν- (κυβερνάω, κυβέρνησις, κυβερνήτης) wird in
der griechischen Übersetzung des AT einerseits in Schiffahrtskon-
text verwendet: κυβερνήτης Seemann Ez 27,8.27-29; Jona 1,6α'σ'θ'
(חבל); Prov 23,34 [4]; κυβερνάω Weish 10,4: "Die Weisheit hat den
Gerechten (= Noah) mittels einfachem Holz (auf dem Wasser) gesteu-
ert"; ähnlich Weish 14,6; zum andern gebraucht sie ihn aber, vielleicht in Nachahmung der Wurzelgleichheit von חבל "Seemann" und
תחבלה "Überlegungen, kluge Gedanken, Planung", zur Wiedergabe des
letztgenannten hebräischen Wortes: κυβέρνησις Prov 1,5; 11,14 //
24,6 [5]. κυβερνᾶν: in Prov 12,5 ist λογισμοὶ δικαίων κρίματα, κυβερ-
νῶσιν δὲ ἀσεβεῖς δόλους eine eigenartige Übersetzung für den hebräischen Text מחשבות צדיקים משפט תחבלות רשעים מרמה "Die Gedanken der
Gerechten (richten sich auf) Recht, die Pläne der Bösewichter (auf)
Betrug."

Dieses Gotteswort nennt das Thema, das die Erzählung dann entwickeln
und illustrieren wird: Nicht die beauftragten Lenker des Volkes, die
Ältesten-Richter, halten das Volk auf dem rechten Kurs — sie haben
nur den falschen Anschein zu steuern (ἐδόκουν κυβερνᾶν), in Wirklichkeit sind sie Babylon, d.h. Ausgangsort, Einbruchstelle von Gesetzlosigkeit, Verbrechen, Sünde (ἀνομία).
Damit ist auch unausgesprochen gleich die Frage nahegelegt: Wer kann
in diesem Falle denn das Volk steuern, auf dem rechten Kurs halten?
Die Antwort wird sich aus dem Gefüge der Erzählung ergeben.

6   Daß Richter eingesetzt werden und Streitfälle (ריב, κρίσις/κρίσεις)
    zu ihnen kommen "von euren Brüdern, die in ihren Städten wohnen",
    wird in 2 Chr 19,4-11 von der Zeit des vorbildlichen Königs Joschafat

---

4   Der hebräische Text in Prov 23,34 ist schwierig; die LXX weicht vom
    MT ab.

5   Vgl. auch die Deutung des schwierigen hebräischen Textes in Ijob
    37,12 Σ'.

erzählt [6]. Unsere Richtergeschichte teilt zwar die Vorstellungen dieses
Chr-Abschnittes über die Kompetenz und die ethisch-religiösen Anforde-
rungen an die mit der Entscheidung von Streitfällen und dem Fällen von
Urteilen entsprechend dem JHWH-Recht Beauftragten. Aber während in Chr
unterschieden wird zwischen "Richtern auf dem Land, in jeder einzelnen
befestigten Stadt Judas" (2 Chr 19,5) einerseits und "Beauftragten
aus den Leviten, den Priestern und den Familienhäuptern Israels [7] für
das JHWH-Gericht und für Streitfälle unter den Bewohnern Jerusalems" [8]
andererseits, spielen in Sus Leviten und Priester keine Rolle, ebensowenig die Unterscheidung Land Juda und Jerusalem, dementsprechend auch
nicht verschiedene Autoritätsträger. Wo die beiden Ältesten-Richter
wirken, ist das Zentrum, dorthin kommt man aus anderen Städten zur Entscheidung von Streifällen und zur Rechtsprechung.

Wenn man nicht annehmen will, in unserer Erzählung ständen die Ältesten (זקנים πρεσβύτεροι) anstelle der "Familienhäupter Israels" der
Chr, und die Autorität der Priester und Leviten am Tempel sei bewußt ignoriert, mag man die Erzählung in einem jüdischen Hauptort
in Palästina angesiedelt denken - aber auch dann wäre, was sich im
folgenden ereignet und was in v.5 durch das Gotteswort im voraus
charakterisiert wurde, *pars pro toto.*

7   Daß es im folgenden vor allem um die in vv.5-6 Gekennzeichneten gehen
soll, hebt in dem sehr langen Satz vv.7-9 das vorangestellte οὗτοι
"diese" hervor. Bemerkenswert ist die Beschreibung der Frau, die die
beiden erblicken ἰδόντες γυναῖκα ἀστείαν τῷ εἴδει: ἀστεῖος/-α
(von ἄστυ Stadt) "städtisch, fein, gepflegt, anmutig, reizvoll"
scheint nicht das spontan verwendete Wort angesichts körperlicher
Schönheit gewesen zu sein, sondern eher ein nicht zu nahe tretendes
Kompliment.

Das Adjektiv kommt im griechischen AT bei Personen recht selten vor:
ἀστεῖος טוב ist der neugeborene Mose in den Augen seiner Mutter Ex
2,2. Eine Bedeutungsveränderung scheint vorzuliegen bei der Übersetzung des 'fetten' Eglon in Ri 3,17 (בריא) mit καὶ Ἐγλὼμ ἀνὴρ
ἀστεῖος σφόδρα.

---

6   Welche Zeit sich in dem Chr-Abschnitt spiegelt, braucht hier nicht entschieden zu werden: ob tatsächlich die des Königs Joschafat (Regie-
rungszeit etwa 874-850 v.C.) oder ob die persische Zeit anzunehmen ist
oder ob Palästina bereits unter ptolemäischer Verwaltung steht.

7   2 Chr 19,8: ומראשי האבות לישראל...καὶ τῶν πατριαρχῶν Ισραηλ.

8   ולריבי ישבי ירושלים למשפט יהוה ולריבי in 2 Chr 19,8 korrigiert aus ולריב
וישבו ירושלים.

Am aufschlußreichsten ist wohl der Gebrauch des Wortes im Buch Judit, in dem die Schönheit der Heldin ja in mehrfacher Rücksicht
eine bedeutende Rolle spielt [9]. Zuerst wird ihre Schönheit in den
Augen und Reaktionen ihrer Mitbürger und der Stadtältesten, der as-
syrischen Soldaten und des ganzen Feldlagers beschrieben mit καὶ ἦν
καλὴ τῷ εἴδει καὶ ὡραία τῇ ὄψει σφόδρα 8,7; ἐθαύμασαν ἐπὶ τῷ
κάλλει αὐτῆς ἐπὶ πολὺ σφόδρα 10,7; τὸ πρόσωπον αὐτῆς ἦν ἐναντίον
αὐτῶν θαυμάσιον τῷ κάλλει σφόδρα 10,14; vgl. 10,19.23; 11,21.
Wenn aber Holofernes Judit auf ihren Verstand und ihre Schönheit
hin anspricht, verwendet er nicht das direkte καλή/κάλλος, sondern
drückt sich verhaltener aus: καὶ νῦν ἀστεία εἶ σὺ ἐν τῷ εἴδει σου
καὶ ἀγαθὴ ἐν τοῖς λόγοις σου 11,23.

Die genauen Angaben zum Namen, Vatersnamen und Namen des Gatten dieser
"fein aussehenden Frau" legen erzählerisch nahe, daß die beiden Ältesten sehr wohl wußten, daß sie eine mit einem Israeliten verheiratete
Frau anschauten, die ihnen mit Namen und Familie bekannt war.

Ist aus der Angabe, sie sei "Frau eines Bruders von ihnen, aus den
Söhnen Israels", zu entnehmen, die Erzählung solle *nicht in Palästina* spielen? Das ist möglich, aber wohl nicht zwingend. Die
"Mischehen"-Problematik beschäftigt die Juden nach dem Exil in Palästina seit der Perserzeit (Esr 9-10 und Neh 13,13-31) und ist in
der Ptolemäer- und Seleukidenzeit dann eher noch bedrohlicher geworden.
Daß nichtjüdische Frauen mindere Achtung und Rechte genossen, läßt
sich z.B. aus Esr 9-10 entnehmen — um so größer war das Verbrechen
eines Einbruchsversuchs in eine volljüdische Ehe.

Der Name "Susanna" ist im AT als Frauenname sonst nicht belegt. Er
scheint auch in der späteren jüdischen Literatur nicht verwendet zu
werden. Lk 8,3 zeigt aber, daß es Jüdinnen mit diesem Namen gab.
Σουσάννα (in vielen Handschriften des ϑ'-Textes: Σωσάννα) gibt in
griechischer Umschrift das hebräische שושנה "Lilie, Feldblume" (griechisch: τὸ κρίνον) wieder, vgl. Lk 12,27 par Mt 6,28.

Das hebräische שׁוֹשָׁן/שׁוֹשַׁנָּה pl. שׁוֹשַׁנִּים ist Lehnwort aus dem Ägypti-
schen: ⟦hieroglyphs⟧ ssn (det. auch ⟦glyph⟧, ⟦glyph⟧ ⟦glyph⟧; ältere Form:
⟦hieroglyphs⟧ zsssn) "Lotusblume", kopt. ⲉϢⲰⲩⲈⲛ"Lilie".

Im AT findet das Wort Verwendung:
a) für die entsprechenden Feldblumen, vgl. Hld 2,1.2.16; 4,5; 6,2.3;
   7,3; Hos 14,6. Besonders von Hld 5,13 her ("...seine Lippen sind
   wie שׁוֹשַׁנִּים") ist deutlich, daß diese Blumen *rot* gedacht waren;
b) zur Bezeichnung architektonischer und plastischer Formen: Pfei-
   lerkapitelle 2 Kön 7,19.22; der Rand des bronzenen "Meeres"
   2 Kön 7,26; 2 Chr 4,5;
c) zur Angabe einer Vortragsweise oder eines Musikinstruments in
   den Psalmenüberschriften Ps 45,1; 60,1; 69,1; 80,1 (vgl. dazu
   die Einleitung S. 74f.).

---

9   Vgl. dazu E. ZENGER, Das Buch Judit, JSHRZ I/6, Gütersloh, 487 u.ö.

Von den etwa 1400 im hebräisch-aramäischen AT vorkommenden Namen sind nur 92 Frauennamen [10]. Dieses Zahlenverhältnis sagt aber wohl mehr aus über die Stellung der Frau in Überlieferung, Kult, Recht usw. als über die tatsächlich in dieser Zeit verwendeten Frauennamen [11].

Unter den von Martin NOTH aufgeführten 18 Pflanzenbezeichnungen, die als Personennamen dienten, werden nur drei von Frauen getragen: הדסה Myrte (Est 2,7), קציעה Zimtblüte (Ijob 42,14); תמר Dattelpalme (Gen 38; 2 Sam 13). Demgegenüber tragen Männer Namen wie אלון/אלון Eiche, Terebinthe; זיתן ,זחם Ölbaum; ארן Fichte(nart); ורד Rose; צלף Kaperstrauch; חבקוק (ein Gartengewächs, Gurke?); עדלי Gartenkresse; בצלוה/בצליה Zwiebel; עזמות (?); ציבא Faser, Zweig, Ast; קוץ, שמיר, דרדע Dorn [12].

Die Ableitung des Frauennamens "Susanna" vom Namen der Stadt Susa in Elam, also "die von Susa", mag zwar bei der Bildung des Namens am Anfang gestanden und in Babylonien mitgehört worden sein, mindestens in Palästina dürfte jedoch die Assoziation des Blumennamens stärker gewirkt haben als die historische Etymologie [13].

Warum möglicherweise für die Frau in unserer Erzählung der Name Susanna gewählt wurde, ist in der Einleitung S. 73-75 ausgeführt.

---

10 J.J. STAMM, Hebräische Frauennamen, in: Hebräische Wortforschung, Fs. W. BAUMGARTNER, VTS 16, Leiden 1967, 301-229, hier 309; jetzt auch in: J.J. STAMM, Beiträge zur hebräischen und altorientalischen Namenkunde, OBO 30, Freiburg/Schweiz - Göttingen 1980, 97-135.

11 Vgl. die 24 von J.J. STAMM a.a.O. genannten Frauennamen, die allein aus den andersartigen Elefantinetexten zusätzlich zu den 92 alttestamentlichen belegt sind.

12 M. NOTH, Die israelitischen Personennamen im Rahmen der gemeinsemitischen Namengebung, BWANT 46, Stuttgart 1928, 230f.

13 Wahrscheinlich ist mit J.T. MILIK die in P.967 erhaltene Namensform COYCA() = σουσαν die ursprüngliche. Darauf könnte auch die syrische Schreibweise des Namens שושן hinweisen. MILIK meint dann: "Pour expliquer cet anthroponyme, on ne pourra plus penser à un nom de fleur: l'hébreu šôšannah, l'araméen šûšannah, qui ne sont que des singulatifs du collectif šôšan/šôšân et šûšân. J'y vois šûšân, Suse, capitale de l'Élam, les noms de villes étant si fréquents dans l'anthroponymie féminine (er verweist aber dann nur auf ein gesichertes Beispiel). La grécisation du nom se fit exactement de la même façon, le dédoublement de la dernière consonne et la désinence, que p.ex. pour Mariammè." J.T. MILIK, Daniel et Susanne à Qumrân? in: De la Tôrah au Messie, Fs. H. CAZELLES, Paris 1981, 337-359, zit. 354. Nach R. ZADOK, On the Connections Between Iran and Babylonia in the Sixth Century B.C., Iran XIV (1976) 64 ist aus Babylon in achämenidischer Zeit (5. und 4. Jhdt. v.C.) zweimal fsu-sa-an-na als Frauenname belegt. Dieser Hinweis findet sich bei Michael HELTZER, The Story of Susanna and the Self-government of the Jewish Community in Achaemenid Babylonia, AION 41 (1981) 35-39, hier 36.

Aus den Namen des Vaters der Susanna, Hilkija, und ihres Gatten, Joakim, läßt sich entnehmen, daß Susanna der höchsten Schicht im Volke
angehören soll.

חלקיה/חלקיהו ist ein häufig vorkommender Name von *Priestern*. Z.B.
trägt zur Zeit des Königs Joschija der Tempeloberpriester diesen
Namen 2 Kön 22-23; ebenso der Vater des Propheten Jeremia Jer 1,1
und ein Oberpriester nach dem Exil Neh 12,7. Nach Bar 1,1 heißt so
einer der Vorfahren Baruchs, und nach Bar 1,7 hat es fünf Jahre
nach der Wegführung Jojachins in Jerusalem einen (Tempelober)prie-
ster Jojakim gegeben, dessen Vater Hilkija hieß. Daß auch Hilkija,
der Vater des Palastvorstehers Eljakim zur Zeit des Königs Hiskija,
Priester war, ist möglich. Nach dem Buch Judit gab es diesen Namen
aber auch im Stamme Simeon, er kommt im Stammbaum Judits 8,1 zweimal vor.

Ιωακιμ ist in der griechischen Übersetzung des AT irritierenderwei-
se Umschrift sowohl für den Joschija-Sohn Jojakim יהויקים/יויקים
wie auch für dessen Sohn, den Joschija-Enkel Jojachin יהויכין/יכניה:
besonders deutlich in 4 βασ 24,6 καὶ ἐκοιμήθη Ιωακιμ...καὶ ἐβασίλευ-
σεν Ιωακιμ υἱὸς αὐτοῦ. Nur in der LXX zum Jeremia-Buch wird Ιεχονιας
von Ιωακιμ unterschieden, aber auch nicht konsequent, vgl. Ιερ 44,1
= Jer 37,1; Jer 52,31bis. Neben diesen *Königen* trägt auch ein (Hoher)*Priester* den Namen Joakim: Εσδρ β 22 (= Neh 12),10bis.12.26
(Ιωακιμ יויקים'); Judit 4,6; 15,8; (Bar 1,7).

Vornehme Stellung und Reichtum ihrer Familie werden erzählerisch auch
dadurch anschaulich, daß ihr Mann einen Park besitzt und daß Susanna
Muße hat, darin spazierenzugehen.

Als erster scheint Xenophon das Wort παράδεισος verwendet zu haben,
und zwar immer in Bezug auf die Parks der persischen Könige und Vor-
nehmen: παράδεισος μέγας ἀγρίων θηρίων πλήρης An 1,2.7; παράδεισος
δασὺς παντοίων δένδρων An. 2,4.14 [14].

Kennzeichnend für einen παράδεισος waren Bäume (vgl. Neh 2,8: Nehemia erbittet ein Schreiben an den Aufseher der Staatsforste [פרדס]
für die Lieferung von Bauholz), während in einem κῆπος ("Garten")
Bäume, aber auch kleinere Pflanzen bis zum Gemüse stehen können.

παράδεισος übersetzt meist hebr. גן, einmal עדן (Jes 51,3) und dreimal פרדס (Neh 2,8; Koh 2,5; Hld 4,13).

Hier ist wieder auf Ιερ 36,5 (Jer 29,5) zu verweisen als möglichen
Herkunftsort des Parkmotivs: οἰκοδομήσατε οἴκους καὶ κατοικήσατε καὶ
φυτεύσατε παραδείσους καὶ φάγετε τοὺς καρποὺς αὐτῶν...

Daß der Verfasser/Übersetzer παράδεισος und κῆπος synonym gebrau-
chen kann, zeigt sich in den Fragen Daniels an die beiden Ältesten
Sus 54 und 58.

8   Bereits hier beginnt die ἀνομία, die Tora-Widrigkeit der beiden Äl-
    testen, die doch mit der Tora-Wahrung beauftragt sind: "und sie be-

---

14 H.G.LIDDELL-R.SCOTT-H.S.JONES, A Greek-English Lexicon, Oxford 1940
    (repr. 1966), 1308.

gehrten sie" — ein direkter Verstoß gegen die "Worte" vom Sinai [15].

9 Das in den Partizipien ἰδόντες - ἐπιθυμήσαντες Beschriebene wird
nun in den beiden verba finita des Satzes "analysiert" und gedeutet.
Alles, was die beiden Ältesten-Richter von jetzt an tun werden, ent-
stammt einer "Perversion", sie haben die von ihnen zu erwartende Ori-
entierung vom "Himmel", d.h. von Gott und seinem Recht, "weggebogen".

Die Wendung διαστρέφειν τὸν νοῦν (ἑαυτοῦ) kommt in der griechischen
Übersetzung des AT sonst nicht vor.
διαστρέφειν steht für הפך und Ableitungen, selten für צוד pil., כאה
hi., כאב hi. und hat als Objekte: Volk, Israel, Wege oder καρδία,
διάνοια anderer. Zum partic.perf.pass. διεστραμμένος s.u. zu v.56.

Als Assoziationshintergrund lassen sich sprichwörtliche Stellen wie
z.B. Spr 6,12-19 annehmen: ἀνὴρ ἄφρων καὶ παράνομος...διεστραμμένη
καρδία τεκταίνεται κακὰ ἐν παντὶ καιρῷ...χεῖρες ἐκχέουσαι αἷμα δι-
καίου...ἐκκαύει ψεύδη μάρτυς ἄδικος καὶ ἐπιπέμπει κρίσεις ἀνὰ μέσον
ἀδελφῶν. Oder Weish 4,12: βασκανία γὰρ φαυλότητος ἀμαυροῖ τὰ καλά,
καὶ ῥεμβασμὸς ἐπιθυμίας μεταλλεύει νοῦν ἄκακον "Der Reiz des Bösen
verdunkelt das Gute, und der Taumel der Begierde unterminiert einen
unverdorbenen Sinn."

Auch die beiden in Sus 9 folgenden Wendungen (ἐξέκλιναν τοὺς ὀφθαλμοὺς αὐτῶν τοῦ μὴ βλέπειν εἰς τὸν οὐρανὸν μηδὲ μνημονεύειν κριμάτων
δικαίων) kommen sonst im AT nicht mehr vor. Die entgegengesetzte positive Haltung drückt Ps 119,51f. so aus: זדים הליצוני עד-מאד
118,51f. Ψ :מתורתך לא נטיתי : זכרתי משפטיך מעולם יהוה ואתנחם: ὑπερ-
ήφανοι παρηνόμουν ἕως σφόδρα, ἀπὸ δὲ τοῦ νόμου σου οὐκ ἐξέκλινα·
ἐμνήσθην τῶν κριμάτων σου ἀπ'αἰῶνος, κύριε, καὶ παρεκλήθην. "Über-
hebliche verspotten mich im Übermaß, von deinem Gesetz weiche ich
nicht. Denke ich an deine Rechtssprüche von alters her, JHWH, dann
bin ich getröstet."

Die singuläre Wendung μνημονεύειν κριμάτων δικαίων "gerechter Urtei-
le/Rechtsvorschriften gedenken", in der Übersetzung von Sus wiedergegeben mit "an Recht und Gerechtigkeit denken", hat eine Doppelbe-
deutung: "gerechte Urteile fällen, den Gotteswillen als Richtschnur
bedenken" und "bedenken, daß Gott gerecht straft".
κρίματα δίκαια ist Umschreibung für den Gotteswillen, vgl. Dtn 4,8
ומי גוי גדול אשר לו חקים ומשפטים צדיקים ככל התורה הזאת אשר אנכי נתן
:לפניכם היום καὶ ποῖον ἔθνος μέγα ᾧ ἐστιν αὐτῷ δικαιώματα καὶ κρίματα δίκαια κατὰ πάντα τὸν νόμον τοῦτον ὃν ἐγὼ δίδωμι ἐνώπιον ὑμῶν σήμερον; "Und welche große Nation besäße Gesetze und Rechtsvorschriften, die so gerecht sind wie alles in diesem Gesetz, das ich euch
heute vorlege?"
Vgl. auch Ps 119 (Ψ 118),7.62.(160)164: משפטי צדקך τὰ κρίματα τῆς
δικαιοσύνης σου "deine gerechten Vorschriften, Urteile".

Dieses Gottesrecht sollen die Ältesten-Richter bei den κρίσεις
("Rechts-, Streitfälle"), die zu ihnen gebracht werden, anwenden —
andernfalls jedoch wird es sie selbst treffen!

---

15 Sus 8: καὶ ἐπιθυμήσαντες αὐτῆς (P.967 αὐτήν); Ex 20,17: οὐκ ἐπιθυμήσεις
τὴν γυναῖκα τοῦ πλησίον σου...

10 Während in vv.7-9 die Darstellung *von außen* (sehen) *nach innen* (begeh-
    ren) verlief, geht sie in v.10 *von innen* (gleiche "Getroffenheit" bei
    beiden) *nach außen* (beide verheimlichen ihren Zustand voreinander).
    Die völlige Ahnungslosigkeit der Frau wird demgegenüber ausdrücklich
    betont.

> Die Verwendung von κατανύσσομαι "gestochen werden" (von einem In-
> sekt oder einem spitzen Gegenstand wie Nadel, Meißel, u.ä.) im Sin-
> ne der erotischen Begierde ist in der griechischen Übersetzung des
> AT einmalig.
> Frank ZIMMERMANN meint, in Sus 10 eine Verwechslung hebräischer
> Wurzeln durch den griechischen Übersetzer beobachten zu können: Die
> hebräische Vorlage habe wohl gelautet ויחלו באהבה "und sie wurden
> liebeskrank nach ihr". Statt von חלה "krank sein, werden" (vgl. Hld
> 2,5; 5,9 חולת אהבה "liebeskrank", LXX: τετρωμένη ἀγάπης) habe der
> Übersetzer die Form von חלל "durchbohren, verwunden" hergeleitet [16].
> Auch wenn man der Vermutung von ZIMMERMANN, Sus sei eine Überset-
> zung aus dem Hebräischen, zustimmen möchte und annimmt, die grie-
> chischen Übersetzer hätten die Wurzeln חל-חלה-חלל als zusammenge-
> hörig empfunden bzw. verwechselt, bleibt doch folgendes zu beden-
> ken:
> a) die für solche Wurzel"verwechslungen" in der LXX angeführten
> Stellen verwenden, wie ZIMMERMANN selbst beobachtet hat, τιτρώσκω,
> τραῦμα, τραυματίζω, also durchaus passende Übertragungen (in 2 Sam
> 13,2.5.6 wird חלה hitp. "sich krank fühlen, sich krank stellen" mit
> ἀρρωστεῖν und μαλακίζεσθαι übersetzt). Vielleicht wurden ἄρρωστος,
> ἀσθενής u.ä. in Verbindung mit ἔρως/ἀγάπη im Griechischen als nicht
> passend empfunden?
> b) von ἀγάπη oder ἔρως ist in Sus nie die Rede (wohl nicht zufäl-
> lig), nur von ἐπιθυμία.
> c) daß der periphrastischen Form ἦσαν κατανενυγμένοι ein Verb in
> Präformativkonjugation + ו zugrunde liege, ist hier kaum wahrschein-
> lich. Eher ist an eine Konstruktion wie ושניהם חלים/חללים בעבוריה
> zu denken.

> κατανύσσομαι steht in der LXX mehrfach in der Bedeutung "verstummen,
> schweigen": vgl. Lev 10,3; Ps 4,5; 35,15 für דמם; Dan 10,15 θ' für
> אלם ni.; vgl. Sir 12,12; 14,1.
> In Nähe zu Sus 10 steht die Verwendung in Ps 109,16 (Ψ 108,16) für
> כאה ni. (oder נכא ni.?): ...κατεδίωξεν ἄνθρωπον πένητα καὶ πτωχὸν
> καὶ κατανενυγμένον τῇ καρδίᾳ... (למותת) וידרף איש־עני ואביון ונכאהלבב
> "und er verfolgte den Gebeugten und Armen, und den im Herzen Getrof-
> fenen (um zu töten)".

> Vgl. auch Apg. 2,37: ἀκούσαντες δὲ κατενύγησαν τὴν καρδίαν "als sie
> (dies) hörten, traf es sie wie ein Stich ins Herz".

> Das Verb προσποιεῖν/εῖσθαι kommt nur an 4 Stellen im griechischen
> AT vor:
> I. aktiv: "zufügen, antun", so Sir 31,30 vom Wein: ἐλαττῶν ἰσχὺν
> καὶ προσποιῶν τραύματα מחסר כח ומספק פצע "er schwächt die Kraft
> und schlägt Wunden";

---

[16] F. ZIMMERMANN, The Story of Susanna and Its Original Language, JQR 48
     (1957/58) 237-241, hier 239f.

II. 1. medium: "sich etwas verschaffen, beanspruchen, tun als ob",
so 1 Sam 21,14 David am Stadttor von Gat vor den Leuten des
Achisch יתהלל וכאֵ προσεποιήσατο "und er verstellte sich";
  2. medium mit Negation: "so tun als ob nicht", so Ijob 19,14
"jemanden verleugnen, tun als ob man ihn nicht kenne" und Sus 10
"tun als ob etwas nicht der Fall wäre, etwas nicht mitteilen, ge-
heimhalten".

12 Nach der Exposition der Erzählung mit dem Leitsatz und der Vorstellung
der handelnden Personen und ihrer Beziehungen untereinander (vv.5-10)
wird nun ein allmorgendliches "Drama" beschrieben, von dem dann die
einmalige Handlung der Erzählung ab v.13 ihren Ausgang nimmt.
Noch im Morgengrauen "stehlen" sich die zwei Alten hastig in den Park
(ἐρχόμενοι ἔκλεπτον ἀλλήλους σπεύδοντες τίς φανήσεται αὐτῇ
πρότερος...) Die peinliche Lächerlichkeit der Situation wird hervorgehoben durch den Gegensatz zwischen der gravitätischen Einführung der
zwei Ältesten-Richter (vv.5-6) und der Susanna (v.7) und dem verstoh-
lenen Bestreben von unreifen Verliebten, wen die Angebetete zuerst an-
schaue und wer sich ihr als erster "erklären" könne (die "Konkurrenz"
gehört zu diesem Spiel — auch wenn die Identität des Konkurrenten dem
andern noch nicht bekannt ist). Der Hörer/Leser mag phantasieren, wie
die beiden sich täglich am frühen Morgen bis zum Spaziergang der Susanna (am Nachmittag? so die Hss. 88 und Syh) voreinander und vor anderen unbemerkt gehalten haben und die Gelegenheit zum "Ansprechen"
dann doch wieder ungenutzt lassen mußten.

> In der vorstehenden Auslegung wurden die Imperfekte ὡς ἐγίνετο
> ὄρθρος, ἐρχόμενοι ἔκλεπτον... iterativ verstanden. Durch die Imper-
> fekte in den vv.12-13a könnte aber auch einfach der Hintergrund
> der in v.13b einsetzenden Handlung geschildert werden: "Durch das
> Imperf. wird die vergangene Handlung in ihrem Verlauf vorgestellt,
> sowohl mit näheren Bestimmungen, als auch im Gegensatz zu einem
> nachfolgenden Verbum der Vollendung." [16a] Die beiden καὶ ἰδού in
> v.13 lenken in jedem Fall die Aufmerksamkeit auf die am nun begin-
> nenden Drama beteiligten Personen. Das Imperfekt περιεπάτει (sie
> hielt ihren Spaziergang) malt aus, was die beiden Alten bei ihrem
> Gespräch ständig vor Augen haben.

13 Zweifaches καὶ ἰδού "und siehe" hebt die auftretenden Personen und
die damit in Gang kommende Handlung hervor. Das erste καὶ ἰδού
lenkt den Blick auf Susanna und den alltäglichen Spielablauf. Sie ab-
solviert ihren gewohnten Spaziergang, einer der Ältesten ist schon
längst da (ἐληλύθει Plusquamperfekt). Das zweite καὶ ἰδού zeigt

---

16a BLASS-DEBRUNNER-REHKOPF, Grammatik § 327.

etwas Neues an: Der andere "tritt neben" seinen Kollegen. Die "Spiel-
regel" läßt jetzt einen Wortwechsel und anschließenden Kampf der Konkurrenten erwarten. Der tatsächliche Verlauf der Handlung macht dann
deutlich, daß es hier ja nicht um echte Zuneigung und Werbung ging,
sondern darum, daß zwei abgefeimte Alte ihre ἐπιθυμία befriedigen
wollen.

Einen ironischen Unterton könnte ἀνέκρινε haben: Die zwei Richter
verhören sich gegenseitig.

> ἀνακρίνω "verhören" ist t.t. aus der Gerichtssprache. In der LXX
> begegnet es außer Sus 13.48.51 nur 1 Sam 20,12 für חקר (Jonatan
> will Sauls Einstellung zu David "erforschen, herausbekommen").

Ihre Zusammengehörigkeit, ganz gleich bei welcher Tätigkeit, scheint
ihnen selbstverständlich zu sein: "Warum hast du mich nicht mitgenom-
men?"

14 So sind sie jetzt auch in ihren Schwächen und üblen Absichten im Ver-
    hör einander geständig — eine fragwürdige gerichtliche Tätigkeit!

> ἐξομολογοῦμαι ist ebenfalls ein Wort aus der Gerichtssprache
> (Schuldeingeständnis des Angeklagten). In solchem Sinne wird es
> auch Dan 9,20 LXX im großen Bußgebet verwendet (Th hat ἐξαγορεύειν)
> — im übrigen griechischen AT dient ἐξομολογοῦμαι jedoch zur Wieder-
> gabe von ידה hi. und הלל pi. "anerkennen, danken, preisen" (Gott,
> seinen Namen).

19 Was ihnen einzeln nicht gelungen ist, wollen sie gemeinsam erzwingen.
    Der Ortswechsel (προσήλθοσαν αὐτῇ) markiert den Beginn der zwei-
    ten Szene.

> συντίθεσθαι "gemeinsam planen, aushecken" (selten in positivem
> Sinn); vgl. 1 Sam 22,13 für קשר.
>
> ἐκβιάζεσθαι "Gewalt antun, etwas aus jemandem herauspressen, nöti-
> gen", so Hs. A in Est 7,8 für כבש (die anderen griechischen Hss.
> haben hier βιάζῃ).
> Aus dem Kontext Sus 22-23.28a ist deutlich, daß das Imperfekt in
> Hs.88 den nicht erfolgreichen Versuch anzeigen soll. Aber auch der
> Aorist in P.967 ἐξεβιάσαντο ergibt guten Sinn, da ἐκβιάζεσθαι das
> gewaltsame Vorgehen hervorhebt; für die "erfolgreiche" sexuelle
> Vergewaltigung werden andere Verben verwendet, vor allem ταπεινοῦν:
> vgl. Ri 19,24f.; 20,5; 2 Sam 13,14. Darum wurde der Lesart des Pa-
> pyrus der Vorzug gegeben.

22 Das Objekt ihres Angriffs ist ἡ ᾽Ιουδαία "die Jüdin" — dieses unge-
    wöhnliche Wort zur Bezeichnung einer Frau (ἡ ᾽Ιουδαία [γῆ] ist Na-
    me des Landes bzw. der Provinz Juda, oft einschließlich seiner Bevöl-
    kerung: "Juda", in seinem Selbstbewußtsein Rest und Erbe des Volkes
    Israel, des heiligen, auserwählten Volkes) scheint hier mit Bedacht

gewählt zu sein. Daß ein Individuum einer Erzählung zugleich eine Gruppe verkörpert, ist im AT nicht außergewöhnlich, vgl. Jona, Judit (s.u.
auch Teil D. zur Absicht und zum theologischen Gehalt der Erzählung);
insbesondere das Bild einer Frau für JHWHs Volk ist seit Hosea in die
alttestamentliche Literatur eingeführt, vgl. auch Ez, Pss, Klgl, (Est?),
die jüdische Auslegung des Hld.

Wie reagiert nun "Juda" (ἡ ᾿Ιουδαία) auf die verbrecherische Gewalt
ihrer eigenen Ältesten-Richter? Sie weiß, daß ihr, gleich wie sie sich
verhält, der Tod bevorsteht. Unterläßt sie die Gegenwehr, droht ihr
die Todesstrafe für Ehebruch; wehrt sie sich jetzt, wird sie der rich-
terlichen Macht der beiden nicht entgehen können.

23 "Juda" wägt aber nicht ab, für welchen Fall ihr der Tod wahrscheinli-
    cher ist, sondern entscheidet sich angesichts der wirklichen Alterna-
    tive 'sündigen - nicht sündigen vor JHWH' für Letzteres als das "Bes-
    sere".

> Im Wortlaut identisch kommt die Wendung ἁμαρτάνειν ἐνώπιον κυρίου
> nur einmal im AT vor: 1 βασ 7,6 ἡμαρτήκαμεν ἐνώπιον κυρίου für
> 1 Sam 7,6 חטאנו ליהוה; vgl. noch מִי אֲשֶׁר חֲטָא לִי εἴ τις ἡμάρτηκεν
> ἐνώπιόν μου Ex 32,33; ἥμαρτον ἐνώπιόν σου Tob 3,3; ἡμάρτομεν ἐνώπι-
> όν σου Est 4,17n.
> Meistens wird חטא ליהוה jedoch mit ἁμαρτάνειν ἐναντίον (ἔναντι)
> κυρίου (bes. im Pentateuch) oder mit ἁμαρτάνειν τῷ κυρίῳ übersetzt.
> Inhaltlich verwandt ist die Wendung ποιεῖν τὸ πονηρὸν ἐνώπιον (B;
> A: ἔναντι/ἐναντίον) κυρίου für עשה הרע בעיני יהוה, vgl. Ri 2,11;
> 3,12; 4,1; 6,1; 13,1.
>
> Die Konstruktion κάλλιον...inf...ἤ...inf. kommt nur an dieser Stel-
> le im griechischen AT vor.
> Das hebräische ...מן...טוב wird verschieden übersetzt: βελτίον...
> inf.ἤ... (z.B. Gen 29,19; Ri 9,2A; 18,19A); καλόν...inf. ἤ ...inf.
> (z.B. Jona 4,38); ἀγαθόν...inf. ἤ inf. (z.B. Ri 9,2B; 18,19B);
> κρεῖττον...inf...ἤ...(z.B. Spr 3,14; 25,7).

28 Angesichts der entschiedenen Abweisung durch die Jüdin ziehen sich die
    verbrecherischen Männer zwar zurück, aber sie werden sich dafür töd-
    lich rächen.

> οἱ παράνομοι (ἄνδρες) ist in den Büchern Dtn, Ri, Kön, Chr und
> zweimal in den Pss Übersetzung von בני בליעל.
> In den übrigen Büchern des AT übersetzt παράνομος eine Vielzahl
> von Wörtern, z.B. בגד, הלל, זד, חנף, סער, עול, פשע, רע, רשע. Die
> unmittelbare Wortbedeutung von παρά-νομος "Gesetzesübertreter"
> scheint zugunsten einer umfassenden Bedeutung "verbrecherisch, ge-
> walttätig, betrügerisch, schlecht, schlimm, böse" zurückgetreten
> zu sein.
>
> Die Formulierungen ἀπειλοῦντες ἐν ἑαυτοῖς καὶ ἐνεδρεύοντες finden
> sich im übrigen griechischen AT so nicht.

ἀπειλοῦντες ἐν ἑαυτοῖς "im Innern bei sich Drohungen ausstoßend"
zusammen mit ἐνεδρεύοντες "im Hinterhalt lauernd, eine Falle stel-
lend" zeichnet prägnant die Empfindungen der beiden Alten. Eigent-
lich ist eine Drohung nur wirksam, wenn sie laut geäußert wird.
Hier geht es aber um Wut über eine zu Recht erfolgte Beschämung,
die nicht offen eingestanden wird, sondern heimtückisch in Mordab-
sichten umschlägt (ἵνα θανατώσουσιν αὐτήν).
Bei der Lesart des Pap.967 ἀπειλοῦντες αὐτῇ "indem sie ihr drohten"
dürfte es sich um eine Erleichterung auf den "normalen" Sprachgebrauch hin handeln.

Die Verlagerung des Schauplatzes zur Synagoge der Stadt zeigt den Beginn des Zweiten Aktes der Erzählung an.

Hier in v.28 bezeichnet συναγωγή das Gebäude (denn nur daneben kann
man wohnen), in der weiteren Erzählung jedoch die jüdische (Orts-)
Gemeinde vv.41.51a.60.

οὗ παρῴκουσαν: diese hellenistische Imperfekt-Form hat 88[1] zum
klassischen παρῴκουν verändert, P.967 jedoch zum Aorist παρῴκησαν
— vielleicht im Blick auf den folgenden Aorist συνήδρευσαν, was
aber keinen rechten Sinn ergibt.

In dieser Synagoge versammelten sich nun alle ortsansässigen Juden
zum Gerichthalten.

καὶ συνήδρευσαν οἱ ὄντες ἐκεῖ πάντες οἱ υἱοὶ Ισραηλ: das sonst nur
noch Sir 11,9 (für קום po.), 23,14 (für ??), 42,12 (für סוד hitp.)
begegnende Verb meint hier wohl "als örtlicher Gerichtshof συν-
έδριον בית דין zusammentreten".

Das einleitende καί entspricht einem ל apodoseos.

Sehr betont verwendet ist an dieser Stelle der Ehrentitel "Söhne
Israels", ebenso das πάντες "alle" durch die Wiederholung des Artikels.

29   In der Gerichtsversammlung erheben sich in ihrer vollen Amtsautorität
     "die zwei Ältesten und Richter" und ordnen die gerichtliche Vorladung
     der durch die Namen des Vaters und des Gatten genau bezeichneten an-
     geklagten Susanna an. Die Vorladung wird umgehend ausgeführt.

30   Susanna wird mit ihren beiden Eltern herbeigebracht. Offenbar aus
     eigener Initiative kommen, gleichsam als Hofstaat, ihre riesengroße
     Dienerschaft und ihre vier Kinder ebenfalls dorthin.

παῖδες καὶ παιδίσκαι ist die übliche Übersetzung für עבדים ושפחות
Gen 12,16; 20,14; Dtn 28,68; Jer 34,11.16; Est 7,4; (in Koh 2,7
wird der Ausdruck mit δοῦλοι καὶ παιδίσκαι übersetzt); ebenso für
עבדים ואמהה Esr 2,65; Neh 7,67 [17].

---

17   Zur semantischen Differenz von אמה "Sklavin-Frau" und שפחה "Sklavin-
     Arbeitskraft", die in παιδίσκη nicht mehr erkennbar ist, vgl. I. RIE-
     SENER, Der Stamm עבד im Alten Testament. Eine Wortuntersuchung unter
     Berücksichtigung neuerer sprachwissenschaftlicher Methoden, BZAW 149,
     Berlin 1979, 76-83.88.

Die Zahlenangabe 500 bei der Dienerschaft soll wohl eher den an-
sehnlichen Reichtum des Haushalts der Susanna anzeigen (vgl. die Be-
sitzangaben Ijobs: 7000 Stück Kleinvieh, 3000 Kamele, 500 Joch Rin-
der und 500 Esel) als symbolisch auf "Juda" verweisen (vgl. 1 Sam
24,9: bei der Volkszählung meldet Joab dem David 800 000 Krieger
aus Israel und 500 000 aus Juda).
Ebensowenig dürfte mit der Vierzahl der Kinder eine bestimmte Sym-
bolik intendiert sein.

Da neben den Eltern, der Dienerschaft und den Kindern der Gatte Joakim nicht erwähnt wird, halten alte Auslegungen (zu Th) Susanna
für eine Witwe (vgl. Judit); daß in der ganzen Erzählung der Gatte
nicht auftritt (anders dann Sus Th 63), ist aber eher in der Juda-
Israel repräsentierenden Verwendung der Susanna-Figur begründet.

31 Die erneute Hervorhebung der zarten Schönheit der Frau (vgl. v.7) be-
    gründet die Beurteilung der beiden Richter als unsittlich, als Verbre-
    cher (παράνομοι) wegen ihrer nun folgenden Anordnung: Sie lassen
    die Vorgeladene und bisher noch nicht einmal vor Gericht öffentlich
    Beschuldigte entblößen. Der Text nennt auch gleich das wirkliche Motiv:
    die erotische Begierde der beiden.

τρυφερός bedeutet "weich, zart, fein" (von Händen, Haut, Fleisch-
speisen, usw.). Die LXX übersetzt damit Ableitungen von ענג: z.B.
Mi 1,16 בני תענוגיך τὰ τέκνα τὰ τρυφερά σου "deine zärtlich geliebten Kinder" (vgl. Bar 4,26). Zur Beschreibung der Schönheit und At-
traktivität einer Frau: Jes 47,1 רכה וענגה ἁπαλὴ καὶ τρυφερά (über
die Jungfrau Tochter Babel, die nie mehr als "fein und zart" bezeichnet werden wird).

Der Kontext der Erzählung schließt die ebenfalls mögliche Negativ-
bedeutung "verweichlicht, verwöhnt" (vgl. Dtn 28,54.56) aus.

Beim Ordal einer des Ehebruchs verdächtigten Frau in Num 5,11-31
heißt es in 5,18: ...והעמיד הכהן את־האשה לפני יהוה ופרע את־ראש האשה
καὶ στήσει ὁ ἱερεὺς τὴν γυναῖκα ἔναντι κυρίου καὶ ἀποκαλύψει τὴν
κεφαλὴν τῆς γυναικός... "Und der Priester soll die Frau sich vor
JHWH hinstellen lassen, und er soll das Haupt(haar) der Frau auflösen..."
Falls der Mischnatraktat סוטה ("Die des Ehebruchs Verdächtigte") die
Praxis am Tempel vor 70 n.C. spiegelt, läßt Soṭa I 5 erkennen, in
welcher fragwürdigen Richtung diese Bestimmung des archaischen Rituals gegen eine Frau, die abstreitet, Ehebruch begangen zu haben
(also durchaus unschuldig sein kann), "weiterentwickelt" wurde:
"Und der Priester ergreift ihre Kleider - wenn sie zerrissen, zerrissen sie eben, und wenn sie aufgeschlitzt wurden, wurden sie eben
aufgeschlitzt - bis daß er ihren Busen entblößt. Und er löst ihr
Haar auf." :עד שהוא מגלה את לבה וסותר את שערה ...(I 5c).

H. BIETENHARD kommentiert diese Mischnastelle so: "Die Bestimmungen
über das Auflösen der Kleider gehen über das in Nu 5,18 Gesagte hinaus. In bSoṭ 8a (Bar) wird das aus Nu 5,18 geschlossen: 'Und er entblößt das Haupt des *Weibes*' - damit, daß אשה dastehe, sei die Entblößung ihres Körpers gemeint. Wie bei der Geißelstrafe...werden die

Kleider zum Einreißen am Halse gefaßt." [18]
In der Mischna heißt es an derselben Stelle weiter: "Rabbi Jehuda
sagt: Wenn ihr Busen schön war, pflegte man ihn nicht zu entblößen;
wenn ihr Haar schön war, pflegte man es nicht aufzulösen." (I 5d).
H. BIETENHARD erläutert: "In TSoṭ I 7 heißt es zur Begründung der
Ansicht Jehudas: 'Wegen der jüngeren Priester', d.h. wenn die Frau
unschuldig war und nicht an der Prozedur starb, hätten die jungen
Priester in Versuchung kommen können, vgl. bSoṭ 8a. R. Jehudas Ansicht verstößt, was das Auflösen des Haares anbetrifft, gegen die
ausdrückliche Vorschrift der Thora... Die Halaka richtet sich nicht
nach R. Jehuda." [19]
Vgl. auch die Gemara zu Sanh VI 3: bSanh 45a wird dieser Ausspruch
R. Jehudas bei der Frage, ob Frauen nackt oder bedeckt gesteinigt
werden, nochmals zitiert.

Auf die Nähe von Soṭa I 5 zu Sus hat m.W. als erster F. ZIMMERMANN
hingewiesen: "In the light of this information, the wickedness of
the elders becomes more manifest... v.31 takes pains to re-iterate
about her beauty. In common decency, therefore, the elders should
have refrained (comp. R. Judah's statement) from submitting her to
that indignity." [20]

Es bestehen jedoch erhebliche Unterschiede: In Sus handelt es sich
nicht um ein Ordal am Tempelgericht; die im Traktat Soṭa angeführten Bestimmungen werden nirgends erwähnt oder beachtet. Z.B. ist
nach Soṭa I 3b "das einzige, was das Orts-Synhedrion bei der Soṭa-
Handlung zu tun hat, daß es dem Ehepaar zwei Begleiter auf den Weg
nach Jerusalem mitgibt" [21]. Nach Soṭa I 6d dürfen alle, *außer ihren
Knechten und Mägden,* bei den Verunehrungen, die ihr Geständnis be-
wirken sollen, sehen, usw.

Über die vergeblichen Versuche, Sus mit der pharisäischen Halaka
in Übereinstimmung zu bringen, und die gescheiterten rechtsgeschichtlichen Deutungen der Erzählung s. die Einleitung S.49f.75-77.
Die Anordnung der beiden Ältesten-Richter ist also aus mehreren Gründen verwerflich: Was in der Tora als letztes Mittel der Wahrheitsfindung im Rahmen eines alten Rituals vorgesehen (Haare auflösen) und in
der Tempelgerichtspraxis dann noch weiter präzisiert war (der Priester
rüttelt/reißt die Verdächtigte an ihren Kleidern, bis allenfalls ihr
Oberkörper entblößt war, um ein Geständnis zu erreichen) und was
schließlich Teil der *Strafe* für die überführte und verurteilte Ehebrecherin war (Entehrung durch öffentliche Entblößung, vgl. Hos 2,4-5.12;
Ez 16,37-39), das tun sie, wie sie selbst allzu gut wissen, einer si-

---

18 H. BIETENHARD, Soṭa (Die des Ehebruchs Verdächtige). Text, Überset-
    zung und Erklärung, Die Mischna III 6, Berlin 1956, 38-39.

19 Ebd.

20 F. ZIMMERMANN, The Story of Susanna (s.o. Anm.16) 236f. n.2.

21 H. BIETENHARD, Soṭa 33.

cher unschuldigen Frau noch *vor Anklageerhebung* und Prozeß an, nur zur Befriedigung ihrer eigenen Begierde — greller kann Amtsmißbrauch kaum gezeichnet werden.

Von den 126 Stellen, an denen HATCH-REDPATH für ἐμπιμπλάναι/ἐμπίμπλασθαι ein hebräisches Äquivalent ausweisen, steht es 58x für eine Ableitung von מלא, jedoch 62 für eine solche von שׂבע.

Die Wendung κάλλους ἐπιθυμία findet sich zwar nochmals in Spr 6,25: μή σε νικήσῃ κάλλους ἐπιθυμία "Die Begierde nach Schönheit (= einer schönen Frau) soll dich nicht besiegen" (im MT: אל־תחמד יפיה בלבבך "Begehre nicht nach ihrer Schönheit in deinem Herzen!"); aber trotz der thematischen Nähe von Spr 6,20-35 zu Sus (allerdings mit Geschlechtervertauschung!) legt sich die Absicht einer Anspielung darauf nicht nahe.

33 Das schändliche Vorgehen der Ältesten-Richter wird kontrastierend begleitet vom Weinen aller Angehörigen der Susanna und aller, die sie gut kannten.

ἐκλαίοσαν (imperf.) "sie schluchzten" = sie weinten während der ganzen Zeit.
Die Wendung οἱ παρ'αὐτῆς πάντες findet eine volle Entsprechung in der griechischen Übersetzung von כל־ביתה in Prov 31,21b πάντες οἱ παρ'αὐτῆς. Der Gebrauch von παρά in der LXX unterscheidet sich nicht wesentlich vom klassischen: παρά τινος drückt eine Bewegung "von - her" aus, es kann aber auch für παρά τινι "bei, neben, in der Nähe von" stehen. Auffällig häufig ist οἱ παρά (τινος) mit der Bedeutung "Leute, Anhänger des..." in 1 Makk: 2,15.17; 4,13; 7,37; 9,44.58; 10,87; 11,39.70.73; 12,27.28.29.34.49; 15,15; 16,16. Vgl. noch Bel 9LXX.

Das Weinen drückt Schmerz, Beschämung und Anteilnahme aus: Die Susanna, die sie im täglichen Umgang erlebt hatten, verdiente solche Schande nicht.

34 Wie schon in v.29 leitet das "Aufstehen" der Ältesten-Richter den Fortgang der Handlung in einer neuen Szene ein. Die Übersetzung folgt dem Text des Pap.967 οἱ πρεσβύτεροι οἱ καὶ κριταί als der schwierigeren Lesart: So würde nochmals das als Amtshandlung getarnte verbrecherische Vorgehen hervorgehoben. Es könnte im Pap.967 an dieser Stelle allerdings auch bloße Dittographie vorliegen: ΟΙΠΡΕΣΒΥΤΕΡΟΙΟΙ ΚΑΙΚΡΙΤΑΙ.

Der nun genannte Gestus ist auffällig: ἐπιτιθέναι τὴν/τὰς χεῖρας ...ἐπὶ τὴν κεφαλήν (τινος) ist in der LXX Übersetzung immer und nur für ...סמך (את־)ידו על־ראש und begegnet ausschließlich in priesterlichen Texten.

Ex 29,10.15.19; Lev 1,4.(1OLXX); 3,2.8.13; 4,4.15.24.29.33; 8,14. 18.22; Num 8,12 gehören nach K. ELLIGER, Leviticus, HAT I 4, Tübin-

gen 1966, 215 Anm.19, zur Priesterschrift. Ebenso gehören die ähnlichen Wendungen "על יד"(אֶת) סמך ἐπιτιθέναι τὴν/τὰς χεῖρα(ς)...ἐπ'
αὐτόν/αὐτούς nach ELLIGER zu P; in 2 Chr 29,23 liegt Aufnahme dieses Sprachgebrauchs vor.

Vgl. unten den EXKURS "Deutungen des Gestus und der Formel 'Die Hand
/Hände aufstemmen auf das Haupt von...'".

Auffällig ist, daß einzig in Sus 34 LXX (ἐπέθηκαν τὰς χεῖρας αὐτῶν
ἐπὶ τῆς κεφαλῆς αὐτῆς) ἐπί mit Genitiv gesetzt ist anstelle des
sonst immer verwendeten ἐπὶ τὴν κεφαλήν.

Ob über eine Anspielung auf Lev 24,14 hinaus durch die Variation der
Formel ein besonderer Sinn angedeutet werden sollte (etwa: das Anfas-
sen der Frau, das ihnen im Park nicht gewährt wurde, nehmen sie jetzt
unter dem Anschein einer schriftbegründeten feierlichen Zeugen- und
Richterhandlung in aller Öffentlichkeit vor; während ἐπί τινα eher
Richtung und Bewegung ausdrückt, bezeichnet ἐπί τινος mehr das Ruhen
und das Ziel einer Bewegung), erscheint fraglich. Auch sonst wird
(ἐπι)τιθέναι gelegentlich mit ἐπί τινος konstruiert, z.B. Ex 29,12;
1 βασ 6,18 A [22].

Ebenso dürfte es eine Überbelastung des Textes sein, allein aus Sus 34
LXX in Verbindung mit Lev 24,14 eine allgemeine jüdische Prozeßpraxis
zu folgern, die erst mit der Durchsetzung der pharisäischen Halaka bezüglich der Zeugenbefragung abgeschafft worden sei [23].

Es handelt sich hier auch nicht um eine Ausführung der Bestimmung
von Dtn 17,7 (13,10), wonach bei Verehrung anderer Götter bzw. An-
stiftung dazu die "Hand der Zeugen gegen ihn (= den Schuldigen) sein
soll als erste, ihn zu töten (= zu steinigen), und die Hand des ganzen Volkes danach": Dtn 17,7 (13,10) beziehen sich auf die Vollstreckung der Steinigung *nach der Zeugenbefragung*, nach gründlicher
Ermittlung und zweifelsfreier Tatbestandsfeststellung (Dtn 17,4).
Auch die Wortwahl ist völlig verschieden: יד העדים תהיה־בו בראשנה
להמיתו ויד כל־העם באחרנה καὶ ἡ χεὶρ τῶν μαρτύρων ἔσται ἐπ'αὐτῷ ἐν
πρώτοις θανατῶσαι αὐτόν, καὶ ἡ χεὶρ παντὸς λαοῦ ἐπ'ἐσχάτων Dtn 17,7.

35 Dem infamen Verhalten der beiden Alten wird Susanna in der Haltung der
gottvertrauenden unschuldig Angeklagten gegenübergestellt. Ihr Gebet
und die Einleitung dazu greifen auf Wendungen zurück, die in den Psalmen und anderen 'Mustergebeten' des AT häufig verwendet werden, ohne
solche aber zusammenhängend zu zitieren.

---

22 Vgl. M.JOHANNESSOHN, Der Gebrauch der Präpositionen in der Septuaginta,
    Mitteilungen des Septuagintaunternehmens III/2, Göttingen 1925, 305-
    309.317-324.

23 Anders dazu D. DAUBE; vgl. seine Darlegungen im EXKURS.

So klingt zunächst Ψ 56 (Ps 57) an, der von seinem Inhalt und auch
seiner Überschrift her als Gebet eines unschuldig Verfolgten gekennzeichnet ist, der auf JHWH vertraut und für seine Rettung danken kann.

Grammatisches Subjekt der Vertrauensaussage sind sonst immer Personen (πέποιθα/-εν/-αμεν etc.), nur Ψ 56,2 (Ps 57,2) ist es ἡ ψυχή
μου. Die LXX übersetzt in der Regel konsequent נפש mit ψυχή, und
לב(ב) mit καρδία, allerdings kommen in der handschriftlichen Überlieferung gerade der Psalmen bereits Vertauschungen vor. In Ψ 56
(Ps 57) stehen Sätze mit "ich" als Subjekt im Parallelismus sowohl
zu ἡ ψυχή μου (v.2) wie zu ἡ καρδία μου (v.8).
πέποιθα (ἐπὶ σοί / τῷ κυρίῳ u.a.) übersetzt meist eine Form von בטח
"vertrauen, sich verlassen auf, Sicherheit finden bei jmd. Zuver-
lässigem", häufig aber auch (so Ψ 56,2) von חסה "sich bergen bei,
sich anvertrauen".

ἐπὶ τῷ κυρίῳ τῷ θεῷ αὐτῆς "auf den Herrn, ihren Gott" gibt hebräisches ביהוה אלהיה wieder; einmalig im AT ist die Zufügung des Pro-
nomens der 3. sing. fem.: "ihr Gott".

Für einen Anklang an Ψ 56 könnte in der Lesart von 88.Syh die Bezeichnung οἱ ἄνομοι sprechen (P.967 hat: οἱ ἄνθρωποι ὁμοῦ οὗτοι).

Ψ 56,2:	Ps 57,2:
ἐλέησόν με ὁ θεός, ἐλέησόν με	חנני אלהים חנני
ὅτι ἐπὶ σοὶ πέποιθεν ἡ ψυχή μου	כי בך חסיה נפשי
καὶ ἐν τῇ σκιᾷ τῶν πτερύγων σου ἐλπιῶ	ובצל כנפיך אחסה
ἕως οὗ παρέλθῃ ἡ ἀνομία.	עד יעבר הוות:

Übersetzung nach dem MT: "Sei mir gnädig, Gott, sei mir gnädig;
denn bei dir birgt sich meine Seele, und im Schatten deiner Flügel
will ich mich bergen, bis vorüber ist (das) Unheil."

In dieser vertrauenden Geborgenheit richtet Susanna sich auf: ἀνακύψασα.

Außer an dieser Stelle begegnet ἀνακύπτω in der LXX nur noch Ijob
10,15: "Wenn ich schuldig werde, dann wehe mir! Bin ich aber im
Recht, darf ich das Haupt nicht erheben, ich bin gesättigt mit
Schmach und getränkt (רוה) mit Unglück." אם־רשעתי אללי לי וצדקתי
לא אשא ראשי שבע קלון וראה עניי: ἐάν τε γὰρ ἀσεβὴς ὦ, οἴμμοι· ἐάν τε
ὦ δίκαιος, οὐ δύναμαι ἀνακύψαι, πλήρης γὰρ ἀτιμίας (A: ἀνομίας)
εἰμί.
נשא ראש wird in der LXX (außer eben in Ijob 10,15) wiedergegeben
mit αἴρειν κεφαλήν: es ist ein Gestus der Freiheit, Unabhängigkeit,
Überlegenheit, des Selbstbewußtseins; vgl. z.B. Ri 8,28: ויכנע מדין
לפני בני ישראל ולא יספו לשאה ראשם καὶ ἐνετράπη Μαδιαμ ἐνώπιον υἱῶν
Ισραηλ καὶ οὐ προσέθεντο ἆραι κεφαλὴν αὐτῶν "Midian aber war von
den Israeliten gedemütigt, so daß es sein Haupt nicht mehr erheben
konnte". - Sach 2,4: אלה הקרנות אשר־זרו את־יהודה כפי־איש לא נשא
ראשו ταῦτα τὰ κέρατα τὰ διασκορπίσαντα τὸν Ιουδαν καὶ τὸν Ισραηλ
κατέαξαν, καὶ οὐδεὶς αὐτῶν ἦρεν κεφαλήν "Dies sind die Hörner, die
Juda zerstreut haben (LXX: + und Israel zerschmettert haben), so
daß kein Mensch mehr sein Haupt erhob". - Ps 83,3: כי הנה אויביך
יהמיון ומשנאיך נשאו ראש Ψ 82,3: ὅτι ἰδοὺ οἱ ἐχθροί σου ἤχησαν καὶ
οἱ μισοῦντές σε ἦραν κεφαλήν "Siehe, deine Feinde lärmen, und die
dich hassen, haben ihr Haupt erhoben."

Um zu erfassen, was möglicherweise in ἀνακύψασα mitschwingt, ist

ein Blick auf Lk 21,28 lehrreich: ἀρχομένων τούτων γίνεσθαι ἀνα-
κύψατε καὶ ἐπάρατε τὰς κεφαλὰς ὑμῶν, διότι ἐγγίζει ἡ ἀπολύτρωσις
ὑμῶν "Wenn dies beginnt, dann richtet euch auf und erhebt eure Häup-
ter, denn eure Erlösung naht." (Dieser Satz ist in die synoptische
Endzeitrede Jesu nur bei Lk eingefügt.)

Anders als Ijob, der klagt, nicht einmal, wenn er sich "recht/treu ver-
halte, dürfe er "sein Haupt erheben", richtet sich Susanna mitten in
der entwürdigenden Lage auf, in die sie ohne ihre Schuld gebracht worden ist. Unter den ihr aufgestemmten Händen der Falschzeugen "erhebt
sie ihr Haupt" — wenn auch vor Beschämung innerlich weinend — und betet.

"Weinen" ist im AT immer laut hörbar und sichtbar vorgestellt
(selbst wenn es "im Verborgenen" geschieht Jer 13,17). Sus 35 LXX
ist die einzige Stelle im AT, an der eine Frau ausdrücklich nur innerlich weint, während ihre Umgebung sie "erhobenen Hauptes" dastehen sieht: καὶ ἀνακύψασα ἔκλαυσεν ἐν ἑαυτῇ.
Eine frappierende Parallele im AT findet sich in Gen 18 in bezug
auf das Lachen der Sara, das ausdrücklich nur "im Innern" geschieht
(es wäre für Sara sonst sinnlos, im darauffolgenden Gespräch ab-
zustreiten, daß sie gelacht habe). Gen 18,12: ותצחק שרה בקרבה לאמר
ἐγέλασε δὲ Σαρρα ἐν ἑαυτῇ λέγουσα...; 18,13: למה זה צחקה שרה לאמר
τί ὅτι ἐγέλασεν Σαρρα ἐν ἑαυτῇ λέγουσα...
Das ἐν ἑαυτῇ übersetzt בקרבה und bezieht sich auf die normalerweise
sicht- und hörbar ausgedrückte Gemütsbewegung ἐγέλασεν bzw. in Sus
35 ἔκλαυσεν, nicht auf das folgende λέγουσα לאמר, das nur unbetont
der Sara die folgende Überlegung, der Susanna das anschließende Gebet zuordnet. Wenn ein Denkvorgang nämlich betont als nicht in ge-
sprochenen Worten vernehmbar gekennzeichnet werden soll, wird dies
im AT in der Regel mit אמר/דבר בלבבו λέγειν/λαλεῖν ἐν καρδίᾳ ausgedrückt, z.B. Ps 4,5; 11,2; Ob 3; Zef 1,12; 2,15; Jes 47,8; Koh
2,15; vgl. auch Koh 1,16 דברתי עם-לבי לאמר ἐλάλησα ἐγὼ ἐν καρδίᾳ
μου τῷ (τοῦ) λέγειν...

Da sich die folgenden "Gedanken" Susannas in Anredeform an Gott wen-
den, wurde λέγουσα in der Übersetzung wiedergegeben mit "dabei betete sie" (vgl. Lk 18,13 ὁ δὲ τελώνης μακρόθεν ἑστώς...ἔτυπτεν τὸ
στῆθος αὐτοῦ λέγων ὁ θεός, ἱλάσθητί μοι τῷ ἁμαρτωλῷ).

35a Nur aus dem Kontext ist zu folgern, daß es sich bei dem Vertrauensgebet der Susanna um ein "Flehen, Bittgebet" handelt: v.35aγ kennzeichnet die voraufgehenden Worte als δέησις, die JHWH erhörte, obwohl
eine ausdrückliche Bitte darin gar nicht formuliert war.

δέησις ist in der LXX Wiedergabe für eine Vielzahl hebräischer Wörter, insbesondere steht es für תחנה und תחנון (pl.), aber auch für
תפלה (oft προσευχή) und רנה. Außer in zahlreichen Psalmen (dort
wird die Erhörung wie in Sus 35aγ durch εἰσήκουσε...τῆς δεήσεως/
φωνῆς/προσευχῆς ausgedrückt) finden
sich diese Wendungen z.B. im Tempelweihgebet Salomos 1 Kön 8 par.
2 Chr 6 und im großen Gebet Dan 9,3-19.

J.-T. MILIK führt als wesentliche Elemente einer δέησις (Bittgesuch,

Antrag) auf: Gruß - Aufzählung der Titel und Würdenamen des Adres-
saten - Appell an seine Zuständigkeit und Verfügungsgewalt - Darle-
gung des Anliegens [24]. Das letzte der vier Elemente (im Unterschied
zu den oben beispielhaft genannten Gebeten) fehlt in Sus 35a gerade!

Der Herausgeber des P.967, A. GEISSEN, vermutet in $\overline{KC}$ O $\overline{KC}$ O $\overline{\Theta C}$ des
P.967 zunächst eine Verwechslung $\overline{KC}$ statt $\overline{Ke}$, dann Dittographie;
88.Syh haben die lectio facilior κύριε ὁ θεός... In der LXX steht
κύριος ohne Artikel meist für den Gottesnamen יה/יהוה, der Vokativ
κύριε auch für אדון/אדוני/מרי/מרא aram., mit Artikel meist für
אדוני/(ה)אדון מרה/מרא aram. [25].
Ist zu lesen: κύριε ὁ κύριος ὁ θεὸς ὁ αἰώνιος...?

Der erste Würdename hat seine ursprüngliche Anknüpfungsstelle wohl
in Gen 21,33 (Abraham in Beerscheba) καὶ ἐπεκαλέσατο ἐκεῖ τὸ ὄνομα
κυρίου θεὸς αἰώνιος ויקרא־שם בשם יהוה אל עולם "Und er rief dort den
Namen JHWHs an (als) el ʿolam." Als Gottesepithet begegnet ὁ αἰώνιος z.B. in Jes 26,4; Judit 13,20; Bar 4,8.20.22.24; 5,2.

J.-T. MILIK macht mit Recht darauf aufmerksam, daß die Übersetzung
"der ewige..." zu eng ist [26]. Der schon in ugaritischen Texten an-
zutreffende Gottestitel מלך עלם "König der Welt" ist bei den Juden
für den Gott Israels lebendig geblieben: vgl. 1 Q 20 Fragm 2,5
מרה עלמא "Herr der Welt"; 1 Q apGen II 4 בעליא במרה רבותא במלך כול
ע(למים) "beim Höchsten, dem großen Herrn, dem König aller Zeiten/
Welten" [27].
Eine Verbindung dieser Gottesbezeichnung mit einer Aussage über JHWH
als Schöpfer und sein Wissen wie in Sus 35a findet sich bereits in
Jes 40,28: θεὸς αἰώνιος ὁ θεὸς ὁ κατασκευάσας τὰ ἄκρα τῆς γῆς, οὐ
πεινάσει οὐδὲ κοπιάσει, οὐδὲ ἔστιν ἐξεύρεσις τῆς φρονήσεως αὐτοῦ
אלהי עולם יהוה בורא קצות הארץ לא ייעף ולא ייגע אין חקר לתבונתו:

Die Wendung "der allwissende" ὁ εἰδὼς τὰ πάντα kommt nur noch in
Bar 3,32 vor; inhaltlich begegnet sie jedoch häufig: Prov 24,12 LXX
über MT hinaus; Est 4,17d.h.u.; u.ö. J.-T. MILIK macht auf die Nähe

---

24 J.-T. MILIK, Daniel et Susanne à Qumrân? in: Mélanges H. CAZELLES,
    Paris 1981, 337-359, hier 346.

25 Für den Sprachgebrauch der LXX im Buche Daniel vgl. A. BLUDAU, Die
    alexandrinische Übersetzung des Buches Daniel und ihr Verhältniss zum
    massorethischen Text, BSt(F) II/2-3, Freiburg/Brsg. 1897, bes. 58-61;
    H. STEGEMANN, Religionsgeschichtliche Erwägungen zu den Gottesbezeich-
    nungen in den Qumrantexten, in: Qumrân. Sa piété, sa théologie et son
    milieu, éd. M. DELCOR, BEThL 46, Paris-Gembloux-Leuven 1978, 195-217.

26 J.-T. MILIK, Daniel et Susanne 348f.

27 J.A. FITZMYER, The Genesis Apocryphon of Qumran Cave I. A Commentary,
    Rome [2]1971, 49f.
    "Either this expression, מרה עלמא, or מרה עלמיא (XX 2) must underlie
    the phrase "eternal Lord" in Enoch 58.4 or the "Lord of the world" in
    Enoch 81.10 or "the Lord of the ages" in Enoch 9.4." a.a.O. 77. Dort
    weitere Lit.
    Zu den aramäischen Henochtexten aus Qumran s. J.-T. MILIK, The Books
    of Enoch: Aramaic Fragments of Qumrân Cave 4, Oxford 1976, bes. 170-
    174, und MILIKs Selbstkorrekturen in seinem Artikel Daniel et Susanne
    (s.o. Anm. 24) 347-349.

zu 1 Hen 9,11 aufmerksam: καὶ σὺ πάντα οἶδας πρὸ τοῦ αὐτὰ γενέσθαι[28].
Die Näherbestimmung des "allwissend" durch πρὶν γενέσεως αὐτῶν ist
in dieser Form einmalig (πρίν + subst. im genit.). In der LXX steht
πρίν + inf. (z.B. Jes 46,10 מגיד מראשית אחרית ומקדם אשר לא נעשה ἀν-
αγγέλων πρότερον τὰ ἔσχατα πρὶν αὐτὰ γενέσθαι καὶ ἅμα συνετελέσθη;
vgl. Jes 48,5), oder πρὶν ἤ + inf. (z.B. Sir 48,25 über den Propheten Jesaja: עד עולם הגיד נהיות ונסתרוה לפני בואן ἕως τοῦ αἰῶνος ὑπ-
έδειξεν τὰ ἐσόμενα καὶ τὰ ἀπόκρυφα πρὶν ἤ παραγενέσθαι αὐτά; vgl.
Sir 23,20), auch πρὶν τοῦ + inf. und πρίν + coni.
Daß Gott Schöpfung und Geschichte schon vor ihrer Existenz und ihrem
Ablauf kennt, zeigt sich dann in den Qumrantexten als häufiges Motiv,
z.B. 1 Q H I 7f. ובטרם בראתם ידעתה כול מעשיהם לעולמי עד "und bevor
du sie (= die Menschengeschlechter) erschufst, kanntest du ihre Werke für alle Ewigkeit"[29].

Susanna appelliert an das Herr- und Schöpfersein und an das umfassende
Allwissen Gottes, da niemand sonst ihre Unschuld überhaupt erkennen
kann.

In einer ähnlichen Situation betet Mordechai in Est 4,17b-d: κύριε
κύριε βασιλεῦ πάντων κρατῶν...σὺ πάντα γινώσκεις· σὺ οἶδας ὅτι οὐκ
ἐν ὕβρει...ἐποίησα τοῦτο "JHWH, Herr, König, Herrscher über alles...
du kennst alles; du weißt, daß ich nicht aus Hochmut...dies getan
habe." - Vgl. auch das daran anschließende Gebet der Ester 4,17 1-z,
bes. 4,17 u.

Die aussichtslose Rechtslage ist für Susanna dadurch entstanden, daß
zwei Menschen gemeinsam gegen sie aussagen. Damit ist die vom Gesetz
verlangte Zahl der Zeugen sogar für eine Verurteilung zum Tode vorhan-
den (Num 35,30; Dtn 17,6; 19,15).

Die Ausführungen von A. GEISSEN, der in dem sprachlich harten Wortlaut des P.967 οἱ ἄνθρωποι ὁμοῦ οὗτοι eine fehlerhafte Auflösung
des von ihm als ursprünglich konjizierten ANOI (wobei OM über der
Zeile nachgetragen gewesen sei) vermutet, sind nicht zwingend. Bei
οἱ ἄνομοι in 88.Syh (ἄνομος steht in der Regel für hebr. רשע) kann
es sich auch um eine Textglättung handeln (Rückgriff auf die ἀνομία
der Überschrift in Sus 5, auf die παράνομοι in Sus 28, möglicherweise auch Anklang an die ἀνομία in Ψ 56,2 (s.o. zu Sus 35).

Der Ausdruck οὐκ ἐποίησα ἅ πονηρεύονται...ἐν ἐμοί ist in freier Bezugnahme auf Dtn 19,19 formuliert (diese Stelle wird in Sus 61 ausdrücklich zitiert). πονηρεύονται ἐν ἐμοί bedeutet hier: "Sie tun

---

28 J.-T. MILIK, Daniel et Susanne 349. Der griechische Henochtext ist in
    einer vorläufigen Edition wieder zugänglich gemacht: Apocalypsis Heno-
    chi Graece, ed. M. BLACK, Pseudepigrapha VT graece III/1, Leiden 1970,
    hier: 24.

29 J.-T. MILIK, Daniel et Susanne 349 mit Anm. 25 verweist noch auf mehre-
    re andere Texte, z.B. 1 Q H I 10f.19.28 (immer בטרם היותם);XIII 8 בטרם
    בראתם; 1 Q S III 15 מאל הדעות כול הווה ונהייה ולפני היותם הכין כול
    מחשבתם "vom Gott der Erkenntnis kommt alles Sein und Geschehen. Ehe
    sie sind, hat er ihren ganzen Plan festgesetzt". Texte nach E. LOHSE,
    Die Texte aus Qumran. Hebräisch und deutsch, München [2]1971.

Böses an mir, indem sie mich verleumderisch eines Verbrechens be-
zichtigen".

πονηρεύεσθαι mit der Präposition ἐν findet sich auch 1 Chr 16,22:
μὴ ἅψησθε τῶν χριστῶν μου καὶ ἐν τοῖς προφήταις μου μὴ πονηρεύεσθε
:אל־תגעו ובנביאי אל־תרעו. Das ἐπ'ἐμοί in 88 könnte ein Grä-
zisierungsversuch sein.

πονηρεύομαι kommt sonst in der LXX entweder absolut (z.B Gen 19,7
μὴ πονηρεύσησθε אל־נא אחי תרעו; Ψ 91,12 πονηρευόμενοι מרעים; 3 βασ
16,25 ἐπονηρεύσατο ירו; vgl. Jer 16,12) oder mit κατά τινος Sus
43 θ', 62 LXX oder mit ποιῆσαι κατά τινος Dtn 19,19 oder mit τοῦ
+ inf. Gen 37,18 vor.

Der im Gesetz vorgesehene Weg zur Entlarvung und Bestrafung eines falschen Zeugen (Dtn 19,16-21) ist im Falle der Susanna versperrt: Sie hat
nicht nur einen, sondern zwei Falschzeugen sich gegenüber, und diese
sind auch noch mit den "Richtern, die eine genaue Ermittlung anstellen
sollen" (Dtn 19,18), identisch. Aber JHWH erhört ihre Bitte — die Susanna gar nicht ausgesprochen hatte. Der Herr der Welt und der Geschichte wird eine Unschuldige, die im Blick auf ihn nicht sündigen
wollte und jetzt ganz ihm vertraut, retten [30].

Mit dieser Erhörungsnotiz ist zwar die "Wirklichkeit" einer Wende im
Fortgang des Dramas angezeigt, zum Vorschein kommt diese Wende aber
erst im und durch das Auftreten des dafür geistbegabten "Jüngeren namens Daniel" im Dritten Akt vv.44ff.

36 Wie die Ältesten die Wahrheit in ihrer Zeugenaussage "verdrehen" (s.o.
    zu Sus 7-9), wird schon in der Wortwahl für die Szenenbeschreibung an-
    gedeutet: Nicht Susanna, sondern "*wir* waren gerade bei einem Spazier-
    gang im Park des Mannes von *der hier*".

    88.Syh fügen in οἱ δὲ πρεσβύτεροι ein δύο ein. Im P.967 wird die
    Zweizahl bereits in v.35a οἱ ἄνθρωποι ὁμοῦ οὗτοι hervorgehoben. Na-
    türlich kann aus eben diesem Grunde der Schreiber des P.967 auch
    ein δύο seiner Vorlage ausgelassen haben; dagegen spricht aber,
    daß auch die θ'-Fassung das δύο hier nicht hat.

    Das ταύτης P.967 schließt einen Gestus der Zeugen ein; 88.Syh haben
    τοῦ ἀνδρὸς αὐτῆς vielleicht im Blick auf das v.37 folgende erneute
    ταύτην.

37 Erzählerisch wirkt die Aussage der Ältesten fast weniger wie eine Be-
    schuldigung Susannas, als wie ein Bekenntnis ihrer eigenen begehrli-
    chen Schamlosigkeit: Sie seien stehengeblieben und hätten der Frau

---

30 Zur Bedeutung von Gebeten als Markierung einer Wende im Erzählablauf,
    vor allem in frühjüdischer Literatur, vgl. G. MAYER, Die Funktion der
    Gebete in den alttestamentlichen Apokryphen, Theokratia II, Leiden
    1973, 16-25.

und dem Mann bei ihrem sexuellen Verkehr (wie im Theater) zugeschaut (ἐθεωροῦμεν imperf. nach εἴδομεν aor.).

Einmalig im griechischen AT ist κυκλοῦντες τὸ στάδιον. τὸ στάδιον (pl. τὰ στάδια oder οἱ στάδιοι schon klass.) ist eine griechische Längenangabe, entsprechend dem Ausmaß der Laufstrecke in einem στάδιον, 600 Fuß, örtlich verschieden lang: Olympia 192,25 m; Epidauros 181,30 m; Delphi 177,55 m; Athen 184,96 m [31]. Es kann dann auch die Stadionanlage und überhaupt ein Gelände zum Tanzen, Spielen, Spazierengehen u.ä. bezeichnen [32].

Ob das in P.967 getilgte δ zwischen τό und στάδιον die folgende Vermutung von J.-T. MILIK ausreichend stützt, bleibt fraglich: Der Schreiber des Papyrus habe in seiner Vorlage in Umschrift ein aramäisches Substantiv vom Stamm רור ("herumgehen" u.ä.) gefunden mit στάδιον als Randerläuterung; dieses ihm unverständliche Wort habe er dann nicht zu Ende geschrieben, sondern die Glosse stattdessen in seinen Text eingesetzt; als aramäisches Original für κυκλοῦντες τὸ στάδιον seien eine Verb- und eine Substantivform von רור anzunehmen.

ἀναπαύεσθαι ist in der Regel Übersetzung von נוח "sich niederlassen, ausruhen, ruhend daliegen".

ὁμιλεῖν (σύν) τινι "verkehren mit..." hat sexuelle Bedeutung auch in Prov 5,19; Judit 12,12 und bei allen Vorkommen in Sus (LXX 37.57. 58; θ' 54.57.58); im Sinne von "sich unterhalten mit" findet es sich z.B. Dan 1,19 LXX, "Umgang haben mit" in Prov 15,12.

MILIKs Vermutung, das nach μετά in P.967 getilgte Wort sei νεωτέρου gewesen, ist ohne Anhaltspunkt und widerspricht dem Gang und der Erzählweise der Susannageschichte [33]. Dasselbe gilt auch für seine Annahme, die Lücke auf Blatt 193 des P.967 bis zum Beginn von Blatt 194 werde durch den in 88.Syh erhaltenen Text nicht ausgefüllt. Die Ergänzungen der θ'-Fassung (hier z.B. Sus θ' 41d) dürften ja gerade aus solchem Empfinden stammen.

38 Die unwillentliche negative Selbstbeschreibung sogar in ihrer Falsch-
    aussage wird breit ausgefaltet: Sie seien Voyeure, und sie hätten eine
    Verabredung (zum Schaden anderer) miteinander getroffen.

συνεύπασθαι ist ein seltenes Wort und hat immer einen bösartigen, konspirierenden Unterton. In der LXX kommt es überhaupt nur zweimal vor: außer Sus 38 noch Dan 2,9 LXX συνεύπασθε γὰρ λόγους ψευδεῖς ποιήσασθαι ἐπ'ἐμοῦ... מלה כדבה ושחיהה (הזדמנתון) הזדמנתון למימר קדמי "einen erlogenen und verkehrten Spruch habt ihr euch verabredet, mir vorzutragen". Im Aramäischen entspricht συνεύπασθαι eine Itpeel-Form von זמן.

---

31 Vgl. die Diskussion zu den alexandrinischen Maßen im Art. "Stadion", PW II 3 b, Stuttgart 1929, 1930-1973 (FIECHTER).

32 LIDDELL-SCOTT-JONES verweisen auf eine römische Gedenkinschrift, in der στάδιοι/α "Spaziergänge im Hausgarten" (so U.v.WILAMOWITZ) bedeuten müssen:...τοιγὰρ ἐγὼ τόδε σῆμα φίλοις σταδίοισιν ἔτευξα / ὄφρα σε κἂν νέκυν οὖσαν ἐμοῖς μελάθροισιν ὁρῶην / οὔνομά μοι γλυκύ, Μεσσία, ἀιμνήστη παράκοιτι. Inscriptiones graecae, vol.XIV, ed. G. KAIBEL, Berlin 1890, n.1853 (gefunden in der Nähe der porta Nomentana).

In ihrer indiskreten Neugierde hätten sie herausbekommen wollen, wer die beiden wären.

39 *Sie* (= die Frau) hätten sie aus der Nähe dann erkannt, der junge Mann aber sei entkommen, ohne daß sie sein Gesicht hätten erkennen können.

> ἐπιγινώσκω übersetzt in den erzählenden Büchern des AT meist נכר hi. "durch genaue Betrachtung erkennen, wer/was jemand ist", vgl. Gen 27,23; 38,26; (Dan 11,39 LXX); in anderen Teilen des AT häufig ידע.

> ὁ νεανίσκος bezieht sich auf den in v.37 mit ἀνήρ (ohne Artikel) Beschriebenen, nach dem dann in v.40 mit τίς ὁ ἄνθρωπος gefragt wird. Die oben (v.37) genannte Verschreibung/Tilgung in P.967 könnte allenfalls mit diesem Bezeichnungswechsel zusammenhängen.

> νεανίσκος und hebr. בחור stehen häufig, wenn das Jungsein, in der Fülle von Kraft-Stehen männlicher Personen betont werden soll.

> Das partic.perf.med.(pass.) συγκεκαλυμμένος kommt nur an dieser Stelle im griechischen AT vor. συγκαλύπτω (πρόσωπον) ist eine neben anderen Wiedergabemöglichkeiten von hebr. (פנים) כסה pi., sonst dafür auch (κατα)καλύπτω (πρόσωπον).

40 Sie hätten die Beschuldigte festgehalten und nach dem Geflüchteten gefragt.

> ἐπιλαμβάνομαί τινος kann verschiedene hebräische Worte übersetzen, hier entspricht es חזק hi.

> ἐπερωτᾶν gibt meist שאל wieder. Das Imperfekt ἐπηρωτῶμεν drückt Eindringlichkeit und (im Blick auf v.41) Vergeblichkeit aus.

41 Wer "der Mensch" gewesen sei, habe die Angeklagte ihnen nicht preisgeben wollen.

> ἀπαγγέλλω steht im griechischen AT fast immer für נגד hi. "mitteilen, erzählen, eine Frage beantworten, erklären". In Dan LXX 2,5.9; 5,8; 8,19 übersetzt es allerdings ידע af./hi.

Pathetisch unterstreichen sie ihren verleumderischen, erlogenen "Bericht" mit dem Verweis auf ihre Zeugenschaft. Und alle Anwesenden schenken so unwiderleglich vorgetragenem doppeltem Zeugnis Glauben — es sind ja ihre eigenen höchsten Autoritäten und Wahrer des Rechts.

> ἡ συναγωγὴ πᾶσα bezeichnet hier nicht das Gebäude wie in v.28, sondern die darin Versammelten, vielleicht sogar stellvertretend für die ganze Gemeinde der Juden (am Ort).

---

33 J.-T. MILIK, Daniel et Susanne (s.o. Anm. 24) 342f.

44-45   Durch καὶ ἰδού "und siehe" am Anfang des dritten und letzten Ak-
        tes wird der hier zum ersten Mal auftretende ἄγγελος κυρίου
        "ein Engel JHWHs" aus dem Satz herausgehoben und akzentuiert (vgl.
        das zweifache καὶ ἰδού in v.13).

ἄγγελος κυρίου, ἐξαγομένης bzw. ἐξαγαγόντες und πνεῦμα συνέσεως mit
νεωτερ- in Sus 44 und 62 bilden *inclusiones* des dritten Aktes.

ἄγγελος κυρίου (beim ersten Vorkommen in einer Erzählung häufig
ohne, danach dann mit bestimmtem Artikel) steht in der LXX für
יהוה מלאך und "bezeichnet einen Beauftragten Gottes, der bei den
Menschen seinen Auftrag auszurichten hat, der einmal...in der Über-
mittlung einer Botschaft bestehen kann...oder in einer Handlung,
die der מלאך vollzieht. (Er) verkörpert das die Erde berührende Reden und Handeln Gottes" [34].

Der Ortswechsel, ein weiteres Kennzeichen für einen Akt- oder Sze-
nenwechsel in unserer Erzählung, wird durch ἐκείνης ἐξαγομένης
ἀπολέσθαι "als jene hinausgeführt wurde zur Hinrichtung" angezeigt.

ἀπολέσθαι (aor.med.) "verloren sein, den Tod erleiden, zugrunde
gehen, getötet werden" steht in der Regel für eine Form von אבד,
z.B. Num 16,33 u.ö.

Angefangen von der griechischen Neufassung der Susanna-Erzählung
(Theodotion-Text; vgl. dort v.41d und die Umstellung und Abänderung
des Gebets der Susanna v.42-43) bis zum Aufsatz von J.-T. MILIK [35]
wurde es als unzureichend empfunden, daß weder das Gerichtsverfahren noch das Urteil und seine Begründung noch eine Reaktion der Angeklagten erzählt wurden.
Die Neigung, den Text entsprechend zu ergänzen, dürfte aus einer
Verkennung der Aussageabsicht der LXX-Erzählung stammen. Die äußer-
ste Knappheit, mit der hier Gerichtsverhandlung, Schuldspruch und
Beginn der Urteilsvollstreckung in den Worten "als jene hinausgeführt wurde zur Hinrichtung" zusammengefaßt werden, macht deutlich,
daß es sich bei Sus LXX nicht um eine "Rechtslegende", nicht um ein
erzählerisches Plädoyer für eine korrektere oder sicherere Verfah-
rensordnung o.ä. handelt, s. dazu die Einleitung S. 47-53.

Unproblematisch als selbstverständlich vorausgesetzt wird in der Erzählung offenbar die Todesstrafe für die ertappten und in einem recht-
mäßigen Verfahren durch Zeugen (und genaue Ermittlungen) überführten
Ehebrecher.

---

34   R. FICKER, מלאך *mal'āk* Bote, in: THAT I, hrsg.v. E.JENNI-C.WESTERMANN,
     München 1971, 900-908, zit. 904.- Vgl. auch J. MICHL, Art. "Engel", in
     RAC V, Stuttgart 1962, 53-322, bes. 60-97. - Viele Belege aus frühjü-
     discher Literatur über die Vorstellungen von Engeln und ihren Funkti-
     onen enthält der Artikel von Karl Erich GRÖZINGER, Engel III. Judentum
     in: TRE IX, Berlin-New York 1982, 586-596, bes. 589: "Gott als Herr
     der Geschichte".

35   "Le texte d'Origène ne me semble guère suffire pour remplir le bas de
     la p.193 du papCol: 39 lignes contre la moyenne de 42. Y aurait-il une
     phrase sur la sentence de la cour (Th v.41, fin) et/ou un verbe, tout
     au moins, au début du v.(44-)45, à propos de l'apparition de l'Ange?"

Lev 20,10: ἄνθρωπος ὃς ἂν μοιχεύσηται γυναῖκα ἀνδρὸς ἢ ὃς ἂν μοιχεύσηται γυναῖκα τοῦ πλησίον, θανάτῳ θανατούσθωσαν ὁ μοιχεύων καὶ ἡ
μοιχευομένη: ‏והנאפת הנאף יומת־מות ועה..אשה־את ינאף אשר ואיש‎ "Ein
Mann, der Ehebruch treibt mit der Frau..seines Nächsten, er muß
sterben, der Ehebrecher und die Ehebrecherin".

Inhaltlich gleich findet sich diese Rechtsbestimmung in Dtn 22,22
mit anderen Worten ausgedrückt: ‏בעל־בעלת אשה־עם שכב איש ימצא־כי‎
‏מישראל הרע ובערת והאשה האשה־עם שכב האיש שניהם־גם ומתו‎ ἐὰν δὲ εὑρε-
θῇ ἄνθρωπος κοιμώμενος μετὰ γυναικὸς συνῳκισμένης ἀνδρί, ἀποκτενεῖτε
ἀμφοτέρους, τὸν ἄνδρα τὸν κοιμώμενον μετὰ τῆς γυναικός, καὶ τὴν γυ-
ναῖκα· καὶ ἐξαρεῖς τὸν πονηρὸν ἐξ Ισραηλ "Wenn ein Mann dabei ertappt wird, wie er bei einer verheirateten Frau liegt, dann sollen
beide sterben, der Mann, der bei der Frau gelegen hat, und die Frau,
und du sollst das Böse ausrotten aus Israel." Vgl. Dtn 22,21.24, wo
Steinigung als Strafart für ehebruchartige Vergehen genannt wird.

Interessant ist ein Vergleich der "Rechtsvorschriften für Ehebrecherinnen (und Mörderinnen)" ‏דם ושפכת נאפות משפטי‎ in Ez 16,38-41,
vgl. Ez 23,45-47, mit der Susanna-Erzählung. Wesentliche Elemente
tauchen beidemale, wenn auch in erzählungsbedingt verschiedener
Reihenfolge, auf: "Und ich richte dich nach dem Recht von Ehebrecherinnen und Mörderinnen (Blutvergießerinnen)... Und ich gebe dich
in ihre Hand, und sie werden...dir *deine Kleider ausziehen* und dir
deine Schmuckstücke nehmen und dich nackt und bloß liegenlassen.
Und sie werden eine *Volksgemeinde* (‏קהל‎) wider dich aufbieten und
dich *steinigen* und dich *mit ihren Schwertern zerhauen* und werden
dich *mit Feuer verbrennen* und an dir Gericht halten vor den Augen
vieler Frauen..." [36] Ez 16,38-41.

Ein solches Schema von ‏נאפות משפט‎ (Rechtsvorgehen bei Ehebrecherinnen), wie es in Ez 16,38-41 und Ez 23,45-47 benutzt und zur Deutung
des Schicksals von Israel-Juda bzw. Samaria-Jerusalem, die als
Frau(en) dargestellt sind, variiert wird, dürfte auch bei der Susanna-Erzählung im Hintergrund stehen: das Entblößen Sus 32, die Einbeziehung der Rechtsgemeinde Sus 28-30.41 und die Umkehrstrafen
(entsprechend Dtn 19,18f.) gegen die Falschzeugen Sus 55.59.62 (mit
dem Schwert Zerhauen [die Leiche? so ZIMMERLI fragend], in eine
Schlucht/Grube Stoßen als erster, und bei Todesfolge ausreichender,
Teil der Steinigung [37], mit Feuer Verbrennen).

Die gleich im Anschluß an Susannas Gebet schon genannte Wirklichkeit
"Und JHWH erhörte ihr Flehen" v.35a tritt nunmehr in Erscheinung, aber
bezeichnenderweise nicht neben oder zusätzlich zu den Personen der
Handlung, sondern in ihnen und durch sie. An den vier Stellen in Sus
LXX, an denen der "Engel JHWHs" erwähnt wird (44-45.55.59.62), bleibt

---

J.-T. MILIK, Daniel et Susanne 343 n.33 (zu vv. 41-45).

36 W. ZIMMERLI, Ezechiel I, BK XIII/1, Neukirchen 1969, schlägt vor, in
    v.41 statt MT ‏באש ושרפו‎ zu lesen: ‏האש בתוך וישרפוך‎.

37 S. dazu die Mischna Sanh VI (1).4 mit der zugehörigen Gemara bSanh
    43a. 45a.

er erzählerisch auf der Ebene der theologischen *Deutung* dessen, was
geschieht. Die Geistbegabung des Jüngeren hier in vv.44-45 wie die
Perversion der Ältesten in v.9 drücken nicht Ereignisse im Erzählfaden, sondern religiöse bzw. moralische Qualifikationen und Voraussetzungen für die einsetzende oder verändert weiterlaufende Handlung
aus.

Eine Entscheidung zwischen den Lesarten καθὼς συνετάγη P.967 und
καθὼς προσετάγη 88 ist kaum möglich.
Spielt Ιερ 36,22 eine Rolle? ...καὶ λόγον ἐχρημάτισαν ἐν τῷ ὀνόματί
μου, ὃν οὐ συνέταξα αὐτοῖς (MT: אשר לא צויתם) καὶ ἐγὼ μάρτυς, φησὶν
κύριος.
συντάσσω steht meist für צוה pi. (sehr oft mit JHWH als Subjekt),
allerdings ist συντάσσομαι beim einzigen Vorkommen der aor.pass.-
Form in Ex 38,21 (= LXX Ex 37,19: καὶ αὕτη ἡ σύνταξις τῆς σκηνῆς
...καθὰ συνετάγη Μωυσῇ...) Übersetzung von פקד pu.: אלה פקודי המשכן
...אשר פקד על־פי משה.
προστάσσω ist seltener, steht ebenfalls meist für צוה pi., aber
auch für אמר (so z.B. Jona 2,11 ויאמר יהוה לדג καὶ προσετάγη τῷ
κήτει... vgl. Dan LXX 2,12; 3,13) und für מנה pi. (Jona 2,1; 4,6.7.
8). Ein Bedeutungsunterschied zwischen συν- und προστάσσω ist nicht
auszumachen.

Der Engel begabt einen "Junior" namens Daniel mit Einsicht. Damit sind
wichtige Stichworte der restlichen Erzählung zum ersten Mal genannt.
Den πρεσβύτεροι (ältere = Älteste, Alte) tritt jetzt ein νεώτερος
(jüngerer = Junger) gegenüber, den durch "Gesetzlosigkeit" (Begierde,
Amtsmißbrauch und Falschzeugnis) gekennzeichneten Namenlosen der von
JHWH mit verständigem, einsichtigmachendem Geist begabte Daniel.

Statt νεωτέρῳ ὄντι Δανιηλ 88.Syh hat P.967 die bessere Lesart
νεωτέρῳ ὀνόματι Δανιηλῳ. "In 88.Syh wurde geändert, da Daniel aus
dem voraufgehenden (kanonischen) Text als der im Mittelpunkt des
Geschehens stehende Prophet bekannt war und mit dem jungen Richter
gleichen Namens in der Susanna-Erzählung geglichen wurde." [38]
Ob die Deklination der Eigennamen eine Schreibereigentümlichkeit
des P.967 ist (vgl. v.7) oder ihm schon vorlag und in 88 nicht
übernommen wurde, ist nicht entscheidbar.

πνεῦμα συνέσεως (in v.62b erweitert wiederaufgenommen als πνεῦμα
ἐπιστήμης καὶ συνέσεως) bezeichnet eine von Gott verliehene Gabe,
die innerhalb des Wortfeldes "Weisheit" verschiedenen hebräischen
Begriffen (חכמה Weisheit, Kunstfertigkeit; בינה, תבונה Einsicht,
Erkenntnis von Zusammenhängen; שכל, השכל Klugheit, Gewitztheit;
טעם Geschmack, Verstand; עד, מדע Kenntnis, Wissen) entspricht
neben anderen griechischen Wörtern wie ἐπιστήμη, τέχνη, σοφία, παι-
δεία, κτλ.
Zum Verständnis wichtige Bezugsstellen im AT sind z.B. Dtn 34,9
(Josua wird mit רוח חכמה πνεῦμα συνέσεως erfüllt, als Mose ihm zur

---

38 A. GEISSEN, Der Septuaginta-Text (s.o. S. 12 Anm.8) 44.

Amtsübergabe die Hände aufstemmt); vor allem Jes 11,2: die umfassende Geistverheißung an das "Reis aus dem Baumstumpf Isais..., der die Hilflosen gerecht richten wird..." vgl. auch Dan 1,17; 2,21.

TestLevi II 2-3 zeigt eine bemerkenswert ähnliche Vorstellung: auf den jungen Levi (sein Alter als νεώτερος wird hier mit "ungefähr 20 Jahren" angegeben; nach TestLevi XII 5 sind es genau 18) kommt πνεῦμα συνέσεως κυρίου ("von JHWH verliehene Gabe der Einsicht"; σύνεσις ist in TestLevi VIII 2 neben δικαιοσύνη, ἀλήθεια, πίστις, προφήτεια als Eigenschaft des Priestertums genannt), so daß er rings in seiner Umwelt die Sünde und Gesetzlosigkeit (ἁμαρτία, ἀδικία, ἀνομία) erkennen kann [39].

Das nur im letzten Teil der Erzählung, dort allerdings siebenmal, vorkommende νεώτερος (Sus LXX 45.52.55.60.62a.62b bis) hat E. STAUFFER mit Recht als "Schlüsselbegriff der Susannageschichte" bezeichnet [40]. Er trägt eine wertvolle Übersicht zusammen, welche Stellung und historische Bedeutung *junge Menschen* nach den Texten des AT und den Zeugnissen des frühen Judentums hatten bzw. erringen konnten.

Über das Ideal einer nicht an das Alter gebundenen Reife, Klugheit und Vollkommenheit, wie es seinen Niederschlag in allen Formen der patristischen Literatur (Abhandlungen, Bibelkommentare, Predigten, private Briefe, bischöfliche Schreiben, Grabinschriften, Kirchenordnungen) gefunden hat, liegt die vorzügliche Studie von Christian GNILKA vor [41]. Eigens zu verweisen ist auf seinen Exkurs I "Vorbilder des *puer senex*", in der GNILKA die in der Väterzeit häufig verwendeten Beispielketten biblischer jugendlicher Figuren erörtert (Abel, Jakob, Joseph, Moses, Josua und Kaleb, Samuel, David, Salomo, Elischa, Joas und Joschija, Jeremia, Daniel, die drei Jünglinge im Feuerofen, die sieben makkabäischen Brüder, der zwölfjährige Jesus im Tempel, Johannes, der reiche Jüngling, Timotheus) [42].

Zur Susanna-Erzählung meint E. STAUFFER: "Man wird sich diesen νεώτερος als einen intelligenten, jungen Mann im Alter von zwanzig bis fünfundzwanzig Jahren vorstellen dürfen. Kein 'weiser Knabe' jedenfalls, sondern die Symbolfigur der kritischen Jugend." [43]

---

39 Zu den schwierigen Fragen der Text- und Literargeschichte und der Interpretation der Testamente der Zwölf Patriarchen s.v.a. die Editionen und Arbeiten von M. de JONGE und Jürgen BECKER. - Der Hinweis auf TestLevi findet sich bei J.-T. MILIK, Daniel et Susanne 345 n.64.

40 E. STAUFFER, Eine Bemerkung zum griechischen Danieltext, in: Donum Gentilicium. NT Studies in Honour of David DAUBE, Oxford 1978, 27-39, hier 28.

41 C. GNILKA, AETAS SPIRITALIS. Die Überwindung der natürlichen Altersstufen als Ideal frühchristlichen Lebens, Theophaneia 24, Bonn 1972. (Diesen Hinweis verdanke ich P. Heinrich BACHT SJ, Frankfurt.)

42 C. GNILKA a.a.O. 223-244. - Besonders interessant ist GNILKAs Verweis auf die 6. Homilie des ASTERIOS (ca. 330/5-420/5, Bischof von Amasea in Pontus): Ἀστερίου ἐπισκόπου Ἀμασείας λόγος εἰς τὸν προφήτην Δανιὴλ καὶ εἰς τὴν Σωσάνναν, ASTERIUS, Homilies 1-14. Text, Introduction and Notes, ed. C. DATEMA, Leiden 1970, 53-64.- ASTERIOS ordnet Daniel und Susanna, aber auch Joseph und Susanna, zusammen als jugendliche Vorbilder für Männer bzw. Frauen. - Vgl. auch oben S. 33-40.

Aber diese Deutung von νεώτερος in Sus ist nicht aus einer semantischen Analyse des Begriffes in seinen verschiedenen Kontexten im
griechischen AT und insbesondere in der Susanna-Erzählung gewonnen,
sondern illustriert eine Konsequenz aus der kaum zu rechtfertigen-
den Interpretation der Susannageschichte als "Rechtslegende" und
aus der wenig plausiblen Annahme einer ganz bestimmten "gesellschaft-
lichen Position der Junioren...(und ihrer) öffentlichen und gehei-
men Funktionen" [44].

Viele der von STAUFFER genannten griechischen und hebräischen Wörter
können zwar "im Wechsel mit dem Terminus νεώτεροι gebraucht werden" [45], aber nicht in einem beliebigen - es handelt sich nur um
partielle Synonymie. בחורים wird in der LXX *nie* mit νεώτεροι wiedergegeben; das wichtigste hebräische Entsprechungswort jedoch, gerade
wenn νεώτερος in relativer Opposition zu πρεσβύτερος steht, nämlich
נער, bleibt bei STAUFFER ebenso unerwähnt wie auch die nächstwich-
tigen Begriffe צעיר und קטן "jung, klein, niedrig, geringgeschätzt,
unbedeutend".

Zum rechten Erfassen der gegensätzlichen Begriffe πρεσβύτερος -
νεώτερος (נער - זקן) in der Sus-Erzählung hat H.-P. STÄHLI einen
wichtigen Beitrag geleistet (vom hebräischen AT her und ohne Blick
auf unseren Text): "Dem נער, dem noch nicht zur israelitischen
Rechtsgemeinde zählenden jungen unmündigen Menschen, der als solcher noch minderberechtigt, sozial wenig geachtet, zugleich auch
noch unreif und unerfahren, ohne rechte Verantwortung und Autorität
ist, steht in besonderer Stellung...der זקן gegenüber, dem im israelitischen Gemeinwesen gerade all das, was dem נער (noch) fehlt und
nicht zukommt, in hervorragender Weise eignet." [46]

Der Name dieses von Gott mit Geist begabten νεώτερος mag um der Etymologie willen gewählt worden sein: Δανιηλ דניאל "Gott richtet"
(vgl. die Namenwahl Tobit/Tobia, Judit), aber zugleich wohl auch
im Rückgriff auf den Namen des berühmten Weisen der Vergangenheit:

---

43   E. STAUFFER, Eine Bemerkung zum Danieltext (s.Anm.40) 38.

44   E. STAUFFER a.a.O. 29. - STAUFFER bezieht sich als Stütze auf die
      von ihm selbst als Referent betreute Erlanger Dissertation (1968)
      von Detlef von DOBSCHÜTZ, Paulus und die jüdische Thorapolizei,
      dessen Hypothese mehr als fragwürdig erscheint: "Jede Volks-/Syna-
      gogenversammlung in Judäa hatte eine eigene Juniorenmannschaft."
      (S. 4.16.68). Von DOBSCHÜTZ hält dabei Judit 6,16 und Sus 48 LXX
      für Belege. Ganz verschiedene Begriffe, Bräuche, Einzelzüge in Er-
      zählungen unterschiedlichster Art werden zu einer Institution
      "Junioreninstanz/-mannschaft" hypostasiert.
      Für die Susanna-Erzählung jedenfalls ist die Hypothese von D.v.DOB-
      SCHÜTZ unnötig und eher irreführend. Der Wert seiner Ausführungen
      liegt bei Verweisen auf jüdische Texte, die in Ähnlichkeit und Ver-
      schiedenheit das Verständnis der Erzählung vertiefen könnten.

45   E. STAUFFER a.a.O. 29.

46   H.-P. STÄHLI, Knabe - Jüngling - Knecht. Untersuchungen zum Begriff
      נער im AT, BET 7, Frankfurt-Bern-Las Vegas 1978, 134.

Nach dem ugaritischen Aqhat-Epos aus dem 14. Jhdt. v.C. ist es
Dan'el, der Vater Aqhats, der den Witwen und Waisen Recht schafft,
und auch in der israelitisch-judäischen Tradition gilt Dan(i)el
(דנאל) sprichwörtlich als der Inbegriff von Gerechtigkeit und Weis-
heit, vgl. Ez 14,14.20; 28,3.
Möglicherweise hat die Namensgleichheit mit der Hauptperson von
Dan 1-12 den Übersetzer veranlaßt, mit Dan 1-12 auch Sus und Bel et
Draco zu einer "Sammlung von Daniel-Schriften" zusammenzustellen.
Weitere Daniel-Schriften, von denen sich Fragmente in Qumran gefun-
den haben, machen darauf aufmerksam, daß es im 2. und 1. Jhdt. v.C.
noch mehrere inzwischen verlorengegangene Daniel-Erzählungen gab.
Auf Sus werfen die bisher veröffentlichten Fragmente nur wenig
Licht [47].

48 Durch die Geistbegabung ermächtigt, bahnt sich der junge Daniel jetzt
    einen Weg durch die Menge (zu der er selbst bis dahin auch gehört hat-
    te) und redet "in zentraler Stellung" die "Söhne Israels" an.

    Anstelle von καὶ στὰς ἐν μέσῳ αὐτῶν 88 hat P.967: στὰς μέσος
    αὐτῶν. Das Fehlen von καί vor dem Partizip und der prädikative Ge-
    brauch von μέσος sind ungewöhnlich; in 88 mag es sich um eine sti-
    listische Glättung handeln. Ein Bedeutungsunterschied besteht nicht.

    οὕτως μωροί, οἱ υἱοὶ Ισραηλ P.967 ist ebenso wie οὕτως μωροί, υἱοὶ
    Ισραηλ 88 ein Vokativ; "emphatischer Ausruf" [48] ist er in beiden
    Fällen [49].

Sein erstes Wort ist eine religiöse Bewertung und Verurteilung ihres
bisherigen Verhaltens in Frageform.

    μωρός "stumpf(sinnig), träge, dumm" erschließt seine tatsächliche
    Bedeutung an dieser Stelle erst im Blick auf den LXX-Sprachgebrauch;
    μωρός steht für נבל und כסיל (nur je einmal auch für אויל und
    פותה) [50].

---

47 Vgl. J.-T. MILIK, Daniel et Susanne (s.o. Anm. 24) 355-357: Un frag-
    ment araméen de 4 QDanSus?

48 A. GEISSEN, Der Septuagintatext (s.o. S. 12 Anm. 8) 287.

49 Zur Wiedergabe des determinierten semitischen Vokativs durch den Nomi-
    nativ mit Artikel in der LXX vgl. F.BLASS-A.DEBRUNNER-F.REHKOPF, Gram-
    matik des neutestamentlichen Griechisch, Göttingen [14]1975, § 147,2.

50 Eine gute Wortfelduntersuchung zu den hebräischen Begriffen für "Tor-
    heit" hat in aller Kürze Trevor DONALD vorgelegt: "The Semantic Field
    of 'Folly' in Proverbs, Job, Psalms, and Ecclesiastes", VT 13 (1963)
    285-292.
    Eine Einbeziehung der hebräisch erhaltenen Teile von Sir wäre eine
    wichtige Ergänzung. Sir hat 26x μωρός, die übrige LXX 9x. In den
    hebräisch erhaltenen Teilen von Sir steht μωρός 3x für נבל, 2x für
    כסיל, 1x für פותה.
    Vgl. G. BERTRAM, μωρός κτλ., in: ThWbNT IV, Stuttgart 1942, 837-852,
    bes. 838-841; M. SAEBØ, Art. כסיל k^esîl Tor, in: THAT I, München-
    Zürich 1971, 836-838; ders., Art. נבל nâbâl Tor, in: THAT II, München-
    Zürich 1976, 26-31; vgl. auch ders., Art. אויל ^ae wîl Tor, in: THAT I
    77-79.

Es geht also nicht um Feststellung intellektueller Beschränktheit oder
mangelnder Findigkeit und Geistesschärfe in dem zurückliegenden Verfahren, sondern um den Vorwurf der "Torheit", deren Gegenbegriff die
"Weisheit" ist. "Torheit" aber besagt schuldhafte Verschlossenheit
gegenüber Gott (und damit gegenüber Erkenntnis, Einsicht, Gerechtigkeit, Wahrhaftigkeit usw.) und drückt sich aus in Selbstüberschätzung,
Uneinsichtigkeit, Gesetzlosigkeit, Unrecht, Gottlosigkeit...

Der von JHWH mit dem "Geist der Einsicht/Weisheit" beschenkte Daniel
bleibt nicht bei dem umfassenden Vorwurf "Toren" stehen, sondern zeigt
auch auf, wie diese Haltung sich in Unrecht zufügendem Tun ausgewirkt
hat. Sie haben kein gründliches Verhör angestellt, den wahren Tatbestand nicht ermittelt und bedenkenlos "die Tochter Israel" dem Tod
ausgeliefert.

Zu ἀνακρίνω "gerichtlich verhören" s.o. zu Sus 13; zu ἐπιγινώσκω
s.o. zu Sus 39.

τὸ σαφές bedeutet "das, was evident, klar erkennbar ist", den tatsächlichen Hergang, den wirklichen Tatbestand.

Inhaltlich, wenn auch nicht mit den Begriffen der LXX, wird hier
auf die Bestimmungen der Tora zur Ermittlung bei todeswürdigen Vergehen Bezug genommen: Dtn 19,18: ודרשו השפטים היטב καὶ ἐξετάσωσιν οἱ
κριταὶ ἀκριβῶς "und die Richter sollen genau ermitteln";
Dtn 13,15: ...ודרשת וחקרת ושאלת היטב והנה אמת נכון הדבר καὶ ἐρωτή-
σεις (A: ἐξετάσεις) καὶ ἐραυνήσεις σφόδρα καὶ ἰδοὺ ἀληθὴς (B: ἀλη-
θῶς) σαφῶς ὁ λόγος... "und wenn du genau ermittelt und erforscht
und verhört hast, und siehe: es ist wahr, der Tatbestand steht
fest..."; vgl. Dtn 17,4 [51].

Die Konjektur ἀπεκρίνατε von A. RAHLFS, die auch J. ZIEGLER in seiner Edition übernommen hat in Anlehnung an die ϑ'-Textfassung κατεκρίνατε, kann nicht aufrechterhalten werden: P.967 stimmt mit 88.
Syh in der beizubehaltenden Lesart ἀπεκτείνατε überein.
ἀποκτείνω bezeichnet nicht nur das "Töten" selbst, sondern (so bereits klassisch) in der Gerichtssprache auch "zum Tode verurteilen"
bzw. "für ein Todesurteil plädieren".

ϑυγάτηρ Ισραηλ meint im Erzählzusammenhang natürlich zunächst Susanna und wäre zu übersetzen "eine Israelitin" (vgl. οἱ υἱοὶ Ισραηλ
"die Israeliten"), ebenso wie später in v.57 ϑυγάτηρ Ιουδα "eine
Jüdin".
Aber vom Sprachgebrauch besonders der prophetischen Bücher des AT
her ist auch die ein Kollektiv personifizierende Bedeutung von בת
ϑυγάτηρ "Tochter" mitzuhören. Länder (Israel, Ägypten, Juda, Edom),
Städte (Zion, Jerusalem, Samaria, Sidon, Dibon, Tarschisch, Babel)
und Völker ("mein Volk", Israel, Chaldäer) können so angeredet werden (in den Büchern Am, Mi, Jes, Jer, Klgl, Ez, Sach, Zef). Ohne
den Rahmen der Erzählung zu verlassen, wird in der Bezeichnung

---

51 Vgl. auch die Mischna über Ausfragung דרישה, Nachforschung חקירה,
    Prüfungen בדיקות: Sanh IV 1; V 2.

θυγάτηρ Ισραηλ Susanna als repräsentative Symbolfigur für "Israel" erkennbar.

51 Der von Gott verliehene Geist befähigt den "Jungen" aber nicht nur zur Erkenntnis von Fehlverhalten und zum appellierenden Vorwurf, sondern auch zum autoritativen Vorgehen, das allen die Richtigkeit seiner "Einsicht" offenbar macht. Die folgende Befragung ist nicht Einführung einer revolutionären Verhörmethode (dann wäre sie in ihrer Art sehr fragwürdig), sondern Aufdecken von Gesetzlosigkeit. Der "Geist der Einsicht" hat den νεώτερος den wahren Sachverhalt bereits durchschauen lassen. Die Trennung der Falschzeugen und ihre "Prüfung" erweisen nun für alle unbezweifelbar, was er bereits "weiß".

> Ob P.967 ἵνα vor ἐτάσω *ausgelassen* hat, oder ob 88.Syh ἵνα stilistisch glättend hinzugefügt haben, ist kaum entscheidbar. Ein Bedeutungsunterschied besteht nicht.

> ἐτάζω "prüfen" (meist für hebr. דרש und חקר) gehört wie ἐξετάζω, ἐρωτάω, (ἐξ)ἐραυνάω zu den Fachwörtern für die gerichtliche Ermittlung, Untersuchung, Befragung.

51a Die in v.48 noch ὄχλος ("Menschenmenge, Masse, Haufe") genannten Israeliten heißen in der Erzählung nun wieder συναγωγή.

> ὄχλος und συναγωγή können hier bewußt variierende Wiedergaben des hebräischen המון sein: Mit συναγωγή wird (nur!) in Dan 11,10.11.12. 13 LXX המון wiedergegeben, sonst steht συναγωγή in der Regel für קהל oder עדה (ὄχλος kann aber auch für קהל stehen).

Daniel fordert sie nun auf, nicht Alter, Rang, Amt, Autorität für Garantien der Gesetzestreue und moralischen Integrität zu halten. Auch die Anerkennung legitimer Autorität enthebt nicht der kritischen Prüfung von deren Amtsführung und Verhalten. Er wird nun mit den zwei Ältesten ein Verhör anstellen, so wie es ihm richtig und wirksam erscheint.

> Zur Übersetzung von λέγοντες (לאמר) mit "indem ihr denkt" s. zu Sus 35.

> οὐ μὴ ψεύσωνται: οὐ μή mit coni.aor. (oder ind.fut.) kennzeichnet auch im klassischen Griechisch die emphatische Verneinung: "sie lügen ganz sicher nicht".

> κατὰ τὰ ὑποπίπτοντά μοι "entsprechend dem mir in den Sinn Kommenden; wie es mir gut, richtig, sachgemäß vorkommt" (aramäisch: די יפל־לי). Daß das die Bedeutung der in dieser Form im griechischen AT einmaligen Wendung ist, läßt sich an den beiden voneinander unabhängigen griechischen Übersetzungen eines Satzes in dem Esra 7, 12-26 aramäisch überlieferten Erlaß des persichen Großkönigs Artaxerxes an Esra zeigen [52]. Der Text Esra 7,20 ושאר חשחות בית אלהך

---

52 Zum Verhältnis von Εσδρας α (= 1 Esr = griech. Esrabuch = III Esdras

דִי יִפֶּל־לָךְ לְמִנְתַּן תִּנְתַּן מִן־בֵּית גִּנְזֵי מַלְכָּא "und den restlichen Bedarf
für den Tempel deines Gottes, der *nach deinem Ermessen* zu decken
(sein wird), kannst du aus dem königlichen Geldhaushalt finanzieren
(wörtlich: und den Rest des Bedarfs des Hauses deines Gottes, *welcher dir vorkommt* zu geben, du wirst geben aus dem Haus der Schätze
des Königs)" wird in Εσδρας α 8,18 übersetzt: καὶ τὰ λοιπά, ὅσα ἂν
ὑποπίπτῃ σοι εἰς χρείαν τοῦ ἱεροῦ τοῦ θεοῦ σου, δώσεις ἐκ τοῦ βασι-
λικοῦ γαζοφυλακίου.
Εσδρας β 7,20 gibt denselben aramäischen Text so wieder: καὶ κατά-
λοιπον χρείας οἴκου θεοῦ σου, ὃ ἂν φανῇ σοι δοῦναι, δώσεις ἀπὸ
οἴκων γάζης βασιλέως.

52 Daniel läßt den ersten rufen. Das "Unmögliche" der Situation betont
    der Text unüberhörbar: Man führt den πρεσβύτερος dem νεώτερος vor.

    προσάγω ist t.t. der Gerichtssprache: "(einen Angeklagten oder Zeu-
    gen dem Richter/Gerichtshof) vorführen".

    Zum Gegensatz πρεσβύτερος - νεώτερος s.o. zu Sus 44-45.

    Die Worte, die Daniel nun an den Ältesten richtet, sind nicht bloß
    "harte Reden, die der rabbinischen Vorschrift der Einschüchterung ent-
    sprechen" [53].

    Außer der bei D. von DOBSCHÜTZ genannten Stelle Sanh IV 5a gibt es
    in Mischna und Talmud noch viele Belege für אָיֵּם עַל־עֵדִי־נַפְשׁוֹת/הָעֵדִים
    "die Kapitalzeugen/Zeugen einschüchtern, (ihnen) Angst machen, (sie)
    eindringlich mahnen": Sanh III 6, Soṭa I 4, bRH 20a u.ö.
    Immer handelt es sich dort aber darum, die Zeugen, besonders in Ka-
    pitalsachen, auf ihre Verantwortung aufmerksam zu machen, damit je-
    der Irrtum, jede bloße Schlußfolgerung nur aus dem Hörensagen usw.
    nach Möglichkeit ausgeschlossen werden.

Es handelt sich in unserer Erzählung jedoch gar nicht um ein Musterge-
richtsverfahren, sondern um einen vom Geist Gottes prophetisch ermög-
lichten Aufweis von Schuld und Verfehlung bei den höchsten gerichtlichen Autoritäten selbst durch den Mund eines noch Jungen, der von Stellung, Erfahrung und Ansehen her niemals dazu in der Lage wäre, auf den
sonst niemand ernsthaft hören würde.
Gleich zu Beginn die Angeklagten oder sogar die Zeugen als Sünder und
Verbrecher zu bezeichnen, ehe ein Beweis erbracht und ein Verhör durch-
geführt ist, wäre das Gegenteil eines rechtlichen Verfahrens, keinesfalls aber dessen Eröffnung.

---

in der Vulgata) zu Εσδρας β (= Esra + Neh des hebr.-aram. MT = I + II
Esdras in der Vulgata) und über das Verhältnis dieser beiden griechi-
schen Bücher zum hebräischen und aramäischen Text in Esra-Neh s. die
sorgfältigen Ausführungen und Literaturverweise bei R.H. PFEIFFER,
History of New Testament Times. With an Introduction to the Apocrypha,
New York - Evanston 1949, 233-250.

53 D.v.DOBSCHÜTZ, Paulus und die jüd. Thorapolizei (s.o. Anm.44) 17.

Allenfalls könnte man sagen, an die Stelle der eindringlichen Zeugenermahnung bei einem ordentlichen Gerichtsverfahren sei hier die
moralische und religiöse Schuldfeststellung getreten.

πεπαλαιωμένε ἡμερῶν κακῶν: "du in einem bösen Leben Altgewordener".
Die Wendung ist dem "Alten an Tagen" παλαιὸς ἡμερῶν עתיק יומיא in
Dan 7,9.13.22 vergleichbar und Wendungen wie Sir 11,20 "bei deinem
Tun bleibe bis ins Alter" ἐν τῷ ἔργῳ σου παλαιώθητι במלאתך התישן
(vgl. Sir 9,10 ἐὰν παλαιωθῇ וישן "wenn er altgeworden ist").
Nur wenn das Verbrauchtsein (Vergleiche mit zerschlissenen Kleidern)
betont ist, steht παλαιοῦσθαι/πεπαλαιῶσθαι für בלה.

Eine im griechischen AT ebenfalls einmalige Wendung ist νῦν ἥκασί
σου αἱ ἁμαρτίαι "jetzt sind deine Sünden angekommen", d.h. die Strafe für die (seit deinem Amtsantritt) begangenen Verfehlungen erreicht dich jetzt [54].

ἃς ἐποίεις τὸ πρότερον: das Imperf. iterativum "die du früher immer
wieder begangen hast" bezieht über den Susanna-Fall zurückgreifend
auch die vorhergehende Richter- und Amtstätigkeit in die Anschuldigung mit ein.

53 Die gravierendste dieser Verfehlungen hält Daniel dem Ältesten nun vor:

Als legitimer Autoritätsträger hatte er die Vermutung *(praesumptio)*

sachgemäßer Amtswaltung für sich; bevor er Todesurteile fällte —

so 'glaubte' man von ihm — habe er 'gehört', d.h. alles zur Wahrheits

findung und Gerechtigkeit Beitragende zu Wort kommen lassen und berück

sichtigt. Er jedoch hat diesen 'guten Glauben' des Volkes mißbraucht

und das Gebot des Herrn (Ex 23,7) ins Gegenteil verkehrt.

Daß in Sus 53 die Richtertätigkeit im Blick ist, zeigt die Verwendung der zahlreichen Fachausdrücke:
πιστεύω "(einem Zeugen) glauben, seine Aussage als zutreffend annehmen; (bei einem Richter Unparteilichkeit) präsumieren, vermuten";
κρίνειν κρίσιν "ein Prozeß führen, ein Urteil fällen";
ἀθῷος "unschuldig"; ἔνοχος "schuldig, strafverfallen";
κατακρίνω "verurteilen"; ἀφίημι "loslassen, freisprechen".

κρίνειν κρίσεις θάνατον ἐπιφερούσας "Todesurteile verhängen" ist
eine im griechischen AT einmalige Wendung; häufig begegnet κρίνειν
κρίσιν für רִיב רָב (einen Prozeß führen) oder für דִּין דִּין (ein Gerichtsverfahren gewähren) oder für שפט משפט (ein Urteil fällen); an
den drei Stellen Dtn 19,6; Jer 26,11.16 steht für משפט־מות "Todesurteil, Recht zur Tötung" κρίσις θανάτου.
Dem gräzisierten Ausdruck in Sus 53 könnte hebr. שפט משפטי־מות entsprechen.

Das in der LXX relativ seltene und in Sus LXX einmalige μέν - δέ
fällt auf.

54 Vgl. die Ausführungen und Literaturangaben zu "Sünde, Sündenfolgen,
    -strafen" z.B. bei G.QUELL-J.BERTRAM-G.STÄHLIN/W.GRUNDMANN, Art. ἁμαρ
    τάνω, ἁμάρτημα, ἁμαρτία, in: ThWbNT I, Stuttgart 1933, 267-295; R. KNIE
    RIM, Art. חטא ḥṭ' sich verfehlen, in: THAT I 541-549; ders., Art. עון
    'āwôn Verkehrtheit, in: THAT II 243-249; ders., Art. פשע paéša' Verbrechen, in: THAT II 488-495.

Vielleicht liegt im Aorist κατέκρινας und im Imperfekt ἠφίεις (doppeltes Augment ist auch klassisch gebräuchlich) bewußte Verwendung vor: Die über Unschuldige (ἀθῷος) verhängten Todesurteile werden als einzelne Akte betrachtet (daß nicht nur Susanna im Blick ist, zeigt die generalisierende maskuline Form τὸν ἀθῷον, hebr. נקי); dagegen werden das Freisprechen und Unbehelligtlassen von Gesetzesbrechern und Straffälligen (ἔνοχος) als Zustand und dauernde Haltung bezeichnet.

Mit τοῦ κυρίου λέγοντος "während (doch) der Herr sagt" wird das Zitat von Ex 23,7b ונקי וצדיק אל-תהרג im Wortlaut der LXX-Übersetzung eingeleitet. Leider wird nicht auch noch Ex 23,7c angeführt, so daß man erkennen könnte, ob aus dem MT oder aus einer davon verschiedenen hebräischen Textform *direkt* übersetzt wird, oder ob nur die LXX zitiert wird, die in Ex 23,7c eine andere Vorlage vorauszusetzen scheint (καὶ οὐ δικαιώσεις τὸν ἀσεβῆ ἕνεκεν δώρων) als den MT -כי לא ארשיע (der von der LXX übersetzte Text dürfte gelautet haben ולא תצדיק רשע בשחד). Daß bei dem Zitat von Ex 23,7b in Sus 53 auch der Kontext miterinnert wurde, könnte das Aufgreifen von Ex 23,6 (οὐ διαστρέψεις κρίμα πένητος ἐν κρίσει αὐτοῦ) in Sus 56 und von Ex 23,7c (..τὸν ἀσεβῆ..) in Sus 54 zeigen.

54 Mit "nun also" beginnt Daniel seine angekündigten Fragen, durch deren Beantwortung die beiden Zeugen-Richter sich vor allen als schuldig erweisen werden. Da wohl die Zeit, nicht aber der genaue Ort in der vereinbarten gemeinsamen Zeugenaussage über das Vergehen Susannas vorkam, wird eine Frage danach sie in Widersprüche verwickeln.

ποταπῷ τοῦ παραδείσου τόπῳ: dativus loci [55]. ποταπός kommt im griechischen AT nur hier vor: "von welcher Beschaffenheit, von welcher Art?" [56]

ἑόρακας αὐτοὺς ὄντας σὺν ἑαυτοῖς "...hast du sie beieinander gesehen?" nimmt zurückhaltend variierend das ἐθεωροῦμεν αὐτοὺς ὁμιλοῦντας ἀλλήλοις von Sus 37 auf.

So originell die Überlegungen von J.-T. MILIK [57] auch sind, in der *Doppel*frage "unter welchem Baum und an was für einer Stelle des Parks" müsse die Lösung zum Problem der Wortspielentsprechungen Baum - Strafankündigung liegen (üblicherweise werden Fragen an Zeugen einzeln nacheinander gestellt) — sein Deutungsvorschlag muß zu viele Hilfshypothesen annehmen (mehrere Kürzungen und Veränderungen bei der Übersetzung vom Aramäischen zum Griechischen; Ergänzungen aus θ' im LXX-Text, usw.), um zur Auslegung des vorliegenden griechischen Textes übernommen werden zu können.
Z.B. habe die Antwort des "Gottlosen" (ἀσεβής nur hier in Sus; ἀσεβής steht im griechischen AT in der Regel für רשע; im Danielbuch kommt רשעים nur in Dan 12,10 vor und wird in der LXX mit ἁμαρτωλοί und in θ' mit ἄνομοι übersetzt) im aramäischen Original nicht nur

55 Zur Seltenheit des dat. loci auch im klassischen Griechisch vgl. BLASS-DEBRUNNER-REHKOPF, Grammatik § 199.

56 W. BAUER, Wörterbuch zu den Schriften des NT, Berlin [5]1963, 1378.

57 J.-T. MILIK, Daniel et Susanne 350-353: "Jeux d'homonymie araméenne".

"unter einem (Baum)" gelautet, sondern תחת ערבא בערבא (מן) "unter
einer Weide im Westen". MILIK vermutet dann das Wortspiel nicht zwischen dem Baumnamen σχῖνος und dem Verbum der Engelaktion σχίσει in
v.55, sondern zwischen der Baumbezeichnung ערבא und der in LXX und
ϑ' unerwähnt gebliebenen "Waffe" des Engels ערבא "Weberschiff, Knüppel, Holzplanke" (Anhaltspunkt dafür ist ihm der Zusatz σπάϑην "ein
Weberschiff, einen Knüppel, o.ä." in Hs. 233 über dem Wort φάσιν
des ϑ'-Textes).
Der uns vorliegende LXX-Text jedoch bietet als Antwort des "Gottlosen" nur ὑπὸ σχῖνον "unter einem Mastixbaum"; um die griechische Par-
onomasie erkennbar zu machen, wurde im Blick auf das σχίσει "er wird
spalten" übersetzt "unter einem Spaltbaum". Die Wahl des Baumnamens
für die Antworten v.54 und v.58 dürfte sowohl in der aramäischen
bzw. hebräischen Erzählung als auch in der griechischen Übersetzung
(wie in unserer) mehr auf die Ermöglichung des Wortspiels hin erfolgt sein als auf eine historisch-botanische Bestimmbarkeit, wo
auf der Welt in einem Park σχῖνος und πρῖνος als Bäume wachsen.

55 Daß es sich weder um ein Gerichtsverfahren noch um ein ordentliches
Zeugenverhör handelt, wird aus der Reaktion des "Jungen" wieder deutlich: In einem rechtlichen Verfahren ließen sich Urteile über die Qua-
lität einer Zeugenaussage erst im Vergleich und nach Ermittlung bestä-
tigender oder entgegenstehender Fakten fällen. Der "Junge" weiß aber
schon den gesamten Sachverhalt. Von diesem Wissen her qualifiziert er
ohne weiteres die Antwort des ersten als "Lüge", die aber insofern
"richtig" ist, als sie eine ungewollte Prophezeiung der Strafe Gottes
darstellt, die ihn treffen wird.

ὀρϑῶς "richtig, geradewegs". Mit Recht weist J.-T. MILIK [58] als Beispiel auf Prov 14,2 hin, wo הולך בישרו durch ὁ πορευόμενος ὀρϑῶς
"wer geradeaus seinen Weg geht" wiedergegeben wird.

ἔψευσαι εἰς τὴν σεαυτοῦ ψυχήν ist eine im griechischen AT einmalige
Wendung: "Du bist ein Lügner, deine Lüge kehrt sich aber gegen dich
selbst, gegen dein Leben."
ψεύδομαι findet sich sonst mit dem Dativ oder Akkusativ (meist für
כחש ל" pi.).

F. ZIMMERMANN [59] vermutet hier mit Vorbehalt eine Fehlübersetzung
von hebr. הכחשת לנפשך "du hast dich selbst ruiniert, du hast dich
selbst zum Lügner erklärt". Dann hätte der Übersetzer eine Hifʿîl-
Form wiedergegeben (כחש hi. [kommt im AT nicht vor; erst seit der
Mischna belegt] "schwächen; widersprechen, als Lügner hinstellen")
und das präpositionale Objekt לנפשך "deine Seele, dich selbst" entsprechend unrichtig übertragen.

σχίσει σου τὴν ψυχήν "er wird deine Seele/dein Leben spalten".
σχίζω (בקע pi.) findet sich mit Holz, Bergen oder Wasser als Objekt
oder (als Übersetzung von קרע) mit Kleidern, Tüchern. Mit ψυχή als
Objekt ist die Wendung einmalig und durch das Wortspiel mit σχῖνος

---

58   J.-T. MILIK, Daniel et Susanne 343 n. 41 (zu Sus 55).

59   S.o. zu Sus 10, S. 96 mit Anm. 16.

bedingt. Möglicherweise ist nicht mit MILIK anzunehmen, die Strafankündigung sei von der *Antwort* des Ältesten her formuliert, die
dann auch noch einen MILIKs Hypothese nahekommenden Wortlaut gehabt
haben müßte. Vielmehr könnte auch umgekehrt der Baumname σχῖνος im
Anklang bereits die in den Blick genommene *Strafe* σχίσει vorausbe-
zeichnen. Ein Motiv für die Straf*art* hatte sich ja schon bei der Erörterung der משפט נאפות (Rechtsvorgehen bei Ehebrecherinnen) gezeigt: s.o. zu Sus 44-45.

בתק pi. ist im MT *hapaxlegomenon*: Ez 16,40 (בחרבותם) ובתקוך "und
sie werden dich (mit ihren Schwertern) zerhauen"; LXX: καὶ κατα-
σφάξουσίν σε (ἐν τοῖς ξίφεσιν αὐτῶν); hebr. בתק könnte aram. בדק
entsprechen.

Eine sehr naheliegende Erklärung für die Strafart wäre aber auch,
gerade wenn die Sus-Erzählung einen Midrasch zu Jer 29 miteinbe-
zieht, daß hier die erstgenannte Strafe für die beiden Lügenpropheten herangezogen wird: Jer 29,21 "Siehe, ich gebe sie in die
Hand Nebukadnezars, des Königs von Babel, und er wird sie nieder-
hauen vor euren Augen" והכם לעיניכם (Ιερ 36,21 καὶ πατάξει αὐτοὺς
κατ' ὀφθαλμοὺς ὑμῶν). Die in Jer 29,22 danach genannte Strafe (im
Feuer verbrennen, rösten) begegnet uns später in Sus 62.

Die Änderung der Wortstellung in 88.Syh (σήμερον am Satzende statt
wie in P.967 am Satzanfang σήμερον γὰρ ὁ ἄγγελος...) dürfte stili-
stischem Empfinden entsprungen sein.

56   Nur zwei Worte (ὑπὸ σχῖνον) hatte der erste Älteste bei dem "Verhör"
sagen können, alles übrige waren Anschuldigungen und Strafankündigungen
durch den "Jungen", der ihn nun abführen und sich den zweiten Zeugen-
Richter-Angeklagten vorführen läßt und diesen ähnlich wie den ersten
behandelt.

μεθίστημι "umstellen, versetzen, woanders hinbringen" steht in der
Regel für סור hi. (aram. עדא af.).

Mit einer rhetorischen Frage ("Weshalb...?!") leitet Daniel seine Vorwürfe gegen den zweiten Ältesten ein. Er gehöre zu einer Menschensorte
wie die Sidonier (Sidon ist der Erstgeborene Kanaans: Gen 10,15), nicht
wie die Juden. Von Schönheit und von "heißer" Begierde habe er sich verführen lassen.

διεστραμμένος "verdreht, verkehrt" (zu διαστρέφω s.o. zu Sus 9).
Im Hebräischen können διεστραμμένος entsprechen: פתלתל (נפתל),
עקלקל (מעוקל), עקש, הפך.

J.-T. MILIK überträgt διὰ τί διεστραμμένον τὸ σπέρμα σου "Pourquoi
ta vie sexuelle est-elle désordonnée?" Leider gibt er aber keinen
Beleg für σπέρμα זרע in der Bedeutung "Sexualleben" [60].

Im AT hat זרע σπέρμα nur die Bedeutungen: a) Aussaat; b) Same (von
Pflanzen, Tieren, Menschen); c) Nachkommenschaft; d) Stamm, Familie,
Volk; e) Generation, Art.

---

60   J.-T. MILIK, Daniel et Susanne 340.343 (zu Sus 56).

Der Wendung in Sus 56 am nächsten kommen z.B. Dtn 32,5 דור עקש
ופתלתל γενεὰ σκολιὰ καὶ διεστραμμένη "ein verdrehtes und verkehrtes
Geschlecht"; Jes 57,3-4 הלוא־אתם ילדי־פשע ...(? ותזנה) זרע מנאף
זרע שקר σπέρμα μοιχῶν καὶ πόρνης (liest ותזנה; 1 Q Is: ותזנו)...οὐχ
ὑμεῖς ἐστε τέκνα ἀπωλείας, σπέρμα ἄνομον; oder Jes 1,4: זרע מרעים
σπέρμα πονηρόν.

Weshalb die "Art Sidons"[61] beispielhaft verkehrt ist, läßt sich nur
erschließen. Die phönizische Handelsstadt kommt ohne wertenden Beiklang im AT häufig vor zur geographischen Bestimmung von Gebieten im
Norden Kanaans und als Lieferantin von Seeleuten und insbesondere
Holzfällern und -handwerkern. Die Betrachtungsweise Sidons in jah-
wistischen Kreisen Israels und Judas wird dann seit der Omridenzeit
(1. Hälfte des 9. Jhdts. v.C.) immer negativer: Achab heiratet Isebel, die Tochter Etbaals, des Königs der Sidonier, die verantwortlich gemacht wurde für die Förderung der Baalsverehrung in Samaria;
aber schon Salomo soll Astarte, die Göttin der Sidonier, verehrt
haben, verführt von seinen Frauen. Die Verehrung anderer Götter wird
spätestens seit Hosea als "Hurerei" bezeichnet. Dazu mögen die dabei
üblichen Fruchtbarkeitsriten beigetragen haben.
Strafankündigungen an Sidon (neben Tyrus und den Philisterstädten)
wegen ihres feindlichen Verhaltens gegenüber Israel-Juda gehören
fest zu den Fremdvölkersprüchen der Propheten (Jes 23; Jer 25,22;
Ez 28,20-23; Joel 4,4-8; Sach 9,1-6). Die politische Gegnerschaft
besteht auch noch in der Makkabäerzeit (1 Makk 5,15).

Daß Sidon in Sus 56 als musterhaft abartig angeführt wird, dürfte
sich aus diesem 'seit unvordenklichen Zeiten' nach jüdischem Empfinden bestehenden Gegensatz in Politik, Religion, Lebensweise und Sitten erklären. Sidon ist der "Erstgeborene Kanaans" (Gen 10,15) und
der Enkel Hams (Gen 9,18-27: wegen der Sünde Hams trifft Kanaan der
Fluch), und nach dem Brauch (מעשה) und den Sitten (חקת) Kanaans soll
Israel gerade *nicht* leben (Lev 18,3; es folgen die israelitischen
Satzungen über geschlechtlichen Umgang).

Die vorgelegte Übersetzung bleibt nahe beim griechischen Text, d.h.:
a) "Juda" ist positiv gewerteter Gegensatz zu "Sidon";
b) mit 88.Syh, unterstützt durch ϑ', wird gelesen σε ἠπάτησεν und das
Fehlen von σε in P.967 als Haplographie erklärt;
c) mit P.967.88.Syh ist am Text ἡ μικρὰ ἐπιϑυμία festgehalten. Die
in den Editionen von RAHLFS und ZIEGLER in den Text gesetzte freie
Konjektur μιαρά kann nicht aufrechterhalten werden[62].

---

61 Ohne ausdrückliche Wertung ist in Ri 18,7 von der "Art der Sidonier"
    כמשפט צדנים die Rede, um die Einwohner von Lajisch vor der Einnahme
    durch die Daniten als "nichtisraelitisch" zu kennzeichnen: "(Die Kund-
    schafter) sahen, daß das Volk dort ungestört nach Art der Sidonier leb-
    te, ruhig und sicher. Es gab niemand, der Schaden anrichtete im Land,
    keinen Eroberer und keine Unterdrückung. Sie waren weit entfernt von
    den Sidoniern und hatten auch mit den Aramäern nichts zu tun."

62 Der von J. ZIEGLER verzeichnete Hinweis "Schleusner II 465 (conferens
    Macc IV 4,26 'ac alibi passim')" muß lauten: "Schleusner III 562..."
    (J.F. SCHLEUSNER, Novus Thesaurus philologico-criticus sive Lexicon in
    LXX et reliquos interpretes Graecos ac scriptores apocryphos Veteris
    Testamenti, vol.I-V, Lipsiae 1820/21). SCHLEUSNERs apodiktisches Urteil
    zu Sus 56 "*pro* ἡ μικρὰ ἐπιϑυμία *reponendum necessarium est* ἡ μιαρὰ ἐπι-
    ϑυμία" erscheint durchaus nicht plausibel, und der Verweis auf IV Makk

Ausgehend von dem Text in P.967 (ohne σε) legt J.-T. MILIK ("non
sans peine ni incertitude") mit Blick auf die zu rekonstruierende
aramäische Vorlage eine Erklärung vor, wie es zu dem "dunklen" griechischen Text gekommen sein könnte. Dabei macht er fünf Annahmen:
1. Das σε ist erst innerhalb der griechischen Textüberlieferung eingefügt worden (88.Syh; θ'), P.967 ist vorzuziehen.
2. Ein Relativpronomen ὅν nach Ιουδα ist ausgefallen, vielleicht
schon in der aramäischen Vorlage, die MILIK sich etwa so vorstellt:
היך צידון [צידוני] ולא היך יהו(דה)ד.
3. Juda wird hier nicht als vorbildliche Gestalt zum Vergleich herangezogen, sondern, wie im TestJuda, wo Juda in Ausgestaltung von
Gen 38 (er heiratet eine Kanaanäerin und begeht Hurerei mit seiner
Schwiegertochter) in seinen Schwächen gezeichnet wird. MILIK zitiert
den Sus 56 sehr ähnlichen Text in TestJuda 12,3: ...καὶ ἠπάτησέ με
τὸ κάλλος αὐτῆς... "und es verführte mich ihre Schönheit..."
4. Entsprechend ist ולא durch καὶ οὐχ im Griechischen fehlübersetzt:
Es handle sich um die Emphase bezeichnende Partikel לא, nicht um
die (gleich geschriebene) Negation.
5. Auch μικρά ist eine Fehlübersetzung im Griechischen: Das aramäische קלא bedeutet "klein, gering, leicht" oder aber "brennend, er-
hitzend". MILIK verweist auf mehrere Stellen im TestJuda (11,2; 12,3;
13,5-7; 14,5-6), wo der Zusammenhang Trunkenheit durch Wein — "Er-
hitzung" — ἐπιθυμία/ἡδονή/πορνεία in der Lasterparänese erörtert
wird. In TestJuda 14,1 (ὁ οἶνος διαστρέφει τὸν νοῦν ἀπὸ τῆς ἀληθείας
καὶ ἐμβάλλει ὀργὴν ἐπιθυμίας) könnten nach MILIK die letzten beiden
Wörter für חמת חמדא stehen (חמא "Zorn" oder "Glut"): "Der Wein verdreht den Sinn weg von der Wahrheit und erfüllt mit Glut der Begierde."
So kommt MILIK zu folgender Übersetzung der rekonstruierten aramäischen Vorlage: "...wie Sidons, und insbesondere Judas, den die
Schönheit, die die Begierde entflammt, verführt hat".

ἀπατάω "verführen" (im sexuellen Sinn) gibt hebr. פתה pi. wieder;
in der Bedeutung "täuschen, betrügen, überlisten" steht es auch für
נשא hi., סות hi., תלל hi.

57 Bei den "Töchtern Israels" seien sie immer mittels Einschüchterung und
Nötigung zu ihrem unzüchtigen Ziel gelangt, die "Tochter Juda(s)" jedoch habe ihre sündige, krankhafte Leidenschaft nicht über sich er-
gehen lassen.

Die Gegenüberstellung der "Töchter Israels", die aus Furcht einem
Ehebruch zustimmen, und der "Tochter Juda(s)", die sich solchem An-
sinnen nicht unterwirft, ist merkwürdig und wird durch den seit der
Königs- bis in die Hasmonäerzeit (und danach) bestehenden Gegensatz
Samaria - Juda nur unzureichend erklärt; denn in v.48 wurden die
Juden als "Söhne Israels" angeredet und Susanna emphatisch "Tochter
Israel(s)" genannt.
Ein plausibler Anhaltspunkt für diese Gegenüberstellung ergibt sich
jedoch im Blick auf Jer 29,22-23: Die beiden Lügenpropheten Zidkija
und Ahab sollen der ganzen Exiliertengemeinde Juda (לכל גלות יהודה)

---

ist fehl am Platz. Das im griechischen AT ausschließlich in II Makk (5x)
und in IV Makk (6x) vorkommende Wort μιαρός bedeutet dort immer "unrein" (im Sinn der Tora) und steht nie in erotischem Zusammenhang.

als sprichwörtliches Fluchbeispiel gelten, "weil sie Schändliches
(נבלה) ἀνομία; s.o. zu Sus 5) in *Israel* taten und Ehebruch getrieben
haben mit den Frauen ihrer Volksgenossen (רעיהם) und in meinem Namen
gesprochen haben..., was ich ihnen nicht aufgetragen hatte."

Wieder wird deutlich, daß zum Verständnis wesentliche Elemente der
Susanna-Erzählung einer Targum- bzw. Midraschtradition zu Jer 29,8-
9.21-23 entnommen sind.

ὡμιλοῦσαν hellenistische Imperfekt-Form; vgl. παρῳκοῦσαν Sus 28.

ἀλλ'οὐ θυγάτηρ Ιουδα ὑπέμεινε... Die Stellung der Negation vor dem
Subjekt statt vor dem Verb ist ungewöhnlich, aber wohl ursprünglich
(so auch in allen ϑ'-Hss. außer 26.410).

τὸ νόσημα P.967 "Krankheit, krankhaftes Verhalten/Zustand" ist der
Lesart τὴν νόσον 88, dem in der LXX gebräuchlichen Wort für "Krankheit", vorzuziehen [63].

ἐν ἀνομίᾳ ὑπενεγκεῖν "zu ertragen und dadurch selbst zu sündigen".
Zu ἀνομία s.o. Sus 5; ἐν dient hier zur "Bezeichnung des *Zustandes*,
in welchem sich jmd. (oder etwas) befindet, und der *Art und Weise*,
in der er etwas tut oder erleidet" [64].

58 Nachdem er einen weiteren Aspekt der Schuld der beiden Ältesten-Richter
in der Anrede an den zweiten aufgedeckt hat, stellt Daniel ihm eine inhaltlich gleiche, aber im Wortlaut abgewandelte Doppelfrage, wieder
eingeleitet durch "Nun also..."

Ob den Formulierungen ποταπῷ τοῦ παραδείσου τόπῳ v.54 und ἐν ποίῳ
τοῦ κήπου τόπῳ v.58 auch eine unterschiedliche semitische Vorlage
entspricht, ist kaum entscheidbar.

Zu παράδεισος und κῆπος s.o. zu Sus 7.

κατέλαβες "...hast du ertappt". W. BAUER verzeichnet Belege für
καταλαμβάνω "(auf frischer Tat) ertappen (bes. beim Ehebruch)" [65].
Es bieten sich mehrere semitische Äquivalente an.

Zu ὁμιλοῦντας ἀλλήλους s.o. zu Sus 37.

Auch der zweite Älteste darf nur zwei Wörter (ὑπὸ πρῖνον "unter
einer Eiche") sagen — damit ist der Widerspruch zum ersten allen offenbar.

Zur Verdeutlichung des Wortspiels πρῖνος — καταπρίσῃ v.59 wurde
"*Säge*baum" übersetzt. S.o. zu Sus 54.

59 Anstelle der Bezeichnung als "Lügner" beim ersten Ältesten durch einen
Satz v.55, redet Daniel den zweiten nach dessen Antwort mit "du Sünder,

---

63 So mit A. GEISSEN, Der Septuagintatext 44-45. Sonst kommt νόσημα in der
    Bibel nur noch in Joh 5,4 in dem nur in einem kleineren Teil der Hss.
    überlieferten Textzusatz vor.

64 M. JOHANNESSOHN, Der Gebrauch der Präpositionen (s.o. Anm.22) 333.

65 W. BAUER, Wörterbuch 817.

du Bösewicht" an (ἁμαρτωλός steht meist für רשע). Zwar wird wieder
dem Engel JHWHs mit dem Schwert die Strafe (καταπρί[ζ]ω "zersägen,
zerschneiden, zerteilen") zugeschrieben, aber die Exekution wird durch
das Volk vorgenommen.

> ἐξολεθρεύω steht am häufigsten für כרת hi. "vernichten, ausrotten",
> aber auch für שמד hi. "verderben, vernichten", חרם hi. "den Bann
> vollstrecken", ירש hi. "vertreiben", u.a.
>
> ἕως kann "zur Angabe des Endpunktes in der Zeit 'solange bis, bis
> daß' dienen oder zur Angabe der Gleichzeitigkeit 'solange als, wäh-
> rend'" [66].

Die Aktion des Engels JHWHs ist offenbar als die "Rückseite" oder
himmlische Dimension der Hinrichtung durch das Volk vorgestellt (s.
u. zu Sus 62).

J.-T. MILIK vermutet das Wortspiel bei der Aussage auch des zweiten
Ältesten und bei der Strafankündigung Daniels wieder zwischen dem
Baumnamen und der Stelle des Gartens (in der griechischen Übersetzung ausgefallen) einerseits und dem Strafwerkzeug des Engels und
der Exekution durch das Volk andererseits (s.o. zu Sus 55). Die Antwort des zweiten Ältesten habe gelautet: (מן) תחת צפצפתא בצפונא "unter einer Bergweide im Norden"; ῥομφαία stehe für סייפא "Schwert"
und ἐξολεθρεύσει für יסיפנכן "sie werden euch zu Ende bringen, ver-
nichten". Der Autor "se montre moins habile dans le deuxième jeu où
au lieu des vrais homonymes, il se contente de simples assonances"[67].

60-62 Alle Versammelten äußern ihre Bestürzung in Rufen anerkennender Be-
wunderung über diesen "Jungen". Er, dem nicht einmal Rederecht in der
Versammlung zustand, hat 'durch seinen Mund', d.h. durch seine vom
Geist der Einsicht ermöglichte Schuldaufdeckung und seine die Lüge der
Zeugen-Richter offenbar machende Frage, beide Ältesten als Falschzeugen erwiesen, obwohl ihre Aussage vor Gericht übereinstimmend war und
unanfechtbar schien.

> πᾶσα ἡ συναγωγή: s.o. zu Sus 41.
>
> ἀναβοάω "aufschreien, laut rufen" (צעק, זעק); ἐπί τινι kann den
> Grund angeben, besonders bei Verben der Gemütsbewegung, so hier.

---

66 W. BAUER, Wörterbuch 661.

67 J.-T. MILIK, Daniel et Susanne 351 (gemeint ist die Verschiedenheit
    צ - ס).- M. JASTROW, Dictionary II 1298 notiert Talmudstellen, die
    einen Unterschied zwischen den von MILIK vermuteten Baumarten betonen
    (z.B. bSukk 34a zu der Bestimmung in Lev 23,40 über Zweige von "Bachwei-
    den" ערבי-נחל: das schließe Zweige der "Bergweide" צפצפה aus; denn die-
    se wachse in wasserlosem Gebiet), aber er gibt auch Stellen an, die die
    beiden Namen als historisch aufeinander folgende Bezeichnungen dersel-
    ben Baumart kennen (z.B. bSchabb 36a: was früher ערבה genannt wurde,
    heißt jetzt צפצפה).

ἐκ τοῦ ἰδίου στόματος "aus dem eigenen Mund" kann auch, statt auf
den "Jungen" als Subjekt, auf das Objekt des Satzes (die Ältesten)
bezogen sein: "durch das ihrem eigenen Mund entlockte Geständnis"[68].
In diesem letzteren Sinne hat auch ϑ' bereits den Ausdruck vereindeutigt: ἐκ τοῦ στόματος αὐτῶν "aus ihrem Mund".

καθίστημι "hinbringen, -stellen; einsetzen als, bestellen zu; bewir-
ken, daß jmd. als etw. dasteht"[69]. Das hebr./aram. Äquivalent könnte קיים pi. darstellen: "bestätigen, identifizieren, erweisen".

Die Einsicht und die Worte des "Jungen" haben den Söhnen Israels wieder die Augen geöffnet und sie aus ihrer "Torheit" herausgerufen. Sie
folgen nun wieder "dem Gesetz" Dtn 19,19: "Ihr sollt ihm (der einen
Bruder fälschlich bezichtigt) so tun, wie er seinem Bruder zu tun beabsichtigte". Die Lügenzeugen sollen zu der Strafe verurteilt werden,
die die fälschlich Angeklagte erwartet hätte.

διαγορεύω "deutlich aussagen, festsetzen, bestimmen" kommt im griechischen AT nur noch Εσδρ α 5,48 vor: ἀκολούθως τοῖς ἐν τῇ Μωυσέως
βίβλῳ τοῦ ἀνθρώπου τοῦ θεοῦ διηγορημένοις. Der entsprechende hebräische Text Esr 3,2 ככתוב בתורת משה איש האלהים ist in Εσδρ β 3,2 so
übersetzt: κατὰ τὰ γεγραμμένα ἐν νόμῳ Μωυσῆ ἀνθρώπου τοῦ θεοῦ.

ὁ νόμος התורה "das Gesetz" ohne irgendeinen weiteren Zusatz (wie z.B.
τοῦ κυρίου, τοῦ θεοῦ, μου, αὐτοῦ, Μωυσέως, οὗτος ὁ νόμος...) ist der
Inbegriff der "Weisung, Willensoffenbarung Gottes an Israel" und
verweist zunächst auf den Pentateuch, aber auch auf die "Propheten
und Schriften", vgl. Neh 8,1-12[70].

Die gemeinte Gesetzesbestimmung wird hier dem Kontext angepaßt und
leicht verändert zitiert. Dtn 19,18f. lautet: καὶ ἰδοὺ μάρτυς ἄδικος
ἐμαρτύρησεν ἄδικα, ἀντέστη κατὰ τοῦ ἀδελφοῦ αὐτοῦ 19 καὶ ποιήσετε
αὐτῷ ὃν τρόπον ἐπονηρεύσατο ποιῆσαι κατὰ τοῦ ἀδελφοῦ αὐτοῦ... והנה
עד־שקר העד שקר ענה באחיו ועשיתם לו כאשר זמם לעשות לאחיו (ובערת הרע
מקרבך):

Zu πονηρεύομαι s.o. zu Sus 35a.

Bemerkenswert ist die Bezeichnung "Schwester" im Sinne von "Volks-
genossin". ἀδελφή אחות hat außer der natürlichen Bedeutung "(leib-
liche Voll- oder Halb-)Schwester" sonst noch die der "Geliebten"
(so Hld 4,9-12; 5,1.2; 8,8) und wohl von daher der "Gattin", besonders in der zärtlichen Anrede (so in Tob 5,22 S; 6,19 S; 7,9.12 S;
7,15; 8,4.7; 8,21 S; 10,6. 13 S). Ähnlich auffällig war in Sus 35
die im AT einmalige Ausdrucksweise "JHWH, ihr Gott" (...ἐπὶ τῷ κυρίῳ τῷ θεῷ αὐτῆς).

Im Gehorsam gegen das Gesetz erklärt die Synagoge als Rechtsgemeinde
die beiden Ältesten zu "verleumderischen Zeugen", verurteilt sie und
führt an ihnen die dafür vorgesehene (Umkehr-, Spiegel-)Strafe durch.

---

68 So W. ROTHSTEIN, Die Zusätze zu Daniel, in: E. KAUTZSCH (Hrsg.), Die
    Apokryphen und Pseudepigraphen des AT I, Tübingen 1900, 189.

69 W. BAUER, Wörterbuch 771.

70 Vgl. G.LIEDKE-C.PETERSEN, Art.תורה tôrâ Weisung, THAT II 1032-1043.

Da sie einer Unschuldigen unter Verabredung zur Falschaussage einen
Ehebruch zur Last gelegt hatten, werden sie selbst zur Steinigung aus
dem Ort hinausgeführt und in eine Grube gestoßen. Das daran anschließende Verbrennen der Leichen, wie es im "Rechtsvorgehen bei Ehebrecherinnen" (s.o. zu Sus 44-45) vorgesehen und in Jer 29,22 angedeutet ist,
wird dem Engel JHWHs zugeschrieben, gleichsam als Ratifikation der
Strafe von Seiten Gottes (s.o. zu Sus 55 und 59).

καὶ ἐφίμωσαν αὐτούς "und sie knebelten sie". Zu einem solchen Verfahren (Fesselung bzw. Knebelung vor dem Gang zum Steinigungsort)
gibt es sonst keine Parallelen; im Gegenteil, auch noch auf dem Weg
zur Hinrichtung ist nach der Mischna (Sanh VI 1) auf Entlastungsbe-
weise des bereits Verurteilten zu hören und, wenn nötig, sogar mehr-
mals deshalb zum Gerichtssaal zurückzukehren.

So muß man wohl Frank ZIMMERMANN recht geben, daß es sich bei ἐφίμωσαν um die griechische Fehlübersetzung eines hebr./aram. Fachaus-
drucks handelt. In der Vorlage könnte gestanden haben: וזֹמֹם "und
sie verurteilten sie als verleumderische Zeugen" (von זֹמֹם "Böses
planen, fälschlich bezeugen"; im hi./af. "jmdn. als falschen Zeugen
erweisen, verurteilen"), während der griechische Übersetzer dieses
Wort als Form der gleichlautenden Wurzel זֹמֹם "den Mund zubinden,
knebeln" deutete [71].

ἐξαγαγόντες "hinausführende": s.o. zu Sus 44-45. Der Ort der Steinigung liegt nach Lev 24,14 (vgl. dazu die Mischna Sanh VI 1) außerhalb des "Lagers", der Stadt.

ἔρριψαν εἰς φάραγγα "sie warfen/stießen (sie) in einen Abgrund".
Nach der Mischna Sanh VI 4 ist das Hinabstoßen (דחייה) in eine Grube,
falls dadurch der Tod eintritt, bereits Vollstreckung der Steinigung
(סקילה). Nur falls der Hinabgestoßene noch lebt, müssen die beiden
Zeugen und schließlich, wenn der Tod immer noch nicht eingetreten
ist, "das ganze Volk" Steine werfen.

Die Gemara bSanh 45a versucht, durch Heranziehung von Ex 19,12-13
zu erläutern, weshalb a) Hinabstoßen und Steinigen gleichwertig
sind; b) beides vorgenommen werden kann; c) das Hinabstoßen jedoch,
falls dabei der Tod eintritt, genügt [72].

τότε ὁ ἄγγελος κυρίου ἔρριψε πῦρ διὰ μέσου αὐτῶν "dann warf der Engel JHWHs Feuer durch ihre Mitte": Daß von Gott Feuer ausgeht/ge-
sandt wird zur Bestrafung, ist eine z.B. in den Prophetenbüchern
und Psalmen häufig begegnende Vorstellung. Die Targumim zu Ex 19,13
bieten jedoch einen weiteren überraschenden Anhaltspunkt, weshalb
Steinigung und *Feuer von Seiten Gottes* in Sus 62 als zusammengehörig
empfunden wurden. Im MT Ex 19,13 heißt es: "Nicht soll ihn (den Sinai) berühren eine Hand, sonst wird er unweigerlich gesteinigt oder
(mit Pfeilen) beschossen werden, ob Vieh oder Mann, er wird nicht am
Leben bleiben..." לא־תגע בו יד כי־סקול יסקל או־ירה יירה אם־בהמה
אם־איש לא יחיה... Der palästinische Targum überträgt dies so: "Die

---

71 F. ZIMMERMANN, The Story of Susanna (s.o. S.96 Anm.16) 240-241.

72 Vgl. S. KRAUSS, Sanhedrin-Makkot. Die Mischna IV/4.5, Gießen 1933,
    190-195.

Hand eines Menschen soll sich ihm nicht nähern, sonst wird er unweigerlich gesteinigt werden oder *Pfeile von Feuer* werden losgelassen,
werden geworfen werden (am Rand: werden geschossen werden) auf ihn,
ob Tier oder Mann, er wird nicht am Leben bleiben..." לא תקרב ביה
ידא דאנש ארום מתרדמא יתרגם או גירין דאשה ירין (יגרל mg.) ידרקון
...יחי לא גבר אין בעיר ביה (יתקשטון mg.). Bereits S. KRAUSS hatte auf die "eigentümliche Wiedergabe von Ex 19,13" im Targum jeru-
schalmi I (= Pseudo-Jonatan) aufmerksam gemacht ('soll gesteinigt
werden mit Hagelstein, oder Feuerpfeile sollen auf ihn geworfen werden'): "Auf alle Fälle ist der Tod durch Hagelsteine oder Feuerpfeile (bzw. Feuerkohlen, so in den Aggadot) etwas, was in der Halaka
nicht vorkommt." [73]

E.B. LEVINE macht auf weitere Parallelen in frühjüdischer und rab-
binischer Literatur aufmerksam [74]. So wird z.B. in einer Randlesart
zu *Neophyti 1* und Ps-Jon an das letzte Wort in Num 3,10 יתקטל "er
soll getötet werden" (hebr. יומת) angefügt: באשתה מצלהבה מן קדם ייי
"durch das verzehrende Feuer von vor JHWH her".

Der Schlußsatz des letzten Aktes in der Susanna-Erzählung stellt noch
einmal heraus, worauf das Eingreifen Gottes zielte und was erreicht
wird, wenn die "Söhne Israels" dem "Geist der Einsicht" folgen, selbst
wenn er einem Unmündigen verliehen ist: "Rettung unschuldigen Blutes",
Gerechtigkeit und Leben.

καὶ ἐσώθη αἷμα ἀναίτιον (וימלט/ויושע דם־נקי) ist eine im AT einmalige Wendung. Vielleicht handelt es sich um eine bewußte Verfrem-
dung des in verschiedenen Zusammenhängen begegnenden stehenden Ausdrucks "unschuldiges Blut vergießen" שפך דם־נקי = einen Mord begehen, illegitim töten", vgl. Dtn 19,10; 2 Kön 21,6; 24,4; Jes 59,7;
Jer 7,6; 22,3.17; Joel 4,19; Ps 106,38; Prov 6,17. Auch kann unschuldiges Blut als Schuld 'auf jmdn. gegeben', d.h. jmdm. ange-
rechnet werden, vgl. Dtn 21,8; Jer 26,15; Jona 1,14. Aber *gerettet*
wird unschuldiges Blut nur an unserer Stelle.

σῴζω steht in der Regel für ישע hi., das Passiv σῴζομαι für מלט ni.,
gelegentlich auch für ישע ni.

62a In einem Epilog blickt der Erzähler auf die ganze Susanna-Erzählung zurück und zieht für seine Hörer/Leser eine "Lehre" daraus (διὰ τοῦτο),
die die positive Ergänzung zur Eingangsthese darstellt: "Die Jungen"
sind die wahren Israeliten aufgrund ihrer 'Ganzheit'. Der "junge" Daniel der Erzählung ist Musterbeispiel und Veranschaulichung dieses
jüdischen Inbegriffs religiösen und sozialen Idealverhaltens.

---

73 S. KRAUSS, Sanhedrin-Makkot 193 (zu Sanh VI 4).
    Der aramäische Text des palästinischen Targum findet sich in A. DÍEZ
    MACHO, Neophyti 1, t.II Éxodo, Madrid-Barcelona, 1970, 123.

74 E.B. LEVINE, Parallels to Exodus of Pseudo-Jonathan and Neophyti 1,
    in: A. DÍEZ MACHO, Neophyti 1, t.III Levitico, Anexo III, Madrid-
    Barcelona 1971, 452.

Im dritten Akt wurden die "Ältesten" οἱ πρεσβύτεροι nur zweimal genannt (v.51a und v.52), danach sind sie nur noch "er, sie, der eine,
der andere". Im gleichen Akt war die handelnde Hauptfigur der Jüngere ὁ νεώτερος, Daniel (vv. 44.51a.52.55.59.60). Der Epilog macht
seine besondere Absicht durch die dreimal genannten (οἱ) νεώτεροι
"die Jungen" unüberhörbar.

ἀγαπητοὶ Ιακωβ "die (von Gott) geliebten, bevorzugten (Söhne) Jakobs,
die einzigen (wirklichen) (Söhne) Israels". Zur Begründung dieser
Wiedergaben von ἀγαπητοὶ Ιακωβ sei zunächst auf den grundlegenden
Artikel von C.H. TURNER verwiesen, der mit eindrücklichen Belegen
zeigen kann, daß ἀγαπητὸς υἱός den "einzigen Sohn" bedeutet, worauf
bereits die Wiedergabe z.B. von Gen 22,2.12.16 יחיד "einziger" in
der LXX durch ἀγαπητός hindeutet [75]. In welchem Sinne aber erweitert
sich die Bedeutung, wenn statt des Singulars der Plural ἀγαπητοί
verwendet wird? Sus 62a wird bei keinem der in Anm.75 genannten
Autoren berücksichtigt.

Zum Verständnis des Ausdrucks ἀγαπητοὶ Ιακωβ kann TestLevi 18,13-14
beitragen: καὶ εὐφρανθήσεται κύριος ἐπὶ τοῖς τέκνοις αὐτοῦ, καὶ εὐ-
δοκήσει ἐπὶ τοῖς ἀγαπητοῖς αὐτοῦ ἕως αἰῶνος (d: εἰς τὸν αἰῶνα τοῦ
αἰῶνος). Τότε ἀγαλλιάσεται 'Αβραὰμ καὶ 'Ισαὰκ καὶ 'Ιακώβ, κἀγὼ χαρή-
σομαι, καὶ πάντες οἱ ἅγιοι ἐνδύσονται εὐφροσύνην (α.afs[1] δικαιοσύνην)
"Und der Herr wird sich über seine Kinder freuen und wird an seinen Bevorzugten Gefallen haben bis in Ewigkeit. Dann werden auch
Abraham und Isaak und Jakob jubeln, und auch ich werde mich freuen,
und alle Heiligen werden sich mit Jubel (Gerechtigkeit) beklei-
den." [76]

"Jakob" und "Israel" sind austauschbare Namen (vgl. Gen 32,29.33)
für den Stammvater persönlich wie für ihn als Verkörperung seiner
"Nachkommen".
Interessant für den Assoziationshintergrund unserer Stelle könnte
auch Jes 42,1 sein (diese Stelle wird u.a. zur Erhellung von ἀγαπητός im NT herangezogen) [77], wo die LXX "Jakob" und "Israel" zum MT
hinzufügt: הן עבדי אתמך־בו בחירי רצתה נפשי נתתי רוחי עליו משפט
לגוים יוציא Ιακωβ ὁ παῖς μου, ἀντιλήμψομαι αὐτοῦ· Ισραηλ ὁ ἐκλεκτός
μου, προσεδέξατο αὐτὸν ἡ ψυχή μου· ἔδωκα τὸ πνεῦμά μου ἐπ'αὐτόν,
κρίσιν τοῖς ἔθνεσιν ἐξοίσει. Vgl. die durchgehende synonyme Paralle-
lität Israel - Jakob bei DtJes: 41,8.14; 42,24; 43,1.22; 44,1(2).21;
48,1.12; 49,5f., die sich bis in die spätesten jüdischen Schriften
immer wieder findet.

---

75 C.H. TURNER, Ο ΥΙΟΣ ΜΟΥ Ο ΑΓΑΠΗΤΟΣ, JTS 27 (1925/26) 113-129: "From
    Homer to Athanasius the history of the Greek language bears out, I ven-
    ture to think, the argument of this paper that ἀγαπητὸς υἱός is rightly
    rendered 'Only Son'." 129.
    Vgl. dazu auch R. LE DÉAUT, La présentation targumique du sacrifice d'
    Isaac et la sotériologie paulinienne, in: Studiorum Paulinorum congres-
    sus (1961), vol.II, AnBib 18, Roma 1963, 570, und F. LENTZEN-DEIS, Die
    Taufe Jesu nach den Synoptikern, FThSt 4, Frankfurt 1970, 187-191.

76 Griechischer Text nach R.H. CHARLES, The Greek Versions of the Testa-
    ments of the Twelve Patriarchs, Oxford 1908, 64. - Deutsche Übersetzung
    nach J. BECKER, Die Testamente der zwölf Patriarchen, JSHRZ III/1, Gü-
    tersloh 1974, 61.

77 Vgl. F. LENTZEN-DEIS, Die Taufe Jesu 187-191.

ἀγαπητοὶ Ιακωβ könnte aber auch übersetzt werden "die von Jakob Geliebten", was sich vom Kontext her jedoch weniger nahelegt.

Natürlich liegt der Vorzug der "Jüngeren" nicht einfach in der geringeren Anzahl ihrer Lebensjahre, sondern in ihrer am Ende des Satzes genannten, gerade sie auszeichnenden Haltung und Lebensweise,
ihrer ἁπλότης; ἐν hat hier begründende und bedingende Bedeutung.

ἐν τῇ ἁπλότητι αὐτῶν בתמם "wegen ihrer Ganzheit, Integrität". Zu
diesem für die Sus-Erzählung offensichtlich ganz wesentlichen Begriff, in dem als positivem Gegenstück zu dem Fehlverhalten (ἀνομία) der Ältesten-Richter, die auch als παράνομοι, ἄνομοι, διεστραμ-
μένοι, ἀσεβεῖς, ψευδομάρτυρες, von ἐπιθυμία Bestimmte charakterisiert wurden, das Verhaltensideal des Erzählers zusammengefaßt ist,
liegen gründliche Analysen und Monographien vor [78]. Aus diesen Arbeiten geht hervor, daß wohl erst gegen Ende des 2. Jhdts. v.C. in
den griechischen Übersetzungen alttestamentlicher und anderer jüdischer Schriften (besonders in den Test XII Patr) ἁπλότης/ἁπλοῦς
zur Wiedergabe von תמ/סם (in seiner ethisch-religiösen Bedeutung)
sich einzubürgern beginnen (für ישר festigt sich die Übersetzung
εὐθύτης/εὐθύς) bis zum konsequent-mechanischen Gebrauch in der Aqui-
la-Übersetzung (ἁπλο- immer für תמים/סם, wenn auch nicht umgekehrt) [79].

C. EDLUND zeigt, wie in verschiedenen Schichten des hebräischen AT
mit Hilfe von תמים/סם ein Frömmigkeitsideal gezeichnet wird: *Noach*
"war ein Mann, gerecht, ganz, in seiner Generation; mit Gott wandel-
te Noach" Gen 6,9 נח איש צדיק תמים היה בדרתיו את־האלהים התהלך־נח
Νωε ἄνθρωπος δίκαιος, τέλειος ὢν ἐν τῇ γενεᾷ αὐτοῦ· τῷ θεῷ εὐηρέστη-
σεν Νωε (vgl. Sir 44,17 נח צדיק נמצא תמים Νωε εὑρέθη τέλειος δίκαιος "Noach wurde für gerecht befunden, ganz").
Abraham wird in Gen 17,1 von Gott angeredet: "Wandle vor mir und
sei ganz!" (התהלך לפני והיה תמים) εὐαρέστει ἐναντίον ἐμοῦ καὶ γίνου
ἄμεμπτος).
Von *Ijob* wird gesagt: "Und dieser Mann war ganz und gerade und gottesfürchtig und fern vom Bösen" והיה האיש ההוא תם וישר וירא אלהים וסר
מרע καὶ ἦν ὁ ἄνθρωπος ἐκεῖνος ἀληθινός, ἄμεμπτος, δίκαιος, θεοσεβής,
ἀπεχόμενος ἀπὸ παντὸς πονηροῦ πράγματος (Ijob 1,1).

---

78 C. SPICQ, La vertu de simplicité dans l'Ancien et le Nouveau Testa-
    ment, RScPhTh 22 (1933) 1-26; C. EDLUND, Das Auge der Einfalt. Eine Un-
    tersuchung zu Matth 6,22-23 und Luk 11,34-35, Kopenhagen-Lund 1952;
    H. BACHT, Art. Einfalt, in: RAC IV, Stuttgart 1959, 821-840; J. AM-
    STUTZ, ΑΠΛΟΤΗΣ. Eine begriffsgeschichtliche Studie zum jüdisch-christ-
    lichen Griechisch, Theophaneia 19, Bonn 1968.

79 J. AMSTUTZ, ΑΠΛΟΤΗΣ 39f. Vgl. dazu R.H. CHARLES, The Testaments of the
    Twelve Patriarchs, London 1908, 103 (note zu TestIss III 1): "The ge-
    neral usage of the LXX in translating ישר and its derivatives puts the
    equipollence of εὐθύτης καρδίας and ישר לבב beyond reasonable doubt.
    As regards the expression תם לבב the LXX did not arrive at any general-
    ly acknowledged equivalent. It may have been the Greek version of the
    Testaments that first won general acceptance for the rendition of תם
    לבב by ἁπλότης καρδίας."

C. EDLUND erhebt dann aus den Psalmen (bes. Ps 15; 18; 101) und Pro-
verbia weitere Züge dieses "Hauptbegriffes der alttestamentlichen
Religion und Ethik" [80].

Bei den deuterokanonischen Schriften ist besonders auf Weish 1,1-5
zu verweisen: "Im Eingang zum Buch der Weisheit wird zum ersten Male
so etwas wie eine Auslegung der ἁπλότης gegeben." [81]

Die wichtigste jüdische Schrift zur Erfassung des mit ἁπλότης Ge-
meinten sind die Testamente der Zwölf Patriarchen, insbesondere darin das Testament Issachars: "In den Test XII Patr kommt eine 'Gemeinde' zu Wort,der ἁπλότης zum Inbegriff ihrer geistlichen Lehre
geworden ist." [82]

Auf diesem Hintergrund kann verdeutlicht werden, was die "wahren Israeliten", die "bevorzugten Jakobsöhne", auszeichnet: ἁπλότης תם /
תמים bedeutet "die 'Integrität' des Frommen, der ganz, ungeteilt
und vorbehaltlos Gott gehört in Gehorsam und Ergebenheit. Sein ganzes Wesen (nichts davon fehlt) ist einbegriffen in dieser einen (alle anderen Interessen vernichtigenden [sic]) Entschiedenheit. Diese
...Bedeutung scheint ursprünglich jüdisch und auf das Griechisch
der jüdisch-christlichen Überlieferung beschränkt zu sein." [83]

Wenn es TestLevi 13,1 heißt: "Fürchtet JHWH, euren Gott, von ganzem
Herzen und wandelt ἐν ἁπλότητι gemäß seinem ganzen Gesetz!" kommt
dies der Aussage in Sus 62a recht nahe: In dem synonymen Parallelismus entsprechen sich chiastisch "JHWH fürchten" und "das ganze Gesetz erfüllen" einerseits und "aus ganzem Herzen" und "in Ganzheit
(auf Gottes Willen hin gesammelt) leben" andererseits.

Am ausführlichsten handelt TestIss über die ἁπλότης (in b.e.f.S lautet die Überschrift: Διαθήκη 'Ισαχὰρ περὶ ἁπλότητος). Viele Stich-
worte der Sus-Erzählung begegnen auch in TestIss als Gegensätze bzw.
Entsprechungen zur ἁπλότης (geschlechtliche Leidenschaft und Begierde, Lüge, Verleumdung, Irritierbarkeit durch weibliche Schönheit,
Verdrehung der Gebote JHWHs; bzw. Gottesfurcht, Annahme des Willens
Gottes, Beobachtung des Gesetzes Gottes), allerdings spielt das im
TestIss so zentrale Thema des einfachen Lebens des Bauern mit seiner mühsamen Arbeit (TestIss 3,1; 5,3-6; 6,2; vgl. TestRub 4,1) in
Sus keine Rolle. In Sus scheint das Frömmigkeitsideal der ἁπλότης
eher aus einer städtischen Gesellschaft heraus gedacht zu werden.

---

80 C. EDLUND, Das Auge der Einfalt (s.o. Anm. 78) 19-50.

81 J. AMSTUTZ, ΑΠΛΟΤΗΣ 35-38 erläutert diesen Text treffend.

82 J. AMSTUTZ, ΑΠΛΟΤΗΣ 65; die Ausführungen zu ἁπλότης in den Test XII
    Patr finden sich a.a.O. 63-85. Vgl. auch C. EDLUND, Das Auge der Ein-
    falt 62-79.
    ἁπλότης kommt vor in TestRub 4,1; TestSim 4,5; TestLevi 13,1; TestIss
    3,2.6.7.8; 4,1.6; 5,1.8; 6,1; 7,7; TestBenj 6,7; ἁπλοῦς in TestIss 4,2.

83 J. AMSTUTZ, ΑΠΛΟΤΗΣ 41. - C. EDLUND, Das Auge der Einfalt 66 Anm. 6
    (Sus scheint ihm unbekannt zu sein) gibt einen interessanten Hinweis
    auf Joh 1,47, wo in anderen Worten ein Äquivalent zu Sus 62a gegeben
    wird: ἴδε ἀληθῶς 'Ισραηλίτης ἐν ᾧ δόλος οὐκ ἔστιν (δόλος ist in Test
    Iss 7,4 einer der Gegenbegriffe zur ἁπλότης).

62b Auf das theologische Urteil, wie sehr die *Ganzheit* in der Lebensfüh-
rung die Zugehörigkeit zu den *wahren Jakobsöhnen*, d.h. zum auserwähl-
ten Israel, bedingt, läßt der Erzähler die Mahnung an ein "Wir" folgen, mit Aufmerksamkeit und Sorgfalt die jungen Leute zu tüchtigen
Menschen zu erziehen. Wenn sie sich zur "Gottesfurcht" hinführen lassen, wird in ihnen Gottes *Geist der Weisheit* jetzt und in Zukunft
wirksam sein.

καὶ ἡμεῖς "und wir..." Der Verfasser schließt sich selbst mit seinen Hörern/Lesern zu einer Gruppe zusammen, die für die Heranbil-
dung und religiöse Erziehung der Kinder und Jugendlichen verant-
lich sind.

φυλασσώμεθα εἰς υἱοὺς δυνατοὺς νεωτέρους "wir wollen besorgt sein
(um die) Jüngeren hin zu tüchtigen Söhnen". φυλάσσομαι εἰς τι/τινα
findet sich sonst nirgends in der griechischen Original- oder Über-
setzungsliteratur; was/wen man beachtet, bewahrt, beschützt, wird
mit dem Objektsakkusativ τι/τινα bezeichnet; wovor man sich in
acht nimmt, meist durch ἀπό τινος (Thukydides 7,69 wird als einziger Beleg für φυλάσσομαι πρός τι genannt).
Wahrscheinlich handelt es sich hier um einen Semitismus bei der
Übersetzung von "שמר לי... ואנחנו נשמרה לבני חיל נערים.
Vgl. 2 Sam 2,7: ...ועתה תחזקנה ידיכם והיו לבני חיל καὶ νῦν κραται-
ούσθωσαν αἱ χεῖρες ὑμῶν καὶ γίνεσθε εἰς υἱοὺς δυνατούς..."Und jetzt
seien eure Hände fest, und zeigt euch als tüchtige Männer...!"
υἱοὶ δυνατοί ist die häufigere Übersetzung für בני חיל "tüchtige
Leute", die sich voll einsetzen, in ihrer Aufgabe bewähren; vgl.
oben 2 Sam 2,7; 1 Chr 26,7.9.30 u.ö.

εὐσεβήσουσι γάρ...καὶ ἔσται ἐν αὐτοῖς..."denn werden sie gottesfürchtig sein, dann wird in ihnen...": Koordination statt hypothe-
tischer Subordination.

Das Verb εὐσεβεῖν "gottesfürchtig sein" kommt, noch seltener als
das Substantiv εὐσέβεια "Gottesfurcht" [84], im griechischen AT,
vielleicht wegen seines spezifisch hellenistischen Klangs, außer
in 4 Makk nur in Sus 62b LXX vor.

Zur Geistbegabung s.o. zu Sus 44-45.- Vgl. Jes 11,2-4: ונחה עליו
רוח יהוה רוח חכמה ובינה רוח עצה וגבורה רוח דעת ויראת יהוה: והריחו
ביראת יהוה ולא־למראה עיניו ישפוט ולא־למשמע אזניו יוכיח: ושפט בצדק
דלים והוכיח במישור לענוי־ארץ והכה־ארץ בשבט פיו וברוח שפתיו ימית רשע:
καὶ ἀναπαύσεται ἐπ'αὐτὸν πνεῦμα τοῦ θεοῦ, πνεῦμα σοφίας καὶ συνέσεως, πνεῦμα βουλῆς καὶ ἰσχύος, πνεῦμα γνώσεως καὶ εὐσεβείας· ἐμπλήσει
αὐτὸν πνεῦμα φόβου θεοῦ. οὐ κατὰ τὴν δόξαν κρινεῖ οὐδὲ κατὰ τὴν λα-
λιὰν ἐλέγξει, ἀλλὰ κρινεῖ ταπεινῷ κρίσιν καὶ ἐλέγξει τοὺς ταπεινοὺς
τῆς γῆς· καὶ πατάξει γῆν τῷ λόγῳ τοῦ στόματος αὐτοῦ καὶ ἐν πνεύματι
διὰ χειλέων ἀνελεῖ ἀσεβῆ. "Und auf ihm wird ruhen der Geist JHWHs,
der Geist der Weisheit und der *Einsicht*, der Geist des Rates und

---

84   Vgl. W. FOERSTER, εὐσεβής, εὐσέβεια, εὐσεβέω, in: ThWbNT VII, Stutt-
     gart 1964, 175-184; J. BECKER, Gottesfurcht im AT, AnBib 25, Roma 1965;
     H. HASPECKER, Gottesfurcht bei Jesus Sirach. Ihre religiöse Struktur
     und ihre literarische und doktrinäre Bedeutung, AnBib 30, Roma 1967.

und der Stärke, der Geist der Erkenntnis und der *Gottesfurcht* (εὐσέβεια). Und es wird ihn (LXX:)erfüllen der Geist der *Gottesfurcht*
(φόβος θεοῦ). Nicht nach dem Augenschein wird er *richten*, und nicht
nach dem Hörensagen wird er urteilen, sondern er wird den Armen
gerecht *richten* und den Hilflosen ein Urteil schaffen (MT in Gerad-
heit). Und er wird die Erde schlagen mit dem Wort (MT: Stock) *seines Mundes,* und mit dem Hauch seiner Lippen wird er den *Gottlosen*
töten."

ἐπιστήμη "Wissen, Sachkunde, Sichverstehen auf" übersetzt mehrere
hebräische Wörter aus dem Feld "Weisheit": בינה, תבונה, דעת, מדע,
שכל, חכמה (in Ez 28). Als nähere Bestimmung von πνεῦμα kommt ἐπιστήμη nur noch Ex 31,3 (entspr. Ex 35,31) vor: ואמלא אתו רוח אלהים
בחכמה ובתבונה ובדעת ובכל מלאכה καὶ ἐνέπλησα αὐτὸν πνεῦμα θεῖον
σοφίας καὶ συνέσεως καὶ ἐπιστήμης ἐν παντὶ ἔργῳ... "und ich habe
ihn (= den Metallhandwerker Bezalel) mit dem Geist Gottes erfüllt,
mit Weisheit und mit Verstand und mit Kenntnis für jegliche Arbeit..."

Der Geist, von dem gottesfürchtige "Junge" sich leiten lassen,
macht sie scharfsichtig und sachkundig.

εἰς αἰῶνα αἰῶνος לעד "für immer" beteuert "vielfach nur in empha-
tischer Redeweise die Endgültigkeit und Unabänderlichkeit einer
Sache. Dem entspricht die vorwiegende Verwendung...in der Psalmen-
sprache in hymnischen...oder bekenntnisartigen, klagenden und bit-
tenden Zusammenhängen..., seltener in prophetischen Heilszusagen
...oder in der Weisheit." [85]
Statt לעד kann εἰς (τὸν) αἰῶνα (τοῦ) αἰῶνος auch übersetzen: עולם
לעד לעולם, עדי־עד, לעולם, ועד.

---

85   E. JENNI, עד 'ad immer, in: THAT II (1976) 207-209, zit. 208f.

E X K U R S : Deutungen des Gestus und der Formel *"Die Hand/*
Hände aufstemmen auf das Haupt von..."

Die Formel "die Hände aufstemmen auf das Haupt von..." kommt nur in drei
Zusammenhängen vor:
1. diejenigen, in deren Namen bzw. zu deren Gunsten ein Opfer dargebracht
   wird, stemmen ihre Hände auf das Haupt des Opfertieres, bevor es ge-
   schlachtet wird: Lev 8,14.18.22; ebenso Ex 29,10.15.19. Bei ihrer Ein-
   setzung als Priester stemmen Aaron und seine Söhne ihre Hände auf das
   Haupt des Jungstieres, des ersten und des zweiten Widders; Mose schlachtet und opfert.
   Lev 1,4: beim Rinderbrandopfer stemmt der Opferherr seine Hand auf das
   Haupt des Tieres und schlachtet es; die Priester vollziehen den Blutri-
   tus, usw.
   Lev 1,10 LXX: beim Kleinviehbrandopfer ist diese Anweisung nur in der
   LXX erhalten geblieben, nicht im MT..
   Lev 3,2.8.13 wird dieselbe Anweisung für ein Heilsmahlopfer (זבח
   שלמים) von Rind, Schaf oder Ziege gegeben.
   Lev 4,4.15.24.29.33 gilt dieselbe Anweisung für Sündopfer zugunsten:
   - des gesalbten Priesters (Jungstier);
   - der ganzen Gemeinde Israel (כל-עדת ישראל); als deren Repräsentanten
     stemmen die Ältesten der Gemeinde ihre Hände auf den Kopf des Jung-
     stieres;
   - eines Fürsten/Sippenhauptes (נשיא; Opfertier: Ziegenbock);
   - eines Beliebigen aus dem Volk des Landes (נפש אחת מעם הארץ; Opfer-
     tier: Ziege oder weibliches Schaf).
   Num 8,12: Bei ihrer Aussonderung/Einsetzung sollen die Leviten ihre
   Hände auf das Haupt der zwei Jungstiere stemmen, Mose soll den einen
   als Sündopfer, den andern als Brandopfer darbringen.
   2 Chr 29,23 (König und Versammlung [קהל] stemmen ihre Hände den Sünd-
   opferböcken auf) gehört bedeutungsmäßig hierher, allerdings ist die
   Formel nicht mehr vollständig benutzt: statt על-ראש ἐπὶ κεφαλήν heißt
   es nur noch עליהם ἐπ'αὐτούς.

2. Am Versöhnungstag soll Aaron bzw. der gesalbte Priester dem von den
   zwei Ziegenböcken, auf den das Los "für Asasel" gefallen ist, seine
   beiden Hände aufstemmen "und über ihm alle Sünden der Israeliten, alle
   ihre Frevel und alle ihre Fehler bekennen. Nachdem er sie so auf den
   Kopf des Bockes geladen hat, soll er ihn durch einen bereitstehenden
   Mann in die Wüste treiben lassen, und der Bock soll alle ihre Sünden
   mit sich in die Einöde tragen." Lev 16,21f.

3. Demjenigen, der den Namen JHWHs gelästert/verflucht hatte, stemmen alle,
   die ihn dabei gehört haben, ihre Hände auf den Kopf, und die ganze Gemeinde soll ihn steinigen: Lev 24,14.

In unserm Zusammenhang können alle die Stellen unbeachtet bleiben, an de-
nen die Formel nur abgewandelt vorkommt (statt על-ראש nur על, statt ἐπὶ
τὴν κεφαλήν τινος nur ἐπὶ τινα), z.B. Num 8,10 (Israeliten stemmen ihre
Hände auf die Leviten bei deren Amtseinsetzung), Num 27,18.23; Dtn 34,9
(Mose setzt Josua ein) oder an denen mit ganz anderen Worten von einer
"Handauflegung" die Rede ist.

Was läßt sich den genannten Texten nun für die Bedeutung der Formel und
des Gestus "סמך יד" "על-ראש" entnehmen?

Eduard LOHSEs Arbeit, auf die häufig verwiesen wird [1], hilft zu dieser
Frage nicht sehr viel weiter. Er unterscheidet die genannte präzise priesterliche Formel nicht von anderen ähnlichen Wendungen und kommt so nur zu
wenig sicheren Vermutungen. Wenig erhellend und z.t. zweifelhaft sind die
Ausführungen von Christian MAURER [2]. B.J. VAN DER MERWE, der ebenfalls die
Formel, Varianten davon und andere ähnliche Wendungen nicht genau unterscheidet [3], nimmt ohne weitere Begründung an, in Sus 34 handele es sich um
eine Lev 24,14 entsprechende Situation, und erläutert die eine Stelle
durch die andere unter Verweis auf Dtn 17,6 und 1 Kön 21,10.13 (Erforder-
nis von zwei Zeugen für ein Todesurteil); es wären außerdem dazu noch Num
35,30 und Dtn 19,15 zu nennen [4]. Daß in Sus 34 ἐπὶ τῆς κεφαλῆς statt ἐπὶ
τὴν κεφαλήν steht, beachtet er nicht oder mißt dem jedenfalls keinerlei
Bedeutung bei. VAN DER MERWEs Schlußfolgerungen sind durchweg wenig überzeugend: Der Ritus des Handaufstemmens bei Opfertieren sei relativ jung
in der israelitischen Religion, ebenso das Handaufstemmen/-legen bei Got-
teslästerern und bei der Amtsübergabe; als Argumente dienen ihm dabei die
Nichterwähnung dieses Ritus in nicht-P-Stellen, die ähnliche Situationen
beschreiben, Sus 34 LXX und die rabbinische Praxis. *"In view of (the) pro-
phetic criticism we may perhaps explain the introduction of the ceremony
of laying on the hands as a reaction from cultic (priestly) circles. By
the introduction of this ceremony the attention of the offerer was fixed
on the solemnity of the act he was busy performing. By this ceremony the
offerer was to give evidence of the fact that he was wholeheartedly con-
cerned in the sacrifice. Perhaps the significance of this ceremony even
in the case of the stoning of a blasphemer and the transference of the
dignity of office is to be explained also in these terms: the counterac-
tion of the frivolty with which actions like these were sometimes per-
formed."* [5]
Martin NOTH vermutet die Herkunft des Gestus aus einem Ritus wie dem des
Versöhnungstages: *"Das 'Aufstemmen' der Hand auf den Kopf des zum Heilig-
tum gebrachten Opfertieres ist schwer zu erklären; es könnte seinen Ursprung in besonderen Opferriten wie dem von 3 Mos 16,21 haben, und zwar
im Sinne einer Übertragung des eigenen Selbst des Opfernden auf das Opfertier und damit einer Charakterisierung des Opfertieres als einer Stellver-
tretung, und es könnte von da aus nachträglich dieser Ritus sich auf alle
Tieropfer ausgedehnt haben, um die Tieropfer allgemein als eine Hingabe
des eigenen Selbst zu deuten, und zwar, wie in Lev 1,4b in einem Zusatz*

---

1 E. LOHSE, Die Ordination im Spätjudentum und im NT, Göttingen 1951,
   bes. 19-27: Die s^emikha im AT.

2 C. MAURER, Art. ἐπιτίθημι, in: ThWbNT VIII, Stuttgart 1969, 161, Z.1-13.

3 B.J. VAN DER MERWE, The Laying on of Hands in the Old Testament, in:
   Die Outestamentiese Werkgemeenskap in Suid-Akfrika 5, Pretoria 1962,
   34-43.

4 VAN DER MERWE a.a.O. 37.

5 VAN DER MERWE a.a.O. 43.- Mehrfach ungenau und in seinen Vermutungen
   nicht durchweg überzeugend ist auch der entsprechende Abschnitt bei
   F. STOLZ, Art. סמך smk stützen, in: THAT II (1976) 161-162 Ziff. 4.-
   Fragestellungen des rabbinischen Judentums verfolgt J. NEWMAN, *Semikha*
   (Ordination). A Study of its Origin, History and Function in Rabbinic
   Literature, Manchester 1950; ebenso der Artikel von Aaron ROTHKOFF u.a.,
   Semikha, in: Encyclopaedia Judaica XIV, Jerusalem 1971, 1140-1147.

erklärt wird, zum Zwecke einer vom göttlichen 'Wohlgefallen' zu erlangen-
den 'Sühnung'." [6]
Nach Roland DE VAUX ist das Handaufstemmen "die feierliche Bestätigung,
daß dieses Opfertier wirklich von ihm, dem Opfernden, kommt, daß das Opfer
...in seinem Namen geopfert wird und daß die Früchte des Opfers auf ihn
zurückkommen sollen" [7].
K. ELLIGER meint, *"der Ritus des* סמך*...(bewirke) das Überströmen von see-*
lischem Fluidum von dem einen Wesen auf das andere und mag, wenn er beim
Brandopfer ursprünglich ist, zunächst die Identifizierung des Opfernden
mit seinem Opfer bedeutet haben, in dem er der Gottheit sich selbst hin-
gibt. Spätestens die P-Theologie (in Lev 16,21 sei zugleich die Tendenz
einer Vergeistigung durch das begleitende Sündenbekenntnis zu erkennen)
scheint aber seine Bedeutung in dem Sinne spezialisiert und verengert zu
haben, daß nur die sündige Substanz übertragen wird..." [8]

Was läßt sich nun für die Bedeutung des Ritus in Lev 24,14 erheben? *"Bei*
dem Handaufstemmen 14aγ fällt auf, daß nur diejenigen zu dem Ritus ver-
pflichtet werden, die die Lästerung mitangehört haben, während an der Stei-
nigung selbst 'die ganze Gemeinde' sich beteiligen soll 14b. In dem nach-
folgenden Gesetz 16 wird der Ritus nicht erwähnt. Vermutlich ist er eine
Neuerung, und jedenfalls steht dahinter eine besondere Theorie. Wenn es
richtig ist, daß das Handaufstemmen bei P die Übertragung einer sündigen
(gelegentlich auch einer heiligen) Substanz oder Macht bedeutet..., so er-
klärt sich der Ritus bei der Steinigung leicht aus der Vorstellung, daß
die Hörer mit Sünde infiziert worden sind, die sie nun auf den Infektions-
herd zurückgeben, während die ganze Gemeinde den Herd austilgt, um ihre
Heiligkeit zu wahren." [9]
ELLIGER folgt hier inhaltlich wieder dem Artikel von Paul VOLZ: *"Mit die-*
ser Erklärung unsres Ritus (s. Anm. 8) stimmt auch das Handauflegen der
Zeugen auf den Angeklagten Lev 24,14 Sus 34 vorzüglich überein. In Lev 24
sehen wir in die Genesis des Brauches hinein. Wir erfahren hier, dass die
Zeugen einer Gotteslästerung die Hände auf den Schuldigen legen mussten,
eh er ausserhalb des Lagers gesteinigt wurde. Die Ähnlichkeit der Hinrich-
tung mit dem Opfer ist ja ersichtlich, und es ist wichtig, dass es sich bei
Lev 24 wie bei Susanna um ein todeswürdiges Verbrechen handelt. Jene Zeu-
gen aber sind durch das Anhören der Lästerung mitbefleckt worden und laden
nun durch die Handauflegung die Befleckung auf den Schuldigen ab, damit
alle Unreinheit mit seiner Steinigung zugedeckt und aus der Welt geschafft
werde." [10]

---

6   M. NOTH, Das dritte Buch Mose. Leviticus, ATD 6, Göttingen 1962, 13.

7   R. DE VAUX, Das AT und seine Lebensordnungen, Bd.II, Freiburg 1962,
     260. Ähnlich schon 1951 E. LOHSE, Ordination (s.o. Anm. 1) 24.

8   K. ELLIGER, Leviticus, HAT I 4, Tübingen 1966, 34 (zu Lev 1,4). Er
     stimmt damit weithin Paul VOLZ, Die Handauflegung beim Opfer, ZAW
     21 (1901) 93-100 zu, der vorgeschlagen hatte, "dass die Handauflegung
     auf das Sühnopfertier gleichfalls (wie beim Segnen und der Amtsüberga-
     be) die Übertragung einer Substanz von einem auf das Andere vermittelt
     ...hier Sünde, Unreinheit, Fluch" a.a.O. 95.

9   K. ELLIGER, Leviticus 334.

10   P. VOLZ, Handauflegung 97.

Paul VOLZ äußert noch eine weitere Vermutung, der er sich dann doch nicht anschließt: *"Will man eine einheitliche Deutung des angegebenen Ritus für alle Opfer, ohne in der eben befolgten Methode vom Sühnopfer auszugehen, so könnte man den Sinn der Handlung etwa darin finden, dass dadurch das Opfertier für den Tod bestimmt, ihm das Todesmal aufgedrückt werde. Dann liesse sich auch die Handauflegung der Zeugen auf den todesschuldigen Verbrecher beiordnen, und es könnte daran erinnert werden, dass bei den Syrern die Todesstrafe 'Auflegung auf das Haupt' genannt wird, auch Ez 24,2 würde dazu wohl passen. In diesem Falle würde in Lev 16,21 die Übertragung der Sünde auf das Opfertier nicht durch die Handauflegung, sondern durch die liturgische Formel geschehen... Indes ist es mir doch wahrscheinlicher, dass die Ausübung des besprochenen Ritus beim Sühnopfer und die Fluchübertragung analog der Segensübertragung das primäre ist, und dass bei den übrigen Opfern eine Nachbildung des für das Sühnopfer spezifischen Ritus eintrat, ohne dass mit dem Ritus auch sein ursprünglicher Sinn mitgegangen wäre."* [11]

Eduard LOHSE weist auf die rabbinischen Diskussionen hin, aus denen hervorgehe, daß *"die Bedeutung der s^emikha beim Opfer den Rabbinen nicht mehr bekannt war"* [12].

Die einleuchtendsten Ausführungen zum "Handaufstemmen/-legen" hat, soweit ich sehe, David DAUBE vorgelegt [13]. Zur Bedeutung des סמך-Gestus schreibt er: *"In all probability, by leanining your hands upon somebody or something, by pressing in this way upon a person or animal, you were pouring your personality into him or it (the simile of pouring also may be found in Rabbinic literature* (er verweist hier auf NumRabba zu 27,20): *or in other words, you were making him or it into your substitute."* [14]

D. DAUBE kommentiert Lev 24,14 so: *"It must be admitted that this episode is rather problematic. Maybe the rite served to assimilate the death penalty to a sacrifice. But it is equally possible that the witnesses were regarded as themselves tainted by the crime and needing to throw back on to the actual culprit the guilt he had brought upon them. Or the whole community was tainted and the witnesses acted on its behalf. Or, maybe, the witnesses by anticipation threw back on the criminal the blood guiltiness which would rest on them as a result of his execution. On any hypothesis, however, the basic idea seems to have been the same as in all other instances."* [15]

Auch das anzunehmende hebräische Original zu Sus 34 habe סמך gelautet (die Abweichung im Kasus nach ἐπί notiert DAUBE nicht). Daß der סמך-Gestus bei der Anklage und Zeugenaussage in der von den Pharisäern bestimmten Tradition nicht mehr ausgeführt wird, erläutert DAUBE so: *"Since the beginning of the last century B.C. the Pharisees had opposed the ceremonial, collective testifying of witnesses against an accused, so easily misused for throwing dust in the eyes of the judges, and they had advocated instead an informal, cool cross-examination of each witness in the absence of the*

---

11 P. VOLZ, Handauflegung (s.o. Anm. 8) 100.

12 E. LOHSE, Ordination (s.o. Anm. 1) 25. - Ebd. Anm.2 verweist LOHSE auf bMen 93b, bŠeb 6b, bJoma 5a, bSanh 13b, bHag 16b.

13 D. DAUBE, The New Testament and Rabbinic Judaism, Jordan Lectures in Comparative Religion II (1952), London 1956, 224-246: The Laying on of Hands.

14 D. DAUBE a.a.O. 225.   15 D. DAUBE a.a.O. 227.

other. It was one of the principal aims of the Book of Susannah to demon-
strate the superiority of the rational, modern method: as we have just
seen, but for Daniel's intervention, Susannah's innocence would not have
helped her once the wicked elders, taking advantage of the old procedure,
had solemnly 'leaned their hands' on her head and proclaimed her guilty.
By the time of the New Testament, the Pharisaic innovation is widely ad-
opted (...cf. Mk 14,59). At any rate, in Rabbinic writings, samakh is
ousted from this area.
In the case of stoning, to be sure, the witnesses - and the judges - still
perform samakh (siph. on Lev 24,14) [16]. *But they do so after the verdict*
is given, when the execution commences. The act is designed to throw back
on the person to be stoned the blood-guiltiness which his violent death
will bring on witnesses and judges, for the Rabbis explain that those
'leaning their hands' on the criminal should speak: 'Thy blood be on thy
head for thou has caused this.' Samakh, then, retains its original meaning:
the pouring of one's personality - in this case, of one's personality
weighed down by blood-guiltiness - into another man. Apart from this appli-
cation, the rite continues only in connection with sacrifice and ordina-
tion, and here too it is never described by any other term than samakh." [17]

---

16   Zum "Aufstemmen und Hinabstoßen", die der Steinigung vorausgehen, s.
     bSanh 43a. 45a.

     "(In *Sifra* zu Lev 24,14) haben wir die Vorschrift, daß die [Zeugen],
     die die Lästerung gehört hatten, ihre Hände dem Lästerer auf den Kopf
     legen; traditionell (s. *Sifra* und Raschi und Trg j I z.St.) wird das
     dahin erweitert, daß auch die Richter ihre Hände auflegen." S. KRAUSS,
     Sanhedrin-Makkot, Gießen 1933, 193f. (zu Sanh VI 4).

17   D. DAUBE a.a.O. 230-231. Ähnlich hatte D. DAUBE sich bereits in sei-
     nem Aufsatz "Error and Accident in the Bible", Revue Internationale
     des Droits de l'Antiquité 2 (1949) 200f. geäußert.

142

C. Die Theodotion-Fassung der Susanna-Erzählung

Der Theodotion-Text nach der kritischen Edition von
Joseph ZIEGLER [1]

1 Καὶ ἦν ἀνὴρ οἰκῶν ἐν Βαβυλῶνι, καὶ ὄνομα αὐτῷ Ιωακιμ.
2 καὶ ἔλαβε γυναῖκα, ᾗ ὄνομα Σουσάννα θυγάτηρ Χελκίου, καλὴ
σφόδρα καὶ φοβουμένη τὸν κύριον· 3 καὶ οἱ γονεῖς αὐτῆς δίκαιοι
καὶ ἐδίδαξαν τὴν θυγατέρα αὐτῶν κατὰ τὸν νόμον Μωυσῆ. 4 καὶ ἦν
Ιωακιμ πλούσιος σφόδρα, καὶ ἦν αὐτῷ παράδεισος γειτνιῶν τῷ
οἴκῳ αὐτοῦ· καὶ πρὸς αὐτὸν προσήγοντο οἱ Ἰουδαῖοι διὰ τὸ
εἶναι αὐτὸν ἐνδοξότερον πάντων. 5 καὶ ἀπεδείχθησαν δύο πρεσβύτεροι ἐκ τοῦ λαοῦ κριταὶ ἐν τῷ ἐνιαυτῷ ἐκείνῳ, περὶ ὧν ἐλάλησεν ὁ δεσπότης ὅτι Ἐξῆλθεν ἀνομία ἐκ Βαβυλῶνος ἐκ πρεσβυτέρων κριτῶν, οἳ ἐδόκουν κυβερνᾶν τὸν λαόν. 6 οὗτοι προσεκαρ-
τέρουν ἐν τῇ οἰκίᾳ Ιωακιμ, καὶ ἤρχοντο πρὸς αὐτοὺς πάντες οἱ
κρινόμενοι.

7 καὶ ἐγένετο ἡνίκα ἀπέτρεχεν ὁ λαὸς μέσον ἡμέρας, εἰσεπορ-
εύετο Σουσάννα καὶ περιεπάτει ἐν τῷ παραδείσῳ τοῦ ἀνδρὸς αὐτῆς. 8 καὶ ἐθεώρουν αὐτὴν οἱ δύο πρεσβύτεροι καθ'ἡμέραν εἰσ-
πορευομένην καὶ περιπατοῦσαν καὶ ἐγένοντο ἐν ἐπιθυμίᾳ αὐτῆς.
9 καὶ διέστρεψαν τὸν ἑαυτῶν νοῦν καὶ ἐξέκλιναν τοὺς ὀφθαλμοὺς
αὐτῶν τοῦ μὴ βλέπειν εἰς τὸν οὐρανὸν μηδὲ μνημονεύειν κριμάτων δικαίων. 10 καὶ ἦσαν ἀμφότεροι κατανενυγμένοι περὶ αὐτῆς
καὶ οὐκ ἀνήγγειλαν ἀλλήλοις τὴν ὀδύνην αὐτῶν, 11 ὅτι ᾐσχύνοντο
ἀναγγεῖλαι τὴν ἐπιθυμίαν αὐτῶν ὅτι ἤθελον συγγενέσθαι αὐτῇ.
12 καὶ παρετηροῦσαν φιλοτίμως καθ'ἡμέραν ὁρᾶν αὐτήν. 13 καὶ
εἶπαν ἕτερος τῷ ἑτέρῳ Πορευθῶμεν δὴ εἰς οἶκον, ὅτι ἀρίστου

1 Zu den Überschriften der Sus-Erzählung in den Handschriften und zu den
zahlreichen Varianten der Textüberlieferung s. die Angaben in der kritischen Edition: J. ZIEGLER ed., Susanna, Daniel, Bel et Draco, Göttinger Septuaginta XVI/2, Göttingen 1954. - Zur Umstellung von Sus in Th
an den Anfang des Danielbuches außer in den Hss. V-62.88-770.106 s.o.
die Einleitung S. 16.

Übersetzung
der Theodotion-Fassung

Die aus der LXX übernommenen Textteile der Th-Fassung sind durch einen eigenen Schrifttyp gekennzeichnet. Der Kommentar wird dann, um Wiederholungen zu vermeiden, nur die Abänderungen und Ergänzungen, die Th am LXX-Text vorgenommen hat, erläutern.

1 Und es wohnte (einst) ein Mann in Babylon, und der (hatte) den Namen Joakim. 2 Und er hatte eine Frau genommen, die den Namen Susanna, die Tochter Hilkijas, (hatte); (sie war) sehr schön und fürchtete den Herrn. 3 Und ihre Eltern (waren) gerecht und hatten ihre Tochter unterwiesen gemäß dem Gesetz (des) Mose. 4 Und Joakim war sehr reich, und er besaß einen Park, der an sein Haus grenzte. Und zu ihm begaben sich (immer) die Juden, weil er der angesehenste von allen war. 5 Und es wurden zwei Älteste aus dem Volk zu Richtern bestimmt in jenem Jahr, über die der Gebieter gesagt hatte: Gesetzlosigkeit ist ausgegangen von Babylon, von Ältesten-Richtern, die das Volk zu leiten schienen. 6 Diese hielten sich (regelmäßig) im Hause Joakims auf, und es kamen zu ihnen alle, die eine Rechtsentscheidung suchten.

7 Und es geschah, wenn das Volk sich verlief am Mittag, (dann) kam Susanna herein und ging spazieren im Park ihres Mannes. 8 Und es schauten ihr die zwei Ältesten täglich zu, wenn sie hereinkam und spazierenging, und sie gerieten in Begierde nach ihr. 9 Und sie verdrehten ihren Sinn und wandten ihre Augen davon ab, zum Himmel zu schauen und an Gerechtigkeit und Recht zu denken. 10 Und es waren beide (wie von einem Stich) getroffen ihretwegen, und sie teilten einander ihren Schmerz nicht mit, 11 weil sie sich schämten, ihre Begierde mitzuteilen, daß sie mit ihr zusammenkommen wollten. 12 Und sie gaben sorgsam (darauf) acht, täglich sie zu sehen. 13 Und sie sagten einer zum andern: Wir wollen jetzt nach Hause gehen, weil Essenszeit ist. Und sie gingen hinaus (und) trennten sich voneinander. 14 Und (unterwegs) machten sie kehrt und trafen sich (wieder). Und als sie einander ausforschten nach dem

ὥρα ἐστί· καὶ ἐξελθόντες διεχωρίσθησαν ἀπ'ἀλλήλων· 14 καὶ ἀνα-
κάμψαντες ἦλθον ἐπὶ τὸ αὐτὸ καὶ ἀνετάζοντες ἀλλήλους τὴν αἰτί-
αν ὡμολόγησαν τὴν ἐπιθυμίαν αὐτῶν· καὶ τότε κοινῇ συνετάξαντο
καιρὸν ὅτε αὐτὴν δυνήσονται εὑρεῖν μόνην.

15 καὶ ἐγένετο ἐν τῷ παρατηρεῖν αὐτοὺς ἡμέραν εὔθετον εἰσ-
ῆλθέ ποτε καθὼς ἐχθὲς καὶ τρίτης ἡμέρας μετὰ δύο μόνων κορα-
σίων καὶ ἐπεθύμησε λούσασθαι ἐν τῷ παραδείσῳ, ὅτι καῦμα ἦν·
16 καὶ οὐκ ἦν οὐδεὶς ἐκεῖ πλὴν οἱ δύο πρεσβύτεροι κεκρυμμένοι
καὶ παρατηροῦντες αὐτήν. 17 καὶ εἶπε τοῖς κορασίοις Ἐνέγκατε
δή μοι ἔλαιον καὶ σμήγματα καὶ τὰς θύρας τοῦ παραδείσου κλεί-
σατε, ὅπως λούσωμαι. 18 καὶ ἐποίησαν καθὼς εἶπε καὶ ἀπέκλεισαν
τὰς θύρας τοῦ παραδείσου καὶ ἐξῆλθαν κατὰ τὰς πλαγίας θύρας
ἐνέγκαι τὰ προστεταγμένα αὐταῖς καὶ οὐκ εἴδοσαν τοὺς πρεσβυτέρους, ὅτι ἦσαν κεκρυμμένοι.

19 καὶ ἐγένετο ὡς ἐξῆλθοσαν τὰ κοράσια, καὶ ἀνέστησαν οἱ
δύο πρεσβύτεροι καὶ ἐπέδραμον αὐτῇ 20 καὶ εἶπον Ἰδοὺ αἱ θύραι
τοῦ παραδείσου κέκλεινται, καὶ οὐδεὶς θεωρεῖ ἡμᾶς, καὶ ἐν ἐπιθυμίᾳ σού ἐσμεν· διὸ συγκατάθου ἡμῖν καὶ γενοῦ μεθ'ἡμῶν· 21 εἰ
δὲ μή, καταμαρτυρήσομέν σου ὅτι ἦν μετὰ σοῦ νεανίσκος καὶ διὰ
τοῦτο ἐξαπέστειλας τὰ κοράσια ἀπὸ σοῦ. 22 καὶ ἀνεστέναξε Σουσάννα καὶ εἶπε Στενά μοι πάντοθεν· ἐάν τε γὰρ τοῦτο πράξω,
θάνατός μοί ἐστιν, ἐάν τε μὴ πράξω, οὐκ ἐκφεύξομαι τὰς χεῖρας
ὑμῶν· 23 αἱρετόν μοί ἐστι μὴ πράξασαν ἐμπεσεῖν εἰς τὰς χεῖρας
ὑμῶν ἢ ἁμαρτεῖν ἐνώπιον κυρίου. 24 καὶ ἀνεβόησε φωνῇ μεγάλη
Σουσάννα, ἐβόησαν δὲ καὶ οἱ δύο πρεσβύτεροι κατέναντι αὐτῆς.
25 καὶ δραμὼν ὁ εἷς ἤνοιξε τὰς θύρας τοῦ παραδείσου. 26 ὡς δὲ
ἤκουσαν τὴν κραυγὴν ἐν τῷ παραδείσῳ οἱ ἐκ τῆς οἰκίας, εἰσεπή-
δησαν διὰ τῆς πλαγίας θύρας ἰδεῖν τὸ συμβεβηκὸς αὐτῇ. 27 ἡνίκα δὲ εἶπαν οἱ πρεσβύτεροι τοὺς λόγους αὐτῶν, κατησχύνθησαν
οἱ δοῦλοι σφόδρα, ὅτι πώποτε οὐκ ἐρρέθη λόγος τοιοῦτος περὶ
Σουσάννας.

28 καὶ ἐγένετο τῇ ἐπαύριον ὡς συνῆλθεν ὁ λαὸς πρὸς τὸν
ἄνδρα αὐτῆς Ιωακιμ, ἦλθον οἱ δύο πρεσβύτεροι πλήρεις τῆς
ἀνόμου ἐννοίας κατὰ Σουσάννας τοῦ θανατῶσαι αὐτὴν καὶ εἶπαν
ἔμπροσθεν τοῦ λαοῦ 29 Ἀποστείλατε ἐπὶ Σουσάνναν θυγατέρα

Grund, gestanden sie ihre Begierde. Und dann bestimmten sie
gemeinsam eine Zeit, wann sie sie allein antreffen könnten.

15 Und es geschah, während sie einen geeigneten Tag ausspähten, (da) kam sie (wieder) einmal wie gestern und vorgestern
mit nur zwei Mädchen herein und hatte Lust, ein Bad zu nehmen
im Park, weil Hitze herrschte. 16 Und es war dort niemand
außer den zwei Ältesten, die sich versteckt hatten und sie beobachteten. 17 Und sie sagte zu den Mädchen: Bringt mir nun
Öl und Salben und schließt die Tore des Parks, damit ich baden
(kann). 18 Und sie taten, wie sie gesagt hatte, und verschlos-
sen die Tore des Parks und gingen zu den Nebentoren hinaus, um
das ihnen Aufgetragene zu holen; und sie sahen die Ältesten
nicht, weil sie versteckt waren.

19 Und es geschah, sobald die Mädchen hinausgegangen waren,
da standen die zwei Ältesten auf und rannten auf sie zu 20 und
sagten: Siehe, die Tore des Parks sind geschlossen, und niemand schaut uns zu, und wir sind in Begierde nach dir. Deshalb sei einverstanden und verkehre mit uns! 21 Falls aber
nicht, werden wir gegen dich bezeugen, daß ein junger Mann mit
dir (zusammen)war und du deswegen die Mädchen hinausgeschickt
hattest weg von dir. 22 Und Susanna seufzte auf und sagte: Eng
(ist es) mir von allen Seiten; denn wenn ich dieses tue, ist
es mein Tod, und wenn ich (es) nicht tue, werde ich euren Händen nicht entkommen. 23 Es ist für mich vorzuziehen, ohne (es)
getan zu haben, in eure Hände zu fallen, als zu sündigen vor
JHWH. 24 Und Susanna schrie auf mit lauter Stimme, es schrieen
aber auch die zwei Ältesten dagegen. 25 Und der eine rannte
und öffnete die Tore des Parks. 26 Sobald aber die Hausangehörigen das Geschrei im Park hörten, sprangen sie durch die Ne-
bentore hinein, um zu sehen, was ihr zugestoßen sei. 27 Als
aber die Ältesten ihre Worte gesagt hatten, schämten sich die
Diener sehr, weil niemals ein solches Wort über Susanna gesagt
worden war.

28 Und es geschah am Tage darauf, sobald das Volk zu ihrem
Mann Joakim zusammengekommen war, kamen die zwei Ältesten vol-

Χελκίου, ἥ ἐστι γυνὴ Ιωακιμ· οἱ δὲ ἀπέστειλαν. 30 καὶ ἦλθεν
αὐτὴ καὶ οἱ γονεῖς αὐτῆς καὶ τὰ τέκνα αὐτῆς καὶ πάντες οἱ συγ-
γενεῖς αὐτῆς· 31 ἡ δὲ Σουσάννα ἦν τρυφερὰ σφόδρα καὶ καλὴ τῷ
εἴδει. 32 οἱ δὲ παράνομοι ἐκέλευσαν ἀποκαλυφθῆναι αὐτήν, ἦν
γὰρ κατακεκαλυμμένη, ὅπως ἐμπλησθῶσι τοῦ κάλλους αὐτῆς·
33 ἔκλαιον δὲ οἱ παρ'αὐτῆς καὶ πάντες οἱ ἰδόντες αὐτήν.

34 ἀναστάντες δὲ οἱ δύο πρεσβύτεροι ἐν μέσῳ τῷ λαῷ ἔθηκαν
τὰς χεῖρας ἐπὶ τὴν κεφαλὴν αὐτῆς· 35 ἡ δὲ κλαίουσα ἀνέβλεψεν
εἰς τὸν οὐρανόν, ὅτι ἦν ἡ καρδία αὐτῆς πεποιθυῖα ἐπὶ τῷ κυρίῳ.
36 εἶπαν δὲ οἱ πρεσβύτεροι Περιπατούντων ἡμῶν ἐν τῷ παραδείσῳ
μόνων εἰσῆλθεν αὐτη μετὰ δύο παιδισκῶν καὶ ἀπέκλεισε τὰς θύρας
τοῦ παραδείσου καὶ ἀπέλυσε τὰς παιδίσκας· 37 καὶ ἦλθε πρὸς
αὐτὴν νεανίσκος, ὃς ἦν κεκρυμμένος, καὶ ἀνέπεσε μετ'αὐτῆς.
38 ἡμεῖς δὲ ὄντες ἐν τῇ γωνίᾳ τοῦ παραδείσου ἰδόντες τὴν ἀνομίαν ἐδράμομεν ἐπ'αὐτούς· 39 καὶ ἰδόντες συγγινομένους αὐτοὺς
ἐκείνου μὲν οὐκ ἠδυνήθημεν ἐγκρατεῖς γενέσθαι διὰ τὸ ἰσχύειν
αὐτὸν ὑπὲρ ἡμᾶς καὶ ἀνοίξαντα τὰς θύρας ἐκπεπηδηκέναι, 40 ταύτης δὲ ἐπιλαβόμενοι ἐπηρωτῶμεν, τίς ἦν ὁ νεανίσκος, 41 καὶ
οὐκ ἠθέλησεν ἀναγγεῖλαι ἡμῖν. ταῦτα μαρτυροῦμεν. καὶ ἐπίστευσεν αὐτοῖς ἡ συναγωγὴ ὡς πρεσβυτέροις τοῦ λαοῦ καὶ κριταῖς
καὶ κατέκριναν αὐτὴν ἀποθανεῖν. 42 ἀνεβόησε δὲ φωνῇ μεγάλῃ
Σουσάννα καὶ εἶπεν Ὁ θεὸς ὁ αἰώνιος ὁ τῶν κρυπτῶν γνώστης ὁ
εἰδὼς τὰ πάντα πρὶν γενέσεως αὐτῶν, 43 σὺ ἐπίστασαι ὅτι ψευδῆ
μου κατεμαρτύρησαν· καὶ ἰδοὺ ἀποθνήσκω μὴ ποήσασα μηδὲν ὧν
οὗτοι ἐπονηρεύσαντο κατ'ἐμοῦ. 44 καὶ εἰσήκουσε κύριος τῆς
φωνῆς αὐτῆς.

45 καὶ ἀπαγομένης αὐτῆς ἀπολέσθαι ἐξήγειρεν ὁ θεὸς τὸ
πνεῦμα τὸ ἅγιον παιδαρίου νεωτέρου, ᾧ ὄνομα Δανιηλ, 46 καὶ
ἐβόησε φωνῇ μεγάλῃ Ἀθῷος ἐγὼ ἀπὸ τοῦ αἵματος ταύτης. 47 ἐπ-
έστρεψε δὲ πᾶς ὁ λαὸς πρὸς αὐτὸν καὶ εἶπαν Τίς ὁ λόγος οὗτος,
ὃν σὺ λελάληκας; 48 ὁ δὲ στὰς ἐν μέσῳ αὐτῶν εἶπεν Οὕτως μωροί,
οἱ υἱοὶ Ισραηλ; οὐκ ἀνακρίναντες οὐδὲ τὸ σαφὲς ἐπιγνόντες
κατεκρίνατε θυγατέρα Ισραηλ; 49 ἀναστρέψατε εἰς τὸ κριτήριον·
ψευδῆ γὰρ οὗτοι κατεμαρτύρησαν αὐτῆς.

ler verbrecherischer Gesinnung gegen Susanna, um sie zu Tode
zu bringen, und sie sagten vor dem Volke: 29 Schickt nach Susanna, der Tochter Hilkijas, die die Frau Joakims ist! Die
aber schickten (nach ihr).

30 Und sie kam, sie und ihre Eltern und ihre Kinder und
alle ihre Verwandten. 31 Die Susanna war aber sehr zart und
schön von Aussehen. 32 Die Verbrecher aber befahlen, sie zu
entblößen — denn sie war verschleiert — damit sie sich an
ihrer Schönheit sättigen (könnten). 33 Es schluchzten aber
ihre Angehörigen und alle, die sie erblickten.

34 Die Ältesten aber standen auf inmitten des Volkes (und)
legten ihre Hände auf ihren Kopf. 35 Die aber blickte weinend
auf zum Himmel, weil ihr Herz (voll) Vertrauen war auf den
Herrn. 36 Es sagten aber die Ältesten: Während wir allein im
Park spazierengingen, kam diese mit zwei Mägden herein und
verschloß die Tore des Parks und entließ die Mägde. 37 Und es
kam zu ihr ein junger Mann, der versteckt (gewesen) war, und
er legte sich nieder mit ihr. 38 Wir aber waren (gerade) in
der Ecke des Parks; als wir die Gesetzlosigkeit erblickten,
rannten wir auf sie los. 39 Und als wir erblickten, wie sie
zusammen verkehrten, konnten wir zwar jenes (Mannes) nicht
habhaft werden, weil er stärker war als wir und, nachdem er
die Tore geöffnet hatte, (schon) entsprungen war, 40 diese
aber ergriffen wir und befragten (sie), wer der junge Mann
war. 41 Und sie wollte (es) uns nicht mitteilen. Das bezeugen
wir. Und es glaubte ihnen die Synagoge als Ältesten des Volkes und Richtern, und sie verurteilten sie zum Tode. 42 Susanna aber schrie auf mit lauter Stimme und sagte: (Du) ewiger
Gott, du Kenner der verborgenen (Dinge), der alles vor seinem
Entstehen weiß, 43 du weißt, daß sie Lügen gegen mich bezeugt
haben; und siehe, ich sterbe, obwohl ich nichts von dem getan
habe, was diese gegen mich Böses vorgebracht haben. 44 Und es
erhörte JHWH ihre Stimme.

45 Und während sie weggeführt wurde, um zu sterben, erweckte Gott den Heiligen Geist eines jüngeren Knäbleins, das den
Namen Daniel (hatte), 46 und er schrie mit lauter Stimme: Unschuldig bin ich an dem Blut von dieser! 47 Es wendete sich

50 καὶ ἀνέστρεψε πᾶς ὁ λαὸς μετὰ σπουδῆς. καὶ εἶπαν αὐτῷ οἱ
πρεσβύτεροι Δεῦρο κάθισον ἐν μέσῳ ἡμῶν καὶ ἀνάγγειλον ἡμῖν·
ὅτι σοὶ δέδωκεν ὁ θεὸς τὸ πρεσβεῖον. 51 καὶ εἶπε πρὸς αὐτοὺς
Δανιηλ Διαχωρίσατε αὐτοὺς ἀπ'ἀλλήλων μακράν, καὶ ἀνακρινῶ
αὐτούς.

52 ὡς δὲ διεχωρίσθησαν εἷς ἀπὸ τοῦ ἑνός, ἐκάλεσε τὸν ἕνα
αὐτῶν καὶ εἶπε πρὸς αὐτὸν Πεπαλαιωμένε ἡμερῶν κακῶν, νῦν ἥκα-
σιν αἱ ἁμαρτίαι σου ἃς ἐποίεις τὸ πρότερον 53 κρίνων κρίσεις
ἀδίκους καὶ τοὺς μὲν ἀθῴους κατακρίνων, ἀπολύων δὲ τοὺς αἰτί-
ους, λέγοντος τοῦ κυρίου 'Αθῷον καὶ δίκαιον οὐκ ἀποκτενεῖς·
54 νῦν οὖν ταύτην εἴπερ εἶδες, εἶπον 'Υπὸ τί δένδρον εἶδες
αὐτοὺς ὁμιλοῦντας ἀλλήλοις; ὁ δὲ εἶπεν 'Υπὸ σχῖνον. 55 εἶπε δὲ
Δανιηλ 'Ορθῶς ἔψευσαι εἰς τὴν σεαυτοῦ κεφαλήν· ἤδη γὰρ ἄγγελος
τοῦ θεοῦ λαβὼν φάσιν παρὰ τοῦ θεοῦ σχίσει σε μέσον.

56 καὶ μεταστήσας αὐτὸν ἐκέλευσε προσαγαγεῖν τὸν ἕτερον·
καὶ εἶπεν αὐτῷ Σπέρμα Χανααν καὶ οὐχ Ιουδα, τὸ κάλλος ἐξηπά-
τησέ σε, καὶ ἡ ἐπιθυμία διέστρεψε τὴν καρδίαν σου· 57 οὕτως
ἐποιεῖτε θυγατράσιν Ισραηλ, καὶ ἐκεῖναι φοβούμεναι ὡμίλουν
ὑμῖν, ἀλλ'οὐ θυγάτηρ Ιουδα ὑπέμεινε τὴν ἀνομίαν ὑμῶν· 58 νῦν
οὖν λέγε μοι 'Υπὸ τί δένδρον κατέλαβες αὐτοὺς ὁμιλοῦντας ἀλλήλοις; ὁ δὲ εἶπεν 'Υπὸ πρῖνον. 59 εἶπε δὲ αὐτῷ Δανιηλ 'Ορθῶς
ἔψευσαι καὶ σὺ εἰς τὴν σεαυτοῦ κεφαλήν· μένει γὰρ ὁ ἄγγελος
τοῦ θεοῦ τὴν ῥομφαίαν ἔχων πρίσαι σε μέσον, ὅπως ἐξολεθρεύσῃ
ὑμᾶς. 60 καὶ ἀνεβόησε πᾶσα ἡ συναγωγὴ φωνῇ μεγάλῃ καὶ εὐλόγη-
σαν τῷ θεῷ τῷ σῴζοντι τοὺς ἐλπίζοντας ἐπ'αὐτόν.

61 καὶ ἀνέστησαν ἐπὶ τοὺς δύο πρεσβυτέρους, ὅτι συνέστησεν
αὐτοὺς Δανιηλ ἐκ τοῦ στόματος αὐτῶν ψευδομάρτυρας ὄντας, καὶ
ἐποίησαν αὐτοῖς ὃν τρόπον ἐπονηρεύσαντο τῷ πλησίον [ ] ποιῆσαι,
[62] κατὰ τὸν νόμον Μωυσῆ, καὶ ἀπέκτειναν αὐτούς· καὶ ἐσώθη
αἷμα ἀναίτιον ἐν τῇ ἡμέρᾳ ἐκείνῃ.

63 Χελκίας δὲ καὶ ἡ γυνὴ αὐτοῦ ἤνεσαν περὶ τῆς θυγατρὸς
αὐτῶν μετὰ Ιωακιμ τοῦ ἀνδρὸς αὐτῆς καὶ τῶν συγγενῶν πάντων,
ὅτι οὐχ εὑρέθη ἐν αὐτῇ ἄσχημον πρᾶγμα.

64 καὶ Δανιηλ ἐγένετο μέγας ἐνώπιον τοῦ λαοῦ ἀπὸ τῆς ἡμέρας
ἐκείνης καὶ ἐπέκεινα.

aber das ganze Volk zu ihm um, und sie sagten: Was (bedeutet)
dieses Wort, das du gesprochen hast? 48 Der aber stellte sich
in ihre Mitte (und) sagte: (Seid ihr) so töricht, ihr Söhne
Israels?! Ohne ein Verhör angestellt und ohne den wahren Tatbestand erkannt zu haben, habt ihr eine Tochter Israels verurteilt? 49 Kehrt um zum Gericht, denn Lügen haben diese gegen sie bezeugt.

50 Und das ganze Volk kehrte um in Eile. Und es sagten zu
ihm die Ältesten: Komm, setz dich in unsere Mitte und teile
(es) uns mit! Denn dir hat Gott die Ältestenwürde gegeben.
51 Und es sagte Daniel zu ihnen: Trennt sie weit voneinander,
und ich werde sie verhören.

52 Sobald sie aber getrennt worden waren einer vom andern,
rief er den einen von ihnen und sagte zu ihm: Altgewordener
an schlimmen Tagen! Nun sind deine Sünden gekommen, die du
früher (immer) tatest, 53 indem du ungerechte Urteile fälltest
und einerseits die Unschuldigen verurteiltest, die Schuldigen
andererseits freiließest, während (doch) der Herr sagt: 'Einen
Unschuldigen und Gerechten sollst du nicht töten!' 54 Nun also: Wenn du wirklich diese gesehen hast, sage: Unter welchem
Baum hast du sie miteinander verkehren gesehen? Der aber sagte: Unter einem Spaltbaum[1]. 55 Daniel aber sagte: Richtig
hast du gelogen gegen deinen eigenen Kopf; denn schon hat ein
Engel Gottes Weisung von Gott erhalten und wird dich mittendurch spalten.

56 Und nachdem er ihn hatte wegbringen lassen, befahl er,
den anderen vorzuführen. Und er sagte (zu) ihm: Same Kanaans
und nicht Judas, die Schönheit hat dich verführt, und die Begierde hat dein Herz verkehrt. 57 So tatet ihr (immer an) den
Töchtern Israels, und jene verkehrten mit euch, weil sie sich
fürchteten, aber eine Tochter Judas duldete nicht eure Gesetzlosigkeit. 58 Nun also, sage mir: Unter welchem Baum hast du
sie ertappt, während sie miteinander verkehrten? Der aber
sagte: Unter einem Sägebaum[2]. 59 Daniel aber sagte zu ihm:

---

1 σχῖνος = Mastixbaum (Wortspiel ὑπὸ σχῖνον - σχίσει).
2 πρῖνος = Eiche (Wortspiel ὑπὸ πρῖνον - πρίσαι).

Richtig hast auch du gegen deinen eigenen Kopf gelogen. Denn der Engel Gottes bleibt (dastehen) mit dem Schwert, dich mittendurch zu sägen, um euch auszutilgen. 60 Und die ganze Synagoge schrie auf mit lauter Stimme, und sie priesen Gott, der die rettet, die auf ihn hoffen.

61 Und sie standen auf gegen die zwei Ältesten, weil Daniel sie hingestellt hatte aus ihrem (eigenen) Mund als Falschzeugen, und sie taten (an) ihnen in der Weise, wie sie ihrem Nächsten Böses anzutun geplant hatten, 62 gemäß dem Gesetz (des) Mose, und sie töteten sie. Und gerettet wurde unschuldiges Blut an jenem Tag.

63 Hilkija aber und seine Frau lobten ⟦⟦Gott⟧⟧ in bezug auf ihre Tochter mit Joakim, ihrem Mann, und allen Verwandten, weil an ihr keine unanständige Tat gefunden worden war.

64 Und Daniel wurde groß vor dem Volk von jenem Tag an und danach.

****

Beobachtungen am ϑ'-Text und
Gliederungssignale

Die vv.1-6 sind durch die Imperfekte und die einführende Beschreibung aller in der nachfolgenden Erzählung auftretenden Personen und der Orte der Handlung als *Exposition* gekennzeichnet. Innerhalb dieses Rahmens verweisen die Aoriste in vv.2.3.5(bis) auf Tatsachen und Ereignisse zurück, die zum Verständnis der Geschichte unerläßlich sind (Heirat Joakim-Susanna, Unterweisung der Susanna in der Tora durch ihre Eltern, Ernennung der beiden Ältesten zu Richtern, ergangener Gottesspruch).

Vom *Schauplatz* her hat die Erzählung bei Th zwei Teile: vv.7-27 (ἐν τῷ παραδείσῳ τοῦ ἀνδρὸς αὐτῆς Im Park ihres Mannes v.7) und vv.28-63 (συνῆλθεν ὁ λαὸς πρὸς τὸν ἄνδρα αὐτῆς Ιωακιμ Im und beim Haus des Joakim v.28).

Die *zeitlich* aufeinanderfolgenden Szenen oder Erzählabschnitte werden jeweils dadurch gekennzeichnet, daß sie mit einer Formel (καὶ ἐγένετο + Zeitbestimmung) eingeleitet werden: So wird der erste Teil in drei Szenen

gegliedert (vv.7-14.15-18.19-27), während der zweite Hauptteil (vv.28-63)
insgesamt die vierte Szene ("am darauffolgenden Tage") bildet, die ihrerseits, weniger deutlich, durch Verbformen der Bewegung nochmals untergliedert ist (vv.*28-29.30-33.34*-44.*45*-49.*50*-51.*52*-55.*56*-60.*61*-62.63).

V.64 gehört nicht mehr zur Susanna-Erzählung, sondern stellt eine redakti-
onelle Überleitung zum 1. Kapitel des Danielbuches dar, das sich in der
Theodotion-Übersetzung hier anschließt.

Der Aufbau der Susanna-Erzählung in der

Theodotion-Fassung

1-6 EXPOSITION

Beschreibung der auftretenden Personen: Joakim, Susanna, ihre El-
tern, die Juden, zwei Älteste.
Der Ort der Handlung: Das Haus Joakims mit angrenzendem Park in
Babylon.
Zeit: Im Jahr der Ernennung der zwei Ältesten zu Richtern.

7-27 I. IM PARK DES MANNES DER SUSANNA

7-14 1. Die wachsende Begierde der zwei Ältesten und ihr Komplott
καὶ ἐγένετο ἡνίκα ἀπέτρεχεν ὁ λαὸς μέσον ἡμέρας...(7)
"Und wenn sich mittags das Volk verlief..."
Personen: Susanna, die zwei Ältesten.

15-18 2. Die Badevorbereitung
καὶ ἐγένετο ἐν τῷ παρατηρεῖν αὐτοὺς ἡμέραν εὔθετον...(15)
"Und während sie einen passenden Tag ausspähten..."
Personen: Susanna zuerst mit zwei Mädchen, dann allein;
die zwei Ältesten (versteckt: 16.18).

19-27 3. Nötigung zur Unzucht, Zurückweisung durch Susanna und
deren Verleumdung
καὶ ἐγένετο ὡς ἐξήλθοσαν τὰ κοράσια...(19)
"Und als die Mädchen hinausgegangen waren..."
Personen: die zwei Ältesten, Susanna; am Ende: die Hausangehörigen.

28-63 II. IM UND BEIM HAUS DES JOAKIM

Verurteilung zum Tode und Rettung der Susanna
καὶ ἐγένετο τῇ ἐπαύριον ὡς συνῆλθεν ὁ λαός...(28)
"Und als am folgenden Tage das Volk zusammenkam..."
Personen: das Volk, die zwei Ältesten, Susanna, ihre Eltern,
Kinder und Verwandte, der Gerichtshof; ab v.45 Daniel; in v.63 Joakim.
28-29 Zusammenkunft des Volkes bei Joakim; Vorladung der Susanna.
30-33 Erscheinen Susannas mit Kindern und Verwandtschaft; ihre
niederträchtige Entehrung.
34-44 Das falsche Zeugnis der zwei Ältesten - die Vertrauenshal-
tung Susannas. Die Verurteilung Susannas, ihr Schrei-Gebet
und ihre Erhörung.

45-49 Geisterweckung im jungen Daniel. Seine Anklage gegen das
      Volk und die beiden Falschzeugen.
50-51 Anerkennung der Gottesgabe in Daniel durch das Ältestenkol-
      legium.
52-55 Nach Trennung der beiden Falschzeugen Einzel"verhör" des er-
      sten (Anschuldigung, Frage, Antwort, Strafankündigung).
56-60 Einzel"verhör" des zweiten. Reaktion des Volkes: Staunen und
      Lobpreis Gottes.
61-62 Bestrafung der verleumderischen Zeugen nach dem Gesetz des
      Mose.
63   Abschließendes Gotteslob der Familie für die erwiesene Un-
      schuld Susannas.

64   Überleitung zum Danielbuch
      καὶ Δανιηλ ἐγένετο μέγας ἐνώπιον τοῦ λαοῦ ἀπὸ τῆς ἡμέρας ἐκείνης
      καὶ ἐπέκεινα.
      "Und Daniel wurde groß vor dem Volk von jenem Tage an und danach."

K O M M E N T A R

zur Theodotion-Fassung der Susanna-Erzählung

1-6   Da der LXX-Erzählung im Empfinden des Oberarbeiters (er ist im Folgenden immer mit "Th" gemeint) ein "richtiger" Anfang, eine Exposition mit Ort und Zeit, Charakterisierung der von ihm als Hauptperson betrachteten Susanna, ihrer Umgebung und der zwei Ältesten
fehlte, stellte Th eine solche der Geschichte voran. Ihre Elemente
entnahm er sämtlich seiner Vorlage, der LXX.

Tatsächlich aber drückt sich darin bereits eine beträchtliche Umdeutung aus. Die Lehrerzählung über die Gefährdung der jüdischen
Gemeinde durch ihre eigenen "verkehrten" Autoritäten und ihre Rettung durch den in einem "Jüngeren" wirkenden Geist des Herrn wird
durch Th verändert zu einer Beispielerzählung von der schönen, gottesfürchtigen Susanna, deren Unschuld durch einen von Gott angereg-
ten, findigen Knaben vor Gericht doch noch erwiesen wurde; aus
einer narrativ-theologisch-grundsätzlichen Veranschaulichung und
Mahnung wird die spannende und erbauliche Geschichte der "Susanna
einst in Babylon".

> Rein äußerlich wird diese Umdeutung mittels Historisierung, Lo-
> kalisierung, Erotisierung, Individualisierung und Abänderung des
> Schlusses auch an der Häufung der namentlichen Erwähnung Susan-
> nas erkennbar: Den drei Stellen Sus LXX 7.29.30 stehen zehn ge-

genüber: Sus Th 2.7.22.24.27.28.29.31.42.63.

Unter mancher Rücksicht ist mit Sus Th 1-5a der "Vorbau" vergleichbar, den das Buch Ester in den griechischen Übersetzungen erhalten
hat (Est 1,1a-r = Addition A 1-17) [1], aber die Redaktion in Sus Th
war durchgreifender als in Est Add A; in Est LXX führt die an den
Anfang gezogene Kennzeichnung des Mordechai (Est 1,1b-c) nicht zur
Auslassung von Est 2,5-7 als Übersetzung des MT [2]. Th fühlte sich
offenbar in seiner Umgestaltung von Sus LXX freier als die Über-
setzer/Ergänzer von Est; Th zog alle Angaben zur Person Susannas
und ihres Mannes Joakim aus der LXX-Erzählung heraus und stellte
sie seiner Neufassung der Geschichte voran.

Aus dem in der LXX-Erzählung wohl emblematisch zu verstehenden "Babylon" des Gebieter-Spruches (s.o. zu Sus 5 LXX) erschließt Th den Ort
(und die Zeit?) der zu erzählenden Episode: in Babylon (es ist wohl
eher an eine der jüdischen Siedlungen in Babylonien gedacht als an die
Hauptstadt Babylon selbst – Nichtjuden sind bei Th genauso wenig wie
in der LXX im Blick); daß die Exilszeit gemeint ist, wird aber nirgends ausdrücklich gesagt. Die Angaben über Joakim (zu seinem Namen
s. die Einleitung S. 32 und den Kommentar zu Sus 7 LXX) enthalten zum
einen Schlußfolgerungen aus Sus LXX 7 und 31 (als Parkbesitzer mit
einem Haushalt von 500 Knechten und Mägden war er "sehr reich"), zum
anderen eine Verknüpfung von Elementen der LXX-Erzählung, um die Stringenz der Geschichte zu erhöhen. In Sus 6-7.28.(29) LXX sind unterschie-

---

1 Vgl. C.A. MOORE, Daniel, Esther and Jeremiah: The Additions, AncB.A 44,
Garden City, N.Y., 1977, 151-181; ders., On the Origins of the LXX-Ad-
ditions to the Book of Esther, JBL 92 (1973) 382-393.

2 In Est 2,5-7 LXX findet sich ein mit Sus 1-4 Th vergleichbarer Anfang
einer Erzählungsexposition: καὶ ἄνθρωπος ἦν Ἰουδαῖος ἐν Σούσοις τῇ
πόλει (Est 1,1b: ἄνθρωπος Ἰουδαῖος οἰκῶν ἐν...) καὶ ὄνομα αὐτῷ Μ.
...7 καὶ ἦν τούτῳ παῖς θρεπτή, θυγάτηρ Α...καὶ ὄνομα αὐτῇ Ε...ἐν δὲ τῷ
μεταλλάξαι αὐτῆς τοὺς γονεῖς ἐπαίδευσεν αὐτὴν ἑαυτῷ εἰς γυναῖκα...καὶ
ἦν τὸ κοράσιον καλὸν τῷ εἴδει... "Und es war/lebte (einst) ein Jude
in der Stadt Susa (1,1b: wohnte), und er hatte den Namen Mordechai...
Und er hatte ein Kind zur Pflege, die Tochter Aminadabs..., und sie
hieß Ester... Da ihre Eltern gestorben waren, zog er sie auf und wollte
sie (später) heiraten...und das Mädchen war schön von Aussehen..."

Vgl. auch die Erzählungsanfänge in 1 Sam 1,1f.: ἄνθρωπος ἦν ἐξ Αρμαθαιμ
Σιφα...καὶ ὄνομα αὐτῷ Ελκανα...καὶ τούτῳ δύο γυναῖκες· ὄνομα τῇ μιᾷ
Αννα καὶ ὄνομα τῇ δευτέρᾳ Φεννανα... "Es war (einst) ein Mann aus Ar-
mathaim Sifa...er hieß Elkana...und hatte zwei Frauen, die eine hieß
Anna, die zweite Pnina..." und in 1 Sam 25,2f.: καὶ ἦν ἄνθρωπος ἐν τῇ
Μααν...καὶ ὁ ἄνθρωπος μέγας σφόδρα, καὶ τούτῳ ποίμνια τρισχίλια καὶ
αἶγες χίλιαι...καὶ ὄνομα τῷ ἀνθρώπῳ Ναβαλ, καὶ ὄνομα τῇ γυναικὶ αὐτοῦ
Αβιγαια· καὶ ἡ γυνὴ αὐτοῦ ἀγαθὴ συνέσει καὶ καλὴ τῷ εἴδει σφόδρα...
"Und es war/lebte (einst) ein Mann in Maan...und der Mann war sehr groß
/wohlhabend, und er besaß dreitausend Schafe und tausend Ziegen... und
der Mann hieß Nabal und seine Frau hieß Abigail. Und seine Frau war

den: die Synagoge als örtliches Gerichtshaus, die Wohnung der beiden
Ältesten-Richter neben der Synagoge und (in unbestimmter Entfernung davon) der Park Joakims; von seinem *Haus* ist in Sus LXX nicht die Rede —
allenfalls indirekt als Adresse der Vorladung Susannas v.29. In Th wird
nun das *Haus Joakims* zum Ort, wo die Juden sich versammeln (συναγωγή
heißt in Sus Th nur noch die Gemeinde bzw. "das Volk" v.41.60, nicht
mehr das Gebäude) und wo Rechtsfälle entschieden werden: Sus 4.6.28 Th;
daß die Leute in v.49 Th εἰς τὸ κριτήριον "in das Gerichtsgebäude"
anderswohin "zurückkehren" sollen, als wohin sie v.28 πρὸς τὸν ἄνδρα
αὐτῆς Ιωακιμ "zu ihrem Mann Joakim" zusammengekommen waren, ist un-
wahrscheinlich.

Die zentrale Funktion von Joakims Haus in der Th-Fassung setzt sein
herausragendes Ansehen bei den Juden voraus (διὰ τὸ εἶναι αὐτὸν ἐνδοξότερον πάντων v.4). Th hebt nun noch hervor, daß Joakims Park
unmittelbar an sein Haus grenzte. Dann ist viel leichter verständlich,
wie die beiden in Joakims Haus amtierenden (v.6) Ältesten-Richter, ohne
aufzufallen, Susannas Spaziergänge beobachten (v.8) und bei ihrer Zeugenaussage von ihrem eigenen Spaziergang im Park berichten konnten (v.
36).

παράδεισος γειτνιῶν τῷ οἴκῳ αὐτοῦ "ein an sein Haus grenzender Park".
γειτνιάω "benachbart sein, grenzen an" findet sich in der griechischen Bibel nur noch 2 Makk 9,25 (und Ijob 26,5 σ' für שכניה "ihre
[= des Wassers] Bewohner").

προσάγομαι steht hier in der ungewöhnlichen Bedeutung "sich zu jmdm.
begeben"; in einem beträchtlichen Teil der handschriftlichen Überlieferung ist das Verb deshalb wohl zu dem gebräuchlichen und hier
sinngemäß zu erwartenden συνήγοντο "sie versammelten sich" verändert.

ἐνδοξότερος πάντων "(der) angesehenste von allen". "In der Volks-
sprache kann der Superlativ durch den Komparativ ersetzt werden." [3]

Was Th v.2-3 über *Susanna* sagt (zu ihrem Namen s.o. zu Sus 7 LXX), ist
auch bereits der LXX zu entnehmen: ihre Schönheit und Gottesfurcht (Sus
7.23.31f.35 LXX); aber statt des hellenisierend klingenden εὐσεβής
(s.o. zu Sus 62b LXX εὐσεβήσουσι) ist der "jüdischere" Ausdruck φοβουμένη τὸν κύριον יראת יהוה "JHWH/den Herrn fürchtend" gewählt.
Der ausdrückliche Hinweis auf die Erziehung "entsprechend dem Gesetz
des Mose" durch ihre ebenso frommen ("gerechten") Eltern begründet Su-

---

sehr klug von Verstand und schön von Aussehen...". Vgl. auch Ri 17,1.7.

3 BLASS-DEBRUNNER-REHKOPF, Grammatik §§ 60.244.

sannas Gottesfurcht und erklärt zugleich die betroffene Solidarität
der Großfamilie, wenn sie vor Gericht geladen wird v.30.33.

Auch der Satz v.5a, daß "in jenem Jahr zwei Älteste aus dem Volk zu
Richtern bestimmt" worden seien, ist aus dem Bestreben verständlich,
in Sus 1-6 Th eine möglichst umfassende *Exposition* zu geben, von der
aus die in v.7 mit καὶ ἐγένετο "und es geschah, ereignete sich"
gekennzeichnete *Handlung* einsetzen kann.

> "In jenem Jahr" verweist kaum über die Susannageschichte hinaus.
> Vielleicht wäre es darum besser zu übersetzen: "in jener Zeit";
> vgl. z.B. die Wiedergabe von Ri 10,8 בשנה ההיא in B durch ἐν τῷ
> καιρῷ ἐκείνῳ, während A ἐν τῷ ἐνιαυτῷ ἐκείνῳ übersetzt.

7-14   Viermal leitet die Formel (καὶ ἐγένετο + Zeitbestimmung) in Sus Th
        Erzählabschnitte ein: nach den drei vorbereitenden kürzeren 7-14.
        15-18 und 19-27 auch den mehr als die Hälfte der Erzählung umfas-
        senden zweiten Hauptteil 28-63. Zu v.64 s.u.

        Der erste Abschnitt (v.7-14) beschreibt nun, wie sich am bezeichne-
        ten Ort die in der Exposition charakterisierten Personen und Gruppen
        täglich (vv.8.12) verhalten, und welche Beziehungen zueinander ent-
        stehen.

7   Um die Mittagszeit verläßt das Publikum (Prozessierende, Zeugen, An-
        teilnehmende und wer sonst an der Rechtsprechung beteiligt oder in-
        teressiert war) das Gerichtsgebäude. Erst dann pflegt Susanna ihren
        Spaziergang im Park ihres Gatten zu beginnen.

        > καὶ ἐγένετο ἡνίκα (meist mit aor., aber, falls vom Sinn erfordert,
        > auch mit imperf.) ist ein Septuagintismus und steht häufig für
        > וי׳הי כאשר oder וי׳הי ב׳ u.ä.
        >
        > μέσον ἡμέρας "zur Mittagszeit": adverbieller Akkusativ.
        >
        > ἡνίκα ἀπέτρεχεν...εἰσεπορεύετο Σ...καὶ περιεπάτει...καὶ ἐθεώρουν
        > "immer wenn sich...verlief, kam S. herein und ging spazieren...und
        > sie schauten zu...": die Imperfekte drücken die tägliche Wieder-
        > holung und Regelmäßigkeit aus.

8   Die knappen Partizipien des LXX-Textes οὗτοι ἰδόντες γυναῖκα...
        περιπατοῦσαν...καὶ ἐπιθυμήσαντες αὐτῆς διεστρέψαντο werden
        in Th zu einer Schilderung im Imperfekt erweitert. Das "Ergebnis"
        des täglichen Zuschauens (s.o. zu Sus 37 LXX ἐθεωροῦμεν) wird im
        Aorist berichtet: Sie gerieten in Begierde.

9-10   Die auffälligen Wendungen der LXX-Vorlage über die Pervertierung der
        beiden Ältesten-Richter v.9-10a sind in Th unverändert übernommen,
        nur v.10b ist in gebräuchlicherer Weise neuformuliert.

ἀναγγέλλω "mitteilen, eröffnen, berichten" haben die Hss. B 22-36-
48-51-96-231-311-763 (= "Lukian-Rezension"); stattdessen setzen die
übrigen Hss. eine Form des fast bedeutungsgleichen, häufigeren ἀπ-
αγγέλλω (A Q imperf., die anderen aor.); so außer in Sus 10 Th in
der Regel auch noch in v.11.41.50.

τὴν ὀδύνην αὐτῶν "ihren Schmerz". Dieser Ausdruck ist aus Sus 14 LXX
hierhergezogen und ersetzt τὸ κακὸν τὸ ἔχον αὐτοὺς περὶ αὐτῆς Sus
10b LXX.

Die LXX-Bemerkung über die Ahnungslosigkeit Susannas v.10c ist (als
selbstverständlich) ausgelassen.

11 Th fügt hier eine psychologische Begründung ein (die Scham der beiden
   Alten voreinander über ihre sexuelle Begierde nach Susanna), die zugleich die folgende, schmunzelnd erzählte Episode vorbereitet [4].

   συγγίγνομαί τινι "mit jmdm. zusammenkommen, sexuellen Verkehr haben" begegnet auch im klassischen Griechisch; im griechischen AT
   nur in Gen 19,5 (für יד' in sexueller Bedeutung), Gen 39,10 (היה
   "עם), Judit 12,16 (κατεπίθυμος...τοῦ συγγενέσθαι μετ'αὐτῆς).

12 Die in v.8 begonnene beschreibende Charakterisierung der zwei Ältesten
   wird noch fortgeführt: Mit Akribie achten sie darauf, jeder für sich,
   Susanna jeden Tag zu sehen.

   παρατηρεῖν "dabeistehend auf etwas achtgeben, beobachten, auflau-
   ern, bewachen, bewahren". Th verwendet παρατηρέω dreimal, eine einheitliche deutsche Wiedergabe ist kaum möglich: v.12 "sie lauerten
   darauf, sie zu sehen"; v.15 "während sie einen geeigneten Tag ausspähten"; v.16 "..., die sie heimlich beobachteten/belauerten".
   Viele Handschriften ändern die hellenistische Imperfektform παρετηροῦσαν in die klassische Form παρετήρουν.

   φιλοτίμως "eifrig bemüht, wetteifernd" begegnet im griechischen AT
   sonst nur noch in 2 Makk 2,21.

13-14 Im Aorist wird nun die Episode erzählt, die das tägliche Beobachten
      und die Steigerung der Begierde bei jedem einzelnen der beiden Äl-
      testen in einen gemeinsamen Plan münden läßt.
   Die Veränderungen gegenüber der LXX sind im Blick auf die natürlich
   am Nachmittag spielende Badeszene, die Th der Erzählung hinzufügen
   will, vorgenommen. So wird bereits in v.7 nachmittags als die Tages-
   zeit von Susannas Spaziergang angegeben. Die verstohlene Eile in der
   Morgenfrühe nach der LXX verändert Th zu einer Verabschiedung der beiden Alten voneinander und ihrer überraschten erneuten Begegnung. Das

---

4   Zu den Akzentverschiebungen in Th infolge der Veränderungen und Erwei-
    terungen hat J. SCHÜPPHAUS, Das Verhältnis von LXX- und Theodotion-
    text..., ZAW 83 (1971) 49-72, bes. 62-69, treffende Beobachtungen zu-
    sammengestellt.

gegenseitige "richtergemäße" Verhör und Geständnis und die gemeinsame Abmachung erzählt er in abgewandelten Ausdrücken.

δή steht klassisch bei Imperativen und Adhortativen (vgl. v.17).

ἄριστον bedeutete in früher Zeit das "Frühstück", in hellenistischer und römischer Zeit das "Mittagessen".

ἀνακάμπτω "um das Ziel herum biegen, zurückfahren, -gehen".

ἔρχομαι ἐπὶ τὸ αὐτό "zusammenkommen, sich treffen".

ἀνετάζω "ausforschen, befragen, prüfen, untersuchen" findet sich
nur noch Ri 6,29 A (für דרש) und Est 2,23 S³ (für בקש pu.), immer als Ausdruck der Gerichtssprache.

κοινῇ "gemeinsam, in gegenseitigem Einverständnis" (bereits
klassisch).

συντάσσομαι "übereinkommen, vereinbaren, zusammen festlegen" ersetzt in Th das bedeutungsähnliche συνθέμενοι von Sus 19 LXX.

καιρός bedeutet hier wie sonst die "günstige Gelegenheit", den
"richtigen Zeitpunkt", und wird in v.15 mit ἡμέρα εὔθετος "ein
passender Tag" wiederaufgenommen.

15-18 Der wieder mit καὶ ἐγένετο eingeleitete neue Abschnitt erzählt,
wie die günstige Gelegenheit zur Verwirklichung des Plans der beiden zustande kam.

Als "geeigneten Termin" für ihr Vorhaben hatten die zwei den Tag
vereinbart, an dem Susanna einmal ohne Begleitung anzutreffen sei;
auf diese Gelegenheit lauern sie nun täglich. Eines Tages kommt Susanna in Begleitung von nur zwei Mädchen herein und möchte wegen
der Hitze ein Bad nehmen.

καθὼς ἐχθὲς καὶ τρίτης ἡμέρας "wie gestern und vorgestern, wie
bisher, wie immer in der letzten Zeit" ist ein deutlicher Hebra-
ismus/Septuagintismus (für כתמול שלשום) statt des stilistisch
besseren κατὰ τὸ εἰωθός Sus 13 LXX "wie gewohnt". Anstelle des
ungewöhnlichen Genitivs der Zeit in dieser Wendung (so aber auch
noch 4 βασ 13,5; Rut 2,11; 1 βασ 4,7 A L) haben viele Handschriften den Akkusativ καθὼς (ἐ)χθὲς καὶ τρίτην ἡμέραν.

ἐπεθύμησε "sie hatte den Wunsch, das Verlangen": Daß Th für das
unschuldig-unbeschwerte Bedürfnis der Susanna den gleichen Wortstamm wie für die "Begierde" der beiden Alten verwendet, zeigt
erneut, wie tiefgreifend er die LXX-Erzählung verändert.

λούομαι "sich waschen, ein Bad nehmen" (hebr. רחץ).

Th verwendet hier das weitverbreitete Motiv der "badenden Frau",
das seit 2 Sam 11,2ff. (Batseba - David) auch im AT beheimatet ist,
zur Umgestaltung der Susanna-Erzählung.

Mit der Erotisierung in jüdischer Literatur (Haggada und Geschichtsschreibung) hat sich besonders Martin BRAUN beschäf-

tigt [5]. Als vergleichbare, mittels des Motivs der "badenden Frau"
erotisierende Ausgestaltungen vorgegebener Überlieferung in der
Haggada macht er auf die Wiedergabe von Gen 35,22 ("Ruben
schlief mit Bilha, der Nebenfrau seines Vaters") im Jubiläen-
buch 33,2ff. aufmerksam (Ruben sah Bilha, wie sie im Verborgenen
ein Bad nahm, und verliebte sich in sie; in der folgenden Nacht
schlich er sich zu ihr und vergewaltigte die Schlafende); diese
Art der Darstellung wird noch breiter ausgeführt und von War-
nungen und Mahnungen umgeben in TestRuben 3,10-4,1.

Das Motiv der "badenden Frau", deren Wahrnehmung die erotische
Begierde erregt oder steigert, wird als literarischer Topos auch
noch in altchristlichen Schriften verwendet. M. BRAUN nennt die
"Akten des Petrus" [6] und den "Hirten des Hermas" (Vis. I 1,1-9).
Martin DIBELIUS führt in seinem Kommentar zu dieser Schrift eine
Reihe weiterer Vorkommen dieses Motivs in früherer und späterer
hellenistischer Literatur an [7].

Die Einführung dieses Motivs lenkt die Aufmerksamkeit des Hörers/
Lesers von der "Verkehrtheit" der beiden Ältesten-Richter ab (bezeichnenderweise spricht Th an wichtigen Stellen nur von "Ältesten",
wo die LXX auch "Richter" hat: vv.28.34) und läßt sie hinter der in
den Vordergrund gerückten Susanna zur Nebensache werden.

Statistisch drückt sich diese Tendenz zur Verharmlosung und Entschärfung der "Ältesten-Richter" (LXX) zu den "zwei Alten" (Th)
so aus: die LXX nennt die beiden achtmal πρεσβύτεροι (5.13.29.
34.36.41.51.52) und viermal zugleich κριταί (5.29.34.41); Th hat
vierzehnmal πρεσβύτεροι (5bis.8.16.18.19.24.27.28.34.36.41.50.
61), dagegen nur zwei-(bzw. drei-)mal κριταί (5bis.41).

Dafür, daß ihr Bad im Park (tatsächlich werden aber nur ihr Wunsch
und die ersten Vorbereitungen erzählt) die Begierde der zwei Alten
erregt (v.20), ist Susanna in keiner Weise verantwortlich: Die Alten haben sich gut versteckt (zweimal betont: vv. 16 und 18); die

5 M. BRAUN, Griechischer Roman und hellenistische Geschichtsschreibung
   (Frankfurter Studien zur Religion und Kultur der Antike, Bd. VI), Frankfurt 1934 (insbes. zur Gestaltung der Potifar-Geschichte der Genesis
   bei FLAVIUS JOSEPHUS); ders., History and Romance in Graeco-Oriental
   Literature, Oxford 1938.

6 M. BRAUN, History and Romance 96f. - Einleitung und deutscher Text der
   Akten des Petrus: W. SCHNEEMELCHER, Petrusakten, in: E. HENNECKE -
   W. SCHNEEMELCHER (Hrsg.), Neutestamentliche Apokryphen Bd. II, Tübin-
   gen [3]1964, 177-221; die Badeszene in den Petrusakten: a.a.O. 189
   (= S.132 des koptischen Papyrus Berlin 8502).

7 M. DIBELIUS, Der Hirt des Hermas, HNT Erg.Bd. IV, Tübingen 1923, 427-
   430 (= Exkurs zu Vis I 1,1-2).- Einleitungsfragen und neuere Literatur
   zum Hirt des Hermas: Ph. VIELHAUER, Der Hirt des Hermas, in: HENNECKE-
   SCHNEEMELCHER, Neutestamentliche Apokryphen Bd. II, 444-454.

Mädchen erhalten von ihr den ausdrücklichen Auftrag, alle Parktore
zu schließen, und führen ihn aus. Während die beiden Mädchen die
Körperpflegemittel holen, kann Susanna sich mit allem Recht sicher
fühlen — und ist gerade da den unerkennbar lauernden Alten schutz-
los ausgeliefert.

ἔλαιον καὶ σμήγματα "Salböl und Crèmes": Aus Stellen wie 2 Sam
12,20 (David wusch sich, salbte sich, wechselte seine Kleider),
Rut 3,3 (Noomi zu Rut: Wasch dich, salbe dich...) und Judit 10,3
(Judit wusch ihren Körper mit Wasser und salbte sich mit einer
wohlriechenden Salbe...καὶ περιεκλύσατο τὸ σῶμα ὕδατι καὶ ἐχρί-
σατο μύρῳ παχεῖ...) läßt sich erkennen, daß die Mädchen nicht
Zusätze für das Badewasser holen sollen, sondern Öl und Crème
für die Hautpflege nach dem Bad.

Von kosmetischem "Salben mit Öl" (ἀλείφειν ἔλαιον [ἐν ἐλαίῳ]
סוּךְ (בַּ[שֶׁמֶן ist im AT häufig die Rede. σμήγματα תמרוק/תמרוקים
aber kommen nur noch Est 2,3.9.12 vor im Zusammenhang mit der
Schönheitspflege der Mädchen, die für den König Artaxerxes als
Ersatz für die Königin Waschti vorbereitet wurden: Est 2,12 ...
οὕτως γὰρ ἀναπληροῦνται αἱ ἡμέραι τῆς θεραπείας, μῆνας ἓξ ἀλειφό-
μεναι ἐν σμυρνίνῳ ἐλαίῳ καὶ μῆνας ἓξ ἐν τοῖς ἀρώμασιν καὶ ἐν τοῖς
σμήγμασιν τῶν γυναικῶν...כן ימלאו ימי מרוקיהן ששה חדשים בשמן המר
ו ששה חדשים בבשמים ובהמרוקי הנשים: "...denn so lange dauerte ihre
Schönheitspflege: sechs Monate mit Myrrhenöl und sechs Monate mit
Balsam und mit Damencrèmes."

O.F. FRITZSCHE führt antike Belegstellen für dreierlei Bedeutung
von σμήγματα an: 1. Reinigungsmittel zum Abreiben der Hände und
des Körpers, Seife; 2. zum Luxusgebrauch: Parfümerien, wohlrie-
chende Salbe; 3. zur medizinischen Verwendung: Saft, Salbe [8].

αἱ πλάγιαι θύραι "die Neben-/Seitentore, -türen".

19-27   Mit καὶ ἐγένετο und der Zeitbestimmung (hier: die zwei Mädchen
haben den Park verlassen, Susanna ist allein, vgl. v.14) wird auch
der kulminierende Abschnitt in der ersten Hälfte der Erzählung eingeleitet. Er stellt zunächst eine anschauliche Ausgestaltung des in
der LXX äußerst knapp erwähnten Vergewaltigungsversuchs dar, und
zwar in Form einer Rede der beiden Alten an Susanna, worin das bisher Erzählte zusammengefaßt und das Bevorstehende drohend angekündigt wird.

καὶ ἀνέστησαν "da standen sie auf": "Hebraisierend ist das καί
mit Verb.fin. nach καὶ ἐγένετο...(und das) καί zur Einleitung
eines Nachsatzes." [9] Es handelt sich um einen der Septuagintismen in Th.

---

8   O.F. FRITZSCHE, Zusätze zu dem Buch Daniel, in: Kurzgef.exeg. Handbuch
    zu den Apokryphen des AT I, Leipzig 1851, 109-154, hier 136f.

9   BLASS-DEBRUNNER-REHKOPF, Grammatik § 442, 4a. 5a.

οὐδείς θεωρεῖ ἡμᾶς "niemand schaut uns zu": θεωρεῖν bezeichnet
die Tätigkeit des Zuschauers bei Spielen, Aufführungen usw. und
ist in v.8 und hier wohl bewußt gewählt.

συγκατατίθεμαι "beistimmen, einverstanden sein".

γίγνομαι μετά τινος "(sexuell) mit jemand verkehren" dürfte wieder einen Hebraismus/Septuagintismus darstellen (היה עם) und
wird hier als Ausdrucksvariante für συγγίνομαί τινι (s.o. zu v.
11) verwendet. Es hat den Anschein, als ob Th gerade in den
stark umgestalteten Partien Freude an der Heranziehung synonymer
Wendungen hat: vgl. v.21 εἶναι μετά τινος, v.37 ἀναπίπτειν μετά
τινος (statt ἀναπαύεσθαι μετά τινος der LXX), v.39 wieder συγγίν-
εσθαι absolut, vv.54.57.58 ὁμιλεῖν τινι (in Übernahme aus Sus 37.
57.58 LXX).

Die Erweiterung von Th in v.22a dient ebenfalls dazu, alle Aufmerksamkeit der bedrängten Frau zuzuwenden. Susanna seufzt auf: "Eng ist
mir von allen Seiten..."; vgl. 2 βασ 24,14. Th "vervollständigt"
durch die Hinzufügung von στενά μοι πάντοθεν den LXX-Text zu
einer Anspielung auf die Dilemma-Situation Davids: 'in die Hände
Gottes oder der Menschen fallen'. Die Überlegungen der Susanna für
ihre Entscheidung (v.22b-23) sind dann fast wörtlich aus der LXX
übernommen.

ἐάν τε...ἐάν τε μή "falls...und falls nicht" bedeutet eine kleine
stilistische Verfeinerung.

Den Wahl- und Entscheidungscharakter der Situation hebt die in Th
gewählte Wendung αἱρετόν [αἱρετώτερόν] μοί ἐστι "es ist für mich
vorzuziehen" v.23 hervor (anstelle des mehr objektiv konstatie-
renden κάλλιον "(es ist) besser..." der LXX). Eine beträchtliche
Zahl von Handschriften hat hier den im Kontext bedeutungsgleichen, sonst üblicheren Komparativ αἱρετώτερον (s. den kritischen
Apparat in der Edition von J. ZIEGLER). Im griechischen AT kommt
beides vor: Sir 20,25 (αἱρετόν...ἤ), Prov 22,1 (αἱρετώτερον...ἤ).
Aus Prov 16,16 ist erkennbar, welche hebräischen Äquivalente mit
αἱρετώτερον...ἤ wiedergegeben werden: מ...טוב und מ...נבחר.

Eine dramatische Steigerung des Ablaufs gegenüber der LXX hat Th in
vv.24-27 geschaffen. Was in Sus 28a LXX nur kurz angedeutet wurde
("Die Verbrecher kehrten sich ab unter Drohungen und planten ihre
Tötung"), hatte Th bereits in v.21 die Alten selbst aussprechen lassen; in dem Schreien der Susanna nach Hilfe und in dem geheuchelt
empörten Schreien der zwei Alten wird wiederum erzählerisch ver-
breitert, was die Drohung, gegen sie Zeugnis abzulegen, im einzelnen einschloß. In der Beschämung der Dienerschaft spiegelt
sich die der Susanna zugefügte Schande.

Auch durch die Wortwahl drückt Th die bewegte Dramatik des Geschehens aus: Die Alten "rennen" (vv.19c.25), "schreien" ebenso

wie bzw. lauter als Susanna (v.24), die Diener "springen" herzu,
als sie das "Gebrüll, Geschrei" (κραυγή) hören (v.26).

Die Erwähnung des "Schreiens", so sehr es in der Situation 'natürlich' ist, dürfte im Blick auf Dtn 22,24 geschehen sein: Eine
in der Stadt vergewaltigte Verlobte (für eine verheiratete Frau
gilt gewiß dasselbe) ist als schuldig zu steinigen ebenso wie
der Mann, wenn sie nicht "geschrieen" hat (ὅτι οὐκ ἐβόησεν ἐν τῇ
πόλει עַל־דְּבַר אֲשֶׁר לֹא צָעֲקָה בָעִיר).

28-63 Zum letzten Mal leitet καὶ ἐγένετο mit erneut variierter, hier sogar verdoppelter Zeitangabe (τῇ ἐπαύριον "am folgenden Tag" und
ὡς συνῆλθεν ὁ λαός "als das Volk zusammengekommen war") einen
Abschnitt ein, der dieses Mal mehr als die gesamte zweite Hälfte der
Erzählung umfaßt. In diesem Teil, der auch durch Einheit von Zeit
("am folgenden Tag") und Ort ("bei ihrem Mann Joakim", d.h. in und
vor der Versammlungsstätte der Juden, vgl. vv.4.45.47.49f.) zusam-
mengehalten ist, liegt für Th das Hauptgewicht der Geschichte. Diese gipfelt dann auch nicht in dem (zwar beibehaltenen, aber durch
die Zufügungen relativierten) Schlußsatz der LXX-Erzählung v.62
"so wurde unschuldiges Blut an jenem Tag gerettet", sondern im Gotteslob aller Angehörigen, daß Susanna nachweislich keinerlei Verfehlung begangen hatte (v.63).

28 Bemerkenswert sind die terminologischen Veränderungen bei Th gegenüber LXX. Wie bereits erwähnt (s.o. zu Sus 1-6 Th), vermeidet es
Th, die Synagoge als Gebäude zu erwähnen; Gerichtsort ist bei ihm
das Haus Joakims (vv.6.28.49). Statt von "allen Söhnen Israels"
spricht Th von "dem Volk".

> ὁ λαός kommt nur in v.5b und v.41 in LXX und Th gemeinsam vor;
> v.59 LXX ändert Th, so daß "das Volk" dort nicht erwähnt wird;
> über die LXX hinaus läßt er aber "das Volk" (= die Juden v.4, die
> Leute) in vv.5a.7.28.29.34.47.50.64 auftreten.

Th spricht nicht nur von "den Verbrechern" (LXX: οἱ παράνομοι
ἄνδρες), sondern erläutert ausführlich: "Die beiden Alten voller
gesetzloser Gesinnung gegen Susanna..."

> Daß in Th das Wort συνεδρεύω vermieden wird, könnte damit zusam-
> menhängen, daß συνέδριον zur Zeit von Th schon eine 'seit unvor-
> denklichen Zeiten' festumschriebene Größe war (vgl. z.B. die
> Ausführungen im Mischnatraktat *Sanhedrin* und die entsprechenden
> Abschnitte im Talmud); συνεδρεύω mit dem Subjekt "alle dortigen
> Söhne Israels" war dann unverständlich geworden.

29 Th ersetzt auch das alltägliche "und sie riefen sie sogleich" der
LXX nach der gerichtlichen Vorladung durch eine Ausführungsnotiz

mit dem gleichen Wort ἀπέστειλαν "sie luden vor". Darin wird die
noch mehrfach beobachtbare Tendenz von Th deutlich, im Folgenden eine
regelrechte Gerichtsverhandlung zu erzählen, wie sie in der Zeit von
Th stattfand bzw. hätte stattfinden sollen.

30   Daher erklärt sich auch die veränderte Begleitung der vorgeladenen
Susanna: Eltern, Kinder und Verwandte, aber nicht die Dienerschaft.

31   Die ungewöhnliche Schönheitsbezeichnung der LXX τρυφερά "zart" ergänzt Th durch das im griechischen AT gebräuchliche καλὴ τῷ εἴδει
(vgl. oben zu v.2 mit Anm. 2).

32   Die Entblößungsanordnung "begründet" Th mit einer verharmlosenden Par-
enthese: "Sie war nämlich verschleiert" — als ob es in der LXX nur um
einen Gesichtsschleier gegangen wäre! Auch damit nähert er das Verfahren wohl den Wahrscheinlichkeiten seiner Zeit an.

> Die im Griechischen kaum verständliche Absichtskennzeichnung in der
> LXX (s.o. zu Sus 32 LXX) wird bei Th stilistisch geglättet: "um
> sich an ihrer Schönheit zu weiden (sättigen)".

33   Durch kleine Veränderungen paßt Th den Kreis derer, die in betroffener
Solidarität mit Susanna weinen, seinen Vorstellungen von den Anwesenden beim Prozeß an (s.o. zu v.30): "die Angehörigen und die, die sie
(jetzt) erblickten".

34   Die Zufügung, daß die zwei Ältesten "mitten im Volk" Susanna die Hände
auf den Kopf stemmen/legen, zusammen mit der Auslassung des Richterti-
tels in vv.28-29, mit der Ergänzung in v.41 (s. dazu unten) und vor
allem der Änderung in vv.50-51, läßt erkennen, daß Th der LXX-Erzählung ihre autoritätskritische Spitze abgebrochen hat (und damit auch
weithin ihre theologische). Bei Th sind es nicht mehr *die Autoritäten*
des Volkes, die in ihrer "Verkehrtheit" durch Amtsmißbrauch dabei sind,
die "Tochter Israel" zu ruinieren, sondern es sind nur noch in Begierde
geratene Alte, zwei aus einem großen Ältesten- und Richter-Kollegium,
die "inmitten des Volkes" bloß als verleumderische Zeugen, weil sie
von einer gottesfürchtigen Frau abgewiesen wurden, ihre Drohungen zu
verwirklichen versuchen.

> ἔθηκαν τὰς χεῖρας ἐπὶ τὴν κεφαλὴν αὐτῆς "sie stemmten/legten die
> Hände auf ihren Kopf": Th kehrt wieder gegenüber der LXX zur übli-
> chen Formel (ἐπί mit Akk.) zurück (s.o. den Kommentar zu Sus 34 LXX
> und den Exkurs S. 137-141).

35   Von dem in der LXX hier folgenden inneren Gebet der Susanna läßt Th

nur den Rahmen stehen; das von ihm erweiterte Gebet bringt er erst,
nachdem das Todesurteil gefällt war, als lauten Schrei der unschuldig
Verurteilten, die damit auf den Schuldspruch reagiert (s.u. zu vv.42-
43).

> Anstelle des ungewöhnlichen ἀνακύψασα (s.o. zu Sus 35 LXX) blickt
> nach Th die vor Gericht Geladene in stummer Klage weinend zum Him-
> mel auf; ihr "Vertrauen auf den Herrn" ist, geringfügig umformu-
> liert, als Begründung nachgestellt.

36 Die Zeugenaussage der Alten beginnt wie in der LXX, wird aber dann in
    Th-Eigenformulierung fortgeführt: Die beiden erwähnen zwar die zwei
    Mädchen, die nach dem Schließen der Parktore weggeschickt worden seien,
    nicht aber die Badevorbereitungen.

37-39 Wie in ihrer Drohung (v.21) angekündigt, berichten sie in ihrer
       Falschaussage nun über den von ihnen erfundenen jungen Mann (νεα-
       νίσκος), den sie beim Ehebruch mit Susanna gesehen hätten und den
       sie wegen seiner ihnen überlegenen Körperkraft und Behendigkeit
       nicht hätten festhalten können.

> Dieses Stück (vv.36b-39) hat Th durchgehend neuformuliert in Ent-
> sprechung zu der von ihm erweitert entworfenen Parkszene (vv.15-27).
> "Die erlogene, delikate Schilderung des Ehebruchs Susannas...gestal-
> tete er dabei noch spannender." [10]

> Das bezüglich der zwei Alten zweimal hervorgehobene Sichversteckt-
> haben (κεκρυμμένοι v.16 und v.18) weisen sie in ihrer Verleumdungs-
> rede dem "jungen Mann" zu. Ihr eigenes "Hinrennen" habe die beob-
> achtete Gesetzwidrigkeit beenden und die Beteiligten der Strafe zu-
> führen sollen (vgl. dagegen v.19!).

> ἀνομία "Gesetzwidrigkeit" (s.o. zu Sus 5 LXX) wird hier im Kontext
> durch die Parallelausdrücke (v.38 ἰδόντες τὴν ἀνομίαν...v.39 ἰδόν-
> τες συγγινομένους αὐτούς) auf die Bedeutung "Ehebruch(sversuch)"
> eingeschränkt und damit wiederum die grundsätzliche und viel tiefer-
> reichende Bedeutung von ἀνομία im mottoartigen Gebieterspruch v.5
> verharmlosend begrenzt.

> Zu ἀναπίπτω μετά τινος und συγγίνομαι s.o. zu vv.19-27.

40-41 Th übernimmt hier wieder mit geringfügigen Änderungen den Text der
       LXX.

> Sie hätten die festgenommene Susanna gefragt: "Wer war der junge
> Mann?" (LXX: "Wer (war) der Mensch?"). Sie habe es ihnen nicht mit-
> teilen *wollen*. Damit wird der Vorwurf an Susanna noch verstärkt.

> Zu ἀναγγέλλω und ἀπαγγέλλω s.o. zu vv.9-10.

> Die Auslassung des πᾶσα nach ἡ συναγωγή und die Umstellung des At-
> tributs τοῦ λαοῦ (nach ὡς πρεσβυτέροις) dürfte mit der veränderten
> Verfahrensvorstellung von Th zusammenhängen: Die Verurteilung

---

10 J. SCHÜPPHAUS, Das Verhältnis von LXX- und Theodotiontext 66.

(v.41d) wird nach Th von einem Ältesten-Kollegium ausgesprochen
(das wird in v.50 deutlich), nicht von "der ganzen Gemeinde (ἡ συναγωγὴ πᾶσα: so die LXX); daß die zwei Ältesten selber auch Richter
sind, bekräftigt nur ihre Glaubwürdigkeit in den Augen dieses Kol-
legiums und der Zuhörer (= ἡ συναγωγή bei Th), aber sie selber sind
nach Th beim Verfahren ausschließlich Zeugen, nicht zugleich auch
amtierende Richter.

Durch die ausdrückliche Erwähnung der Verurteilung zum Tode (Th hat
über den LXX-Text hinaus: καὶ κατέκριναν αὐτὴν ἀποθανεῖν) nähert
Th seine Erzählung einem regelrechten Gerichtsverfahren an.

42-43 Nach der Verurteilung (und auf dem Weg zur Hinrichtung) soll nach
der Mischna der/die Hinzurichtende ein Bekenntnis ablegen.

Vgl. Sanh VI 2: "War er vom Ort der Steinigung zehn Ellen entfernt,
spricht man zu ihm: 'Bekenne!' Denn so ist es die Art (דרך) aller
Hinzurichtenden (המומתין), daß sie (vorher) bekennen; denn jeder,
der bekennt, hat Teil an der zukünftigen Welt."

Das Problem des von falschen Zeugen Verklagten (מומת) wird in diesem Absatz der Mischna und in der dazugehörigen Gemara bSanh 44b
zwar angesprochen - aber eine überzeugende Lösung kann verständli-
cherweise nicht gefunden werden.

An dieser Stelle nun verwendet Th den Text des Gebetes der Susanna aus
Sus 35a LXX, er läßt es sie aber entsprechend der veränderten Situation
"mit lauter Stimme schreien": Gott kennt den tatsächlichen Hergang,
auch wenn vor Gericht wegen des doppelten, unwiderlegbaren Falschzeug-
nisses ihre Unschuld nicht beweisbar ist und sie aufgrund eines Fehl-
urteils hingerichtet wird.

Gegenüber der LXX sind einige Änderungen vorgenommen: Bei der Got-
tesanrede ist der Name ausgelassen (P.967: K̄C̄ O K̄C̄; 88 LXX: κύριε).
Ein weiteres Attribut ist eingefügt: ὁ τῶν κρυπτῶν γνωστής "du Kenner des Verborgenen". Zu dieser Wendung gibt es im griechischen AT
keine genaue Entsprechung. τὰ κρυπτά "die verborgenen (Dinge)"
רזין, הנסתרות, המסתרים werden Gott und seiner Weisheit als bekannt
und verfügbar zugeordnet, vgl. Dtn 29,28; er allein kann רזין μυστή-
ρια κρυπτά offenbaren Dan LXX 2,47; belehrt durch die Weisheit ist
Erkenntnis des Verborgenen und des Offenbaren möglich ὅσα τέ ἐστι
κρυπτὰ καὶ ἐμφανῆ ἔγνων Weish 7,21. Bezüglich der nicht ans Licht
gekommenen Taten (und damit unserer Stelle am nächsten) heißt es
Sir 1,30: "Überhebe dich nicht, damit du nicht fällst und Schande
über dich bringst; sonst enthüllt der Herr, was du verbirgst, und
bringt dich zu Fall inmitten der Gemeinde..." (καὶ ἀποκαλύψει κύριος
τὰ κρυπτά σου καὶ ἐν μέσῳ συναγωγῆς καταβαλεῖ σε...).

ἐπίστασαι "du weißt, kennst" ist Ausdrucksvariante, um nach dem Par-
tizip ὁ εἰδώς... nicht noch einmal wie die LXX denselben Wortstamm
οἶδας in v.43 zu verwenden.

Der folgende Objektsatz ist entsprechend der Situation (nach der
verleumderischen Zeugenaussage und der Verurteilung zum Tode) von Th
gegenüber der LXX erweitert worden (ψευδῆ μου κατεμαρτύρησαν· καὶ

ἰδοὺ ἀποθνήσκω...). Vgl. auch unten zu v.49.

πονηρεύομαι (hier im Aorist, da zurückblickend) wird wie in Sus 61
LXX mit κατά τινος verbunden (LXX 35a: ἐν ἐμοί). Ob das καὶ ἰδοὺ
"und siehe" vor "ich sterbe" aus dem von Th inhaltlich veränderten
LXX-Text vv.44-45 hierher "gerettet" wurde, mag dahingestellt sein.

44 Th behält die Erhörungsfeststellung bei, nennt aber Susannas Gebet
nicht mehr δέησις "Flehen, Bittgebet", sondern (wie v.42) φωνή
"Stimme, Rufen" (s.o. zu Sus 35a LXX).

εἰσήκουσε (und andere Formen) [ὁ] κύριος τῆς φωνῆς... ist die viel
häufigere Wendung gegenüber εἰσήκουσε...τῆς δεήσεως.

45 An der Umformulierung, die Th hier am LXX-Text vornimmt, lassen sich
das Anliegen einer Verdeutlichung und Nuancen einer veränderten theologischen Betrachtungsweise erkennen. Nicht "ein Engel JHWHs verleiht
den Geist der Einsicht" (s.o. zu Sus 44-45 LXX), sondern "Gott" selbst
"erweckt den heiligen Geist eines noch ganz Jungen" (die Begabung mit
diesem Geist muß schon früher stattgefunden haben).

ἀπαγομένης αὐτῆς "als sie abgeführt wurde": Th behält den gen.abs.
als Zeitbestimmung für das Eingreifen von seiten Gottes bei, wählt
aber ἀπάγομαι "(zur Verbüßung einer Strafe o.ä.) abgeführt werden"
(statt ἐξάγομαι der LXX "hinausgeführt werden" aus der Synagoge und
aus der Stadt).

ἐξήγειρεν ὁ θεὸς τὸ πνεῦμα... "Gott erweckte den Geist des...";
diese Formel begegnet mehrfach im AT: העיר האלהים/יהוה את־רוח vgl.
2 Chr 36,22 = Esra 1,1; Esra 1,5; Jer 51,11 (vgl. Jes 13,17); Hag
1,14. Sie qualifiziert theologisch eine bestimmte Unternehmung als
dem Plane Gottes entsprechend (so z.B. den Erlaß des Kyros, den
Heimkehrwillen der Exulanten, den Angriff der Meder auf Babel, die
Arbeit am Wiederaufbau des Tempels).

τὸ πνεῦμα τὸ ἅγιον: von Gottes heiligem Geist ist die Rede in Ps 51,
13 und Jes 63,10.11 (רוח קדשך/קדשו); Weish 9,17: βουλὴν δέ σου τίς
ἔγνω, εἰ μὴ σὺ ἔδωκας σοφίαν καὶ ἔπεμψας τὸ ἅγιόν σου πνεῦμα ἀπὸ
ὑψίστων...

In Sus 45 Th erweckt Gott aber den heiligen Geist eines noch ganz
Jungen. Eine exakte Parallele zu dieser Wendung findet sich nicht;
wohl wird an mehreren Stellen des Danielbuches gesagt, Daniel habe
den "Geist der heiligen Götter in sich" די רוח־אלהין קדישין בה Dan
4,5.6.15; Th übersetzt in 4,8 (= MT 4,5) ὃς πνεῦμα θεοῦ ἅγιον ἐν
ἑαυτῷ ἔχει, ebenso in 4,9.18 (ὅτι πνεῦμα θεοῦ ἅγιον ἐν σοί), vgl.
5,11 (ἐν ᾧ πνεῦμα θεοῦ). Die LXX übersetzt Dan 5,11-12 in einiger
Entfernung zum MT (5,12:...καὶ πνεῦμα ἅγιον ἐν αὐτῷ ἐστι...). Bei
Dan 6,4 wird deutlich, daß auch in 5,12 die LXX mit πνεῦμα ἅγιον
den Ausdruck רוח יתירה "ein außergewöhnlicher, vorzüglicher Geist"
überträgt; Th hat dafür in Dan 5,12 und 6,4 πνεῦμα περισσόν.

Nach der theologischen Konzeption von Th ist es natürlich der heilige
Geist Gottes, der seit eh und je dem kleinen Daniel geschenkt ist.
Aber der noch ganz Junge handelt selbst, an ein direktes "Eingreifen

Gottes in die Geschichte" ist nicht gedacht. Was der 'begabte' junge
Daniel dann tut, wird ganz dem Plan Gottes entsprechen, "der die rettet, die auf ihn hoffen" (Sus 60 Th).

> παιδάριον νεώτερον "ein noch ganz Junger". Die Hinzufügung von παι-
> δάριον (im griechischen AT in der Regel für נער, seltener für ילד,
> letzteres z.B. in 1 Kön 12; 2 Kön 4; Dan Th 1) zu νεώτερος, dem Re-
> lationsbegriff zu πρεσβύτερος im LXX-Text (s.o. zu Sus 44-45 LXX),
> ist eine unscheinbare (νεώτερος und παιδάριον können synonym ver-
> wendet werden) und doch entscheidende Veränderung. Es stehen sich
> in der Th-Erzählung nicht mehr "die Jungen" und "die Ältesten" ge-
> genüber (νεώτερος kommt sonst in Sus Th nicht mehr vor), sondern
> eine Erzählung aus der Kindheit/Jugend Daniels geht anderen Erzäh-
> lungen über ihn vorauf. Wie Sus Th 64 (s. dazu unten) dürfte auch
> v.45 im Blick auf die dem Danielbuch als erste Danielgeschichte
> vorangestellte Susanna-Erzählung formuliert sein.
>
> Insofern ist es textwidrig, Sus in der Th-Fassung dem Danielbuch
> als "Dan 13" anzuhängen, wie es seit der Vulgata infolge der Kanon-
> auffassung des HIERONYMUS (s. dazu die Einleitung S. 24-27) meist
> geschieht. Sus Th ist sachgemäß Dan 1-12 voranzustellen — oder aber
> als unabhängige Erzählung in ihrer LXX-Form zu belassen und kann
> dann als einer der Bestandteile der biblischen "Danielliteratur"
> Dan 13 bilden.
>
> ᾧ ὄνομα Δανιηλ "der den Namen Daniel (hatte)": so führte Th auch in
> v.1 und v.2 die Namen Joakims und Susannas ein.

46 Th fügt eine "Rechtsgrundlage" für das Eingreifen und Vorgehen des jungen Daniel ein: Er stellt öffentlich und allen vernehmbar seine Nicht-
beteiligung an dieser Ermordung einer Unschuldigen fest.

> J. ZIEGLER setzt die nur in B belegte Lesart ἀθῷος ἐγώ... in den
> Text seiner Edition, A. RAHLFS dagegen die in allen übrigen Th-Hand-
> schriften vertretene Lesart καθαρὸς ἐγώ... Eine Entscheidung ist
> kaum möglich. Die Formel "am Blute (= Tode) jemandes unschuldig
> sein" (מן...נקה ni. bzw. מן...נקי) übersetzt die LXX in 2 Sam 3,28
> mit ἀθῷός εἰμι ἐγώ...ἀπὸ κυρίου...ἀπὸ τῶν αἱμάτων Αβεννηρ. Diese
> Stelle bildet die nächste Entsprechung zu Sus Th 46 im AT.
>
> Aber aus Mt 27,24 ἀθῷός εἰμι ἀπὸ τοῦ αἵματος τούτου und aus Apg 20,
> 26 καθαρός εἰμι ἀπὸ τοῦ αἵματος πάντων geht hervor, daß beide grie-
> chischen Wörter zur Zeit von Th in dieser Formel für denselben he-
> bräischen Ausdruck üblich waren. Ob B die Formel in den ihm geläufi-
> geren Wortlaut geändert hat oder ob der von den übrigen Hss. über-
> lieferte Ahntext hier selbständig καθαρός (nichtbeteiligt an der Er-
> mordung) eingesetzt hat, da ihm ἀθῷος in v.53(bis) schon für den
> "unschuldig Todbedrohten" besetzt erschien, muß offenbleiben. Ein
> Bedeutungsunterschied liegt im Kontext nicht vor.
>
> Daniel äußert in seinem lauten Ruf bei Th seine Überzeugung, die
> Verurteilte sei unschuldig und falle einem Justizmord zum Opfer. Th
> mag hier an eine Möglichkeit gedacht haben, wie sie Sanh VI 1c für
> eine spätere Zeit beschrieben ist: "Sagt dann einer (nach Verhängung
> des Urteils, während der zu Steinigung hinausgeführt wird): Ich
> habe etwas vorzubringen über ihn (auf) Freispruch...dann läßt man
> ihn zurückführen, sogar vier- und fünfmal, aber nur wenn etwas an

seinen Worten ist."...אותו מחזירין לזכות עליו ללמד יש־לי אחד אומר

47 Auf den provokativen Ruf hin wendet sich das als Exekutionszug vorge-
    stellte Volk zu Daniel um: "Was hast du damit gemeint?"

48 Nun kehrt Th wieder zum Wortlaut der LXX zurück: Der Rufer stellt sich
    in die Mitte der Leute und wirft ihnen ihr Verhalten vor.

    στὰς ἐν μέσῳ αὐτῶν "in ihre Mitte getreten" (so auch im LXX-Text
    von 88) dürfte eine stilistische Verbesserung des bedeutungsglei-
    chen στὰς μέσος αὐτῶν P.967 darstellen.

    κατεκρίνατε "ihr habt verurteilt" sagt weniger mißverständlich, was
    in der LXX mit ἀπεκτείνατε "ihr habt getötet (= zum Tode verur-
    teilt)" gemeint war.

49-50 Damit das Folgende einen plausiblen Rahmen erhält und sich
       nicht einfach "unterwegs" abspielt (wie die knappe LXX-Erzählung
       verstanden werden könnte), fügt Th hier einige ausmalend beschrei-
       bende Sätze hinzu. Aber durch die Einführung des in der LXX gerade
       nicht existierenden Ältesten-Kollegiums, das in dem jungen Daniel
       eine überraschend gottgegebene Ältestenwürde und -fähigkeit aner-
       kennt, wird die Erzählung grundlegend verändert.

    ἀναστρέψατε εἰς τὸ κριτήριον "kehrt um zum Gerichtsort". κριτήριον
    entspricht wohl dem בית דין, die Rückkehraufforderung der späteren
    Rechtsvorschrift מחזירין אותו Sanh VI 1c "man läßt ihn (= den Ver-
    urteilten zurückführen" [11].

    ψευδῆ γὰρ οὗτοι κατεμαρτύρησαν αὐτῆς "Lügerisches (neutr.pl.) näm-
    lich haben diese gegen sie ausgesagt = denn wider besseres Wissen
    haben sie in ihrer Zeugenaussage gegen sie eine Straftat vorge-
    täuscht" (Wiederaufnahme des Gebetsschreies der Susanna v.43).

    καταμαρτυρέω τινος kommt dreimal in Sus Th vor (vv.21.43.49), be-
    gegnet aber auch sonst im griechischen AT: 3 βασ 20,10.13 καὶ κατα-
    μαρτυρησάτωσαν αὐτοῦ...καὶ κατεμαρτύρησαν αὐτοῦ (1 Kön 21,10.13:
    ויעדהו); Ijob 15,6 τὰ δε χείλη σου καταμαρτυρήσουσί σου (ושפתיך
    יענו־בך); Prov 25,18 ὁ καταμαρτυρῶν (A: + κατὰ) τοῦ φίλου αὐτοῦ
    μαρτυρίαν ψευδῆ... איש ענה ברעהו דע שקר; Dan LXX 6,25 οἱ δύο ἄνθρω-
    ποι ἐκεῖνοι οἱ καταμαρτυρήσαντες τοῦ Δανιηλ (θ': τοὺς ἄνδρας τοὺς
    διαβαλόντας τὸν Δανιηλ)...גבריא אלך די־אכלו קרצוהי די דניאל.

    οἱ πρεσβύτεροι "die Ältesten": Indem Th dieses Gremium einführt,
    macht er die Erzählung scheinbar plausibler und historisch besser
    vorstellbar. In einer jüdischen Gemeinde (vielleicht des 1. Jhdts.
    n.C.) wo immer auf der Welt mußte es als undenkbar erscheinen, daß
    je in einer Kapitalsache (דיני נפשות) die zwei Zeugen zugleich auch
    die einzigen zuständigen Richter gewesen sein sollten; wenn auch

---

11 Hinweis bei E. STAUFFER, Eine Bemerkung zum griechischen Danieltext,
    in: Donum Gentilicium, Fs. D. DAUBE, Oxford 1978, 27-39, hier 38 Anm.
    4. - Mehrere Einzelangaben in diesem Aufsatz, die Gesamthypothese und
    die aus wenig einleuchtenden Vermutungen erhobene "Quellentheorie" er-
    scheinen jedoch korrekturbedürftig.

"damals in Babylon" noch nicht alle Rechtssicherungen der Gegenwart Theodotions beachtet worden sein mögen — ein Todesurteil "muß"
doch von einem richtigen Ältesten-Richterkollegium gefällt worden
sein, dem es um die gerechte Anwendung des Gesetzes ging, auch wenn
es einmal bösartig getäuscht werden konnte, und das natürlich einen
drohenden Justizirrtum sofort zu korrigieren bereit war, selbst
wenn die Aufforderung dazu von einem noch Unmündigen kam: Spontan
erkannten sie sein Charisma an.

Tatsächlich aber fängt Th durch die Einführung dieses Gremiums die
gegenüber *allen* Autoritäten (außer Gott und seiner Tora) kritische
Wucht der LXX-Erzählung ab. Dementsprechend läßt er die Eingangser-
mahnung Daniels an die Gemeinde spurenlos aus: "Nun schaut nicht
darauf, daß diese Älteste sind, indem ihr denkt: 'Sie lügen gewiß
nicht'!" (Sus 51a LXX). Bei Th wendet Daniel sich nicht an die Gemeinde (συναγωγή) wie in v.51a LXX, sondern an die πρεσβύτεροι als
das zuständige Richterkollegium, um in einem getrennten Verhör der
beiden Alten deren Schuld offenkundig zu machen.

δεῦρο κάθισον ἐν μέσῳ ἡμῶν "Komm her, setz dich in unsere Mitte!"
könnte von Th im Blick auf eine Bestimmung wie Sanh V 4c formuliert
sein: "Sagt einer von den Gelehrtenschülern: 'Ich habe etwas vorzu-
bringen über ihn (= den Angeklagten) (auf) Freispruch', lassen sie
(= die Richter) ihn heraufsteigen und bei ihnen sitzen, und er
steigt von dort nicht hinab den ganzen Tag. Wenn etwas an seinen
Worten ist, hören sie auf ihn." אמר אחד מן התלמידים יש־לי ללמד
עליו זכות מעלין אותו ומושיבין אותו עמהן ולא היה יורד משם כל־היום
אם יש־ממש בדבריו שומעין לו:

Daß hier jedoch nicht "genau nach der Vorschrift der Mischna verfahren wird" [12], hat D. von DOBSCHÜTZ richtig beobachtet: "Der Unterschied zwischen dem Einspruch der Gelehrtenschüler und dem Einspruch Daniels besteht darin, daß in Sanh V 4c an die Verhandlung
gedacht ist, während in der Susannageschichte das Urteil bereits
gesprochen (wurde) und man unmittelbar vor Vollzug der Strafe
steht." [13]

τὸ πρεσβεῖον "die Ältestenwürde, -eigenschaften, -autorität".
A. RAHLFS und J. ZIEGLER setzen zu Recht die Form πρεσβεῖον in den
Text ihrer Ausgaben aufgrund der Hss. B.88.410, während alle übrigen Hss. πρεσβυτερ(ε)ιον haben, "eine falsche Auflösung einer ver-
meintlichen Kontraktionsschreibung" [14]. Eine ausführliche Begrün-

---

12 So E. STAUFFER (s.o. Anm. 11) 38 Anm. 4.

13 D. von DOBSCHÜTZ, Paulus und die jüdische Thorapolizei, Diss.theol.
    Erlangen-Nürnberg 1968, 18. - Die Deutung und "rechtsgeschichtliche
    Auswertung" der Sus-Erzählung in dieser Dissertation (dort S.12-18
    mit Anm.43-72; vgl. auch S.56-58.67-69) erscheint allerdings in wich-
    tigen Punkten verfehlt, insbesondere die die ganze Arbeit durchziehen-
    de Grundthese von der Institution einer "Juniorenmannschaft". Vgl. da-
    zu oben den Kommentar zu Sus 44-45 LXX mit Anm. 44.

14 J. ZIEGLER ed., Susanna. Daniel. Bel et Draco, Göttingen 1954, 65;
    dort auch eine Erläuterung, daß umgekehrt in der Schreibweise πρεσ-
    βῦται B in vv.19.24.27.28.34.36.61 "die Verkennung einer kontraktiven
    Schreibweise zu sehen" und πρεσβύτεροι zu lesen ist. ZIEGLER hätte
    noch hinzufügen können, daß diese 'Verkennung' jedoch eine passende
    Fortsetzung der Tendenz von Th ist, den Autoritäts- und Amtscharakter

dung dieses textkritischen Urteils und eine Erörterung der Bedeu-
tung von πρεσβεῖον, insbesondere im Kontext von Sus Th, hat Peter
KATZ vorgelegt [15].
Zum Motiv des *puer senex* vgl. den Kommentar zu Sus 44-45 LXX, bes.
S. 114-116 und die Arbeit von Christian GNILKA (s.o. S.115 Anm.41).

51 Der Wandel in der Konzeption zeigt sich auch deutlich darin, wem der
    Erzähler die Korrektur des erfolgten Fehlurteils zutraut: Nach der
    LXX wendet Daniel sich an die Gemeinde (εἶπε Δανιηλ τῇ συναγωγῇ),
    in Th dagegen an das Kollegium der πρεσβύτεροι (εἶπε πρὸς αὐτοὺς
    Δανιηλ). Mit der Aufforderung, die Zeugen voneinander weit zu tren-
    nen, damit Daniel dann ein neues Verhör anstellen kann, kehrt Th wie-
    der zum Wortlaut der LXX zurück.

    Den im Griechischen schwer verständlichen Aramaismus κατὰ τὰ ὑπο-
    πίπτοντά μοι (s.o. zu Sus 51 LXX) übergeht Th.

52 Entsprechend seiner Tendenz läßt Th nun auch nicht mehr wie in der
    LXX "den Älteren dem Jüngeren vorführen", sondern nennt nur das Her-
    beirufen (des Zeugen vor das Richterkollegium, das Daniel einen Platz
    dort eingeräumt hat). Die für ein wirkliches Gerichtsverfahren uner-
    trägliche Zeugenbeschuldigung, bevor dieser im Verhör sich hätte
    äußern können, behält Th jedoch aus der LXX bei (s.o. zu Sus 52f. LXX).

    (διεχωρίσθησαν) εἷς ἀπὸ ἑνός "(sie wurden getrennt) einer vom einen
    (= anderen)" ist wieder ein Semitismus/Septuagintismus, den Th hier
    einführt [16]. An anderer Stelle verändert er ὁ εἷς τὸν ἕτερον der

---

der zwei "Ältesten" in den Hintergrund treten und sie nur als zwei von
Begierde verkehrte "Alte" erscheinen zu lassen; insofern drückt B konsequent die Absicht von Th aus; er bezeichnet die beiden als πρεσβύτεροι, wo ihr Amtscharakter mitgesagt bzw. für die Ermöglichung der
Szene mitzudenken war (v.5bis.8.16.18.41), aber als πρεσβῦται, wo
sie nur als begehrende und verleumderische Individuen handeln.

15 P. KATZ, πρεσβυτέριον in I Tim. 4,14 and Susanna 50, ZNW 51 (1960) 27-
    30 (= Appendix zu P. KATZ, The Text of 2 Maccabees reconsidered, ZNW
    51 [1960] 10-27). - "God did not make Daniel an elder. He endowed him
    with the gift that by grace alone can be given to a youngster, wisdom
    and discretion, the privilege of age: πρεσβεῖον! Nor did the elders
    co-opt him. For this one occasion, the body of officials invite the
    charismatic, whom God had unmistakably marked as such, to join them
    and thus make good their failure. Wherever we find the tale about the
    wise young judge, he is the charismatic, and not a candidate for of-
    fice. God gives Daniel the power and insight and, miraculously, opens
    the mind of the elders, who now understand and do what failing offi-
    cials do only under the Spirit: they yield and reopen the procedure.
    In the mind of the author the blessed youngster will go his way af-
    ter..." a.a.O. 30.

16 Vgl. BLASS-DEBRUNNER-REHKOPF, Grammatik § 247,3.4.

LXX zu ἕτερος τῷ ἑτέρῳ (v.13), oder verdeutlicht in v.54 αὐτοὺς
ὄντας σὺν ἑαυτοῖς LXX zu ὁμιλοῦντας ἀλλήλοις (nach Sus 37 LXX),
oder er übernimmt ἀλλήλους/ἀλλήλων aus der LXX (vv.14.51).

Th konstruiert in v.51 und v.52 εἶπεν mit πρός τινα, hat aber sonst
in Sus in der Regel wie LXX den einfachen Dativ εἶπέν τινι vv.13.17.
50.56.(58).59.

53 Die umständliche, aber präzise Ausdrucksweise der LXX ist verallge-
    meinernd (den möglichen Vergehen jüdischer Richter der Zeit von Th
    entsprechend?) verändert: Statt von "Todesurteilen" ist nur noch von
    "ungerechten Urteilen" die Rede. Der Rückverweis auf Ex 23,7 geschieht
    mit den gleichen Worten wie in der LXX.

    Das auffällige μέν - δέ ist aus der LXX beibehalten, die zweite
    Hälfte der Erläuterung, was "ungerechte Urteile" besagen, ist aber
    stilistisch und durch die Wortwahl verändert. Statt τοὺς δὲ ἐνόχους
    ἠφίεις der LXX ist chiastisch das Verb im Partizip an den Anfang
    gesetzt: τοὺς μὲν ἀθῴους (LXX: sg.) κατακρίνων, ἀπολύων δὲ τοὺς
    αἰτίους.

54 Wie in der LXX beginnt nach der rückschauenden Charakterisierung des
    verbrecherischen "Bisher" dieses Alten (vv.52-53) mit νῦν οὖν ועתה
    "jetzt also" [17] das angekündigte Verhör. Um es gegenüber seiner Vorla-
    ge gerichtsähnlicher zu gestalten, fügt Th noch einen kurzen Bedingungs-
    satz ein: "Wenn es wirklich diese war, die du gesehen hast, dann sa-
    ge..."

    Wieder läßt sich eine gewisse Annäherung an Rechtsbräuche der Zeit
    von Th vermuten; vgl. Sanh IV 5: "Wie schüchtert man ein (מאימין)
    die Zeugen in Kapitalsachen? Man führt sie herein und schüchtert sie
    ein (indem man sagt): 'Vielleicht sprecht ihr aus Vermutung מאומד
    (= מעומד), vom Hörensagen משמועה, als Zeugen aus dem Munde eines an-
    deren Zeugen...oder vielleicht wißt ihr nicht, daß wir zum Schluß
    euch prüfen werden durch Ausfragung und Nachforschung?' לבדק אתכם
    בדרישה ובחקירה".

    Die Frage nach der Stelle des Parks, wo der Alte den Geschlechtsverkehr
    der Beklagten mit dem Unbekannten gesehen haben will, wird ausgelassen,
    da darauf auch in der LXX schon nicht mehr eingegangen wurde (s.o. zu
    Sus 54 LXX), Th behält nur die Frage "Unter welchem Baum...?" bei.

    Zu αὐτοὺς ὁμιλοῦντας ἀλλήλοις s.o. zu vv.19-27.

55 Kleine Veränderungen gegenüber der LXX machen wieder auf die Umakzentu-
    ierung aufmerksam und glätten Schwierigkeiten der Vorlage: *Daniel*
    spricht, nicht wie in der LXX ὁ νεώτερος; das im Griechischen selt-

----

17 Vgl. E. JENNI, Art. עת 'ēt Zeit, in: THAT II (1976) 370-385, bes. 379
    mit Lit. zu עתה "jetzt" ("Aktivierung, Aktualisierung der Sprechsitua-
    tion").

same zweimalige ψυχή wird gedeutet einmal als κεφαλή "Kopf,
Haupt", worauf man Segen, Fluch und Schuld bringen kann, zum andern
als "du". Th ersetzt so den Ausdruck "er wird deine Seele/dein Leben
spalten" der LXX durch "er wird dich mitten(durch) spalten".

Th erwähnt hier zum ersten Mal einen "Engel Gottes" (in v.59 mit Artikel wiederaufgenommen).

> Es ist möglich, daß sich in der Ersetzung von κυρίου (der griechi-
> schen Wiedergabe des יהוה-Namens) durch τοῦ θεοῦ eine Tendenz des
> Judentums der Zeit von Th spiegelt [18].

Die Unterordnung des Engels unter den Gotteswillen (Sus 44-45 LXX: ὡς
συνετάγη) trägt Th hier bei der Einführung des "Engels Gottes" nach:
Der Engel Gottes handelt auf eine ausdrückliche Weisung von seiten
Gottes hin.

> φάσις (1. von φαίνω) "Anzeige, Aufdeckung von Verbrechen"; (2. von
> φημί) "Äußerung, Mitteilung, Anweisung, Urteil" [19]. Dieses Wort be-
> gegnet in unzweifelhafter Lesart und Bedeutung sonst nicht mehr im
> griechischen AT (Εσδρ β 4,17 BA und 4 Makk 15,25 S[1] helfen zur
> Klärung in Sus 55 Th nicht weiter).

56-57 Die Beschuldigung des zweiten Alten gleich nach seiner Vorführung
hat Th gegenüber der LXX stark gestrafft und vereinfacht (vgl. Sus
56 LXX).

> Aus der vorwurfsvoll rhetorischen Frage in LXX ist Anrede und Aus-
> sage geworden; σπέρμα Χανααν "Nachkomme Kanaans" vereindeutigt das
> in der Vorlage Gemeinte; zwei kurze Sätze τὸ κάλλος ἐξηπάτησέ σε
> καὶ ἡ ἐπιθυμία διέστρεφε τὴν καρδίαν σου nehmen die entscheidenden
> Worte der LXX stilistisch klar und verständlich auf: "die Schön-
> heit hat dich verführt und die Begierde dein Herz verdreht"; neu
> ist bei Th nur die Erwähnung des "Herzens", das "verdreht, ver-
> kehrt" wird.

> Auch die Aussage über die "Tochter Judas" wurde ohne erhebliche
> Sinnänderung sprachlich vereinfacht. Die "krankhafte Leidenschaft"
> τὸ νόσημα ist allerdings nicht mehr genannt, wohl aber das von v.5
> her zu erwartende Stichwort ἀνομία "Gesetzlosigkeit".

58-59 Die erneut mit νῦν οὖν "nun also" wie in der LXX eingeleitete
Antwortaufforderung zu der Frage "Unter welchem Baum...?" übernimmt
Th aus der Vorlage, wieder unter Auslassung von "An welcher Stelle

---

18 Vgl. H. STEGEMANN, Religionsgeschichtliche Erwägungen zu den Gottesbezeichnungen in den Qumrantexten, in: Qumrân. Sa piété, sa théologie et
son milieu, éd. M. DELCOR, BiblEThLov 46, Paris-Gembloux-Leuven 1978,
195-217.

19 Vgl. LIDDELL-SCOTT-JONES, Greek-English Lexicon 1918 (s.v. φάσις A,
φάσις B).

des Gartens...?" Die gleichen Worte, mit denen Daniel auf die Antwort
des ersten Alten reagiert hatte (v.55), erweitert um "auch du" καὶ σύ,
fügt Th in v.59 ein. Daß "der Engel Gottes mit dem Schwert (dastehen)
bleibt", betont die Identität dieses Strafengels mit dem in v.55 zuerst erwähnten.

> Bei dem griechischen Wortspiel Baumname-Strafart bemüht Th sich um
> eine möglichst enge Parallelität in vv.54f. und 58f.; den Finalsatz
> der LXX (ἵνα καταπρύσῃ σε) verwandelt er in einen finalen Infinitiv
> des Simplex und fügt wieder μέσον hinzu: πρῦσαι σε μέσον "um dich
> mitten(durch) zu sägen".

Bemerkenswert ist die Veränderung, *wer* die beiden Alten "austilgen"
wird. In der LXX liegt die Exekution beim *Volk*, der Engel JHWHs "rati-
fiziert" die Bestrafung (Sus 59, bes. 62 LXX), Th macht jedoch den
Engel Gottes zum Subjekt des Austilgens (ὅπως ἐξολεθρεύσῃ ὑμᾶς).

> Aber im Blick auf die Textänderung bei Th καὶ ἀπέκτειναν αὐτούς in
> v.62 ist zu vermuten, daß die tatsächliche Exekution *entweder* als
> durch "die ganze Synagoge" erfolgend (πᾶσα ἡ συναγωγή v.60 ist dann
> als Subjekt zu εὐλόγησαν...ἀνέστησαν...καὶ ἐποίησαν...καὶ ἀπέκτει-
> ναν vv.61-62 zu verstehen) *oder aber*, worauf die Einführung des
> Richter-Ältestenkollegiums eher hindeutet, durch vom Gericht mit
> der Hinrichtung Beauftragte gedacht ist. In diesem Falle bezöge
> sich die 3.pers.pl. in v.61 ἀνέστησαν...ἐποίησαν zunächst auf das
> Ältestenkollegium als richterliche Repräsentanz der Gemeinde, in
> v.62 ἀπέκτειναν auf die im Auftrag des Gerichts Exekutierenden.

> Letztere Deutung legt sich von der integrativen Vorstellung des Th
> her nahe, der einen totalen Konflikt Amtsträger - Gemeinde, wie er
> in der LXX erzählt wird, nicht einmal als möglich stehen läßt (s.o.
> zu v.50). Insofern ist es bei Th ein unwesentlicher Unterschied,
> ob die Gerichtsdiener oder die ganze Gemeinde selbst (wie in Lev 24)
> die Hinrichtung vollziehen, da nach Th die "Gremien" und Repräsen-
> tanten im Grunde immer ihre Pflichten erfüllen.

Das Dastehen des Engels mit dem Schwert vv.55 und 59 dürfte also bei
Th nur ein himmlisches Drohbild sein. Die Ankündigung, er werde die
zwei Alten "spalten" und "sägen" (zusammenfassend: "austilgen"), ist
nur wegen des Wortspiels und ohne Bedeutung für den Erzählablauf von
Th übernommen worden.

60 *Daß* "die ganze Gemeinde aufschreit", nimmt Th noch aus der LXX auf und
fügt das für ihn offenbar dramatische Situationen kennzeichnende "mit
lauter Stimme" hinzu (vgl. noch vv. 24.42.46; nie in Sus LXX). Aber
bei Th ist dieser Aufschrei nicht mehr ausdrücklich staunende Anerkennung des geistbegabten "Jüngeren" (Th läßt das ἐπὶ τῷ νεωτέρῳ der
LXX aus), sondern dankbare Zustimmung zu dem gottgelenkten Gang der
Ereignisse, Lobpreis Gottes, "der die rettet, die auf ihn hoffen". Damit ist in aller Kürze der erbauende Lehrinhalt der Susanna-Erzählung

in der Umformulierung von Th und seine Aussageabsicht zusammengefaßt.

Die Hauptelemente dieser "Lehre" (hoffen - retten) fand Th in der Entscheidungsüberlegung v.23 und im Vertrauensgebet der Susanna vv. 35a LXX / 42-43 Th und im Schlußsatz der Erzählung nach der LXX (v. 62).

61-62 Der LXX-Text ist mit wenigen Änderungen übernommen und sprachlich geglättet.

Falls hier ἀνέστησαν "sie standen auf" von solchen gesagt wird, die vorher saßen, dann ist der Gerichtshof (s.o. zu v.50 und zu v.59) gemeint. Das würde auch die Genauigkeit ἐπὶ τοὺς δύο πρεσβυτέρους erklären: Die als Richter amtierenden Ältesten (mit Daniel in ihrer Mitte) stehen auf (zur Urteilsverkündung?) gegen *die zwei* Ältesten, die zunächst in ihrer Zeugenrolle und jetzt auch als erwiesene Verbrecher nicht in ihrem Kreise sitzen.

συνίστημι "zusammenstellen, richtig ordnen, festmachen, beweisen". Th zieht dieses Wort dem καθίστημι der LXX vor.

ἐκ τοῦ στόματος αὐτῶν "aus ihrem Mund, aufgrund ihrer eigenen Aussage" deutet das ἰδίου im LXX-Text (ἐκ τοῦ ἰδίου στόματος) auf die beiden Falschzeugen, während in der LXX wahrscheinlich die Verhörfragen des "Jüngeren" gemeint waren.

ψευδομάρτυρας ὄντας: J. ZIEGLER setzt wohl zu Recht diese Lesart mit B*-26-534 V 380 407 584 (588) in den Text, A. RAHLFS dagegen die von den übrigen Hss. gebotene Form ψευδομαρτυρήσαντας.

Das Zitat aus Dtn 19,19 wird nicht aus der freien Wiedergabe in Sus 61 LXX entnommen, sondern im LXX-Wortlaut des Kodex A zu Dtn 19,19 ὃν τρόπον ἐπονηρεύσατο τῷ πλησίον ποιῆσαι, während die anderen LXX-Hss. für כאשר זמם לעשות לאחיו (las A לרעהו?) haben: ὃν τρόπον ἐπονηρεύσατο ποιῆσαι κατὰ τοῦ ἀδελφοῦ αὐτοῦ.

Das Komma nach τῷ πλησίον und die Verszahl 62 vor ποιῆσαι in den Editionen von A. RAHLFS und J. ZIEGLER erscheinen verfehlt. Sinnvollerweise ist v.62 *entweder* mit καὶ ἐποίησαν αὐτοῖς... *oder* mit καὶ ἐσώθη αἷμα ἀναίτιον... zu beginnen.

Statt des absoluten ὁ νόμος Sus 61 LXX vereindeutigt Th: κατὰ τὸν νόμον Μωυσῆ (vgl. v.3). Wäre absolutes ὁ νόμος zur Zeit von Th mißverstehbar gewesen als geltendes (nichtjüdisches!) staatliches Recht?

καὶ ἀπέκτειναν αὐτούς "und sie töteten sie". Gegenüber der LXX bleibt bei Th die Hinrichtungsart unbestimmt.

63 Der Schlußsatz läßt die Erzählung "als Susannageschichte enden, indem er von dem dankbaren Lobpreis der Angehörigen angesichts der untadelig erfundenen Susanna" berichtet [20].

Der Epilog der LXX-Erzählung ist nicht einmal in Resten übernommen

---

20 J. SCHÜPPHAUS, Das Verhältnis von LXX- und Theodotiontext 68.

(s. dazu die Einleitung S. 65-67). Der "Chorschluß", von der "ganzen Gemeinde" bereits in v.60 angestimmt, gipfelt im "Lob" der Eltern, des Gatten und aller Verwandten. Wie bereits in der von Th formulierten Einleitung vv.1-4 treten hier Hilkija und seine Frau, Susannas Mann und alle ihre Verwandten persönlich und zum Teil namentlich in der Erzählung auf (vgl. auch v.30).

αἰνέω "loben, einen Lobpreis anstimmen" (הלל pi., ידה hi.) hat in der Regel Gott, seinen Namen u.ä. im Dativ oder Akkusativ als Objekt bei sich. Besonders in Aufgabenbestimmungen der Leviten kann es gelegentlich absolut stehen, das Objekt wird dann durch den Kontext eindeutig bestimmt mitgedacht, z.B. 2 Chr 8,14 (καὶ οἱ Λευῖται)...τοῦ αἰνεῖν καὶ λειτουργεῖν...ולשרת להלל; 31,2 ἔταξεν τοῖς Λευίταις...καὶ αἰνεῖν καὶ ἐξομολογεῖσθαι καὶ λειτουργεῖν לשרת ולהדות; והללEσδρ β 22,24 (ἄρχοντες Λευιτῶν) εἰς ὑμνεῖν καὶ αἰνεῖν, Neh 12,24 והלל ולהודות.

Aber auch am Ende des Liedes in Tobit 13 begegnet in Hs. A absolutes αἰνέω: καὶ ἐροῦσιν πᾶσαι αἱ ῥῦμαι αὐτῆς Αλληλουια καὶ αἰνέσουσιν (B: αἴνεσιν) λέγοντες Εὐλογητὸς ὁ θεός... "Und alle ihre (= Jerusalems) Gassen sprechen Halleluja und lobpreisen mit den Worten: 'Gepriesen sei Gott...'"

Darum dürfte es berechtigt sein, mit J. ZIEGLER die nur von B 62-147 311-88-449 gebotene *lectio difficilior* (ᾔνεσαν ohne Objekt) als ursprünglich anzunehmen und, gegen A. RAHLFS und die übrigen Hss., das Komplement τὸν θεόν (V hat τῷ θεῷ, 588 τὸν κύριον) als erkläriche Einfügung in den Apparat zu verweisen.

ὅτι οὐχ εὑρέθη ἐν αὐτῇ ἄσχημον πρᾶγμα ist ein dem Kontext angepaßtes Zitat von Dtn 24,1, ohne daß ein Rückgriff auf den hebräischen Text angenommen werden müßte (כי מצא בה ערות דבר). Dtn 24,1 LXX: ...ὅτι εὗρεν ἐν αὐτῇ ἄσχημον πρᾶγμα "weil er an ihr etwas Anstößiges entdeckt hat..." Diese Stelle ist der klassische Ausgangspunkt halachischer Erörterungen, was als Scheidungsgrund gelten kann, vgl. den Traktat Giṭṭin.

64 Der letzte Satz des Textes verknüpft die Susanna-Erzählung nach Th mit den als folgend gedachten Danielerzählungen Dan 1-12.

Die Einfügung dieses Überleitungssatzes zum Danielbuch geschieht in der gleichen Perspektive wie die Hinzufügung von παιδάριον (zu νεώτερος) in Sus 45 Th. In Dan 1,10.13.15.17 werden Daniel und seine Gefährten im Hebräischen als ילדים bezeichnet, was die LXX mit νεανίαι v.10 und νεανίσκοι vv.13.15.17 übersetzt, Th jedoch immer mit παιδάρια. In Sus 45 Th wird also die Susanna-Erzählung in eine Epoche "datiert", als das παιδάριον Daniel noch "jünger" νεώτερον war.

Dieser "noch ganz Junge" wächst im Ansehen beim Volk seit der Susannaepisode — ganz gelungen ist dieser Übergang zu Dan 1 jedoch nicht, wie die Auslegungsgeschichte (s. die Einleitung) zeigt.

Die Wendung καὶ Δ. ἐγένετο μέγας ἐνώπιον τοῦ λαοῦ ist in dieser Zusammensetzung singulär im griechischen AT. Vom kleinen Samuel heißt es 1 Sam 2,21 καὶ ἐμεγαλύνθη τὸ παιδάριον Σ. ἐνώπιον κυρίου (vgl. 1 Sam 2,26; aber 2 Kön 4,18: καὶ ἡδρύνθη τὸ παιδάριον); über Josua: ἐν ἐκείνῃ τῇ ἡμέρᾳ ηὔξησεν κύριος τὸν Ἰησοῦν ἐναντίον παντὸς τοῦ γένους Ισραηλ ביום ההוא גדל יהוה את-יהושע בעיני כל-ישראל "An diesem Tage machte JHWH den Josua groß in den Augen ganz Israels" (Jos

4,14).

μέγας γίγνομαι (ohne ἐνώπιον / ἐναντίον): Gen 26,13 über den wach-
senden Reichtum Isaaks; Ex 2,11 über das Heranwachsen des Mose.

* * * * * * * * *

D. DIE LITERARISCHEN FORMEN UND ERZÄHLERISCHEN ABSICHTEN DER BEIDEN FASSUNGEN DER SUSANNA-GESCHICHTE

In einer zusammenfassenden Gegenüberstellung sollen noch einmal die unter-
schiedlichen *Darstellungsweisen* und *Aussageabsichten* von Sus LXX und Sus Th
nachgezeichnet werden. Die beiden Verfasser bzw. Bearbeiter erzählen die
Geschichte in verschiedenen historischen Situationen und mit entsprechend
veränderten Perspektiven und Anliegen [1]. In den Diskussionen der Auslegungsgeschichte (s.o. die Einleitung S. 29-54.67f.) wie auch durch die Kommentierung der beiden Fassungen ist deutlich geworden, daß die Bezeichnungen *Kriminalnovelle, Märchen, Rechtslegende* oder *folk-tale* die beiden Susanna-Ge-
schichten als ganze unrichtig oder nur ungenügend charakterisieren und allenfalls Einzelzüge darin und einige verwendete Motive erfassen.

Die Zuordnung von Sus (LXX *und* Th) zur literarischen Gattung der "weisheitlichen Lehrerzählung" kann man zwar rechtfertigen, sie läßt aber nicht ausreichend die Unterschiede in der Form und der Intention der beiden Fassungen hervortreten. Zutreffender, wenn auch immer noch nicht voll befriedi-
gend, wäre es, mit Peter WEIMAR innerhalb der Gattung *Lehrerzählung* Sus LXX
eine "novellistische Erzählung" und Sus Th eine "Lehrerzählung mit aretalo-
gischem Gepräge" zu nennen [2]. Das "aretalogische Gepräge" von Sus Th zeigt
sich vor allem in der Neugestaltung des Erzählungsabschlusses (Erweiterung

---

1 Hier ist der Hinweis auf die wertvolle Analyse von Joachim SCHÜPPHAUS,
   Das Verhältnis von LXX- und Theodotion-Text in den apokryphen Zusätzen
   zum Danielbuch, ZAW 83 (1971) 49-72, zu Sus bes. 62-69, ausdrücklich zu
   wiederholen.

2 P. WEIMAR, Formen frühjüdischer Literatur. Eine Skizze, in: J. MAIER -
   J. SCHREINER (Hrsg.), Literatur und Religion des Frühjudentums, Würzburg
   -Gütersloh 1973, 123-162, hier 127-129 mit Anm. 31. - Zum breiten Spek-
   trum der internationalen Literatur, die als "novellistisch" eingeordnet
   wird, von der der Antike bis in die Gegenwart vgl. Benno von WIESE, Novelle (Sammlung Metzler Bd. 27), Stuttgart (1963) [7]1978. - Zum Begriff
   "Lehrerzählung" wird von P. WEIMAR und H.-P. MÜLLER (s.u. Anm.4) auf Gerhard von RAD, Weisheit in Israel, Neukirchen-Vluyn 1970, 67-69 verwie-

von v.60 und Ersetzung des LXX-Epilogs durch v.63). "Typisch für aretalogische Erzählungen ist das Bekenntnis der alleinigen Macht (Gottes), die unmittelbar auf die Darstellung des machtvollen göttlichen Eingreifens als Abschluß und Ziel der Erzählung folgt." [3]

Nur in Sus Th sind der "Motivbestand" und das Schema ("Funktionenmechanismus") vollständig anzutreffen, die Hans-Peter MÜLLER als konstitutive Elemente der literarischen Gattung "weisheitliche Lehrerzählung" beschreibt [4].

H.-P. MÜLLER erläutert diese Elemente anhand der Rahmenerzählung des Ijob-Buches, der Josefsgeschichte der Genesis, der Bücher Ester, Judit, Tobit, Daniel 1-6, Ahikar u.a.:
"1a. Innerhalb der Exposition wird zuerst der *Held* in der Ausgangssituation vorgestellt... Seine ethische Absicht verrät der Erzähler durch die *Bezeichnung einer Tugend,* die in dem Helden ihre paradigmatische Verkörperung findet.
  b. Auf die Vorstellung des Helden folgt meist ein *Tatsymbol seiner Tugend* und eine erste vorwegnehmende *Bestätigung ihres Wertes.*
  c. Perspektivisch aber werden die Schilderungen erst durch die Einführung von *Antihelden,* die eine sich zur Tugend des Helden oppositiv verhaltende Untugend verkörpern.
     Den Antihelden können *Mittlerfiguren* gegenüberstehen.
 2a. Der Aufstieg der Handlung wird durch einen *Konflikt* ermöglicht, der den durchweg einfachen Handlungsablauf in Bewegung setzt. Die Konfliktlage hat jeweils zur Folge, daß sich die Helden jeweils als leidend darstellen.
  b. Die eigentliche *Tugendbewährung* des Helden aber besteht in der Bewältigung des...Konflikts. Durch die Sprachkraft der Erzählung wird der Held so zur paradigmatischen Verkörperung der Tugend, deren Wirklichkeitsadäquanz durch den Konflikt in Frage gestellt war.
  3. Der Handlungsabstieg hat die *Bestätigung* der bewährten Tugend zum Inhalt: zumeist durch übernatürliche Einwirkung löst sich der Konflikt, der in der mangelnden Wirklichkeitsadäquanz des in der Tugendforderung implizierten Weltordnungspostulats begründet war. Die Tugendbestätigung gelingt negativ durch die
  a. *Bestrafung der Antihelden,* und positiv durch die
  b. *Belohnung des Helden.*
  c. In der *Wunderkraft der* durch sie ausgezeichneten heiligen *Stätten* reichen Tugendbewährung und Tugendbestätigung der paradigmatischen Gestalten über deren Tod hinaus." [5]

Die "Funktion der weisheitlichen Lehrerzählung im ganzen" beschreibt H.-P. MÜLLER so: "(1) Mittels der sie verkörpernden Helden bringt sie eine Tugend oder einen Komplex von Tugenden zu paradigmatischer Darstellung. (2) Sie interpretiert die Wirklichkeit nach Maßgabe eines Ordnungspostulats, auf Grund dessen die dargestellte Tugend als sinnvoll erscheint; dabei wird die Inadäquanz eines solchen Postulats gegenüber

---

sen, der diese Bezeichnung unter den "sonstigen Formen der didaktischen Dichtung" (neben dem Kunstspruch) aufführt.

3 P. WEIMAR, Formen frühjüdischer Literatur 129.

4 H.-P. MÜLLER, Die weisheitliche Lehrerzählung im Alten Testament und seiner Umwelt, WO 9 (1977-1978) 77-98.

der erfahrenen Realität zwar nicht von vornherein geleugnet, wohl aber
als jeweils nur vorläufig begriffen." [6]

"Die Variabilität des Funktionenmechanismus in den Einzeltexten ergibt
sich aus dem Angrenzen (der weisheitlichen Lehrerzählung) ans Märchen-
hafte bzw. Legendäre." [7]

In getrennten Abschnitten soll nun im Rückblick auf die Kommentierung und
als deren Ergebnis begründet werden, weshalb und in welchem Sinne der LXX-
Text als eine *theologische* [8] *Lehrerzählung mit paränetischer Absicht* und
die Th-Bearbeitung als *legendenhafte weisheitliche Lehr- oder Beispielerzählung* bezeichnet werden kann.

I. Die theologische Pointe des Septuaginta-Textes

Die dramatisch in eine Exposition, drei Akte und eine schlußfolgernde Mahnung gegliederte [9] Erzählung beginnt mit einer überschriftartigen These
(dem "Gebieter-Spruch" v.5) über die negativen Problemträger ("Älteste-
Richter") und führt den Hörer/Leser durch die Dynamik des erzählten Dramas
zur Schlußfolgerung und zur Paränese des Epilogs (v.62a-b), der die Aufmerksamkeit auf "die Jüngeren" lenkt [10]. In dieser durch Überschrift und
Epilog markierten Perspektive soll also nach der Absicht des Verfassers
die Erzählung gehört/gelesen werden.

Einen bestimmten geographischen und historischen Ort hat die Erzählung
ausdrücklich nicht. Der Name, der für einen solchen Ort und zugleich für
eine Epoche der jüdischen Geschichte stehen könnte, kommt nur in dem einleitenden Gotteswort in deutlich emblematischer Funktion vor: "Babylon"
ist dort weder als administratives und kulturelles Zentrum eines Weltrei-
ches noch als Hintergrund des Zwangsaufenthaltes von Kriegsgefangenen ge-

---

5 H.-P. MÜLLER, Die weisheitliche Lehrerzählung 77-94.- Die Motive 1b.
   und vor allem 3c. fehlen allerdings in Sus Th; letzteres scheint auch
   nur selten unmittelbar zum Text einer "weisheitlichen Lehrerzählung" zu
   gehören, eher zur Rezeptionsgeschichte einiger solcher Erzählungen.

6 H.-P. MÜLLER a.a.O. 94-95.

7 H.-P. MÜLLER a.a.O. 95.

8 "Theologisch" ist dabei natürlich nicht in der Bedeutung "systematisch
   -spekulativ" gemeint; es weist auf die *ekklesiologische* (bzw.*"synagoga-
   logische"*, falls diese Wortbildung gestattet ist) Hauptthematik der
   Lehrerzählung hin.

9 S.o. S. 86-87 zu den Gliederungssignalen und dem Aufbau von Sus LXX.

genannt, sondern als der "Ort", von dem das Böse ausgeht, die ἀνομία
(Gesetzlosigkeit), der Gegensatz zu dem Verhaltensideal, das am Ende der
Epilog ausdrückt, zur ἁπλότης (Ganzheit), dem vorbehaltlosen Hören auf
den Willen Gottes und dem Gehorsam gegenüber seinem Gesetz.

Die zwei Verbrecher sind namenlos; es geht ja nicht mehr um eine Erläuterung von Jer 29, wenn auch ein guter Teil des in der Erzählung verwendeten
Stoffes aus darum kreisenden Midraschim genommen ist (vgl. dazu die Einleitung S. 68-74 und den Kommentar zu Sus 5.7.44-45.57.(62) LXX). Neben
den beiden gibt es in der Erzählung weder einen König (Nebukadnezar) noch
Priester oder Propheten. Sie aber sind Älteste und Richter, also die einzige politische, jurisdiktionelle und religiöse Autorität innerhalb des
"Volkes", der "Söhne Israels". Wie bereits der einleitende Gottesspruch
ankündigt, geht gerade von ihnen, die als Älteste-Richter mit der Wahrung
der heiligen Tradition und des Rechtes betraut sind, die Gesetzlosigkeit
aus. Wie sich diese ἀνομία zeigt und auswirkt, wird im Verlauf der Erzählung dann veranschaulicht: Sie sind von Begierde (ἐπιθυμία) bestimmt
(vv.8.31.56), sie äußern Morddrohungen (v.28), begehen verbrecherischen
Amtsmißbrauch (vv.32.35), Morde (v.53), Ehebrüche (v.57) und einen Mord-
versuch durch verleumderisches Falschzeugnis (vv.54.59) [11].

Ihnen ausgeliefert ist Susanna, Juda/die Jüdin (ἡ Ἰουδαία v.22), die
Tochter Israel (v.50), die sehr schöne Frau (vv.7.31), deren Herz auf Gott
vertraut, die selbst den Tod hinnehmen will, um nicht vor JHWH zu sündigen, die aber auch in der erniedrigendsten Situation der Entblößung erhobenen Hauptes in ihrer Schönheit und Gott allein bekannten Unschuld dasteht (vv.31-35) [12].

---

10 S.o. den Kommentar zu Sus 62a-b LXX S.131-136.

11 Daß dies alles mit ἀνομία (s. den Kommentar zu Sus 5 LXX) gemeint ist,
    zeigt die Wortwahl: v.28 οἱ παράνομοι ἄνδρες, v.32 οἱ παράνομοι, v.35a
    οἱ ἄνομοι οὗτοι, v.57 ἐν ἀνομίᾳ; vgl. die Anreden v.52 πεπαλαιωμένε
    ἡμερῶν κακῶν und v.59 ἁμαρτωλέ, dazu v.54 ὁ ἀσεβής.

12 Zur repräsentativen Bedeutung dieser Frauengestalt s. den Kommentar zu
    Sus 22.35.50 LXX und die Einleitung S. 35f. und 74f.
    Gegenüber der untreuen, unzuchttreibenden Frau, die z.B. in Hos oder
    Ez Israel-Juda repräsentiert, ist Susanna eine ganz positiv gezeich-
    nete Gestalt (vgl. Judit), in der mehrere alttestamentliche Überlie-
    ferungen verdichtet erscheinen (Rettung des ganz auf JHWH vertrauen-
    den Israel-Juda).

Wenn man fragt, in welcher Zeit die "Lilie" (Susanna) - Juda - die Tochter Israel einer solchen rein jüdischen Autorität, die alle administrative, exekutive und jurisdiktionelle Macht hatte und Verbrecher, Ankläger, Zeuge und Richter zugleich sein konnte, ausgesetzt war, zeichnet sich fast unabweisbar die *Hasmonäerzeit* (*nach* Jonatan und *vor* Pompeius) ab [13]. Die Perspektive ist aber nicht die priesterliche (jerusalemische) wie bei den wohl damals sich absondernden Qumranleuten, sondern eine städtische Version der jüdischen Frömmigkeit und Ideale, die uns, mehr ländlich geprägt, aus den Testamenten der Zwölf Patriarchen bekannt sind [14].

Nach den Bestimmungen der Tora steht Susanna-Juda der sichere Tod bevor, da die einzige Autorität im Volke korrupt ist. Die Wende der dramatischen Erzählung erfolgt mit dem Beginn des dritten und letzten "Aktes" (vv.44-45); sie war aber bereits angkündigt: "Gott erhörte ihr Flehen" (v.35a). Die Erhörung von Susannas Gebet geschieht so, daß ein Engel auf JHWHs Geheiß den Geist der Weisheit einem "Jüngeren" verleiht. Dieser Geist befähigt nicht nur dazu, einen 'unlösbaren' Rechtsfall richtig zu entscheiden (wie es einst Salomo tat), sondern vor allem dazu, die Funktion der Propheten wahrzunehmen, "Jakob seine Vergehen vorzuhalten und Israel seine Sünden" (Micha 3,8). Den Söhnen Israels, der Synagoge (v.51a), hält der

---

13 Vgl. 1 Makk 14,47 über den Makkabäer Simon: καὶ ἐπεδέξατο Σιμων καὶ εὐδόκησεν ἀρχιερατεύειν καὶ εἶναι στρατηγὸς καὶ ἐθνάρχης τῶν Ἰουδαίων καὶ ἱερέων καὶ τοῦ προστατῆσαι πάντων "Simon nahme (den Beschluß der Juden und ihrer Priester) an und willigte ein, Hoherpriester, Befehlshaber und Fürst der Juden und (der) Priester zu sein und in allem den Vorsitz zu führen."

14 Auf die Ähnlichkeiten in der Begrifflichkeit und in den Vorstellungen zwischen Sus und den Test XII Patr wurde im Kommentar jeweils verwiesen, vgl. bes. zu Sus 44-45 und 62a LXX.
    Die Entstehung von Sus LXX in der zweiten Hälfte des 2. Jhdts. v.C. ist schon von mehreren Autoren vermutet worden; auch die Ansetzung der LXX-Übersetzung des Danielbuches am Ende des 2. Jhdts. v.C. paßt dazu.

    Einen Konflikt um das Gesetz, ebenfalls zwischen Jungen und Alten, beschreibt das Jubiläenbuch (Ende 2. Jhdt.v.C., also aus der gleichen Epoche) bes. in Kap. XXIII,16-21.26, allerdings in einer apokalyptisch -bürgerkriegsartigen Perspektive. Vgl. dazu K. BERGER, Das Buch der Jubiläen, JSHRZ II/3, Gütersloh 1981; zu Jub XXIII,16-21: "Wegen der Gesetzesfrage wird es in Israel einen Streit der Jungen gegen die Alten geben, der zu - allerdings vergeblichem - bewaffnetem Widerstand führen wird. Hier geht es um den (auch antihasmonäischen) Widerstand der Chassidim im 2. Jh.v.Chr... Die apokal. Tradition vom Kampf aller gegen alle ist im Konflikt zwischen (den Jungen und den Alten) aktualisiert. Die Jungen sind diejenigen, die die Rolle der Umkehrenden nach dem Schema des allgemeinen Ablaufs ausfüllen. Hier erkennen wir die Trägerkreise des Jub, und das Jub selbst ist das Mittel, diese

geistbegabte "Jüngere" ihre "Torheit" vor, d.h. die JHWH gegenüber ver-
schlossene Gegenhaltung zur "Weisheit" (v.50); die "Ältesten-Richter", die
staatlichen und zugleich religiösen Autoritätsträger aber klagt er der
Perversion (vv.9.56), der Lüge, der Gewalttätigkeit, des Unrechts, des
Mordes, der Lüsternheit und des Ehebruches an (vv.52f.56f.).

Warum wird dieser "Jüngere" so ausdrücklich den "Älteren" gegenübergestellt (v.52)? Zunächst mag er als נער, der an sich noch Unreife und nicht
Rechtsmündige, gegenüber den זקנים, den Erfahrenen und anerkannten Machthabern, dafür stehen, daß Gott auch in aussichtsloser Lage die auf ihn
vertrauende Tochter Israel retten kann und wird, sogar durch Kindermund.
Aber der geistbegabte "Jüngere" namens Daniel soll in Sus auch als Gegen-
figur zu den staatlichen und religiösen Machthabern und als Musterbeispiel
gezeichnet werden, damit auf dieses Ideal hin die Jugendlichen erzogen
werden; dazu mahnt der Epilog: "Deshalb sind die Jüngeren die (von Gott)
geliebten Jakobs(söhne) wegen ihrer Ganzheit. Und wir wollen achthaben
(darauf, daß die) Jüngeren zu tüchtigen Leuten (werden); denn (wenn) die
Jüngeren gottesfürchtig sind, dann wird ihnen Geist von Wissen und Einsicht zuteil zu aller Zeit." (v.62a-b).

Den gegenwärtigen Autoritäten und Institutionen jedenfalls (wahrscheinlich
der Hasmonäerdynastie) steht der Erzähler kritisch bis ablehnend gegenüber (v.51a).

> Wurde "Daniel" auch darum als Name des "Jüngeren" gewählt? Im Daniel-
> buch werden ja die Makkabäer lediglich als "kleine Hilfe" beurteilt
> (Dan 11,34) und erscheinen in ihrer Bedeutung sehr relativiert (im
> Unterschied z.B. zum 1. Makkabäerbuch). Die Anhängung von Sus an das
> hebräisch-aramäische Danielbuch ist also auch wegen dieser Ähnlichkeit
> in der theologischen Beurteilung der Makkabäer-Hasmonäer verständlich.

Erzählend, nicht moralisierend oder theoretisch argumentierend, trägt der
Verfasser seine hoffnungsvolle Überzeugung vor, daß JHWH Israel-Juda, sein
Volk, retten kann und wird, auch wenn die eigenen gegenwärtigen Macht-
und Gewalthaber dabei sind, es unter dem Schein der Legalität zu vergewaltigen und zu ruinieren. Sus LXX regt dazu an und mahnt, angesichts des
Verlaufs der dramatischen Erzählung, die Jugend (wieder) so zu formen (und
das setzt eine Umkehr auch der Erziehenden voraus!), daß sie wieder *ganz*

Heilszeit herbeizuführen... Der Kampf aller gegen alle (vgl. Mk 13,7f.
12) ist reduziert und konkretisiert in einem Kampf, dessen Richtung
deutlich von unten nach oben geht. Trägerkreis des Jub sind nach eige-
nem Selbstverständnis Arme, Niedrige und Gesetzestreue..." a.a.O. 439
-443.

aus der Tora leben und so Träger des Geistes werden, der zum rechten Entscheiden und zum prophetischen Schuldaufweis ermächtigt.

II. "Die erbauliche Geschichte von der schönen gottesfürchti-
gen Susanna einst in Babylon und den zwei verbrecherischen
Alten": Die Entschärfung des LXX-Textes durch die
Theodotion-Bearbeitung.

In der ungefähr 100 Jahre später entstandenen Neufassung der Susannageschichte ("Theodotion") [15] spiegelt sich die veränderte historische und
religiöse Situation des Bearbeiters gegenüber der des Verfassers des LXX-
Textes. Ob Th in Palästina oder in Syrien [16] oder in Kleinasien [17] arbeitete, nirgendwo war mehr ein Jude die höchste und einzige politische und
religiöse Autorität. Wichtig erschien in der Zeit und unter den Lebensbe-
dingungen von Th vor allem das toratreue und tugendhafte Leben der Juden,
wo immer sie als Minorität lebten, gegenüber solchen Juden, die sich "ab-
wandten" (v.9) von Recht und Gerechtigkeit, vom Gesetz. Dementsprechend
gestaltete Th die autoritäts- und institutionenkritische, grundsätzlich-
theologische Lehrerzählung der LXX neu zu einer erbaulich-legendenhaften
weisheitlichen Lehr- bzw. Beispielerzählung, um die ihm vorliegende Geschichte dadurch für seine (und alle spätere) Zeit unmittelbar verständlich und aktuell zu erhalten.

Im Kommentar zu Sus Th wurden alle Veränderungen des LXX-Textes in ihrer
Funktion und Bedeutung im einzelnen analysiert. Da Sus LXX als Vorlage von
Sus Th vollständig bekannt ist und nicht nur hypothetisch erschlossen werden muß, ist eine präzise Bestimmung der literarischen Mittel und der Tech-
nik der Bearbeitung möglich:
1. Stilistische Glättungen (z.B. vv.13-14.23.32.34.48.51.53.55.56f.61f.);
interessanterweise "re-semitisiert" Th aber auch, indem er gut griechische
Ausdrücke der LXX durch "Septuagintismen" ersetzt (vgl. vv.15.45.52) oder
solche einfügt (z.B. vv.1.7.15.19.28.64).
2. Erotisierung und Psychologisierung: Zwar nach alttestamentlichen Vor-
bildern (David-Batseba), aber auch entsprechend den literarischen Gepflo-
genheiten seiner eigenen Zeit fügt Th in seine Vorlage die Szene mit dem

---

15 Zur Problematik von Th und zur Datierung s.o. S.56 mit Anm.160-163.

16 So Klaus KOCH, Die Herkunft der Proto-Theodotion-Übersetzung des
    Danielbuches, VT 23 (1973) 362-365.

17 So S. JELLICOE, Some Reflections on the ΚΑΙΓΕ Recension, VT 23 (1973)
    15-24.

Motiv der "badenden Frau" ein (vgl. zu Sus 15-18 Th) und malt die Verfüh-
rungsszene und die erlogene Darstellung der zwei Alten, was sie im Park
beobachtet hätten, breit aus (vgl. zu vv.19-27 und 36-41). Auch psychologische Begründungen (s. zu vv.10-11) dienen der Absicht, die Erzählung ko-
härenter und spannender zu gestalten.

3. Individualisierung und Historisierung: Die hier zu nennenden Veränderungen betreffen nicht nur die Oberfläche der Vorlage, sondern verwandeln
auch tiefgreifend ihre literarische Form. "Babylon" wird wieder eine, wenn
auch vage bleibende, geographische Lokalisierung (wie es dies wohl in der
vom LXX-Text verwendeten Überlieferung auch gewesen war; vgl. die Erzählungen in Dan 1-6): Es ist der Wohnort von Joakim und Susanna, wo auch
die ganze Geschichte "in jenem Jahr" gespielt hat; Haus und Park des Joakim werden anders als in der LXX und präziser beschrieben, "Synagoge" steht
nur noch für "Gemeinde, Volk", nicht mehr für das Gebäude (vgl. zu Sus 1-6
Th). Susanna ist nicht mehr zugleich auch repräsentative Symbolfigur für
Juda-Israel, sondern nur noch eine sich beispielhaft verhaltende, gottesfürchtige und gesetzestreue, verleumdete und vor dem Tod gerettete jüdische Ehefrau (vgl. die Häufung der namentlichen Erwähnung [s. zu Sus 1-6
Th]; die Erotisierung [s.o. 2]; sie wird nicht mehr "Juda/die Jüdin" genannt [Sus 22 LXX]). Auch die zwei Ältesten-Richter sind nicht mehr *die*
Repräsentanten der staatlichen und religiösen Autorität und Institution
wie in der LXX, vielmehr werden sie bei Th immer mehr einfach zwei "verbrecherische Alte" (vgl. zu vv.34.61-62). Die in dem Gottesspruch v.5 umfassend gemeinte "Gesetzlosigkeit" (ἀνομία) wird tendenziell auf die Bedeutung "Ehebruch" eingeengt (vgl. zu Sus 28.38 Th; gemeinsam mit der LXX in
vv.32.57; Auslassung von οἱ ἄνομοι [aus Sus 35 LXX] in v.43 und von ὁ
ἀσεβής in v.54) - allerdings nicht vollständig, so daß die Anklagen Daniels vv.52f. stehengelassen sind (als frühere Vergehen dieses Alten in seiner Richtertätigkeit. Durch die Einführung eines größeren Ältesten- (und
Richter-)Kollegiums in Sus 50 Th ist der LXX-Vorlage jedoch ihre autori-
täts- und institutionenkritische Spitze abgebrochen; die Erzählung wird so
weit wie möglich den Wahrscheinlichkeiten eines Gerichtsverfahrens zur
Zeit von Th angenähert (s. zu vv.34.41.46f.50.54.61f.). Die Gegenüberstellung πρεσβύτεροι - νεώτερος (-οι) wird vermieden (vv.52.55; Auslassung des Epilogs Sus 62a-b LXX), stattdessen wird die die ganze Susannageschichte 'historisch' in die Jugend Daniels verlegt (vv.45.64). Entsprechend dem von H.-P. MÜLLER beobachteten Motivbestand und dem Schema einer
legendenhaften "weisheitlichen Lehrerzählung" (s.o. S.176f.) hat Th eine

neue Exposition geschaffen und sie dem Beginn des LXX-Textes vorangestellt.

4. Neugestaltung des Erzählungsabschlusses: Die Veränderung des LXX-Textes
zu einer legendenhaften Beispielerzählung über die gottesfürchtige und gesetzestreue Susanna einst in Babylon, die auch in Lebensgefahr noch tugend-
haft blieb, und über ihre Rettung im letzten Augenblick mit Hilfe des damals noch ganz jungen, findigen Daniel, während die zwei verbrecherischen
Alten den verdienten Tod erhalten, wird formgemäß vollendet durch die Hinzufügung des "Chorabschlusses" in v.60, der eine Art 'Lehre' formuliert
("und sie [= die Synagoge] priesen Gott, der die rettet, die auf ihn hoffen"), und des Gotteslobes aller Angehörigen der Susanna in v.63 (die Eltern, Joakim, die Verwandten [und die Kinder] Susannas waren in der LXX
immer stumm im Hintergrund geblieben) [18]. Der Epilog des LXX-Textes (vv.62
a-b), der zu dieser durch die Bearbeitung neuentstandenen, auf Susanna zen-
trierten Erzählung nicht paßte, wurde darum ausgelassen [19]. V.64 verknüpft
dann Sus Th mit dem 1. Kapitel des Danielbuches, das sich in Dan Th hier
anschließt (vgl. zu Sus 45.64 Th).

---

18   Zum "aretalogischen Gepräge" der Theodotion-Bearbeitung s.o. S.175f.
     mit Anm. 2 und 3.

19   Vgl. schon J. SCHÜPPHAUS (s.o. Anm. 1) 67-68: "Doch kommt der von TH
     vorgenommenen Abänderung des Schlusses der Susannageschichte in v.63f.
     sicherlich großes Gewicht zu. TH hat hier nämlich bewußt an die Stelle
     der aus der Susannageschichte gezogenen didaktisch-paränetisch ausge-
     richteten Schlußfolgerung die Klugheit und Redlichkeit der Jüngeren
     betreffend, in die die Erzählung nach der LXX-Version ausmündet,
     einen ganz anderen Abschluß gesetzt. Er hat die Geschichte als Susanna-
     geschichte enden lassen, indem er von dem dankbaren Lobpreis der An-
     gehörigen angesichts der untadelig erfundenen Susanna erzählte und
     noch einen kurzen Hinweis auf Daniel anfügte..." SCHÜPPHAUS zeigt an
     mehreren Stellen, daß demgegenüber in Sus LXX die "Richterthematik"
     im Vordergrund stand.

BIBLIOGRAPHIE

Die *Abkürzungen* werden verwendet nach: Theologische Realenzyklopädie (TRE), Abkürzungsverzeichnis, zusammengestellt von Siegfried SCHWERTNER, Berlin-New York 1976.

Mir nicht zugängliche Veröffentlichungen sind mit einem nachgestellten (n) gekennzeichnet.

Bei einigen Büchern wird auf wichtigere Besprechungen mit "*rez.*" hingewiesen.

In der Regel wird bei Büchern zuerst das Ersterscheinungsjahr angegeben, danach spätere Auflagen und Bearbeitungen. Die Jahreszahl der *benutzten Ausgabe* steht außerhalb der Klammern.

I. Texte und Editionen

AMMONIUS presbyter Alexandrinus: commentariorum in Vetus et Novum Testamentum quae supersunt fragmenta, PG LXXXV 1364-81.1823-26.
---, (s. auch unter III. Th. ZAHN, M. FAULHABER).
ASTERIUS of Amasea. Homilies 1-14. Text, Introduction and Notes, ed. C. DATEMA, Leiden 1970.
AUGUSTINUS Aurelius, Sermo CCCXLIII: De Susanna et Joseph, cum exhortatione ad castitatem, PL XXXIX, 1505-1511.
BAR-HEBRAEUS Gregorius (Abu'l Pharagius): s.u. A. HEPPNER.
Biblia Hebraica Stuttgartensia, ed. K. ELLIGER et W. RUDOLPH, Stuttgart 1977.
BIETENHARD H., Soṭa (Die des Ehebruchs Verdächtige). Text, Übersetzung und Erklärung, Die Mischna III/6, Berlin 1956.
BLACK M. (ed.), Apocalypsis Henochi Graece, Pseudepigrapha VT Graece III/1, Leiden 1970.
Born Judas, Der s. GORION Mika Josef bin
BUBER S. (Hrsg.), Midrasch Tanchuma. Ein agadischer Commentar zum Pentateuch von Rabbi Tanchuma ben Rabbi Abba, Wilna 1885 (Neudr. in 2 Bdn. Jerusalem 1964).
CHARLES R.H., The Greek Versions of the Testaments of the Twelve Patriarchs, Oxford 1908.
---, The Testaments of the Twelve Patriarchs, translated from the Editor's Greek Text and edited, with Introduction, Notes and Indices, London 1908.
CHRYSOSTOMUS (Pseudo-: s. unter II. J.A. de ALDAMA, unter III. H.-J. SIEBEN), Homilia in titulum Ps. L, PG LV, 565-575.
---, Εἰς τὴν Σουσάνναν, PG LVI, 589-594.
CYPRIANUS Thascus Caecilius, Opera Omnia ed. G. HARTEL, CSEL III/2, Wien 1871, 593 (epist. 43 §4).
DIEKAMP F. (- FUNK F.X.), Patres Apostolici II, ed.III^a, Tübingen 1913.
DÍEZ MACHO A., Neophyti 1. Targum palestinense. MS de la Biblioteca Vaticana, t.II Éxodo, Madrid-Barcelona 1970.
---, Neophyti 1..., t. III Levítico, Madrid-Barcelona 1971.
DIOBOUNIOTIS C., Hippolyts Danielcommentar in Handschrift No.573 des Meteoronklosters, TU III/8,1 (Bd.38), Leipzig 1911, 45-58.
FIELD F., Origenis Hexaplorum quae supersunt, 2 vol., Oxford 1875.

FRAENKEL Seckel Isaac, Hagiographa posteriora denominata Apocrypha, Leipzig 1830 (enthält nach I. LÉVI, REJ 1933, 159 Sus in hebr. Übersetzung aus dem Griechischen; wiederabgedruckt im אוצר הקדש, Lemberg 1851)(n).
FRITZSCHE O.F., Libri Apocryphi Veteris Testamenti graece, Lipsiae 1871.

GEISSEN A., Der Septuaginta-Text des Buches Daniel Kap.5-12, zusammen mit Susanna, Bel et Draco sowie Esther Kap.1,1a-2,15. Nach dem Kölner Teil des Papyrus 967, Papyrolog. Texte und Abh. Bd.5, Bonn 1968.
GINZBERG L., Legends of the Jews, 6 vols., Philadelphia 1913 = [5]1947.
GOLDSCHMIDT L., Der Babylonische Talmud, Bd.VII, Berlin-Wien 1925.
GORION M.J.bin (= Mika Josef BERDYCZEWSKI), Der Born Judas, 4 Bde., Leipzig (1916) [3]1924.
---, Der Born Judas. Legenden, Märchen und Erzählungen, neu hrsg. und mit einem Nachwort versehen v. E.bin GORION, Wiesbaden 1959.
---, Die Sagen der Juden, neu hrsg.v. E.bin GORION, Wiesbaden 1962.

HAMM W., Der Septuaginta-Text des Buches Daniel Kap.1-2 nach dem Kölner Teil des Papyrus 967, Papyrolog. Texte und Abh. Bd.10, Bonn 1969.
HEPPNER A., Die Scholien des Bar-Hebraeus zu Ruth und den apokryphischen Zusätzen zum Buch Daniel nach den vier in Deutschland befindlichen Handschriften von Bar-Hebraeus אוצר ארזא, Diss.phil. Halle-Wittenberg, Halle a.S. 1888.
HIERONYMUS, Opera I,3: In Hieremiam libri VI, CCSL LXXIV, ed. S. REITER, Turnholti 1960.
---, Opera I,5: Commentariorum in Danielem libri III(IV), ed. F. GLORIE, CCSL LXXV A, Turnholti 1964.
--- (und GENNADIUS), De viris inlustribus, ed. C.A. BERNOUILLI, Freiburg-Leipzig 1895.
---, (s. auch unter III. J. BRAVERMAN, J. GRIBOMONT).
HIPPOLYTUS, Werke I: Exegetische und homiletische Schriften, hrsg.v. G.N. BONWETSCH, GCS, Leipzig 1897.
---, Commentaire sur Daniel. Introduction de G. BARDY. Texte établi et traduit par M. LEFÈVRE, SC 14, Paris 1947.
---, (s. auch unter III. A. GRILLMEIER, A. HAMEL, P. NAUTIN, Ricerche su Ippolito, M. RICHARD, J. ZIEGLER).

IGNATIOS von Antiochien (Pseudo-): s.o. F. DIEKAMP.

JELLINEK A., Beth ha-Midrasch. Sammlung kleiner Midraschim und vermischter Abhandlungen aus der ältern jüdischen Literatur, 6 Bde.. (Wien 1877) Jerusalem 1938.
JOHANNES CHRYSOSTOMUS (s.o. CHRYSOSTOMUS [Pseudo-]).
JONGE M. de, The Testaments of the Twelve Patriarchs. A Critical Edition of the Greek Text, Pseudepigrapha VT Graece, Leiden 1978.
JULIUS AFRICANUS, Ad Origenem epistola, PG XI, 41-48.
---, (s. auch unten W. REICHARDT).

KRAUSS S., Sanhedrin-Makkot, Die Mischna IV/4.5, Gießen 1933.

LAGARDE P. de, Libri apocryphi syriace, Lipsiae 1861.
LITTMANN E., Die Erzählungen aus den Tausendundein Nächten. Vollständige deutsche Ausgabe in 6 Bdn. Zum erstenmal nach dem arabischen Urtext der Calcuttaer Ausgabe aus dem Jahre 1839 übertragen, Wiesbaden 1953 = Frankfurt [2]1981.
LOHSE E. (Hrsg.), Die Texte aus Qumran. Hebräisch und deutsch mit masoretischer Punktation, Übersetzung, Einführung und Anmerkungen, München [2]1971.

MAI A., Scriptorum veterum nova collectio e vaticanis codicibus edita, vol.

I pars 2, Romae 1825 (^{2}1837) (s. dazu unter III. M. FAULHABER).
MARGULIES M. Midrash Wayyikra Rabbah. A critical Edition Based on Manu-
    scripts and Genizah Fragments with Variants and Notes, 5 vols., Jeru-
    salem 1953-1960.
Midrasch Tanchuma mit den Kommentaren von Ets JOSEF und 'Anaf JOSEF hrsg.
    v. Henoch SUNDEL (hebr.), (1831) Neudr. Jerusalem 1965.
ORIGENES, 'Επιστολὴ πρὸς 'Αφρικανόν, ed. C. DELARUE, PG XI, 48-85.
---, (s.o. zu HIERONYMUS; s. unter III. U. BERNER, R.P.C. HANSON,
    P. NAUTIN).

Pesiqta rabbati. Midrasch für den Fest-Cyclus und die ausgezeichneten Sab-
    bathe, hrsg.v. M. FRIEDMANN, (Wien 1880) Neudruck Tel Aviv 1963.
PLESSNER S., Die apokryphischen Bücher ins Hebräische übersetzt und mit
    einer Einleitung und Anmerkungen versehen, nebst einem Anhange ver-
    schiedenen Inhalts, Theil I, Berlin 1833.

REICHARDT W., Die Briefe des Sextus Julius Africanus an Aristides und Ori-
    genes, TU 34/3, Leipzig 1909.

SEPTUAGINTA, id est Vetus Testamentum graece iuxta LXX interpretes, 2 vol.,
    ed. A. RAHLFS, Stuttgart (1935) ^{8}1965.
SULPICIUS SEVERUS, Chronicorum libri II, ed. C. HALM, CSEL 1, Wien 1866.

VATTIONI F. (ed.), Ecclesiastico. Testo ebraico con apparato critico e
    versioni greca, latina e siriaca, Testi I, Napoli 1968.

ZIEGLER J., Susanna, Daniel, Bel et Draco, Septuaginta, VT Graecum aucto-
    ritate Soc.Litt. Gottingensis ed., vol. XVI/2, Göttingen 1954.

II. Hilfsmittel

AARNE A., Verzeichnis der Märchentypen, FFC 3, translated and enlarged by
    S. THOMPSON (s.u.).
ALDAMA J.A. de, Repertorium Pseudo-Chrysostomicum, Paris 1965.

BAUER W., Griechisch-deutsches Wörterbuch zu den Schriften des NT und der
    übrigen urchristlichen Literatur, Berlin (1958) ^{5}1963.
BERGER K., Exegese des Neuen Testaments. Neue Wege vom Text zur Auslegung,
    UTB 658, Heidelberg 1977.
BLASS F.-DEBRUNNER A.-REHKOPF F., Grammatik des neutestamentlichen Grie-
    chisch, Göttingen ^{14}1976.
BROCK S.P.-FRITSCH C.T.-JELLICOE S., A Classified Bibliography of the Sep-
    tuagint, Leiden 1973.

DELLING G. (Hrsg.), Bibliographie zur jüdisch-hellenistischen und inter-
    testamentarischen Literatur 1900-1965, TU 106, Berlin 1969.

GESENIUS W.-BUHL F., Hebräisches und aramäisches Handwörterbuch über das
    AT, Leipzig ^{17}1915.

HATCH E.-REDPATH H.A., A Concordance to the Septuagint and other Greek Ver-
    sions of the OT (including the Apocryphal Books), 2 vols. + Suppl.,
    Oxford 1897-1906.

JASTROW M., Dictionary of Talmud Babli, Yerushalmi, Midrashic Literature,
    and Targumim, 2 vols., New York (1903) Neudr. 1950.

KÖHLER L.-BAUMGARTNER W., Lexicon in Veteris Testamenti Libros + Suppl., Leiden 1953.1958.

LIDDELL H.G.-SCOTT R.-JONES H.S., A Greek-English Lexicon, Oxford 1940 (repr. 1966).

LISOWSKY G., Konkordanz zum hebräischen AT, Stuttgart 1958.

MANDELKERN S., Veteris Testamenti Concordantiae hebraicae atque chaldaicae, Jerusalem-Tel Aviv [8]1969.

NEUMAN D., Motif Index to the Talmudic-Midrashic Literature, Indiana University Ph.D. thesis. Microfilm Service Ann Arbor, Michigan 1954 (n).

PAPE W., Griechisch-Deutsches Handwörterbuch, 3 Bde., Braunschweig (1848) [2]1866.

SCHLEUSNER J.F., Novus Thesaurus philologico-criticus sive Lexicon in LXX et reliquos interpretes Graecos ac scriptores apocryphos Veteris Testamenti, 5 Bde., Lipsiae 1820/21.

STRACK H.L.-STEMBERGER G., Einleitung in Talmud und Midrasch, 7.völlig neubearb. Aufl., München 1982.

THOMPSON Stith, Motif-Index of Folk-Literature. A Classification of Narrative Elements in Folktales, Ballads, Myths, Fables, Mediaeval Romances, Exempla, Fabliaux, Jest-Books and Local Legends, 6 vols., University of Indiana Press, Bloomington, Ind. (= Copenhagen) 1955-58.

WAHL C.A., Clavis librorum Veteris Testamenti apocryphorum philologica, Lipsiae 1853.

III. Kommentare, Monographien, Artikel

ADLER E., L'Histoire de Suzanne dans la littérature samaritaine, REJ 45 (1902) 78.

ALBERTUS MAGNUS, Commentarii in librum Danielis, in: Opera omnia, ed. A. BORGNET, vol.18, Paris 1893, 447-653.

---, (s. auch unten A. FRIES, P. SIMON, J.-M. VOSTÉ).

ALTHEIM F., Literatur und Gesellschaft im ausgehenden Altertum I, Halle/ Saale 1948.

---, Roman und Dekadenz, Tübingen 1951 (= erweiterter Sonderdruck aus Literatur und Gesellschaft im ausgehenden Altertum I).

AMSTUTZ J., ΑΠΛΟΤΗΣ. Eine begriffsgeschichtliche Studie zum jüdisch-christlichen Griechisch, Theophaneia 19, Bonn 1968.

ANDRÉ T., Les Apocryphes de l'Ancien Testament, Florence 1903 (n).

BACHER W., Die Agada der Tannaiten, 2 Bde., Straßburg 1884-1890.

---, Die Agada der palästinensischen Amoräer, 3 Bde., Straßburg 1892-1899.

BACHT H., Einfalt, in: RAC IV, Stuttgart 1959, 821-840.

BALL C.J. The Additions to Daniel. II The History of Susanna, in: The Holy Bible: Apocrypha, ed. H. WACE, vol.II, London 1888, 323-343.

BARDENHEWER O., Des hl. Hippolytus von Rom Commentar zum Buche Daniel, Freiburg 1877.

BARTHÉLEMY D., Les devanciers d'Aquila, VT.S 10, Leiden 1963.

---, Notes critiques sur quelques points d'histoire du Texte, in: Übersetzung und Deutung. FS A.R. HULST, Nijkerk 1977, 9-23, auch in: D. BARTHÉLEMY, Études d'histoire du texte de l'AT, OBO 21, Fribourg-Göttingen 1978, 289-303.

BAUMGARTNER W., Susanna. Geschichte einer Legende, ARW 24 (1927) 259-280,

mit Nachträgen wiederabgedruckt in: W. BAUMGARTNER, Zum AT und seiner
Umwelt. Ausgewählte Aufsätze, Leiden 1959, 42-66.
---, Der weise Knabe und die des Ehebruchs beschuldigte Frau, ARW 26 (1929)
187-188, mit Nachträgen wiederabgedruckt in: Zum AT und seiner Um-
welt 66-67.
BECKER Joachim, Gottesfurcht im Alten Testament, AnBib 25, Rom 1965.
BECKER Jürgen, Untersuchungen zur Entstehungsgeschichte der Testamente der
zwölf Patriarchen, AGJU 8, Leiden 1969.
---, Die Testamente der Zwölf Patriarchen, JSHRZ III/1, Gütersloh 1974.
    (rez. M. de JONGE, Studies on the Test XII Patr, Leiden 1975, 291-316).
BEHM J., νέος, in: ThWNT IV, Stuttgart 1942, 899-903.
BEHRMANN G., Das Buch Daniel, HAT III/3,2, Göttingen 1894.
BERGER K., Das Buch der Jubiläen, JSHRZ II/3, Gütersloh 1981.
BERNER U., Origenes. Erträge der Forschung 147, Darmstadt 1981.
BERTHOLDT L., Historischkritische Einleitung in sämmtliche kanonische und
apokryphische Schriften des alten und neuen Testaments, 6 Teile,
Erlangen 1812-1819.
BERTRAM G., μωρός κτλ., in: ThWNT IV, Stuttgart 1942, 837-852.
bin GORION (s.o. unter I. GORION Mika Josef bin, Der Born Judas).
BISSELL E.C., The Apocrypha of the Old Testament with Historical Intro-
ductions, A Revised Translation, and Notes Critical and Explanatory,
Edinburgh 1880.
BLIC J. de, L'oeuvre exégétique de Walafrid Strabon et la Glossa ordinaria,
RThAM 16 (1949) 5-28.
BLOCH Renée, Midrash, in: DB.S 5 (1957) 1263-1281.
BLUDAU A., Die alexandrinische Übersetzung des Buches Daniel und ihr Ver-
hältnis zum massorethischen Text, BSt(F) II/2-3, Freiburg 1897.
---, Die Apokalypse und Theodotions Daniel-Übersetzung, ThQ 79 (1897) 1-26.
BOGAERT P.-M., Le témoignage de la Vetus Latina dans l'étude de la tradi-
tion des Septante. Ézéchiel et Daniel dans le Papyrus 967, Bib 59
(1978) 384-395.
BONWETSCH G.N., Studien zu den Kommentaren Hippolyts zum Buche Daniel und
Hohen Liede, TU 16, NF I/2, Leipzig 1897.
---, (s. auch oben unter I. HIPPOLYTUS, Werke).
BORNKAMM G., πρέσβυς, in: ThWNT VI, Stuttgart 1959, 651-683, bes.652-661.
BRAUN Martin, Griechischer Roman und Hellenistische Geschichtsschreibung,
FSRKA 6, Frankfurt 1934.
---, History and Romance in Graeco-Oriental Literature, Oxford 1938.
BRAVERMAN J., Jerome's Commentary on Daniel: A Study of comparative Jewish
and Christian Interpretations of the Hebrew Bible, CBQ.MS 7, Washing-
ton 1978 (rez. M. DELCOR Bib 62 [1981] 435-437).
BROCKINGTON L.H., A Critical Introduction to the Apocrypha, London 1961.
BROCKMEIER P., Lust und Herrschaft. Studien über gesellschaftliche Aspekte
der Novellistik: Boccaccio, Sacchetti, Margarete von Navarra, Cervan-
tes, Stuttgart 1972.
BRUCE F.F., The Oldest Greek Version of Daniel, in: H.A. BRONGERS u.a.
(eds.), Instruction and Interpretation. Studies in Hebrew Language,
Palestinian Archaeology and Biblical Exegesis, OTSt 20(1977) 22-40.
BRÜLL N., Das apokryphische Susanna-Buch, Jahrbücher für Jüdische Geschich-
te und Literatur 3 (1877) 1-69.
BURCHARD C., Joseph und Aseneth, JSHRZ II/4, Gütersloh 1983.
BUSTO SAIZ J.R., El texto teodociónico de Daniel y la traducción de Síma-
co, Sefarad 40 (1980) 41-55.
---, La interpretación del relato de Susana, Estudios Eclesiásticos 57
(1982) 421-428.

CAZZANIGA E. (ed.), De Lapsu Susannae (de lapsu virginis consecratae), CSL
    Paravianum, Torino 1948 (n).
CHARLES R.H., A Critical and Exegetical Commentary on the Book of Daniel,
    Oxford 1929.
CHARLESWORTH J.H., The Pseudepigrapha and Modern Research, Missoula 1976.
CORNELIUS A LAPIDE, Commentarii in Scripturam Sacram, t.VI in IV prophetas
    maiores, (1621) Antverpiae 1634, Lugduni-Parisiis 1854.
CORNELY R., Historica et critica Introductio in V.T. Libros sacros, vol.II
    Introductio specialis, Paris (1887) ²1897.

DALBERT P., Die Theologie der hellenistisch-jüdischen Missionsliteratur
    unter Ausschluß von Philo und Josephus, Hamburg 1954.
DAUBE D., Error and Accident in the Bible, Revue Internationale des Droits
    de l'Antiquité 2 (1949) 189-213.
---, The New Testament and Rabbinic Judaism (Jordan Lectures in Compara-
    tive Religion 2, 1952), London 1956.
---, Evangelisten und Rabbinen, ZNW 48 (1957) 119-126.
DAUBNEY W.H., The Three Additions to Daniel, Cambridge 1906.
LE DÉAUT R., A propos d'une définition du midrash (= rez. A.G. WRIGHT, The
    Literary Genre Midrash, New York 1967), Bib 50 (1969) 395-413.
---, La présentation targumique du sacrifice d'Isaac et la sotériologie
    paulinienne, in: Studiorum Paulinorum congressus (1961), vol.II,
    AnBib 18, Roma 1963, 563-574.
DELCOR M., Le livre de Daniel (Sources bibliques), Paris 1971.
DELITZSCH Franz, De Habacuci propheti vita atque aetate. Commentatio
    historico-isagogica cum diatriba de pseudodorothei et pseudepipha-
    nii vitis prophetarum, Lipsiae 1842.
DENIS A.-M., Introduction aux pseudépigraphes grecs d'Ancien Testament,
    Leiden 1970.
DERESER T.A.-SCHOLZ J.M.A., Die Hl. Schrift des alten Testaments. IV.Theil,
    3.Bd.: Ezechiel und Daniel, Frankfurt ²1835.
DIBELIUS M., Der Hirt des Hermas, HNT Erg.Bd. IV, Tübingen 1923.
DIHLE A., Griechische Literaturgeschichte, Kröners Taschenausgabe 199,
    Stuttgart 1967.
DIONYSIUS der Karthäuser: Doctoris ecstatici D. Dionysii Cartusiani Opera
    Omnia, t.X: Enarratio in Danielem et XII Prophetas minores (verfaßt
    1440), Monstrolii 1900.
---, (s.u. A. STOELEN).
DOBSCHÜTZ D. von, Paulus und die jüdische Thorapolizei, Diss.theol., Er-
    langen 1968.
DONALD T., The Semantic Field of "Folly" in Proverbs, Job, Psalms and
    Ecclesiastes, VT 13 (1963) 285-292.
DUSCHAK M., Das mosaisch-talmudische Strafrecht. Ein Beitrag zur histori-
    schen Rechtswissenschaft, Wien 1869.

EDLUND C., Das Auge der Einfalt. Eine Untersuchung zu Matth 6,22-23 und
    Luk 11,34-35, ASNU 19, Kopenhagen-Lund-Uppsala 1952.
EICHHORN J.G., Einleitung in die apokryphischen Schriften des Alten Testa-
    ments, Leipzig 1795.
EISSFELDT O., Einleitung in das AT unter Einschluß der Apokryphen und
    Pseudepigraphen sowie der apokryphen- und pseudepigraphenartigen
    Qumranschriften, Tübingen ³1964.
ELLIGER K., Leviticus, HAT I/4, Tübingen 1966.

FAULHABER M., Die Propheten-Catenen nach römischen Handschriften, BSt(F)
    IV/2-3, Freiburg 1899.
FERGUSON E., Laying on of Hands: its Significance in Ordination, JThS NS
    26 (1975) 1-12.

FERNÁNDEZ MARCOS N., Introducción a las versiones griegas de la Biblia, Madrid 1979.

FICKER R., מלאך mal'āk Bote, in: THAT I, München 1971, 900-908.

FITZMYER J.A., The Genesis-Apocryphon of Qumran Cave I. A Commentary, Biblica et Orientalia 18 A, Rome (1966) ²1971.

FOERSTER W., εὐσεβής, εὐσέβεια, εὐσεβέω, in: ThWNT VII, Stuttgart 1964, 175-184.

FRANKEL Z., Eine Alexandrinische Liebesgeschichte, Monatsschrift für Geschichte und Wissenschaft des Judenthums 17 (1868) 441-449.

FRIES A., Zum Daniel- und Psalmenkommentar Alberts d.Gr., RThAM 19 (1952) 337-342.

---, Zur Entstehungszeit der Bibelkommentare Alberts des Großen, in: Albertus Magnus - Doctor Universalis 1280/1980, hrsg.v. G. MEYER OP und A. ZIMMERMANN, Walberberger Studien, Philos.Reihe 6, Mainz 1980, 119-139.

FRITZSCHE O.F., Zusätze zu dem Buch Daniel, in: Kurzgef.exeget. Handbuch zu den Apokryphen des AT I, Leipzig 1851, 109-154.

GAMBERONI J., Das "Gesetz des Mose" im Buch Tobias, in: Studien zum Pentateuch. FS W. KORNFELD, hrsg.v. G. BRAULIK, Wien-Freiburg-Basel 1977, 227-242.

GASTER M., The Unknown Aramaic Original of Theodotion's Additions to the Book of Daniel, PSBA 16 (1894) 280-290. 312-317; 17 (1895) 75-94.

---, The Chronicles of Jerahmeel; or, The Hebrew Bible Historiale, being a Collection of Apocryphal and Pseudo-Epigraphical Books Dealing with the History of the World from the Creation to the Death of Judas Maccabaeus. Translated for the First Time from an unique Manuscript in the Bodleian Library, Oriental Translation Fund NS IV, London 1899.

---, Studies and Texts in Folklore, Magic, Medieval Romance, Hebrew Apocrypha and Samaritan Archaeology, 3 vols., London 1925-1928.

GEIGER, A., Urschrift und Übersetzungen der Bibel in ihrer Abhängigkeit von der innern Entwickelung des Judenthums, Breslau 1857.

GNILKA C., AETAS SPIRITALIS. Die Überwindung der natürlichen Altersstufen als Ideal frühchristlichen Lebens, Theophaneia 24, Bonn 1972.

GOETTSBERGER J., Das Buch Daniel übersetzt und erklärt, Bonn 1928.

GOPPELT L., τύπος κτλ., ThWNT VIII, Stuttgart 1969, 246-260.

GORION M.J. bin: (s.o. unter I.).

GRELOT P., Les versions grecques de Daniel, Bib 47 (1966) 381-402.

GRIBOMONT J., Jerôme (saint), in: DSp VIII, Paris 1974, 901-918.

GRILLMEIER A., Jesus der Christus im Glauben der Kirche. Bd.1: Von der Apostolischen Zeit bis zum Konzil von Chalcedon (451), Freiburg-Basel -Wien 1979 (zu HIPPOLYT bes. 231f. Anm.15: Lit.!).

GRÖZINGER K.E., Engel: III. Judentum, in: TRE 9, Berlin-New York 1982, 586-596.

GUNKEL H., Das Märchen im Alten Testament, RV II 23/26, Tübingen 1921.

HAILPERIN H., Rashi and the Christian Scholars, Pittsburgh 1963.

HAMEL A., Kirche bei Hippolyt von Rom, BFChTh.M II/49, Gütersloh 1951.

HANSON R.P.C., Allegory and Event. A Study of the Sources and Significance of Origen's Interpretation of Scripture, London 1959.

HARTMANN L.F.-Di LELLA A.A., The Book of Daniel, AncB 23, Garden City, N.Y. 1978.

HASPECKER J., Gottesfurcht bei Jesus Sirach. Ihre religiöse Struktur und ihre literarische und doktrinäre Bedeutung, AnBib 30, Rom 1967.

DE LA HAYE J., Biblia maxima versionum, ex linguis orientalibus: pluribus sacris ms. codicibus: innumeris fere ss. & veteribus Patribus, & Interpretibus orthodoxis, collectarum earumque concordantia cum Vulga-

ta et eius expositione litterali cum annotationibus Nicol.de Lyra mi-
noritae, Ioan. Gagnaei doctorum Paris. Guil. Estii Doct.Louan. Ioan.
Menochii, & Iacobi Tirini Doct. S.I. additis amplissimis prolegomenis,
universa quae possunt agitari circa S. Scripturae Maiestatem, Antiqui-
tatem, Auctoritatem, Obscuritatem, sensuum diversitatem, Indicem,
Canonem, Versionum originem, Anthologiam, &c. decidentibus. Non omis-
sis chronico sacro, tractat. de ponderibus, mensuris, monetis, idio-
tismis Linguarum, Amplissimis indicibus &c., tomus XI, Lutetiae Pa-
risiorum 1660 (zu Daniel: 415-562; zu Sus: 549-556).
HEINEMANN I., Altjüdische Allegoristik, Bericht des jüd.-theol. Seminars -
Hochschule für jüd. Theologie - für das Jahr 1935, Breslau 1936.
HELLER B., Encore un mot sur l'histoire de Suzanne dan la littérature
juive, REJ 98 (1934) 85-88.
---, Die Susanna-Erzählung: ein Märchen, ZAW 54 (1936) 281-287.
HELTZER M., The Story of Susanna and the Self-Government of the Jewish
Community in Achaemenid Babylonia, AION 41 (1981) 35-39.
HOENIG S.B., Susanna, in: IDB IV, New York-Nashville 1962, 467-468.
HUET G., Daniel et Susanne. Note de littérature comparée, RHR 65 (1912)
277-284; 76 (1917) 129-130.

JACKSON B.S., Susanna and the Singular History of Singular Witnesses, in:
Acta Juridica 1977 (= Essays in Honour of Ben BEINART, vol.II), Cape
Town 1979, 37-54.
JAHN J., Einleitung in die Göttlichen Bücher des Alten Bundes, II.Theil,
3. und 4. Abschnitt, Wien ²1803 (zu Ez und Dan).
JELLICOE S., The Septuagint and Modern Study, Oxford 1968.
---, Some Reflections on the ΚΑΙΓΕ Recension, VT 23 (1973) 15-24.
JEREMIAS Joachim, ΠΡΕΣΒΥΤΕΡΙΟΝ außerchristlich bezeugt, ZNW 48 (1957) 127-
132.
JOHANNESSOHN M., Der Gebrauch der Kasus und der Präpositionen in der Sep-
tuaginta. Teil I: Gebrauch der Kasus, Diss. Berlin 1910.
---, Der Gebrauch der Präpositionen in der Septuaginta, MSU III/3, Berlin
1926.
DE JONGE H.J., Sonship, Wisdom, Infancy: Luke II.41-51a, NTS 24 (1978) 317
-354.
DE JONGE M. (ed.), Studies on the Testaments of the Twelve Patriarchs. Text
and Interpretation, Studia in VT Pseudepigrapha III, Leiden 1975.
JULIUS C., Die griechischen Danielzusätze und ihre kanonische Geltung,
BSt(F) VI/3.4, Freiburg 1901.

KATZ P., The Text of 2 Maccabees reconsidered, ZNW 51 (1960) 10-30.
KAY D.M., Susanna, in: The Apocrypha and Pseudepigrapha of the OT, ed.
R.H. CHARLES, vol.I, Oxford 1913, 638-651.
KERÉNYI K., Die Griechisch-Orientalische Romanliteratur in religionsge-
schichtlicher Beleuchtung, Tübingen 1927 (Neudr. Darmstadt 1962 und
1973); (rez. A.D. NOCK, Gnomon 4 [1928] 485-492).
---, Der antike Roman: Einführung und Textauswahl, Lib.315, Darmstadt 1971.
KIEFER A., Aretalogische Studien (Diss.phil. Freiburg 1928), Leipzig 1929.
KNABENBAUER J., Commentarius in Danielem prophetam, Lamentationes et Ba-
ruch, CSS 3,4, Paris 1891, ²1907.
KOCH K., Die Herkunft der Proto-Theodotion-Übersetzung des Danielbuches,
VT 23 (1973) 362-365.
---, Das Buch Daniel, EdF 144, Darmstadt 1980.
KRAUS H.-J., Geschichte der historisch-kritischen Erforschung des AT, Neu-
kirchen-Vluyn (1956) ²1969 (³1982).

LACHS S.T., A Note on the Original Language of Susanna, JQR 69 (1978/79)
52-54.

LACOCQUE A., Le Livre de Daniel, Commentaire de l'AT XVb, Neuchâtel-Paris
    1976.
LATTEY C., The Book of Daniel, Dublin 1948 (n).
LEBRAM J.C.H., Zwei Danielprobleme (= rez. K. KOCH, Das Buch Daniel, 1980),
    BO 39 (1982) 510-517.
LECLERCQ H., Suzanne, in: DACL XV/2, Paris 1953, 1742-1752.
LE DÉAUT R. (s.o. [LE] DÉAUT R.).
LENTZEN-DEIS F., Die Taufe Jesu nach den Synoptikern. Literarkritische und
    gattungsgeschichtliche Untersuchungen, FTS 4, Frankfurt 1970.
---, Methodische Überlegungen zur Bestimmung literarischer Gattungen im NT,
    Bib 62 (1981) 1-20.
LESKY A., Geschichte der griechischen Literatur, Bern 1957/58 (Bern-Mün-
    chen ³1971).
LÉVI I., L'histoire "de Susanne et les deux vieillards" dans la littéra-
    ture juive, REJ 96 (1933) 157-171.
LEVINE E.B., Parallels to Exodus of Pseudo-Jonathan and Neophyti 1, in:
    A. DÍEZ MACHO, Neophyti 1, t.III Levítico, Madrid-Barcelona 1971,
    Anexo III.
LOHSE E., Die Ordination im Spätjudentum und im Neuen Testament, Göttingen
    1951.
LUCK U., σώφρων, σωφρονέω, σωφροσύνη, in: ThWNT VII, Stuttgart 1964,
    1094-1101.

MacKENZIE R.A.F., The Meaning of the Susanna Story, CJT 3 (1957) 211-218.
MALDONADO Juan: Joannis Maldonati Andalusii S.J. theologi Commentarii in
    Prophetas IIII Ieremiam, Baruch, Ezechielem & Danielem, (Lyon 1909)
    Moguntiae 1611.
MARSHALL J.T., Susanna, in: DB(H) IV, Edinburgh 1902 (= ⁴1905) 630-632.
MARTI K., Das Buch Daniel, KHC 18, Tübingen-Leipzig 1901.
MARTIN R.A., Syntactical Evidence of Semitic Sources in Greek Documents,
    SCSt 3, Cambridge, Mass., 1974.
---, Syntax Criticism of the LXX Additions to the Book of Esther, JBL 94
    (1975) 65-72.
MAURER C., ἐπιτίθημι, ἐπίθεσις, in: ThWNT VIII, Stuttgart 1969, 160-162.
MAYER G., Die Funktion der Gebete in den alttestamentlichen Apokryphen,
    Theokratia II, Leiden 1973, 16-25.
MAYER R., Handauflegung. I Im AT, in: LThK² IV, Freiburg 1960, 1343-1344.
McKENZIE J.L., The Elders in the Old Testament, Bib 40 (1959) 522-540.
MERKELBACH R., Roman und Mysterium in der Antike, München-Berlin 1962
    (rez. Morton SMITH in Classical World 1964, 378; H. WAGENVOORT BO
    22 [1965] 1o2ff.).
VAN DER MERWE B.J., The Laying on of the Hands in the Old Testament,
    OTWSA 5, Pretoria 1962, 34-43.
METZGER B.M., An Introduction to the Apocrypha, New York-Oxford 1957.
MICHAELIS J.D., Mosaisches Recht I-VI, Biehl 1777.
MICHL J., Engel, in: RAC V, Stuttgart 1962, 53-322, bes. 60-97.
MILIK J.-T., Ten Years of Discovery in the Wilderness of Judaea, SBT 26,
    London 1959 (= erweiterte Bearbeitung des franz.Orig. Dix ans de Dé-
    couvertes dans le Désert de Juda, Paris 1957).
---, The Books of Enoch: Aramaic Fragments of Qumrân Cave 4, Oxford 1976
    (rez.: M. SOKOLOFF, Maarav I/2 [1979] 197-224; J.C. VANDERKAM, Maarav
    III/1 [1982] 85-97, dort 88 Anm.9 weitere Rezensionen vermerkt).
---, Daniel et Susanne à Qumrân? in: De la Tôrah au Messie. FS H. CAZELLES,
    Paris 1981, 337-359.
MILLER M.P., Midrash, in: IDB.S, Nashville, Tennessee, 1976, 593-597.
MONTGOMERY J.A., The Book of Daniel, ICC, Edinburgh 1927 (²1949).
MOORE C.A., On the Origins of the LXX Additions to the Book of Esther, JBL

92 (1973) 382-393.
---, Daniel, Esther and Jeremiah: Th Additions. A New Translation with In-
    troduction and Commentary, AncB.A 44, Garden City, N.Y., 1977 (rez.:
    P.-M. BOGAERT, Bib 59 [1978] 579-584).
MÜLLER H.-P., Märchen, Legende und Enderwartung. Zum Verständnis des Bu-
    ches Daniel, VT 26 (1976) 338-350.
---, Die weisheitliche Lehrerzählung im Alten Testament und seiner Umwelt,
    WO 9 (1977-1978) 77-98.
NAUTIN P., Hippolyte et Josipe. Contribution à l'histoire de la littéra-
    ture chrétienne du troisième siècle, Paris 1947.
---, Origène. Sa vie et son oeuvre (Christianisme antique 1), Paris 1977.
NELIS J.T., Daniel uit de grondtekst vertaald en uitgelegd (De Boeken van
    het OT), Roermond en Maaseik 1954.
NEUBAUER A., Yerahmeel ben Shelomoh, JQR 11 (1899) 364-386.
NEUSS W., Die Anfänge des Christentums im Rheinland, RhN 2, Bonn 1923
    (^{2}1933).
NEWMAN J., Semikha (Ordination). A Study of its Origin, History and Func-
    tion in Rabbinic Literature, Manchester 1950.
NICKELSBURG G.W.E., Jewish Literature between the Bible and the Mishnah.
    A Historical and Literary Introduction, London 1981.
NICOLAUS LYRANUS: Textus biblie cum Glosa ordinaria, Nicolai de lyra
    postilla, Moralitatibus eiusdem, Pauli Burgensis additionibus,
    Matthie Thoring replicis, III. Job-Ecclesiast., IV. Is - Mach,
    Basel 1507.
---, Bibliorum sacrorum tomus III (super libros Job-Ecclesiast.); tomus IV
    cum Glossa ordinaria, & Nicolai Lyrani expositionibus, Additionibus
    & Replicis in libros Isaiae...Machabaeorum, novissime omnia summa
    cura ac diligentia recognita, Lugduni 1545.
---, (s. auch F. VERNET und H. HAILPERIN).
NÖTSCHER F., Daniel, Echter-Bibel AT III, Würzburg 1958.
NORDEN E., Die antike Kunstprosa, 2 Bde., Leipzig 1898 (^{2}1909) (Nachdr.
    Darmstadt 1958).
von NORDHEIM E., Die Lehre der Alten. I. Das Testament als Literaturgat-
    tung im Judentum der hellenistisch-römischen Zeit, ALGHL 13, Leiden
    1980.
NOTH M., Die israelitischen Personennamen im Rahmen der gemeinsemitischen
    Namengebung, BWANT 46, Stuttgart 1928.
---, Das dritte Buch Mose. Leviticus, ATD 6, Göttingen 1962.
---, Das vierte Buch Mose. Numeri, ATD 7, Göttingen 1966.

OESTERLEY W.O.E., An Introduction to the Books of the Apocrypha, London
    1935 (repr. 1958).

ΠΑΠΑΔΟΠΟΥΛΟΥ Νικολάου, Τὰ δευτεροκανονικὰ τεμάχια τοῦ Δανιήλ:
    προσευχὴ 'Αζαρίου, ἀφηγηματικὸν τμῆμα, ὕμνος τῶν τριῶν
    παίδων - Σωσάννα - Βὴλ καὶ δράκων. 'Ιστορική, φιλολογική,
    θεολογικὴ ἐξέτασις καὶ προβληματολογία μεθ'ὑπομνήματος,
    ΘΕΟΛΟΓΙΑ 40 (1969) 458-489; 41 (1970) 240-264.
PEREIRA Benito: Benedicti PERERII SJ Commentariorum in Danielem prophetam
    libri XVI, (Romae 1587) Lugduni ^{2}1588 (1602).
PERRY B.E., The Ancient Romances. A Literary-Historical Account of Their
    Origins, Berkeley and Los Angeles 1967.
PFEIFFER R.H., History of New Testament Times. With an Introduction to the
    Apocrypha, New York and Evanston 1949.
PHILONENKO M., Joseph et Asèneth. Introduction, texte critique, traduction
    et notes, StPB 13, Leiden 1968.
VAN DER PLOEG J., Les anciens dans l'Ancien Testament, in: Lex tua veri-

tas. FS H. JUNKER, Trier 1961, 175-191.
PLÖGER O., Zusätze zu Daniel, JSHRZ I/1, Gütersloh 1973.
POHLMANN K.-F., 3. Esrabuch, JSHRZ I/5, Gütersloh 1980.
PORTON G., Midrash: Palestinian Jews and the Hebrew Bible in the Greco-
    Roman Period, ANRW II 19/2, Berlin-New York 1979, 103-138.
PUSEY E.B., Daniel the Prophet, London 1864, ²1868 (New York 1886) (n).
REITZENSTEIN R., Hellenistische Wundererzählungen, Leipzig 1906.
Ricerche su Ippolito, Studia Ephemeridis "Augustinianum" 13, Roma 1977.
RICHARD M., Hippolyte (de Rome), in: DSp VII, Paris 1968, 531-571.
---, Opera Minora I, Turnhout-Leuven 1976.
RIESENER Ingrid, Der Stamm עצב im Alten Testament. Eine Wortuntersuchung
    unter Berücksichtigung neuerer sprachwissenschaftlicher Methoden,
    BZAW 149, Berlin 1979.
RIESSLER P., Altjüdisches Schrifttum außerhalb der Bibel, Augsburg 1928.
RINALDI P.G., Daniele, SB(T), Torino-Roma 1962.
ROHDE E., Der griechische Roman und seine Vorläufer, Leipzig (1876, ²1900)
    ³1914 hrsg.v. W. SCHMID = Darmstadt ⁴1960 mit einem Vorwort zur Neu-
    ausgabe von K. KERÉNYI.
---, Kleine Schriften II. Beiträge zur Geschichte des Romans und der No-
    velle, zur Sagen-, Märchen- und Altertumskunde, Tübingen-Leipzig 1901.
ROSE H.J., Quelques remarques sur l'histoire de Suzanne, REJ 98 (1934)
    89-90.
ROST L., Einleitung in die alttestamentlichen Apokryphen und Pseudepigra-
    phen einschließlich der großen Qumran-Handschriften, Heidelberg 1971.
ROTHKOFF A., Semikha, in: EJ 14, Jerusalem 1971, 1140-1147.
ROTHSTEIN W., Die Zusätze zu Daniel, in: Die Apokryphen und Pseudepigra-
    phen des AT, I. Die Apokryphen, hrsg.v. E. KAUTZSCH, Tübingen 1900,
    172-189.

SCHISSEL von FLESCHENBERG O., Die griechische Novelle. Rekonstruktion
    ihrer literarischen Form (Rhetorische Forschungen II), Halle 1913.
SCHLOSSER H., Die Daniel-Susanna-Erzählung in Bild und Literatur der
    christlichen Frühzeit, in: Tortulae. Studien zu altchristlichen und
    byzantinischen Monumenten, hrsg.v. W.N. SCHUMACHER, RQ.S 30, Rom-
    Freiburg-Wien 1966, 243-249.
---, Susanna, in: LCI IV. Allgemeine Ikonographie, Freiburg 1972, 228-231.
SCHMIDT H., Das Gebet des Angeklagten im AT, BZAW 49, Gießen 1928.
SCHMITT A., Stammt der sogenannte "Θ"-Text bei Daniel wirklich von Theo-
    dotion? NAWG 1966 Nr.8 (auch separat gedruckt).
SCHMOLDT H., Die Schrift "Vom jungen Daniel" und "Daniels letzte Vision",
    Diss.theol. Hamburg 1972 (s. ThLZ 97 [1972] 952f.).
SCHRAGE W., συναγωγή, in: ThWNT VII, Stuttgart 1964, 798-839, bes.800-
    826.
SCHRAMM T., ἁπλότης Einfalt, Lauterkeit, Aufrichtigkeit, in: EWNT I,
    Stuttgart-Berlin-Köln-Mainz 1980, 296-297.
SCHREINER J., Formen und Gattungen im Alten Testament, in: J. SCHREINER
    (Hrsg.), Einführung in die Methoden der Biblischen Exegese, Würzburg
    1971, 194-231.
SCHÜPPHAUS J., Das Verhältnis von LXX- und Theodotion-Text in den apokry-
    phen Zusätzen zum Danielbuch, ZAW 83 (1971) 49-72.
SCHÜRER E., Geschichte des jüdischen Volkes im Zeitalter Jesu Christi,
    Bd. III: Das Judentum in der Zerstreuung und die jüdische Literatur,
    Leipzig ⁴1909.
SCHWARTZ E., Fünf Vorträge über den Griechischen Roman. Das Romanhafte in
    der erzählenden Literatur, Berlin 1896 (²1943).
SEELIGMANN I.L., Voraussetzungen der Midraschexegese, VT.S 1 (1953) 150-181.

SIEBEN H.-J., Jean Chrysostome (Pseudo-), in: DSp VIII, Paris 1974, 355-369.

SIMON P., Albert der Große, in: TRE II, Berlin-New York 1978, 177-184.

SIXTUS von Siena: Bibliotheca Sancta a F. Sixto Senensi O.P. ex praecipuis catholicae Ecclesiae authoribus collecta et in octo libros digesta (Vorwort vom Oktober 1556), (Lugduni 1575), ed.IIIª Coloniae 1586.

SMALLEY B., La glossa ordinaria, RThAM 9 (1937) 365-400.

---, The Study of the Bible in the Middle Ages, Oxford (1940) ²1952.

SÖDER Rosa, Die apokryphen Apostelgeschichten und die romanhafte Literatur der Antike (Würzburger Studien zur Altertumswissenschaft 3), Stuttgart 1932 (rez. K. KERÉNYI, Gnomon 10 [1934] 301-309).

SPICQ C., La vertu de simplicité dans l'Ancien et le Nouveau Testament, RSPhTh 22 (1933) 5-26.

---, Esquisse d'une histoire de l'Exégèse latine au Moyen Age, Paris 1944.

STÄHLI H.-P., Knabe-Jüngling-Knecht. Untersuchungen zum Begriff נער im AT, BET 7, Frankfurt-Bern-Las Vegas 1978.

STÄHLIN O., Die Hellenistisch-Jüdische Litteratur, in: W.v. CHRIST, Geschichte der griechischen Litteratur II/1, München ⁶1920, 535-656.

STAMM J.J., Hebräische Frauennamen, in: Hebräische Wortforschung. FS W. BAUMGARTNER, VT.S 16, Leiden 1967, 301-339; jetzt auch in: J.J. STAMM, Beiträge zur hebräischen und altorientalischen Namenkunde, OBO 30, Freiburg/Schw.-Göttingen 1980, 97-135.

STAUFFER E., Eine Bemerkung zum griechischen Danieltext, in: Donum Gentilicium. New Testament Studies in Honour of David DAUBE, Oxford 1978, 27-39.

STEGEMANN H., Religionsgeschichtliche Erwägungen zu den Gottesbezeichnungen in den Qumrantexten, in: Qumrân. Sa piété, sa théologie et son milieu, éd. M. DELCOR, BEThL 46, Paris-Gembloux-Leuven 1978, 195-217.

VAN STEMPVOORT P.A., The Protevangelium Jacobi, the Sources of its Theme and Style and their Bearing on its Date, in: Studia Evangelica III, TU 88, Berlin 1964, 410-426.

STOELEN A., Denys le Chartreux, in: DSp III, Paris 1957, 430-449.

Susanna, in: EJ 15, Jerusalem 1971, 532-535.

SWETE H.B., An Introduction to the Old Testament in Greek, Cambridge (1900) ²1914.

TORREY C.C., The Apocryphal Literature. A Brief Introduction, New Haven 1945 = ³1948.

TOY C.H., The History of Susanna, in: JE XI, New York and London 1905, 602-603.

TURNER C.H., Ο ΥΙΟΣ ΜΟΥ Ο ΑΓΑΠΗΤΟΣ, JThS 27 (1925/26) 113-129.

VAGANAY L., Prophyre, in: DThC XII b, Paris 1935, 2555-2590.

VANDERKAM J.C., Some Major Issues in the Contemporary Study of 1 Enoch: Reflections on J.T. MILIK's The Books of Enoch: Aramaic Fragments of Qumrân Cave 4, Maarav III/1, 1982, 85-97.

DE VAUX R., Das Alte Testament und seine Lebensordnungen, 2 Bde., Freiburg 1960/62 (franz. Orig.: Les Institutions de l'Ancien Testament, Paris 1958/60).

VERNET F., Lyre (Nicolas de), in: DThC IX a, Paris 1926, 1410-1422.

VIELHAUER P., Der Hirt des Hermas, in: E. HENNECKE-W.SCHNEEMELCHER (Hrsg.), Neutestamentliche Apokryphen II, Tübingen ³1964, 444-454.

VIOLARD E., Étude sur le Commentaire d'Hippolyte sur le Livre de Daniel, Diss.theol. Paris, Montbéliard 1903.

VOLZ P., Die Handauflegung beim Opfer, ZAW 21 (1901) 93-100.

VOSTÉ J.-M., S. Albertus Magnus Sacrae Paginae magister (I. in NT, II. in VT), Romae 1932/33.

DE VRIES J., Die Märchen von klugen Rätsellösern. Eine vergleichende Untersuchung, FFC vol. XXIV, N:o 73, Helsinki 1928.

WALTERS P. (früher: KATZ Peter).

WEIMAR P., Formen frühjüdischer Literatur. Eine Skizze, in: J. MAIER und J. SCHREINER (Hrsg.), Literatur und Religion des Frühjudentums, Würzburg-Gütersloh 1973, 123-162.

WEINREICH O., Fabel, Aretalogie, Novelle. Beiträge zu Phädrus, Petron, Martial und Apuleius, SHAW.PH 1931/32, 7, Heidelberg 1931.

---, Der griechische Liebesroman (Lebendige Antike), Zürich-Tübingen 1962.

DE WETTE W.M.L., Lehrbuch der historisch-kritischen Einleitung in die kanonischen und apokryphischen Bücher des AT sowie in die Bibelsammlung überhaupt, Berlin (1817) [4]1833; neubearb.v. E. SCHRADER [8]1869.

WEVERS J.W., Septuaginta-Forschungen seit 1954, ThR NF 33 (1968) 18-76.

WIEDERHOLT T., Die Geschichte der Susanna, ThQ 51 (1869) 287-321.377-399.

WIESE Benno von, Novelle, Sammlung Metzler 27, Stuttgart (1963) [7]1978.

WURMBRAND M., A Falasha Variant of the Story of Susanna, Bib 44 (1963) 29-45.

ZAHN T., Der Exeget Ammonius und andere Ammonii, ZKG 38 (1920) 1-22.311-336.

ZEITLIN S., Jewish Apocryphal Literature, JQR 40 (1950) 223-250.

ZENGER E., Das Buch Judit, JSHRZ I/6, Gütersloh 1981.

ZIEGLER J., Der Bibeltext im Daniel-Kommentar des Hippolyt von Rom, in: J. ZIEGLER, Sylloge. Gesammelte Aufsätze zur Septuaginta, MSU X, Göttingen 1971, 357-393 (zuerst in: NAWG.PH 1952, 163-199).

ZIMMERLI W., Ezechiel I, BK XIII/1, Neukirchen-Vluyn 1969.

ZIMMERMANN Frank, The Story of Susanna and its Original Language, JQR 48 (1957/58) 237-241.

ZIMMERMANN Franz, Zum Stand der Forschung über den Roman in der Antike. Gesichtspunkte und Probleme, FuF 26 (1950) 59-62.

ZÖCKLER O., Die Apokryphen des AT nebst einem Anhang über die Pseudepigraphenliteratur, KK: AT IX, München 1891.

ZUNZ L., Die gottesdienstlichen Vorträge der Juden historisch entwickelt. Ein Beitrag zur Alterthumskunde und biblischen Kritik, zur Literatur- und Religionsgeschichte, Frankfurt (1832) [2]1892 = Hildesheim 1966.

Register

II. Namen und Sachen

III. Wörter

1. Hebräisch/Aramäisch

128	צפצפה	123	כחש	74.93	ורד	93	אלון
93	קוץ	116	נער	130.164	זמם	100	אמה
93	קציעה	137-141	סמך	110	זמן	93	ארן
74f.92f.	שושנה	93	עדלי	88.180	זקנים	135	בני חיל
93	שמיר	107	(מלך) עולם	124f.	זרע	93	בצלות/בצלית
100	שפחה	123.*128*	ערבא	93	זחם/זיתן	110	דור
93	תמר	93	ציבא	93	חבקוק	93	דרדע
		93	צלף	98	חקר	93	הדסה

2. Griechisch

ἀγαπητός 132.133	ἐξολεθρεύω 128	παράνομος 99
ἄγγελος κυρίου 112	ἐξομολογοῦμαι 98	παρατηρέω 156
ἀδελφή 129	ἐπερωτάω 111	πιστεύω 121
αἷμα ἀναίτιον 131	ἐπιγινώσκω 111	πλάσμα 24
αἰνέω 174	ἐπιστήμη 136	πνεῦμα συνέσεως 114f.
αἰώνιος 107	ἐτάζω 119	πονηρεύομαι 109.165
ἀναβοάω 128	εὐσεβέω 135	ποταπός 122
ἀναγγέλλω 156.163	θεωρέω 160	πρεσβύτεροι 66.88.116
ἀνακάμπτω 157	Ἰουδαία (ἡ) 98.99	117.167.168.182
ἀνακρίνω 98.118	καθίστημι 129	πρεσβεῖον 168f.
ἀνακύπτω 105f.	καταλαμβάνω 127	πρί(ζ)ω, πρῖνος 20.25.
ἀναπαύομαι 110	καταμαρτυρέω 167	123.127
ἀνετάζω 157	κατανύσσομαι 96	προσάγω 120.154
ἀνομία 66f.89f.94f.	κῆπος 94	προσποιοῦμαι 96f.
163.171.178.182	κίβδηλον 18-20	σαφής 118
ἀπαγγέλλω 111.163	κρίματα δίκαια 95	σμήγματα 159
ἀπάγομαι 165	κρίνω κρίσιν 121	σπέρμα 124f.
ἀπατάω 126	κρίνον 92	στάδιον 110
ἁπλότης 67.132-134	κριτήριον 167	συγγίνομαι 156.160
178	κυβερνάω 90	συνεδρεύω 100.161
ἀποκτείνω 118	μεθίστημι 124	συνειπάμην 110
ἀπωλόμην 112	μωρός 117f.	συνίστημι 173
ἄριστον 157	νεανίσκος 111	συντάσσω 114.157
ἀστεῖος 91f.	νεώτερος 66f.114-116	συντίθημι 98.157
γειτνιάω 154	132-136.166.174.	σχίζω, σχῖνος 20.25.
δέησις 106f.165	179-182	122-124
δεσπότης 88	νόμος 129	σωφροσύνη 38
διαγορεύω 129	νόσημα 127	τρυφερός 101
διαστρέφω 95.124f.	ὁμιλέω 110.160	τύπος 32
δωδεκαετής 33-35	ὀρθῶς 123	ὑποπίπτοντα (τά) 119f.
ἐκβιάζομαι 98	παιδάριον 166.174	φάσις 171
(ἐξ)ἐραυνάω 119	παράδεισος 94	φιλοτίμως 156
		φιμόω 130

IV. Autoren

* * * * * * * * * * *

ORBIS BIBLICUS ET ORIENTALIS

Bd. 20   RAPHAEL GIVEON: *The Impact of Egypt on Canaan*. Iconographical and Related Studies. 156 Seiten, 73 Abbildungen. 1978.

Bd. 21   DOMINIQUE BARTHÉLEMY: *Etudes d'histoire du texte de l'Ancien Testament*. XXV – 419 pages. 1978.

Bd. 22/1   CESLAS SPICQ: *Notes de Lexicographie néo-testamentaire*. Tome I: p. 1–524. 1978. Epuisé.

Bd. 22/2   CESLAS SPICQ: *Notes de Lexicographie néo-testamentaire*. Tome II: p. 525–980. 1978. Epuisé.

Bd. 22/3   CESLAS SPICQ: *Notes de Lexicographie néo-testamentaire*. Supplément. 698 pages. 1982.

Bd. 23   BRIAN M. NOLAN: *The royal Son of God*. The Christology of Matthew 1–2 in the Setting of the Gospel. 282 Seiten. 1979.

Bd. 24   KLAUS KIESOW: *Exodustexte im Jesajabuch*. Literarkritische und motivgeschichtliche Analysen. 221 Seiten. 1979.

Bd. 25/1   MICHAEL LATTKE: *Die Oden Salomos in ihrer Bedeutung für Neues Testament und Gnosis*. Band I. Ausführliche Handschriftenbeschreibung. Edition mit deutscher Parallel-Übersetzung. Hermeneutischer Anhang zur gnostischen Interpretation der Oden Salomos in der Pistis Sophia. XI–237 Seiten. 1979.

Bd. 25/1a   MICHAEL LATTKE: *Die Oden Salomos in ihrer Bedeutung für Neues Testament und Gnosis*. Band Ia. Der syrische Text der Edition in Estrangela Faksimile des griechischen Papyrus Bodmer XI. 68 Seiten. 1980.

Bd. 25/2   MICHAEL LATTKE: *Die Oden Salomos in ihrer Bedeutung für Neues Testament und Gnosis*. Band II. Vollständige Wortkonkordanz zur handschriftlichen, griechischen, koptischen, lateinischen und syrischen Überlieferung der Oden Salomos. Mit einem Faksimile des Kodex N. XVI–201 Seiten. 1979.

Bd. 26   MAX KÜCHLER: *Frühjüdische Weisheitstraditionen*. Zum Fortgang weisheitlichen Denkens im Bereich des frühjüdischen Jahweglaubens. 703 Seiten. 1979.

Bd. 27   JOSEF M. OESCH: *Petucha und Setuma*. Untersuchungen zu einer überlieferten Gliederung im hebräischen Text des Alten Testaments. XX – 392–37* Seiten. 1979.

Bd. 28   ERIK HORNUNG / OTHMAR KEEL (Herausgeber): *Studien zu altägyptischen Lebenslehren*. 394 Seiten. 1979.

Bd. 29   HERMANN ALEXANDER SCHLÖGL: *Der Gott Tatenen*. Nach Texten und Bildern des Neuen Reiches. 216 Seiten, 14 Abbildungen. 1980.

Bd. 30   JOHANN JAKOB STAMM: *Beiträge zur Hebräischen und Altorientalischen Namenkunde*. XVI–264 Seiten. 1980.

Bd. 31   HELMUT UTZSCHNEIDER: *Hosea – Prophet vor dem Ende*. Zum Verhältnis von Geschichte und Institution in der alttestamentlichen Prophetie. 260 Seiten. 1980.

Bd. 32   PETER WEIMAR: *Die Berufung des Mose*. Literaturwissenschaftliche Analyse von Exodus 2,23–5,5. 402 Seiten. 1980.

Bd. 33   OTHMAR KEEL: *Das Böcklein in der Milch seiner Mutter und Verwandtes*. Im Lichte eines altorientalischen Bildmotivs. 163 Seiten, 141 Abbildungen. 1980.

Bd. 34   PIERRE AUFFRET: *Hymnes d'Egypte et d'Israël*. Etudes de structures littéraires. 316 pages, 1 illustration. 1981.

Bd. 35   ARIE VAN DER KOOIJ: *Die alten Textzeugen des Jesajabuches*. Ein Beitrag zur Textgeschichte des Alten Testaments. 388 Seiten. 1981.

Bd. 36   CARMEL McCARTHY: *The Tiqqune Sopherim and Other Theological Corrections in the Masoretic Text of the Old Testament*. 280 Seiten. 1981.

Bd. 37 BARBARA L. BEGELSBACHER-FISCHER: *Untersuchungen zur Götterwelt des Alten Reiches im Spiegel der Privatgräber der IV. und V. Dynastie.* 336 Seiten. 1981.

Bd. 38 MÉLANGES DOMINIQUE BARTHÉLEMY. Etudes bibliques offertes à l'occasion de son 60ᵉ anniversaire. Edités par Pierre Casetti, Othmar Keel et Adrian Schenker. 724 pages. 31 illustrations. 1981.

Bd. 39 ANDRÉ LEMAIRE: *Les écoles et la formation de la Bible dans l'ancien Israël.* 142 pages. 14 illustrations. 1981.

Bd. 40 JOSEPH HENNINGER: *Arabica Sacra.* Aufsätze zur Religionsgeschichte Arabiens und seiner Randgebiete. Contributions à l'histoire religieuse de l'Arabie et de ses régions limitrophes. 347 Seiten. 1981.

Bd. 41 DANIEL VON ALLMEN: *La famille de Dieu.* La symbolique familiale dans le paulinisme. LXVII–330 pages, 27 planches. 1981.

Bd. 42 ADRIAN SCHENKER: *Der Mächtige im Schmelzofen des Mitleids.* Eine Interpretation von 2 Sam 24. 92 Seiten. 1982.

Bd. 43 PAUL DESELAERS: *Das Buch Tobit.* Studien zu seiner Entstehung, Komposition und Theologie. 532 Seiten + Übersetzung 16 Seiten. 1982.

Bd. 44 PIERRE CASETTI: *Gibt es ein Leben vor dem Tod?* Eine Auslegung von Psalm 49. 315 Seiten. 1982.

Bd. 45 FRANK-LOTHAR HOSSFELD: *Der Dekalog.* Seine späten Fassungen, die originale Komposition und seine Vorstufen. 308 Seiten. 1982.

Bd. 46 ERIK HORNUNG: *Der ägyptische Mythos von der Himmelskuh.* Eine Ätiologie des Unvollkommenen. Unter Mitarbeit von Andreas Brodbeck, Hermann Schlögl und Elisabeth Staehelin und mit einem Beitrag von Gerhard Fecht. XII–129 Seiten, 10 Abbildungen. 1982.

Bd. 47 PIERRE CHERIX: *Le Concept de Notre Grande Puissance (CG VI, 4).* Texte, remarques philologiques, traduction et notes. XIV–95 pages. 1982.

Bd. 48 JAN ASSMANN / WALTER BURKERT / FRITZ STOLZ: *Funktionen und Leistungen des Mythos.* Drei altorientalische Beispiele. 118 Seiten. 17 Abbildungen. 1982.

Bd. 49 PIERRE AUFFRET: *La sagesse a bâti sa maison.* Etudes de structures littéraires dans l'Ancien Testament et spécialement dans les psaumes. 580 pages. 1982.

Bd. 50/1 DOMINIQUE BARTHÉLEMY: *Critique textuelle de l'Ancien Testament.* 1. Josué, Juges, Ruth, Samuel, Rois, Chroniques, Esdras, Néhémie, Esther. Rapport final du Comité pour l'analyse textuelle de l'Ancien Testament hébreu institué par l'Alliance Biblique Universelle, établi en coopération avec Alexander R. Hulst †, Norbert Lohfink, William D. McHardy, H. Peter Rüger, coéditeur, James A. Sanders, coéditeur. 812 Seiten. 1982.

Bd. 51 JAN ASSMANN: *Re und Amun.* Die Krise des polytheistischen Weltbilds im Ägypten der 18.–20. Dynastie. XII–309 Seiten. 1983.

Bd. 52 MIRIAM LICHTHEIM: *Late Egyptian Wisdom Literature in the International Context.* A Study of Demotic Instructions. X–240 Seiten. 1983.

Bd. 53 URS WINTER: *Frau und Göttin.* Exegetische und ikonographische Studien zum weiblichen Gottesbild im Alten Israel und in dessen Umwelt. XVIII–928 Seiten, 520 Abbildungen. 1983.

Bd. 54 PAUL MAIBERGER: *Topographische und historische Untersuchungen zum Sinaiproblem.* Worauf beruht die Identifizierung des Ǧabel Mūsā mit dem Sinai? 189 Seiten, 13 Tafeln. 1983.

Bd. 55 PETER FREI/KLAUS KOCH: *Reichsidee und Reichsorganisation im Perser Reich.* 119 Seiten, 17 Abbildungen. 1983.